ちくま学芸文庫

近代日本思想選

# 西田幾多郎

小林敏明 編



筑摩書房

# 目次

近代日本思想選

# 西田幾多郎

## 凡　例

一、本書を編むにあたり、底本は『新版　西田幾多郎全集』（全二十四巻、岩波書店、二〇〇二―〇九年）より、第一巻、第三巻、第五巻、第八―第十巻を用いた。

一、旧仮名遣いは新仮名遣いにし、一部の漢字は表記を改めた。また、難読と思われる漢字にはルビを振った。

一、明らかな脱字は〔　〕で記した。

一、巻末には、解題と解説、年譜を付した。

# 善の研究（第一編・第二編）

# 第一編　純粋経験

## 第一章　純粋経験

経験するというのは事実其儘《そのまま》に知るの意である。全く自己の細工を棄てて、事実に従うて知るのである。純粋というのは、普通に経験といって居る者も其実は何等かの思想を交えて居るから、毫《ごう》も思慮分別を加えない、真に経験其儘の状態をいうのである。例えば、色を見、音を聞く刹那、未だ之が外物の作用であるとか、我が之を感じて居るとかいうような考のないのみならず、此色、此音は何であるという判断すら加わらない前をいうのである。それで純粋経験は直接経験と同一である。自己の意識状態を直下に経験した時、未だ主もなく客もない、知識と其対象とが全く合一して居る。これが経験の最醇なる者である。勿論、普通には経験という語の意義が明に定まって居らず、ヴントの如きは経験に基づいて推理せられたる知識をも間接経験と名づけ、物理学、化学などを間接経験の学と称して居る（Wundt, Grundriss der Psychologie, Einl. §I）。併し此等の知識は正当の意味に於て経験ということができぬばかりではなく、意識現象であっても、他人の意識は自己に経験ができず、自己の意識であっても、過去に就いての想起、現前であっても、之を判断した時は已に純粋の経験ではない。真の純粋経験は何等の意味もない、事実其儘の現在意識あるのみである。

右にいった様な意味に於て、如何なる精神現象が純粋経験の事実であるか。感覚や知覚が之に属することは誰も異論はあるまい。併し余は凡ての精神現象がこの形に於て現われるものであると信ずる。記憶に於ても、過去の意識が直に起ってくるのでもなく、従って過去を直覚するのでもない。過去と感ずるのも現在の感情である。抽象的概念といっても決して超経験的の者ではなく、やはり一種の現在意識である。幾何学者が一個の三角を想像しながら、之を以て凡ての三角の代表となす様に、概念の代表的要素なる者も現前に於ては一種の感情にすぎないのである(James, The Principles of Psychology, Vol. I, Chap. VII)。その外所謂意識の縁暈《えんうん》 fringe なるものを直接経験の事実の中に入れて見ると、経験的事実間に於ける種々の関係の意識すらも、感覚、知覚と同じく皆此中に入ってくるのである(James, A World of Pure Experience)。然らば情意の現象は如何というに、快、不快の感情が現在意識であることはいうまでもなく、意志に於ても、其目的は未来にあるにせよ、我々はいつも之を現在の欲望として感ずるのである。

扨、斯く我々に直接であって、凡ての精神現象の原因である純粋経験とは如何なる者であるか、之より少しくその性質を考えて見よう。先ず純粋経験は単純であるか、将《は》た複雑であるかの問題が起ってくる。直下の純粋経験であっても、之が過去の経験の構成せられた者であるとか、又後にて之を単一なる要素に分析できるとかいう点より見れば、複雑といってもよかろう。併し純粋経験はいかに複雑であっても、その瞬間に於ては、いつも単純なる一事実である。たとい過去の意識の再現であっても、現在の意識中に統一せられ、之が一要素となって、新なる意味を得た時には、已に過去の意識と同一といわれぬ（Stout, Analytic Psychology, Vol. II, p. 45）。之と同じく、現在の意識を分析した時にも、その分析せられた者はもはや現在の意識と同一ではない。純粋経験の上から見れば凡てが種別的であって、其場合毎に、単純で、独創的であるのである。次にかかる純粋経験の総合は何処まで及ぶか。純粋経験の現在は、現在に就いて考うる時、已に現在にあらずというような思想上の現在ではない。意識上の事実としての現在には、いくらかの時間的継続がなければならぬ（James, The Principles of Psychology, Vol. I, Chap. XV）。即ち意識の焦点がいつでも現在となるのである。それで、純粋経験の範囲は自ら注意の範囲と一致してくる。併し余は此の範囲は必ずしも一注意の下にかぎらぬと思う。我々は少しの思想も交えず、主客未分の状態に注意を転じて行くことができるのである。例えば一生懸命に断岸を攀《よ》ずる場合の如き、音楽家が熟練した曲を奏する時の如き、全く知覚の連続 perceptual train といってもよい（Stout, Manual of Psychology, p. 252）。又動物の本能的動作にも必ずかくの如き精神状態が伴うて居るのであろう。此等の精神現象に於ては、知覚が厳密なる統一と連絡とを保ち、意識が一より他に転ずるも、注意は始終物に向けられ、前の作用が自ら後者を惹起し其間に思惟を入るべき少しの亀裂もない。之を瞬間的知覚と比較するに、注意の推移、時間の長短こそあれ、その直接にして主客合一の点に於ては少しの差別もないのである。特に所謂瞬間知覚なる者も、其実は複雑なる経験の結合構成せられたる者であるとすれば、右二者の区別は性質の差ではなくして、単に程度の差であるといわねばならぬ。純粋経験は必ずしも単一なる感覚とはかぎらぬ。心理学者のいうような厳密なる意味の単一感覚とは、学問上分析の結果として仮想した者であって、事実上に直接なる具体的経験ではないのである。

純粋経験の直接にして純粋なる所以は、単一であって、分析ができぬとか、瞬間的であるとかいうことにあるのではない。反って具体的意識の厳密なる統一にあるのである。意識は決して心理学者の所謂単一なる精神的要素の結合より成ったものではなく、元来一の体系を成したものである。初生児の意識の如きは明暗の別すら、さだかならざる混沌たる統一であろう。此の中より多様なる種々の意識状態が分化発展し来るのである。併しいかに精細に分化しても、何処までもその根本的なる体系の形を失うことはない。我々に直接なる具体的意識はいつでも此形に於て現われるものである。瞬間的知覚の如き者でも決して此形に背くことはない、例えば一目して物の全体を知覚すると思う場合でも、仔細に研究すれば、眼の運動と共に注意は自ら推移して、その全体を知るに至るのである。かく意識の本来は体系的発展であって、此の統一が厳密で、意識が自ら発展する間は、我々は純粋経験の立脚地を失わぬのである。此点は知覚的経験に於ても、表象的経験に於ても同一である。表象の体系が自ら発展する時は、全体が直に純粋経験である。ゲーテが夢の中で直覚的に詩を作ったという如きは、その一例である。或は知覚的経験では、注意が外物から支配せられるので、意識の統一とはいえないように思われるかも知れない。併し、知覚的活動の背後にも、やはり或無意識統一力が働いて居なければならぬ。注意は之に由りて導かれるのである。又之に反し、表象的経験はいかに統一せられてあっても、必ず主観的所作に属し、純粋の経験とはいわれぬようにも見える。併し表象的経験であっても、其統一が必然で自ら結合する時には我々は之を純粋の経験と見なければならぬ、例えば夢に於てのように外より統一を破る者がない時には、全く知覚的経験と混同せられるのである。元来、経験に内外の別あるのではない、之をして純粋ならしむる者はその統一にあって、種類にあるのではない。表象であっても、感覚と厳密に結合して居る時には直に一つの経験である。唯、之が現在の統一を離れて他の意識と関係する時、もはや現在の経験ではなくして、意味となるのである。又表象だけであった時には、夢に於てのように全く知覚と混同せられるのである。感覚がいつでも経験であると思われるのはそがいつも注意の焦点となり統一の中心となるが為であろう。

今尚少しく精細に意識統一の意義を定め、純粋経験の性質を明にしようと思う。意識の体系というのは凡ての有機物のように、統一的或者が秩序的に分化発展し、其全体を実現するのである。意識に於ては、先ずその一端が現われると共に、統一作用は傾向の感情として之に伴うて居る。我々の注意を指導する者は此作用であって、統一が厳密であるか或は他より妨げられぬ時には、此作用は無意識であるが、然らざる時には別に表象となって意識上に現われ来り、直に純粋経験の状態を離れるようになるのである。即ち統一作用が働いて居る間は全体が現実であり純粋経験である。而して意識は凡て衝動的であって、主意説のいう様に、意志が意識の根本的形式であるといい得るならば、意識発展の形式は即ち広義に於て意志発展の形式であり、その統一的傾向とは意志の目的であるといわねばならぬ。純粋経験とは意志の要求と実現との間に少しの間隙もなく、其最も自由にして、活発なる状態である。勿論選択的意志より見れば此の如く衝動的意志に由りて支配せられるのは反って意志の束縛であるかも知れぬが、選択的意志とは已に意志が自由を失った状態である故に之が訓練せられた時には又衝動的となるのである。意志の本質は未来に対する欲求の状態にあるのではなく、現在に於ける現在の活動にあるのである。元来、意志に伴う動作は意志の要素ではない。純心理的に見れば意志は内面に於ける意識の統覚作用である。而して此の統一作用を離れて別に意志なる特種の現象あるのではない、此の統一作用の頂点が意志である。思惟も意志と同じく一種の統覚作用であるが、その統一は単に主観的である。然るに意志は主客の統一である。意志がいつも現在であるのも之が為である

(Schopenhauer, Die Welt als Wille und Vorstellung, § 54)。純粋経験は事実の直覚その儘《まま》であって、意味がないといわれて居る。斯くいえば、純粋経験とは何だか混沌無差別の状態であるかの様に思われるかも知れぬが、種々の意味とか判断とかいうものは経験其者の差別より起るので、後者は前者によりて与えられるのではない、経験は自ら差別相を具えた者でなければならぬ。例えば、一の色を見て之を青と判定したところが、原色覚が之に由りて分明になるのではない、唯、之と同様なる従来の感覚との関係をつけたまでである。又今余が視覚として現われたる一経験を指して机となし、之に就いて種々の判断を下すとも、之に由りて此の経験其者の内容に何等の豊富をも加えないのである。要するに経験の意味とか判断とかいうのは他との関係を示すにすぎぬので、経験其者の内容を豊富にするのではない。意味或は判断の中に現われたる者は原経験より抽象せられたるその一部であって、その内容に於ては反って之よりも貧なる者である。勿論原経験を想起した場合に、前に無意識であった者が後に意識せられるような事もあるが、こは前に注意せざりし部分に注意したまでであって、意味や判断に由りて前に無かった者が加えられたのではない。

純粋経験はかく自ら差別相を具えた者とすれば、之に加えられる意味或は判断というのは如何なる者であろうか、又之と純粋経験との関係は如何であろう。普通では純粋経験が客観的実在に結合せられる時、意味を生じ、判断の形をなすという。併し純粋経験説の立脚地より見れば、我々は純粋経験の範囲外に出ることはできぬ。意味とか判断とかを生ずるのもつまり現在の意識を過去の意識に結合するより起るのである。即ち之を大なる意識系統の中に統一する統一作用に基づくのである。意味とか判断とかいうのは現在意識と他との関係を示す者で、即ち意識系統の中に於ける現在意識の位置を現わすに過ぎない。例えば或聴覚について之を鐘声と判じた時は、唯過去の経験中に於て之が位置を定めたのである。それで、いかなる意識があっても、そが厳密なる統一の状態にある間は、いつでも純粋経験である、即ち単に事実である。之に反し、この統一が破れた時、即ち他との関係に入った時、意味を生じ判断を生ずるのである。我々に直接に現われ来る純粋経験に対し、すぐ過去の意識が働いて来るので、之が現在意識の一部と結合し一部と衝突し、此処に純粋経験の状態が分析せられ破壊せられるようになる。意味とか判断とかいうものはこの不統一の状態である。併しこの統一、不統一ということも、よく考えて見ると畢竟程度の差である、全然統一せる意識もなければ、全然不統一なる意識もなかろう。凡ての意識は体系的発展である。瞬間的知識であっても種々の対立、変化を含蓄して居るように、意味とか判断とかいう如き関係の意識の背後には、此関係を成立せしむる統一的意識がなければならぬ。ヴントのいったように、凡ての判断は複雑なる表象の分析に由りて起るのである(Wundt, Logik, Bd. I, Abs. III, Kap. I)。又判断が漸々に訓練せられ、その統一が厳密となった時には全く純粋経験の形となるのである、例えば技芸を習う場合に、始は意識的であった事も之に熟するに従って全く無意識となるのである。更に一歩を進んで考えて見れば、純粋経験とその意味又は判断とは意識の両面を現わす者である、即ち同一物の見方の相違にすぎない。意識は一面に於て統一性を有すると共に、又一方には分化発展の方面がなければならぬ。而もジェームスが「意識の流」に於て説明したように、意識はその現われたる処について居るのではなく、含蓄的に他と関係をもって居る。現在はいつでも大なる体系の一部と見ることが出来る。所謂分化発展なる者は更に大なる統一の作用である。

かく意味という者も大なる統一の作用であるとすれば、純粋経験はかかる場合に於て自己の範囲を超越するのであろうか。例えば記憶に於て過去と関係し意志に於て未来と関係する時、純粋経験は現在を超越すると考えることが出来るであろうか。心理学者は意識は物でなく事件である、されば時々刻々に新であって、同一の意識が再生することはないという。併し余はかかる考は純粋経験説の立脚地より見たのではなく、反って過去は再び還らず、未来は未だ来らずという時間の性質より推理したのではないかと思う。純粋経験の立脚地より見れば、同一内容の意識は何処までも同一の意識とせねばなるまい。例えば思惟或は意志に於て一つの目的表象が連続的に働く時、我々は之を一つの者と見なければならぬ様に、たといその統一作用が時間上には切れて居ても、一つの者と考えねばならぬと思う。

## 第二章　思惟

思惟というのは心理学から見れば、表象間の関係を定め之を統一する作用である。その最も単一なる形は判断であって、即ち二つの表象の関係を定め、之を結合するのである。併し我々は判断に於て二つの独立なる表象を結合するのではなく、反って或一つの全き表象を分析するのである。例えば「馬が走る」という判断は、「走る馬」という一表象を分析して生ずるのである。それで、判断の背後にはいつでも純粋経験の事実がある。判断に於て主客両表象の結合は、実に之に由りてできるのである。勿論いつでも全き表象が先ず現われて、之より分析が始まるというのではない。先ず主語表象があって、之より一定の方向に於て種々の連想を起し、選択の後其一に決定する場合もある。併し此場合でも、愈々《いよいよ》之を決定する時には、先ず主客両表象を含む全き表象が現われて来なければならぬ。つまり此表象が始から含蓄的に働いて居たのが、現実となる所に於て判断を得るのである。かく判断の本には純粋経験がなければならぬということは、啻《ただ》に事実に対する判断の場合のみではなく、純理的判断という様な者に於ても同様である。例えば幾何学の公理の如き者でも皆一種の直覚に基づいて居る。たとい抽象的概念であっても、二つの者を比較し判断するには其本に於て統一的或者の経験がなければならぬ。所謂思惟の必然性というのは之より出でくるのである。故に若し前にいった様に知覚の如き者のみでなく、関係の意識をも経験と名づくることができるならば、純理的判断の本にも純粋経験の事実があるということができるのである。又推論の結果として生ずる判断に就いて見ても、ロックが論証的知識に於ても一歩一歩に直覚的証明がなければならぬといった様に（Essay on the Human Understanding, Bk. IV. Chap. II, 7）連鎖となる各判断の本にはいつも純粋経験の事実がなければならぬ。種々の方面の判断を総合して断案を下す場合に於ても、たとい全体を統一する事実的直覚はないにしても、凡ての関係を総合統一する論理的直覚が働いて居る（所謂思想の三法則の如きも一種の内面的直覚である）。例えば種々の観察より推して地球が動いて居なければならぬというのも、つまり一種の直覚に基づける論理法に由りて判断するのである。

従来伝統的に思惟と純粋経験とは全く類を異にせる精神作用であると考えられて居る。併し今凡ての独断を棄てて直接に考え、ジェームスが「純粋経験の世界」と題せる小論文にいった様に、関係の意識をも経験の中に入れて考えて見ると、思惟の作用も純粋経験の一種であるということができると思う。知覚と思惟の要素たる心像とは、外より見れば、一は外物より来る末端神経の刺激に基づき、一は脳の皮質の刺激に基づくという様に区別ができ、又内から見ても、我々は通常知覚と心像とを混同することはない。併し純心理的に考えて、何処までも厳密に区別ができるかというに、それは頗る困難である、つまり強度の差とかその外種々の関係の異なるより来るので、絶対的区別はないのである（夢、幻覚等に於て我々は屢々《しばしば》心像を知覚と混同することがある）。原始的意識にかかる区別があったのではなく、唯種々の関係より区別せられる様になったのであろう。又一見、知覚は単一であって、思惟は複雑なる過程である様に見えるが、知覚といっても必ずしも単一ではない、知覚も構成的作用である。思惟といってもその統一の方面より見れば一の作用である、或統一者の発展と見ることができる。

かく思惟と知覚的経験の如き者とを同一種と考えることに就いては種々の異論もあるであろうから、余は之より少しく此等の点に就いて論じて見ようと思う。普通には知覚的経験の如きは所働的で、其作用が凡て無意識であり、思惟は之に反し能働的で其作用が凡て意識的であると考えられて居る。併しかように明なる区別は何処にあるであろうか。思惟であっても、そが自由に活動し発展する時には殆ど無意識的注意の下に於て行われるのである、意識的となるのは反って此進行が妨げられた場合である。思惟を進行せしむる者は我々の随意作用ではない、思惟は己自身にて発展するのである。我々が全く自己を棄てて思惟の対象即ち問題に純一となった時、更に適当にいえば自己をその中に没した時、始めて思惟の活動を見るのである。思惟には自ら思惟の法則があって自ら活動するのである。我々の意志に従うのではない。対象に純一になること、即ち注意を向けることを有意的といえばいいうるであろうが、此点に於ては知覚も同一であろうと思う、我々は見んと欲する物に自由に注意を向けて見ることができる。勿論思惟に於ては知覚の場合よりも統一が寛《ゆるやか》であり、その推移が意識的であるように思われるので、前に之を以てその特徴として置いたが、厳密に考えて見ると此の区別も相対的であって、思惟に於ても一表象より一表象に推移する瞬間に於ては無意識である、統一作用が現実に働きつつある間は無意識でなければならぬ。之を対象として意識する時には、已にその作用は過去に属するのである。かく思惟の統一作用は全然意志の外にあるのであるが、唯我々が或問題について考える時、種々の方向があってその取捨が自由である様に思われるのである。併しかかる現象は知覚の場合にもないのではない。少しく複雑なる知覚に於ては如何に注意を向けるかは自由である、例えば一幀《いってい》の画を見るにしても、形に注意することもでき又色彩に注意することもできる。その外、知覚では我々は外から動かされ、思惟では内より動くなどいうが、内外の区別というも要するに相対的にすぎぬ、唯思惟の材料たる心像は比較的変動し易く自由であるからかく見えるのである。

次に普通には知覚は具象的事実の意識であり、思惟は抽象的関係の意識であって、両者全然その類を異にする者の様に考えられて居る。併し純粋に抽象的関係というような者は我々は之を意識することはできぬ、思惟の運行も或具象的心像を藉りて行われるのである、心像なくして思惟は成立しない。例えば三角形の総べての角の和は二直角であるということを証明するにも、或特殊なる三角形の心像に由らねばならぬのである、思惟は心像を離れた独立の意識ではない、之に伴う一現象である。ゴール Gore は、心像と其意味との関係は刺激と其反応との関係と同一であると説いて居る（Dewey, Studies in Logical Theory）。思惟は心像に対する意識の反応であって、而して又心像は思惟の端緒である、思惟と心像とは別物ではない。いかなる心像であっても決して独立ではない、必ず全意識と何等かの関係に於て現われる、而して此方面が思惟に於ける関係の意識である、純粋なる思惟と思われる者も、唯此方面の著しき者にすぎないのである。さて心像と思惟との関係を右の如く考えた所で、知覚に於てはかくの如き思惟的方面がないかというに、決してそうではない。凡ての意識現象のように知覚も一の体系的作用である、知覚に於てはその反応は反って顕著であって意志となり動作となって現われるのであるが、心像に於ては単に思惟として内面的関係に止まるのである。されば事実上の意識には知覚と心像との区別はあるが、具象と抽象との別はない、思惟は心像間の事実の意識である、而して知覚と心像との別も前にいった様に厳密なる純粋経験の立脚地よりしては、何処までも区別することはできないのである。

以上は心理学上より見て、思惟も純粋経験の一種であることを論じたのであるが、思惟は単に個人的意識の上の事実ではなくして客観的意味を有って居る、思惟の本領とする所は真理を現わすにあるのである、自分で自分の意識現象を直覚する純粋経験の場合には真妄と云うことはないが、思惟には真妄の別があるともいえる。此等の点を明にするには所謂客観、実在、真理等の意義を詳論する必要はあるが、極めて批評的に考えて見ると、純粋経験の事実の外に実在なく、此等の性質も心理的に説明ができると思う。前にもいった様に、意識の意味というのは他との関係より生じてくる、換言すればその意識の入り込む体系に由りて定まってくる。同一の意識であっても、その入り込む体系の異なるに由りて種々の意味を生ずるのである。たとえば意味の意識である或心像であっても、他に関係なく唯それだけとして見た時には、何等の意味も持たない単に純粋経験の事実である。之に反し事実の意識なる或知覚も、意識体系の上に他と関係を有する点より見れば意味を有って居る、唯多くの場合に其意味が無意識であるのである。然らば如何なる思想が真であり如何なる思想が偽であるかと云うに、我々はいつでも意識体系の中で最も有力なる者、即ち最大最深なる体系を客観的実在と信じ、之に合った場合を真理、之と衝突した場合を偽と考えるのである。此の考より見れば、知覚にも正しいとか誤るとかいうことがある。即ち或体系よりして見て、よくその目的に合うた時が正しく、之に反した時が誤ったのである。勿論此等の体系の中には種々の意味があるので、知覚の背後に於ける体系は多く実践的であるが、思惟の体系は純知識的であるというような区別もできるであろう。併し余は知識の究竟的目的は実践的であるように、意志の本に理性が潜んで居るといえると思う。この事は後に意志の処に論じようと思うが、かかる体系の区別も絶対的とはいえないのである。又同じ知識的作用であっても、連想とか記憶とかいうのは単に個人的意識内の関係統一であるが、思惟だけは超個人的で一般的であるともいえる。併しかかる区別も我々の経験の範囲を強いて個人的と限るより起るので、純粋経験の前には反って個人なる者のないことに考え至らぬのである（意志は意識統一の小なる要求で、理性はその深遠なる要求である）。

之まで思惟と純粋経験とを比較し、普通には此の二者が全く類を異にすると思うて居る点も、深く考えて見ると一致の点を見出し得ることを述べたのであるが、今少しく思惟の起源及帰趨について論じ、更に右二者の関係を明にしようと思う。我々の意識の原始的状態又は発達せる意識でもその直接の状態は、いつでも純粋経験の状態であることは誰しも許す所であろう。反省的思惟の作用は次位的に之より生じた者である。然らば何故に此の如き作用が生ずるのであるかというに、前にいった様に意識は元来一の体系である、自ら己を発展完成するのがその自然の状態である、而もその発展の行路に於て種々なる体系の矛盾衝突が起ってくる、反省的思惟はこの場合に現われるのである。併し一面より見て斯の如く矛盾衝突するものも、他面より見れば直に一層大なる体系的発展の端緒である。換言すれば大なる統一の未完の状態ともいうべき者である。例えば行為に於ても又知識に於ても、我々の経験が複雑となり種々の連想が現われ、その自然の行路を妨げた時我々は反省的となる。此の矛盾衝突の裏面には暗に統一の可能を意味して居るのであって、決意或は解決の時已に大なる統一の端緒が成立するのである。併し我々は決して単に決意または解決という如き内面的統一の状態にのみ止まるのではない、決意は之に実行の伴うは言をまたず、思想でも必ず何等かの実践的意味をもって居る、思想は必ず実行に現われねばならぬ、即ち純粋経験の統一に達せねばならぬ。されば純粋経験の事実は我々の思想のアルファであり又オメガである。要するに思惟は大なる意識体系の発展実現する過程にすぎない、若し大なる意識統一に住して之を見れば、思惟というのも大なる一直覚の上に於ける波瀾にすぎぬのである。例えば我々が或目的について苦慮する時、目的なる統一的意識はいつでもその背後に直覚的事実として働いて居るのである。それで思惟といっても別に純粋経験とは異なった内容も形式も有って居らぬ、唯その深く大ではあるが未完の状態である。他面より見れば真の純粋経験とは単に所働的ではなく、反って構成的で一般的方面を有って居る、即ち思惟を含んで居るといってよい。

純粋経験と思惟とは元来同一事実の見方を異にした者である。嘗《かつ》てヘーゲルが力を極めて主張したように、思惟の本質は抽象的なるにあるのでなく、反ってその具体的なるにあるとすれば、余が上にいった意味の純粋経験と殆ど同一となってくる、純粋経験は直に思惟であるといってもよい。具体的思惟より見れば、概念の一般性というのは普通にいう様に類似の性質を抽象した者ではない、具体的事実の統一力である、ヘーゲルも一般とは具体的なる者の魂であるといって居る（Hegel, Wissenschaft der Logik, III, S. 37）。而して我々の純粋経験は体系的発展であるから、その根底に働きつつある統一力は直に概念の一般性其者でなければならぬ、経験の発展は直に思惟の進行となる、即ち純粋経験の事実とは所謂一般なる者が己自身を実現するのである。感覚或は連想の如き者に於てすら、その背後に潜在的統一作用が働いて居る。之に反し思惟に於ても統一が働く瞬間には、前に云った様にその統一自身は無意識である。唯統一が抽象せられ、対象化せられた時、別の意識となって現われる、併しこの時は已に統一の作用を失って居るのである。純粋経験とは単一とか所働的とかいう意味ならば思惟と相反するでもあろうが、経験とはありのままを知るという意ならば、単一とか所働的とかいうことは反って純粋経験の状態とはいわれない、真に直接なる状態は構成的で能働的である。

我々は普通に思惟に由りて一般的なる者を知り、経験に由りて個体的なる者を知ると思うて居る。併し個体を離れて一般的なる者があるのではない、真に一般的なる者は個体的実現の背後に於ける潜勢力である、個体の中にありて之を発展せしむる力である、例えば植物の種子の如き者である。若し個体より抽象せられた他の特殊と対立する如き者ならば、それは真の一般ではなくして、やはり特殊である、かかる場合では一般は特殊の上に位するのではなく、之と同列にあるのである、例えば、色ある三角形について、三角形より見れば色は特殊であるであろうが、色より見れば三角は特殊である。かくの如き抽象的で無力なる一般ならば推理や総合の本となることはできぬ。それで思惟の活動に於て統一の本たる真に一般なる者は、個体的現実と其内容を同じゅうする潜勢力でなければならぬ、唯その含蓄的なると顕現的なるとに由りて異なって居るのである。個体とは一般的なる者の限定せられた[も]のである。個体と一般との関係を斯の如く考えると、論理的にも思惟と経験との差別がなくなってくる。我々が現在の個体的経験といって居る者も、その実は発展の途中にある者と見ることができる、即ち尚精細に限定せらるべき潜勢力を有って居るのである。例えば我々の感覚の如き者でも尚分化発展の余地があるのであろう、此の点より見て尚一般的となすこともできる。之に反し一般的の者でも、発展をその処にかぎって見れば、個体的ということもできるであろう。普通には空間時間の上に於て限定せられた者をのみ個体的と称えて居る、併しかかる限定は単に外面的である、真の個体とはその内容に於て個体的でなければならぬ、即ち唯一の特色を具えた者でなければならぬ、一般的なる者が発展の極処に至った処が個体である。此の意味より見れば、普通に感覚或は知覚といって居るような者は極めて内容に乏しき一般的なるもので、深き意味に充ちたる画家の直覚の如き者が反って真に個体的と云いうるであろう。凡て空間時間の上より限定せられた単に物質的なる者を以て、個体的となすのはその根底に於て唯物論的独断があるであろうと思う。純粋経験の立脚地より見れば、経験を比較するにはその内容を以てすべきものである。時間空間という如き者もかかる内容に基づいて之を統一する一つの形式にすぎないのである。或は又感覚的印象の強く明なることと、その情意と密接の関係をもつことなどが之を個体的と思わしめる一原因でもあろうが、所謂思想の如きも決して情意に関係がないのではない。強く情意を動かす者が特に個体的と考えられるのは、情意は知識に比して我々の目的其者であり、発展の極致に近いからであると思う。

之を要するに思惟と経験とは同一であって、その間に相対的の差異を見ることはできるが絶対的区別はないと思う。併し余は之が為に思惟は単に個人的で主観的であるというのではない、前にもいった様に純粋経験は個人の上に超越することができる。かくいへば甚だ異様に聞えるであろうが、経験は時間、空間、個人を知るが故に時間、空間、個人以上である、個人あって経験あるのではなく、経験あって個人あるのである。個人的経験とは経験の中に於て限られし経験の特殊なる一小範囲にすぎない。

## 第三章　意　志

余は今純粋経験の立脚地より意志の性質を論じ、知と意との関係を明にしようと思う。意志は多くの場合に於て動作を目的とし又之を伴うのであるが、意志は精神現象であって外界の動作とは自ら別物である。動作は必ずしも意志の要件ではない、或外界の事情のため動作が起らなかったにしても、意志は意志であったのである。心理学者のいうように、我々が運動を意志するにはただ過去の記憶を想起すれば足りる、即ち之に注意を向けさえすればよい、運動は自ら之に伴うのである、而してこの運動其者も純粋経験より見れば運動感覚の連続にすぎない。凡て意志の目的という者も直接に之を見れば、やはり意識内の事実である、我々はいつでも自己の状態を意志するのである、意志には内面的と外面的との区別はないのである。

意志といえば何か特別なる力がある様に思われて居るが、その実は一の心像より他の心像に移る推移の経験にすぎない、或事を意志するというのは即ち之に注意を向けることである。この事は最も明に所謂無意的行為の如き者に於て見ることができる、前にいった知覚の連続のような場合でも、注意の推移と意志の進行とが全く一致するのである。勿論注意の状態は意志の場合に限った訳ではなく、その範囲が広いようであるが、普通に意志というのは運動表象の体系に対する注意の状態である、換言すれば此の体系が意識を占領し、我々が之に純一となった場合をいうのである。或は単に一表象に注意するのと之を意志の目的として見るのと違うように思うでもあろうが、そは其表象の属する体系の差異である。凡て意識は体系的であって、表象も決して孤独では起らない、必ず何かの体系に属して居る。同一の表象であっても、その属する体系に由りて知識的対象ともなり又意志の目的ともなるのである。例えば、一杯の水を想起するにしても、単に外界の事情と連想する時は知識的対象であるが、自己の運動と連想せられた時は意志の目的となるのである。ゲーテが「意欲せざる天の星は美し」といった様に、いかなる者も自己運動の表象の系統に入り来らざる者は意志の目的とはならぬのである。我々の欲求は凡て過去の経験の想起に因りて成立することは明なる事実である。其特徴たる強き感情と緊張の感覚とは、前者は運動表象の体系が我々に取りて最も強き生活本能に基づくのと、後者は運動に伴う筋覚に外ならぬのである。又単に運動を想起するのみではまだ直に之を意志するとまでいうことはできぬ様であるが、そは未だ運動表象が全意識を占領せぬ故である、真に之に純一となれば直に意志の決行となるのである。

然らば運動表象の体系と知識表象の体系と如何なる差異があるであろうか。意識発達の始に遡りて見るとかくの如き区別があるのではない、我々の有機体は元来生命保存の為に種々の運動をなす様に作られて居る、意識はかくの如き本能的動作に副うて発生するので、知覚的なるよりも寧《むし》ろ衝動的なるのが其原始的状態である。然るに経験の積むに従い種々の連想ができるので、遂に知覚中枢を本とするのと運動中枢を本とするのと両種の体系ができるようになる。併しいかに両体系が分化したといっても、全然別種の者となるのではない、純知識であっても何処かに実践的意味を有って居り、純意志であっても何等かの知識に基づいて居る。具象的精神現象は必ず両方面を具えて居る、知識と意志とは同一現象をその著しき方面に由りて区別したのにすぎぬのである、つまり知覚は一種の衝動的意志であり、意志は一種の想起である。加之《しかのみならず》、記憶表象の純知識的なる者であっても、必ず多少の実践的意味を有って居らぬことはない、之に反し偶然に起る様に思われる意志であっても、何かの刺激に基づいて居るのである。又意志は多く内より目的を以て進行するというが、知覚であっても予め目的を定めて之に感官を向ける事もできる、特に思惟の如きは尽く有意的であるといってもよい、之に反し衝動的意志の如き者は全く受働的である。右の如く考えて見ると、運動表象と知識表象とは全く類を異にせるものではなく、意志と知識との区別も単に相対的であるといわねばならぬようになる。意志の特徴である苦楽の情、緊張の感も、其程度は弱くとも、知的作用に必ず伴うて居る。知識も主観的に見れば、内面的潜勢力の発展とも見ることができる、嘗《かつ》ていった様に、意志も知識も潜在的或者の体系的発展と見做すことができるのである。勿論主観と客観とを分けて考えて見れば、知識に於ては我々は主観を客観に従えるが、意志に於ては客観を主観に従えるという区別もあるであろう。之を詳論するには主客の性質及関係を明にする必要もあるであろうが、余は此点に於ても知と意との間に共通の点があるのであろうと思う。知識的作用に於ては、我々は予め一の仮定を抱き之を事実に照らして見るのである、いかに経験的研究であっても必ず先ず仮定を有って居なければならぬ、而して此の仮定が所謂客観と一致する時、之を真理と信ずるのである、即ち真理を知り得たのである。意志的動作に於ても、我は一の欲求を有って居ても、直に之が意志の決行となるのではない、之を客観的事実に鑑み、その適当にして可能なるを知った時、始めて実行に移るのである。前者に於て我々は全然主観を客観に従えるが、後者に於ては客観を主観に従えるということができるであろうか。欲求は能く客観と一致することに因りてのみ実現することができる、意志は客観より遠ざかれば遠ざかる程無効となり、之に近づけば近づく程有効となるのである。我々が現実と離れた高き目的を実行しようと思う場合には種々の手段を考え、之に因りて一歩一歩と進まねばならぬ、而してかく手段を考えるのは即ち客観に調和を求めるのである、之に従うのである、若し到底其手段を見出すことができぬならば、目的其者を変更するより外はなかろう。之に反し目的が極めて現実に近かった時には、飲食起臥の習慣的行為の如く、欲求は直に実行となるのである、かかる場合には主観より働くのではなく、反って客観より働くとも見らるるのである。

かく意志に於て全然客観を主観に従えるといえないように、知識に於て主観を客観に従えるとはいわれぬ。自己の思想が客観的真理となった時、即ちそが実在の法則であって実在は之に由りて動くことを知った時、我は我理想を実現し得たということができぬであろうか。思惟も一種の統覚作用であって、知識的要求に基づく内面的意志である。我々が思惟の目的を達し得たのは一種の意志実現ではなかろうか。唯両者の異なるのは、一は自己の理想に従うて客観的事実を変更し、一は客観的事実に従うて自己の理想を変更するにあるのである。即ち一は作為し一は見出すといってよかろう、真理は我々の作為すべき者ではなく、反って之に従うて思惟すべき者であるというのである。併し我々が真理といって居る者は果して全く主観を離れて存する者であろうか。純粋経験の立脚地より見れば、主観を離れた客観という者はない。真理とは我々の経験的事実を統一した者である、最も有力にして統括的なる表象の体系が客観的真理である。真理を知るとか之に従うとかいうのは、自己の経験を統一する謂である、小なる統一より大なる統一にすすむのである。而して我々の真正なる自己は此統一作用其者であるとすれば、真理を知るというのは大なる自己に従うのである、大なる自己の実現である(ヘーゲルのいった様に、凡ての学問の目的は、精神が天地間の万物に於て己自身を知るにあるのである)。知識の深遠となるに従い自己の活動が大きくなる、之まで非自己であった者も自己の体系の中に入ってくるようになる。我々はいつでも個人的要求を中心として考えるから、知識に於て所働的であるように感ぜられるのであるが、若しこの意識的中心を変じて之を所謂理性的要求に置くならば、我々は知識に於ても能働的となるのである。スピノーザのいった様に知は力である。我々は常に過去の運動表象の喚起に由りて自由に身体を動かし得ると信じて居る。併し我々の身体も物体である、此点より見ては他の物体と変りはない。視覚にて外物の変化を知るのも、筋覚にて自己の身体の運動を感ずるのも同一である、外界といえば両者共に外界である。然るに何故に他物とは違って、自己の身体だけは自己が自由に支配することができると考え得るのであろうか。我々は普通に運動表象をば、一方に於て我々の心像であると共に一方に於て外界の運動を起す原因となると考えて居るが、純粋経験の立脚地より見れば、運動表象に由りて身体の運動を起すというも、或予期的運動表象に直に運動感覚を伴うというにすぎない、此点に於ては凡て予期せられた外界の変化が実現せられるのと同一である。

実際、原始的意識の状態では自己の身体の運動と外物の運動とは同一であったであろうと思う、唯経験の進むにつれて此二者が分化したのである。即ち種々なる約束の下に起る者が外界の変化と見られ、予期的表象にすぐに従う者が自己の運動と考えられるようになったのである。併し固《もと》より此区別は絶対的でないのであるから、自己の運動であっても少しく複雑なる者は予期的表象に直に従うことはできぬ、此場合に於ては意志の作用は著しく知識の作用に近づいてくるのである。要するに、外界の変化といって居る者も、その実は我々の意識界即ち純粋経験内の変化であり、又約束の有無ということも程度の差であるとすれば、知識的実現と意志的実現とは畢竟同一性質の者となってくる。或は意志的運動に於ては予期的表象は単に之に先だつのでなく、其者が直に運動の原因となるのであるが、外界の変化に於ては知識的なる予期表象其者が変化の原因となるのではないというかも知れぬが、元来、因果とは意識現象の不変的連続である、仮に意識を離れて全然独立の外界なる者があるとするならば、意志に於ても意識的なる予期表象が直に外界に於ける運動の原因とはいわれまい、単に両現象が平行するというまでゞなければならぬ、かく見れば意志的予期表象の運動に対する関係は知識的予期表象の外界に対する関係と同一になる。実際、意志的予期表象と身体の運動とは必ずしも相伴うのではない、やはり或約束の下に伴うのである。

又我々は普通に意志は自由であるといって居る。併し所謂自由とは如何なることをいうのであろうか。元来我々の欲求は我々に与えられた者であって、自由に之を生ずることはできない。唯或与えられた最深の動機に従うて働いた時には、自己が能働であって自由であったと感ぜられるのである、之に反し、かかる動機に反して働いた時は強迫を感ずるのである、これが自由の真意義である。而してこの意味に於ての自由は単に意識の体系的発展と同意義であって、知識に於ても同一の場合には自由であるということができる。我々はいかなる事をも自由に欲することができるように思うが、そは単に可能であるという迄である、実際の欲求は其時に与えられるのである、或一の動機が発展する場合には次の欲求を予知することができるかも知れぬが、然らざれば次の瞬間に自己が何を欲求するか之を予知することもできぬ。要するに我が欲求を生ずるというよりは寧《むし》ろ現実の動機が即ち我である。普通には欲求の外に超然たる自己があって自由に動機を決定するようにいうのであるが、斯の如き神秘力のないのはいうまでもなく、若しかかる超然的自己の決定が存するならば、それは偶然の決定であって、自由の決定とは思われぬのである。

上来論じ来った様に、意志と知識との間には絶対的区別のあるのではなく、その所謂区別とは多く外より与えられた独断にすぎないのである。純粋経験の事実としては意志と知識との区別はない、共に一般的或者が体系的に自己を実現する過程であって、その統一の極致が真理であり兼ねて又実行であるのである。嘗《かつ》ていった知覚の連続のような場合では、未だ知と意と分れて居らぬ、真に知即行である。唯意識の発展につれて、一方より見れば種々なる体系の衝突の為、一方より見れば更に大なる統一に進む為、理想と事実との区別ができ、主観界と客観界とが分れてくる、そこで主より客に行くのが意で、客より主に来るのが知であるというような考も出てくる。知と意との区別は主観と客観とが離れ、純粋経験の統一せる状態を失った場合に生ずるのである。意志に於ける欲求も知識に於ける思想も共に理想が事実と離れた不統一の状態である。思想というのも我々が客観的事実に対する一種の要求である、所謂真理とは事実に合うた実現し得べき思想ということであろう。此点より見れば事実に合うた実現し得べき欲求と同一といってよい、唯前者は一般的で、後者は個人的なるの差があるのである。それで意志の実現とか真理の極致とかいうのは此不統一の状態から純粋経験の統一の状態に達するの謂である。意志の実現をかく考えるのは明であるが、真理をもかく考えるには多少の説明を要するであろう。如何なる者が真理であるかということに就いては種々の議論もあるであろうが、余は最も具体的なる経験の事実に近づいた者が真理であると思う。往々真理は一般的であるという、もしその意味が単に抽象的共通ということであれば、かかる者は反って真理と遠ざかったものである。真理の極致は種々の方面を総合する最も具体的なる直接の事実其者でなければならぬ。この事実が凡ての真理の本であって、所謂真理とは之より抽象せられ、構成せられた者である。真理は統一にあるというが、その統一とは抽象概念の統一をいうのではない、真の統一はこの直接の事実にあるのである。完全なる真理は個人的であり、現実的である。それ故に完全なる真理は言語に云い現わすべき者ではない、所謂科学的真理の如きは完全なる真理とはいえないのである。

凡て真理の標準は外にあるのではなく、反って我々の純粋経験の状態にあるのである、真理を知るというのはこの状態に一致するのである。数学などの様な抽象的学問といわれて居る者でも、その基礎たる原理は我々の直覚即ち直接経験にあるのである。経験には種々の階級がある、嘗《かつ》ていった様に、関係の意識をも経験の中に入れて考えて見ると、数学的直覚の如き者も一種の経験である。かく種々の直接経験があるならば、何に由りて其真偽を定むるかの疑も起るであろうが、そは二つの経験が第三の経験の中に包容せられた時、この経験に由りて之を決することができる。兎に角直接経験の状態に於て、主客相没し、天地唯一の現実、疑わんと欲して疑う能わざる処に真理の確信があるのである。一方に於て意志の活動ということを考えて見るとやはり此の如き直接経験の現前即ち意識統一の成立をいうにすぎぬ。一の欲求の現前は単に表象の現前と同じく直接経験の事実である。種々の欲求の争の後一つの決断ができたのは、種々思慮の後一の判断ができた様に、一の内面的統一が成立したのである。意志が外界に実現されたという時は、学問上自己の考が実験に由りて証明せられた場合の様に、主客の別を打破した最も統一せる直接経験の現前したのである。或は意識内の統一は自由であるが、外界との統一は自然に従わねばならぬと云うが、内界の統一であっても自由ではない、統一は凡て我々に与えられる者である、純粋経験より見れば内外などの区別も相対的である。意志の活動とは単に希望の状態ではない、希望は意識不統一の状態であって、反って意志の実現が妨げられた場合である、唯意識統一が意志活動の状態である。たとい現実が自己の真実の希望に反して居ても、現実に満足し之に純一なる時は、現実が意志の実現である。之に反し、いかに完備した境遇であっても、他に種々の希望があって現実が不統一の状態であった時には、意志が妨げられて居るのである。意志の活動と否とは純一と不純一、即ち統一と不統一とに関するのである。

例えば此処に一本のペンがある。之を見た瞬間は、知ということもなく、意ということもなく、唯一個の現実である。之に就いて種々の連想が起り、意識の中心が推移し、前の意識が対象視せられた時、前意識は単に知識的となる。之に反し、このペンは文字を書くべきものだという様な連想が起る。この連想が尚前意識の縁暈として之に付属して居る時は知識であるが、この連想的意識其者が独立に傾く時、即ち意識中心が之に移ろうとした時は欲求の状態となる。而して此連想的意識が愈々《いよいよ》独立の現実となった時が意志であり、兼ねて又真に之を知ったというのである。何でも現実に於ける意識体系の発展する状態を意志の作用というのである。思惟の場合でも、或問題に注意を集中して之が解決を求むる所は意志である。之に反し茶をのみ酒をのむという様なことでも、之だけの現実ならば意志であるが、其味をためすという意識が出て来て之が中心となるならば知識となる、而してこのためすという意識其者がこの場合に於て意志である。意志というのは普通の知識という者よりも一層根本的なる意識体系であって統一の中心となる者である。知と意との区別は意識の内容にあるのではなく、その体系内の地位に由りて定まってくるのであると思う。

理性と欲求とは一見相衝突するようであるが、其実は両者同一の性質を有し、唯大小深浅の差あるのみであると思う。我々が理性の要求といって居る者は更に大なる統一の要求である、即ち個人を超越せる一般的意識体系の要求であって、反って大なる超個人的意志の発現とも見ることができる。意識の範囲は決して所謂個人の中に限られて居らぬ、個人とは意識の中の一小体系にすぎない。我々は普通に肉体生存を核とせる小体系を中心として居るが、若し、更に大なる意識体系を中軸として考えて見れば、此の大なる体系が自己であり、其発展が自己の意志実現である。例えば熱心なる宗教家、学者、美術家の如き者である。「かくなければならぬ」という理性の法則と、単に「余はかく欲する」という意志の傾向とは全く相異なって見えるが、深く考えて見ると其根底を同じゅうする者であると思う。凡て理性とか法則とかいって居る者の根本には意志の統一作用が働いて居る、シラーなどが論じて居る様に、公理 axiom というような者でも元来実用上より発達した者であって、其発生の方法に於ては単なる我々の希望と異なって居らぬ (Sturt, Personal Idealism, p. 92)。翻って我々の意志の傾向を見るに、無法則の様ではあるが、自ら必然の法則に支配せられて居るのである（個人的意識の統一である）。右の二者は共に意識体系の発展の法則であって、唯其効力の範囲を異にするのみである。又或は意志は盲目であるというので理性と区別する人もあるが、何ごとにせよ我々に直接の事実であるものは説明できぬ、理性であっても其根本である直覚的原理の言説はできぬ。説明とは一の体系の中に他を包容し得るの謂である。統一の中軸となる者は説明はできぬ、兎に角其場合は盲目である。

## 第四章　知的直観

余が此処に知的直観 intellektuelle Anschauung というのは所謂理想的なる、普通に経験以上といって居る者の直覚である。弁証的に知るべき者を直覚するのである、例えば美術家や宗教家の直覚の如き者をいうのである。直覚という点に於ては普通の知覚と同一であるが、其内容に於ては遥に之より豊富深遠なるものである。

知的直観ということは或人には一種特別の神秘的能力の様に思われ、また或人には全く経験的事実以外の空想のように思われて居る。併し余は之と普通の知覚とは同一種であって、其間にはっきりした分界線を引くことはできないと信ずる。普通の知覚であっても、前にいった様に、決して単純ではない必ず構成的である、理想的要素を含んで居る。余が現在に見て居る物は現在の儘《まま》を見て居るのではない、過去の経験の力に由りて説明的に見て居るのである。この理想的要素は単に外より加えられた連想という様ではなく、知覚其者を構成する要素となって居る、知覚其者が之に由りて変化せられるのである。この直覚の根底に潜める理想的要素は何処までも豊富、深遠となることができる。各人の天賦により、又同一の人でもその経験の進歩に由りて異なってくるのである。始は経験のできなかった事又は弁証的に漸くに知り得た事も、経験の進むに従い直覚的事実として現われてくる、この範囲は自己の現在の経験を標準として限定することはできぬ、自分ができぬから人もできぬということはない。モツァルトは楽譜を作る場合に、長き譜にても、画や立像のように、その全体を直視することができたという。単に数量的に拡大せられるのでなく、性質的に深遠となるのである、例えば我々の愛に由りて彼我合一の直覚を得ることができる、宗教家の直覚の如きはその極致に達したものであろう。或人の超凡的直覚が単に空想であるか、将《はた》真に実在の直覚であるかは他との関係即ち其効果如何に由って定まってくる。直接経験より見れば、空想も真の直覚も同一の性質をもって居る、唯其統一の範囲に於て大小の別あるのみである。

或人は知的直観がその時間、空間、個人を超越し、実在の真相を直視する点に於て普通の知覚と其類を異にすると考えて居る。併し前にもいった様に、厳密なる純粋経験の立場より見れば、経験は時間、空間、個人等の形式に拘束せられるのではなく、此等の差別は反って此等を超越せる直覚に由りて成立するものである。又実在を直視すると云うも、凡て直接経験の状態に於ては主客の区別はない、実在と面々相対するのである、独り知的直観の場合にのみ限った訳ではない、シェルリングの同一 Identität は直接経験の状態である。主客の別は経験の統一を失った場合に起る相対的形式である、之を互に独立せる実在と見做すのは独断にすぎないのである。ショーペンハウエルの意志なき純粋直覚と云うのも天才の特殊なる能力ではない、反って我々の最も自然にして統一せる意識状態である、天真爛漫なる嬰児の直覚は凡て此種に属するのである。それで知的直観とは我々の純粋経験の状態を一層深く大きくした者にすぎない、即ち意識体系の発展上に於ける大なる統一の発現をいうのである。学者の新思想を得るのも、道徳家の新動機を得るのも、美術家の新理想を得るのも、宗教家の新覚醒を得るのも凡て斯かる統一の発現に基づくのである（故に凡て神秘的直覚に基づくのである）。我々の意識が単に感官的性質のものならば、普通の知覚的直覚の状態に止まるのであろう、併し理想的なる精神は無限の統一を求める、而して此統一は所謂知的直観の形に於て与えられたのである。知的直観とは知覚と同じく意識の最も統一せる状態である。

普通の知覚が単に受働的と考えられて居る様に、知的直観も亦単に受働的観照の状態と考えられて居る。併し真の知的直観とは純粋経験に於ける統一作用其者である、生命の捕捉である、即ち技術の骨の如き者一層深く云えば美術の精神の如き者がそれである。例えば画家の興来り筆自ら動く様に複雑なる作用の背後に統一的或者が働いて居る。その変化は無意識の変化ではない、一つの物の発展完成である。この一物の会得が知的直観であって、而もかかる直覚は独り高尚なる芸術の場合のみではなく、すべて我々の熟練せる行動に於ても見る所の極めて普通の現象である。普通の心理学は単に習慣であるとか、有機的作用であるとかいうであろうが、純粋経験説の立場より見れば、こは実に主客合一、知意融合の状態である。物我相忘じ、物が我を動かすのでもなく、我が物を動かすのでもない、ただ一の世界、一の光景あるのみである。知的直観といえば主観的作用の様に聞えるのであるが、その実は主客を超越した状態である、主客の対立は寧《むし》ろこの統一に由りて成立するといってよい、芸術の神来の如きものは皆此境に達するのである。又知的直観とは事実を離れたる抽象的一般性の直覚をいうのではない。画の精神は描かれたる個々の事物と異なれども又之を離れてあるのではない。嘗《かつ》ていった様に、真の一般と個性とは相反する者でない、個性的限定に由りて反って真の一般を現わすことができる、芸術家の精巧なる一刀一筆は全体の真意を現わすが為である。

知的直観を右の如く考えれば、思惟の根底には知的直観なる者の横わって居ることは明である。思惟は一種の体系である、体系の根底には統一の直覚がなければならぬ。之を小にしては、ジェームスが「意識の流」に於ていって居る様に、「骨牌《カルタ》の一束が机上にある」という意識に於て、主語が意識せられた時客語が暗に含まれて居り、客語が意識せられた時主語が暗に含まれて居る、つまり根底に一つの直覚が働いて居るのである。余は此の統一的直覚は技術の骨と同一性質のものであると考える。又之を大にしては、プラトー、スピノーザの哲学の如き凡て偉大なる思想の背後には大なる直覚が働いて居るのである。思想に於て天才の直覚というも、普通の思惟というも唯量に於て異なるので、質に於て異なるのではない、前者は新にして深遠なる統一の直覚にすぎないのである。凡ての関係の本には直覚がある、関係は之に由りて成立するのである。我々がいかに縦横に思想を馳せるとも、根本的直覚を超出することはできぬ、思想は此上に成立するのである。思想は何処までも説明のできる者ではない、其根底には説明し得べからざる直覚がある、凡ての証明は此上に築き上げられるのである。思想の根底にはいつでも神秘的或者が潜んで居るのである、幾何学の公理の如き者すらこの一種である。往々思想は説明ができるが、直覚は説明ができぬというが、説明と云うのは更に根本的なる直覚に摂帰し得るという意味にすぎないのである。此思想の根本的直覚なる者は一方に於て説明の根底となると同時に、単に静学的なる思想の形式ではなく一方に於て思惟の力となる者である。

思惟の根底に知的直観がある様に、意志の根底にも知的直観がある。我々が或事を意志するというのは主客合一の状態を直覚するので、意志はこの直覚に由りて成立するのである。意志の進行とはこの直覚的統一の発展完成であって、其根底には始終此の直覚が働いて居る、而してその完成した所が意志の実現となるのである。我々が意志に於て自己が活動すると思うのはこの直覚あるの故である。自己といって別にあるのではない。真の自己とはこの統一的直覚をいうのである。それで古人も終日なして而も行せずといったが、若し此の直覚より見れば動中に静あり、為して而も為さずと云うことができる。又かく知と意とを超越し、而もこの二者の根本となる直覚に於て、知と意との合一を見出すこともできる。

真の宗教的覚悟とは思惟に基づける抽象的知識でもない、又単に盲目的感情でもない、知識及意志の根底に横われる深遠なる統一を自得するのである、即ち一種の知的直観である、深き生命の捕捉である。故にいかなる論理の刃も之に向うことはできず、いかなる欲求も之を動かすことはできぬ、凡ての真理及満足の根本となるのである。その形は種々あるべけれど、凡ての宗教の本には此の根本的直覚がなければならぬと思う。学問道徳の本には宗教がなければならぬ、学問道徳は之に由りて成立するのである。

# 第二編　実　在

## 第一章　考究の出立点

世界はこの様なもの、人生はこの様なものという哲学的世界観及び人生観と、人間はかくせねばならぬ、かかる処に安心せねばならぬという道徳宗教の実践的要求とは密接の関係を持って居る。人は相容れない知識的確信と実践的要求とをもって満足することはできない。たとえば高尚なる精神的要求を持って居る人は唯物論に満足ができず、唯物論を信じて居る人は、いつしか高尚なる精神的要求に疑を抱く様になる。元来真理は一である。知識に於ての真理は直に実践上の真理であり、実践上の真理は直に知識に於ての真理でなければならぬ。深く考える人、真摯なる人は必ず知識と情意との一致を求むる様になる。我々は何を為すべきか、何処に安心すべきかの問題を論ずる前に、先ず天地人生の真相は如何なる者であるか、真の実在とは如何なる者なるかを明にせねばならぬ。

哲学と宗教と最も能く一致したのは印度の哲学、宗教である。印度の哲学、宗教では知即善で迷即悪である。宇宙の本体はブラハマン Brahman でブラハマンは吾人の心即アートマン Atman である。此ブラハマン即アートマンなることを知るのが、哲学及宗教の奥義であった。基督教は始め全く実践的であったが、知識的満足を求むる人心の要求は抑え難く、遂に中世の基督教哲学なる者が発達した。支那の道徳には哲学的方面の発達が甚だ乏しいが、宋代以後の思想は頗る此の傾向がある。此等の事実は皆人心の根底には知識と情意との一致を求むる深き要求のある事を証明するのである。欧州の思想の発達に就いて見ても、古代の哲学でソクラテース、プラトーを始とし教訓の目的が主となって居る。近代に於て知識の方が特に長足の進歩をなすと共に知識と情意との統一が困難になり、此の両方面が相分れる様な傾向ができた。併しこれは人心本来の要求に合うた者ではない。

今若し真の実在を理解し、天地人生の真面目を知ろうと思うたならば、疑いうるだけ疑って、凡ての人工的仮定を去り、疑うにももはや疑い様のない、直接の知識を本として出立せねばならぬ。我々の常識では意識を離れて外界に物が存在し、意識の背後には心なる物があって色々の働をなす様に考えて居る。又此考が凡ての人の行為の基礎ともなって居る。併し物心の独立的存在などいうことは我々の思惟の要求に由りて仮定したまでで、いくらも疑えば疑いうる余地があるのである。其外科学という様な者も、何か仮定的知識の上に築き上げられた者で、実在の最深なる説明を目的とした者ではない。又之を目的として居る哲学の中にも充分に批判的でなく、在来の仮定を基礎として深く疑わない者が多い。

物心の独立的存在ということが直覚的事実であるかの様に考えられて居るが、少しく反省して見ると直にその然らざることが明になる。今目前にある机とは何であるか、其色其形は眼の感覚である、之に触れて抵抗を感ずるのは手の感覚である。物の形状、大小、位置、運動という如きことすら、我々が直覚する所の者は凡て物其者の客観的状態ではない。我等の意識を離れて物其者を直覚することは到底不可能である。自分の心其者に就いて見ても右の通りである。我々の知る所は知情意の作用であって、心其者でない。我々が同一の自己があって始終働くかの様に思うのも、心理学より見れば同一の感覚及感情の連続にすぎない、我々の直覚的事実として居る物も心も単に類似せる意識現象の不変的結合というにすぎぬ。唯我々をして物心其者の存在を信ぜしむるのは因果律の要求である。併し因果律に由りて果して意識外の存在を推すことができるかどうか、これが先ず究明すべき問題である。

さらば疑うにも疑い様のない直接の知識とは何であるか。そは唯我々の直覚的経験の事実即ち意識現象に就いての知識あるのみである。現前の意識現象と之を意識するということとは直に同一であって、其間に主観と客観とを分つこともできない。事実と認識の間に一毫《いちごう》の間隙がない。真に疑うに疑い様がないのである。勿論、意識現象であっても之を判定するとか之を想起するとかいう場合では誤に陥ることもある。併し此時はもはや直覚ではなく、推理である。後の意識と前の意識とは別の意識現象である、直覚というは後者を前者の判断として見るのではない、唯ありのままの事実を知るのである。誤るとか誤らぬとかいうのは無意義である。斯の如き直覚的経験が基礎となって、其上に我々の凡ての知識が築き上げられねばならぬ。

哲学が伝来の仮定を脱し、新に確固たる基礎を求むる時には、いつでもかかる直接の知識に還ってくる。近世哲学の始に於てベーコンが経験を以て凡ての知識の本としたのも、デカートが「余は考う故に余在り」cogito ergo sum の命題を本とし、之と同じく明瞭なるものを真理としたのも之に由るのである。併しベーコンの経験といったのは純粋なる経験ではなく、我々は之に由りて意識外の事実を直覚しうるという独断を伴うた経験であった。デカートが余は考う故に余在りというのは已に直接経験の事実ではなく、已に余ありということを推理して居る。又明瞭なる思惟が物の本体を知りうるとなすのは独断である。カント以後の哲学に於ては疑う能わざる真理として直に之を受取ることはできぬ。余が此処に直接の知識というのは凡て此等の独断を去り、唯直覚的事実として承認するまでである(勿論ヘーゲルを始め諸《もろもろ》の哲学史家のいって居る様に、デカートの「余は考う故に余在り」は推理ではなく、実在と思惟との合一せる直覚的確実をいい現わしたものとすれば、余の出立点と同一になる)。

意識上に於ける事実の直覚、即ち直接経験の事実を以て凡ての知識の出立点となすに反し、思惟を以て最も確実なる標準となす人がある。此等の人は物の真相と仮相とを分ち、我々が直覚的に経験する事実は仮相であって、唯思惟の作用に由って真相を明にすることができるという。勿論此の中でも常識又は科学のいうのは全く直覚的経験を排するのではないが、或一種の経験的事実を以て物の真となし、他の経験的事実を以て偽となすのである。例えば日月星辰は小さく見ゆるが其実は非常に大なるものであるとか、天体は動く様に見ゆるが其実は地球が動くのであるという様なことである。併しかくの如き考は或約束の下に起る経験的事実を以て、他の約束の下に起る経験的事実を推すより起るのである。各其約束の下では動かすべからざる事実である。同一の直覚的事実であるのに、何故其一が真であって他が偽であるか。此の如き考の起るのは、つまり触覚が他の感覚に比して一般的であり且つ実地上最も大切なる感覚であるから、此の感覚より来る者を物の真相となすに由るので、少しく考えて見れば直にその首尾貫徹せぬことが明になる。或一派の哲学者に至っては之と違い、経験的事実を以て全く仮相となし、物の本体は唯思惟に由りて知ることができると主張するのである。併し仮に我々の経験のできない超経験的実在があるとした所で、かくの如き者が如何にして思惟に由って知ることができるか。我々の思惟の作用というのも、やはり意識に於て起る意識現象の一種であることは何人も拒むことができまい。若し我々の経験的事実が物の本体を知ることができぬとなすならば、同一の現象である思惟も、やはり之ができない筈である。或人は思惟の一般性、必然性を以て真実在を知る標準とすれど、此等の性質もつまり我々が自己の意識上に於て直覚する一種の感情であって、やはり意識上の事実である。

我々の感覚的知識を以て凡て誤となし、唯思惟を以てのみ物の真相を知りうるとなすのはエレヤ学派に始まり、プラトーに至って其頂点に達した。近世哲学にてはデカート学派の人は皆明確なる思惟に由りて実在の真相を知り得るものと信じた。

思惟と直覚とは全く別の作用であるかの様に考えられて居るが、単に之を意識上の事実として見た時には同一種の作用である。直覚とか経験とかいうのは、個々の事物を他と関係なくその儘《まま》に知覚する純粋の受働的作用であって、思惟とは之に反し事物を比較し判断し其関係を定むる能働的作用と考えられて居るが、実地に於ける意識作用としては全く受働的作用なる者があるのではない。直覚は直に直接の判断である。余が曩《さき》に仮定なき知識の出立点として直覚といったのは此の意義に於て用いたのである。

上来直覚といったのは単に感覚とかいう作用のみをいうのではない。思惟の根底にも常に統一的或者がある。之は直覚すべき者である。判断は此分析より起るのである。

## 第二章　意識現象が唯一の実在である

少しの仮定も置かない直接の知識に基づいて見れば、実在とは唯我々の意識現象即ち直接経験の事実あるのみである。この外に実在というのは思惟の要求よりいでたる仮定にすぎない。已に意識現象の範囲を脱せぬ思惟の作用に、経験以上の実在を直覚する神秘的能力なきは言うまでもなく、此等の仮定は、つまり思惟が直接経験の事実を系統的に組織する為に起った抽象的概念である。

凡ての独断を排除し、最も疑なき直接の知識より出立せんとする極めて批判的の考と、直接経験の事実以外に実在を仮定する考とは、どうしても両立することはできぬ。ロック、カントの如き大哲学者でも此の両主義の矛盾を免れない。余は今凡ての仮定的思想を棄てて厳密に前の主義を取ろうと思うのである。哲学史の上に於て見ればバークレー、フィヒテの如きは此の主義をとった人と思う。

普通には我々の意識現象というのは、物体界の中特に動物の神経系統に伴う一種の現象であると考えられて居る。併し少しく反省して見ると、我々に最も直接である原始的事実は意識現象であって、物体現象ではない。我々の身体もやはり自己の意識現象の一部にすぎない。意識が身体の中にあるのではなく、身体は反って自己の意識の中にあるのである。神経中枢の刺激に意識現象が伴うというのは、一種の意識現象は必ず他の一種の意識現象に伴うて起るというにすぎない。若し我々が直接に自己の脳中の現象を知り得るものとせば、所謂意識現象と脳中の刺激との関係は、丁度耳には音と感ずる者が眼や手には糸の震動と感ずると同一であろう。

我々は意識現象と物体現象と二種の経験的事実があるように考えて居るが、其実は唯一種あるのみである。即ち意識現象あるのみである。物体現象というのは其中で各人に共通で不変的関係を有する者を抽象したのにすぎない。

又普通には、意識の外に或定まった性質を具えた物の本体が独立に存在し、意識現象は之に基づいて起る現象にすぎないと考えられて居る。併し意識外に独立固定せる物とは如何なる者であるか。厳密に意識現象を離れては物其者の性質を想像することはできぬ。単に或一定の約束の下に一定の現象を起す不知的の或者というより外にない。即ち我々の思惟の要求に由って想像したまでである。然らば思惟は何故にかかる物の存在を仮定せねばならぬか。唯類似した意識現象がいつも結合して起るというにすぎない。我々が物といって居る者の真意義はかくの如くである。純粋経験の上より見れば、意識現象の不変的結合というのが根本的事実であって、物の存在とは説明の為に設けられた仮定にすぎぬ。

所謂唯物論者なる者は、物の存在ということを疑のない直接自明の事実であるかの様に考えて、之を以て精神現象をも説明しようとして居る。併し少しく考えて見ると、

これは本末を転倒して居るのである。

それで純粋経験の上から厳密に考えて見ると、我々の意識現象の外に独立自全の事実なく、バークレーのいった様に真に有即知 esse = percipi である。我々の世界は意識現象の事実より組み立てられてある。種々の哲学も科学も皆此事実の説明にすぎない。

余が此処に意識現象というのは或は誤解を生ずる恐がある。意識現象といえば、物

体と分れて精神のみ存するということに考えられるかも知れない。余の真意では真実在とは意識現象とも物体現象とも名づけられない者である。又バークレーの有即知というも余の真意に適しない。直接の実在は受働的の者でない、独立自全の活動である。有即活動とでも云った方がよい。

右の考は、我々が深き反省の結果としてどうしても此処に至らねばならぬのであるが、一見我々の常識と非常に相違するばかりでなく、之に由りて宇宙の現象を説明しようとすると種々の難問に出逢うのである。併し此等の難問は、多くは純粋経験の立脚地を厳密に守るより起ったというよりも、寧《むし》ろ純粋経験の上に加えた独断の結果であると考える。かくの如き難問の一は、若し意識現象をのみ実在とするならば、世界は凡て自己の観念であるという独知論に陥るではないか。又はさなくとも、各自の意識が互に独立の実在であるならば、いかにして其間の関係を説明することができるかということである。併し意識は必ず誰かの意識でなければならぬというのは、単に意識には必ず統一がなければならぬというの意にすぎない。若しこれ以上に所有者がなければならぬとの考ならば、そは明に独断である。然るに此統一作用即ち統覚というのは、類似せる観念感情が中枢となって意識を統一するというまでであって、此の意識統一の範囲なる者が、純粋経験の立場より見て、彼我の間に絶対的分別をなすことはできぬ。若し個人的意識に於て、昨日の意識と今日の意識とが独立の意識でありながら、その同一系統に属するの故を以て一つの意識と考えることができるならば、自他の意識の間にも同一の関係を見出すことができるであろう。

我々の思想感情の内容は凡て一般的である。幾千年を経過し幾千里を隔てて居ても思想感情は互に相通ずることができる。例えば数理の如き者は誰が何時何処に考えても同一である。故に偉大なる人は幾多の人を感化して一団となし、同一の精神を以て支配する。此時此等の人の精神を一と見做すことができる。

次に意識現象を以て唯一の実在となすについて解釈に苦むのは、我々の意識現象は固定せる物ではなく、始終変化する出来事の連続であって見れば、此等の現象は何処より起り、何処に去るかの問題である。併し此の問題もつまり物には必ず原因結果がなければならぬという因果律の要求より起るのであるから、此の問題を考うる前に、先ず因果律の要求とは如何なる者であるかを攻究せねばならぬ。普通には因果律は直に現象の背後に於ける固定せる物其者の存在を要求する様に考えて居るが、それは誤である。因果律の正当なる意義はヒュームのいった様に、或現象の起るには必ず之に先だつ一定の現象があるというまでであって、現象以上の物の存在を要求するのではない。一現象より他の現象を生ずるというのは、一現象が現象の中に含まれて居ったのでもなく、又何処か外に潜んで居ったのが引き出されるのでもない。唯充分なる約束即原因が具備した時は必ず或現象即結果が生ずるというのである。約束がまだ完備しない時之に伴うべき或現象即結果なる者は何処にもない。例えば石を打って火を発する以前に、火は何処にもないのである。或は之を生ずる力があるというでもあろうが、前にいった様に、力とか物とかいうのは説明の為に設けられた仮定であって、我々の直接に知る所では、唯火と全く異なった或現象があるのみである。それで或現象に或現象が伴うというのが我々に直接に与えられたる根本的事実であって、因果律の要求は反って此の事実に基づいて起ったものである。然るに此の事実と因果律とが矛盾する様に考うるのは、つまり因果律の誤解より起るのである。

因果律というのは、我々の意識現象の変化を本として、之より起った思惟の習慣であることは、此の因果律に由りて宇宙全体を説明しようとすると、すぐに自家撞着に陥るのを以て見ても分る。因果律は世界に始がなければならぬと要求する。併し若し何処かを始と定むれば因果律は更に其原因は如何と尋ねる、即ち自分で自分の不完全なることを明にして居るのである。

終りに、無より有を生ぜぬという因果律の考に就いても一言して置こう。普通の意味に於て物がないといっても、主客の別を打破したる直覚の上より見れば、やはり無の意識が実在して居るのである。無というのを単に語でなく之に何か具体的の意味を与えて見ると、一方では或性質の欠乏ということであるが、一方には何等かの積極的性質をもって居る（例えば心理学からいえば黒色も一種の感覚である）。それで物体界にて無より有を生ずると思われることも、意識の事実として見れば無は真の無でなく、意識発展の或一契機であると見ることができる。さらば意識に於ては如何、無より有を生ずることができるか。意識は時、場所、力の数量的限定の下に立つべき者ではなく、従って機械的因果律の支配を受くべき者ではない。此等の形式は反って意識統一の上に成立するのである。意識に於ては凡てが性質的であって、潜勢的一者が己自身を発展するのである。意識はヘーゲルの所謂無限 das Unendliche である。

此処に一種の色の感覚があるとしても、此中に無限の変化を含んで居るといえる、即ち我々の意識が精細となりゆけば、一種の色の中にも無限の変化を感ずる様になる。今日我々の感覚の差別も斯くして分化し来れるものであろう。ヴントは感覚の性質を次元に併べて居るが（Wundt, Grundriss der Psychologie, §5）、元来一の一般的なる者が分化して出来たのであるから、かかる体系があるのだと思う。

## 第三章　実在の真景

我々がまだ思惟の細工を加えない直接の実在とは如何なる者であるか。即ち真に純粋経験の事実というのは如何なる者であるか。此時にはまだ主客の対立なく、知情意の分離なく、単に独立自全の純活動あるのみである。

主知説の心理学者は、感覚及観念を以て精神現象の要素となし、凡ての精神現象は此等の結合より成る者と考えて居る。かく考えれば、純粋経験の事実とは、意識の最受働的なる状態即ち感覚であるといわねばならぬ。併し此の如き考は学問上分析の結果として出来た者を、直接経験の事実と混同したものである。我々の直接経験の事実に於ては純粋感覚なる者はない。我々が純粋感覚といって居る者も已に簡単なる知覚である。而して知覚は、いかに簡単であっても決して全く受働的でない、必ず能働的即ち構成的要素を含んで居る（此事は空間的知覚の例を見ても明である）。連想とか思惟とか複雑なる知的作用に至れば、尚一層此方面が明瞭となるので、普通に連想は受働的であるというが、連想に於ても観念連合の方向を定むる者は単に外界の事情のみでは無く、意識の内面的性質に由るのである。連想と思惟との間には唯程度の差あるのみである。元来我々の意識現象を知情意と分つのは学問上の便宜に由るので、実地に於ては三種の現象あるのではなく、意識現象は凡て此方面を具備して居るのである（例えば学問的研究の如く純知的作用といっても、決して情意を離れて存在することはできぬ）。併し此三方面の中、意志がその最も根本的なる形式である。主意説の心理学者のいう様に、我々の意識は始終能働的であって、衝動を以て始まり意志を以て終るのである。それで我々に最も直接なる意識現象はいかに簡単であっても意志の形を成して居る。即ち意志が純粋経験の事実であるといわねばならぬ。

従来の心理学は主として主知説であったが、近来は漸々主意説が勢力を占める様になった。ヴントの如きはその巨擘《きょはく》である。意識はいかに単純であっても必ず構成的である。内容の対照というのは意識成立の一要件である。若し真に単純なる意識があったならば、そは直に無意識となるのである。

純粋経験に於ては未だ知情意の分離なく、唯一の活動である様に、又未だ主観客観の対立もない。主観客観の対立は我々の思惟の要求より出でくるので、直接経験の事実ではない。直接経験の上に於ては唯独立自全の一事実あるのみである、見る主観もなければ見らるる客観もない。恰も我々が美妙なる音楽に心を奪われ、物我相忘れ、天地唯瀏喨《りゅうりょう》たる一楽声のみなるが如く、此刹那所謂真実在が現前して居る。之を空気の振動であるとか、自分が之を聴いて居るとかいう考は、我々が此の実在の真景を離れて反省し思惟するに由って起ってくるので、此時我々は已に真実在を離れて居るのである。

普通には主観客観を別々に独立しうる実在であるかの様に思い、此の二者の作用に由りて意識現象を生ずる様に考えて居る。従って精神と物体との両実在があると考えて居るが、これは凡て誤である。主観客観とは一の事実を考察する見方の相違である、精神物体の区別も此の見方より生ずるのであって、事実其者の区別でない。事実上の花は決して理学者のいう様な純物体的の花ではない、色や形や香をそなえた美にして愛すべき花である。ハイネが静夜の星を仰いで蒼空に於ける金の鋲といったが、天文学者は之を詩人の囈語《げいご》として一笑に付するのであろうが、星の真相は反って此の一句の中に現われて居るかも知れない。

かくの如く主客の未だ分れざる独立自全の真実在は知情意を一にしたものである。真実在は普通に考えられて居る様な冷静なる知識の対象ではない。我々の情意より成り立った者である。即ち単に存在ではなくして意味をもった者である。それで若しこの現実界から我々の情意を除き去ったならば、もはや具体的の事実ではなく、単に抽象的概念となる。物理学者のいう如き世界は、幅なき線、厚さなき平面と同じく、実際に存在するものではない。此点より見て、学者よりも芸術家の方が実在の真相に達して居る。我々の見る者聞く者の中に皆我々の個性を含んで居る。同一の意識といっても決して真に同一でない。例えば同一の牛を見るにしても、農夫、動物学者、美術家に由りて各其心象が異なって居らねばならぬ。同一の景色でも自分の心持に由って鮮明に美しく見ゆることもあれば、陰鬱にして悲しく見ゆることもある。仏教などにて自分の心持次第にて此世界が天堂ともなり地獄ともなるというが如く、つまり我々の世は我々の情意を本として組み立てられたものである。いかに純知識の対象なる客観的世界であるといっても、此の関係を免れることはできぬ。

科学的に見た世界が最も客観的であって、此中には少しも我々の情意の要素を含んで居らぬ様に考えて居る。併し学問といっても元は我々生存競争上実地の要求より起った者である、決して全然情意の要求を離れた見方ではない。特にエルザレムなどのいう様に、科学的見方の根本義である外界に種々の作用をなす力があるという考は、自分の意志より類推したものであると見做さねばならぬ（Jerusalem, Einleitung in die Philosophie, 6. Aufl. § 27）。それ故に太古の万象を説明するのは凡て擬人的であった、今日の科学的説明はこれより発達したものである。

我々は主観客観の区別を根本的であると考える処から、知識の中にのみ客観的要素を含み、情意は全く我々の個人的主観的出来事であると考えて居る。此考は已に其根本的の仮定に於て誤って居る。併し仮に主客相互の作用に由って現象が生ずるものとしても、色形などいう如き知識の内容も、主観的と見れば主観的である、個人的と見れば個人的である。之に反し情意ということも、外界にかくの如き情意を起す性質があるとすれば客観的根拠をもってくる、情意が全く個人的であるというのは誤である。我々の情意は互に相通じ相感ずることができる。即ち超個人的要素を含んで居るのである。

我々が個人なる者があって喜怒愛慾の情意を起すと思うが故に、情意が純個人的であるという考も起る。併し人が情意を有するのでなく、情意が個人を作るのである、情意は直接経験の事実である。

万象の擬人的説明ということは太古人間の説明法であって、又今日でも純白無邪気なる小児の説明法である。所謂科学者は凡て之を一笑に付し去るであろう、勿論此説明法は幼稚ではあるが、一方より見れば実在の真実なる説明法である。科学者の説明法は知識の一方にのみ偏したるものである。実在の完全なる説明に於ては知識的要求を満足すると共に情意の要求を度外に置いてはならぬ。希臘《ギリシヤ》人民には自然は皆生きた自然であった。雷電はオリムプス山上に於けるツォイス神の怒であり、杜鵑《ホトトギス》の声はフィロメーレが千古の怨恨であった（Schiller, Die Götter Griechenlandes を看よ）。自然なる希臘人の眼には現在の真意がその儘《まま》に現んじたのである。今日の美術、宗教、哲学、皆此真意を現わさんと努めて居るのである。

## 第四章　真実在は常に同一の形式を有って居る

上にいった様に主客を没したる知情意合一の意識状態が真実在である。我々が独立自全の真実在を想起すれば自ら此の形に於て現われてくる。此の如き実在の真景は唯我々が之を自得すべき者であって、之を反省し分析し言語に表わしうべき者ではなかろう。併し我々の種々なる差別的知識とは此の実在を反省するに由って起るのであるから、今此の唯一実在の成立する形式を考え、如何にして之より種々の差別を生ずるかを明にしようと思う。

真正の実在は芸術の真意の如く互に相伝うることのできない者である。伝えうべき者は唯抽象的空殻である。我々は同一の言語に由って同一の事を理解し居ると思って居るが、其内容は必ず多少異なって居る。

独立自全なる真実在の成立する方式を考えて見ると、皆同一の形式に由って成立するのである。即ち次の如き形式に由るのである。先ず全体が含蓄的 implicit に現われる、それより其内容が分化発展する、而して此の分化発展が終った時実在の全体が実現せられ完成せられるのである。一言にていえば、一つの者が自分自身にて発展完成するのである。此の方式は我々の活動的意識作用に於て最も明に見ることができる。意志に就いて見るに、先ず目的観念なる者があって、之より事情に応じて之を実現するに適当なる観念が体系的に組織せられ、此の組織が完成せられし時行為となり、此処に目的が実現せられ、意志の作用が終結するのである。啻《ただ》に意志作用のみではなく、所謂知識作用である思惟想像等についても見てもこの通りである。やはり先ず目的観念があって之より種々の観念連合を生じ、正当なる観念結合を得た時此の作用が完成せらるるのである。

ジェームスが「意識の流」に於ていった様に、凡て意識は右の如き形式をなして居る。例えば一文章を意識の上に想起するとせよ、其主語が意識上に現われた時已に全文章を暗に含んで居る。但し客語が現われて来る時其内容が発展実現せらるるのである。

意志、思惟、想像等の発達せる意識現象に就いては右の形式は明であるが、知覚、衝動等に於ては一見直に其全体を実現して、右の過程を踏まない様にも見える。併し前にいった様に、意識はいかなる場合でも決して単純で受働的ではない、能働的で複合せるものである。而して其成立は必ず右の形式に由るのである。主意説のいう様に、意志が凡ての意識の原形であるから、凡ての意識はいかに簡単であっても、意志と同一の形式に由って成立するものといわねばならぬ。

衝動及知覚などと意志及思惟などとの別は程度の差であって、種類の差ではない。前者に於ては無意識である過程が後者に於ては意識に自らを現わし来るのであるから、我々は後者より推して前者も同一の構造でなければならぬことを知るのである。我々の知覚というのも其発達から考えて見ると、種々なる経験の結果として生じたのである。例えば音楽などを聴いても、始の中は何の感をも与えないのが、段々耳に馴れてくれば其中に明瞭なる知覚をうる様になるのである。知覚は一種の思惟と云っても差支ない。

次に受働的意識と能働的意識との区別より起る誤解についても一言して置かねばならぬ。能働的意識にては右の形式が明であるが、受働的意識では観念を結合する者は外にあり、観念は単に外界の事情に由りて結合せらるるので、或全き者が内より発展完成するのでない様に見える。併し我々の意識は受働と能働とに峻別することはできぬ。これも畢竟程度の差である。連想又は記憶の如き意識作用も全然連想の法則というが如き外界の事情より支配せらるるものでない、各人の内面的性質が其主動力である、やはり内より統一的或者が発展すると見ることができる。唯所謂能働的意識では此の統一的或者が観念として明に意識の上に浮んで居るが、受働的意識では此者が無意識か又は一種の感情となって働いて居るのである。

　能働受働の区別、即ち精神が内から働くとか外から働を受けるとかいうことは、思惟に由って精神と物体との独立的存在を仮定し、意識現象は精神と外物と相互の作用より起るものとなすより来るので、純粋経験の事実上に於ける区別ではない。純粋経験の事実上では単に程度の差である。我々が明瞭なる目的観念を有って居る時は能働と思われるのである。

　経験学派の主張する所に由ると、我々の意識は凡て外物の作用に由りて発達するものであるという。併しいかに外物が働くにしても、内に之に応ずる先在的性質がなかったならば意識現象を生ずることはできまい。いかに外より培養するも、種子に発生の力がなかったならば植物が発生せぬと同様である。固《もと》より反対に種子のみあっても植物は発生せぬということもできる。要するに此の双方とも一方を見て他方を忘れたものである。真実在の活動では唯一の者の自発自展である、内外能受の別は之を説明する為に思惟に由って構成したものである。

凡ての意識現象を同一の形式に由って成立すると考えるのは左程六ずかしいことでもないと信ずるが、更に一歩を進んで、我々が通常外界の現象といって居る自然界の出来事をも、同一の形式の下に入れようとするのは頗る難事と思われるかも知れない。併し前にいった様に、意識を離れたる純粋物体界という如き者は抽象的概念である、真実在は意識現象の外にない、直接経験の真実在はいつも同一の形式によって成立するということができる。

普通には固定せる物体なる者が事実として存在する様に思うて居る。併し実地に於ける事実はいつでも出来事である。希臘《ギリシャ》の哲学者ヘラクレイトスが万物は流転し何物も止まることなしAlles fließt und nichts hat Bestand といった様に、実在は流転して暫くも留まることなき出来事の連続である。

我々が外界に於ける客観的世界というものも、吾人の意識現象の外になく、やはり或一種の統一作用に由って統一せられた者である。唯此の現象が普遍的である時即ち個人の小なる意識以上の統一を保つ時、我々より独立せる客観的世界と見るのである。例えば此処に一のランプが見える、此が自分のみに見えるならば、或は主観的幻覚とでも思うであろう。唯各人が同じく之を認むるに由りて客観的事実となる。客観的独立の世界というのは此の普遍的性質より起るのである。

## 第五章　真実在の根本的方式

我々の経験する所の事実は種々ある様であるが、少しく考えて見ると皆同一の実在であって、同一の方式に由って成り立って居るのである。今此の如き凡ての実在の根本的方式に就いて話して見よう。

先ず凡ての実在の背後には統一的或者の働き居ることを認めねばならぬ。或学者は真に単純であって独立せる要素、例えば元子論者の元子の如き者が根本的実在であると考えて居る、併し此の如き要素は説明の為に設けられた抽象的概念であって、事実上に存在することはできぬ。試に想え、今此処に何か一つの元子があるならば、それは必ず何等かの性質又は作用をもったものでなければならぬ、全く性質又は作用なき者は無と同一である。然るに一つの物が働くというのは必ず他の物に対して働くのである、而して之には必ず此の二つの物を結合して互に相働くを得しめる第三者がなくてはならぬ、例えば甲の物体の運動が乙に伝わるというには、此の両物体の間に力というものがなければならぬ、又性質ということも一の性質が成立するには必ず他に対して成立するのである。例えば色が赤のみであったならば赤という色は現われ様がない、赤が現われるには赤ならざる色がなければならぬ、而して一の性質が他の性質と比較し区別せらるるには、両性質は其根底に於て同一でなければならぬ、全く類を異にし其間に何等の共通なる点をもたぬ者は比較し区別することができぬ。かくの如く凡て物は対立に由って成立するというならば、其根底には必ず統一的或者が潜んで居るのである。

この統一的或者が物体現象では之を外界に存する物力となし、精神現象では之を意識の統一力に帰するのであるが、前にいった様に、物体現象といい精神現象というも純粋経験の上に於ては同一であるから、この二種の統一作用は元来、同一種に属すべきものである。我々の思惟意志の根底に於ける統一力と宇宙現象の根底に於ける統一力とは直に同一である、例えば我々の論理、数学の法則は直に宇宙現象が之に由りて成立しうる原則である。

実在の成立には、右に云った様に其根底に於て統一というものが必要であると共に、相互の反対寧《むし》ろ矛盾ということが必要である。ヘラクレイトスが争は万物の父といった様に、実在は矛盾に由って成立するのである、赤き物は赤からざる色に対し、働く者は之をうける者に対して成立するのである。この矛盾が消滅すると共に実在も消え失せてしまう。元来この矛盾と統一とは同一の事柄を両方面より見たものにすぎない、統一があるから矛盾があり、矛盾があるから統一がある。例えば白と黒との様に凡ての点に於て共通であって、唯一点に於て異なって居る者が互に最も反対となる、之に反し徳と三角という様に明了の反対なき者は又明了なる統一もない。最も有力なる実在は種々の矛盾を最も能く調和統一した者である。

統一する者と統一せらるる者とを別々に考えるのは抽象的思惟に由るので、具体的実在にてはこの二つの者を離すことはできない。一本の樹とは枝葉根幹の種々異なりたる作用をなす部分を統一した上に存在するが、樹は単に枝葉根幹の集合ではない、樹全体の統一力が無かったならば枝葉根幹も無意義である。樹は其部分の対立と統一との上に存するのである。

統一力と統一せらるる者と分離した時には実在とならない。例えば人が石を積みかさねた様に、石と人とは別物である、かかる時に石の積みかさねは人工的であって、独立の一実在とはならない。

そこで実在の根本的方式は一なると共に多、多なると共に一、平等の中に差別を具し、差別の中に平等を具するのである。而して此二方面は離すことのできないものであるから、つまり一つの者の自家発展ということができる。独立自全の真実在はいつでも此方式を具えて居る、然らざる者は皆我々の抽象的概念である。

実在は自分にて一の体系をなした者である。我々をして確実なる実在と信ぜしむる者は此性質に由るのである。之に反し体系を成さぬ事柄は例えば夢の如く之を実在とは信ぜぬのである。

右の如く真に一にして多なる実在は自動不息でなければならぬ。静止の状態とは他と対立せぬ独存の状態であって、即ち多を排斥したる一の状態である。併し此状態にて実在は成立することはできない。若し統一に由って或一つの状態が成立したとすれば、直に此処に他の反対の状態が成立して居らねばならぬ。一の統一が立てば直に之を破る不統一が成立する。真実在はかくの如き無限の対立を以て成立するのである。物理学者は勢力保存などといって実在に極限があるかの様にいって居るが、こは説明の便宜上に設けられた仮定であって、かくの如き考は恰も空間に極限があるというと同じく、唯抽象的に一方のみを見て他方を忘れて居たのである。

活きた者は皆無限の対立を含んで居る、即ち無限の変化を生ずる能力をもったものである。精神を活物というのは始終無限の対立を存し、停止する所がない故である。若しこれが一状態に固定して更に他の対立に移る能わざる時は死物である。

実在は之に対立する者に由って成立するというが、この対立は他より出で来るのではなく、自家の中より生ずるのである。前に云った様に対立の根底には統一があって、無限の対立は皆自家の内面的性質より必然の結果として発展し来るので、真実在は一つの者の内面的必然より起る自由の発展である。例えば空間の限定に由って種々の幾何学的形状ができ、此等の形は互に相対立して特殊の性質を保って居る。併し皆別々に対立するのではなくして、空間という一者の必然的性質に由りて結合せられて居る、即ち空間的性質の無限の発展である様に、我々が自然現象といって居る者に就いて見ても、実際の自然現象なる者は前にもいった様に個々独立の要素より成るのではなく、又我々の意識現象を離れて存在するのではない。やはり一の統一的作用によりて成立するので、一自然の発展と看做すべきものである。

ヘーゲルは何でも理性的なる者は実在であって、実在は必ず理性的なる者であるといった。この語は種々の反対をうけたにも拘らず、見方に由っては動かすべからざる真理である。宇宙の現象はいかに些細なる者であっても、決して偶然に起り前後に全く何等の関係をもたぬものはない。必ず起るべき理由を具して起るのである。我等は之を偶然と見るのは単に知識の不足より来るのである。

普通には何か活動の主があって、之より活動が起るものと考えて居る。併し直接経験より見れば活動其者が実在である。この主たる物というは抽象的概念である。我々は統一と其内容との対立を互に独立の実在であるかの様に思うから斯の如き考を生ずるのである。

## 第六章　唯一実在

実在は前に云った様に意識活動である。而して意識活動とは普通の解釈に由れば其時々に現われ又忽ち消え去るもので、同一の活動が永久に連結することはできない。して見ると、小にして我々の一生の経験、大にしては今日に至るまでの宇宙の発展、此等の事実は畢竟虚幻夢の如く、支離滅裂なるものであって、其間に何等の統一的基礎がないのであろうか。此の如き疑問に対しては、実在は相互の関係に於て成立するもので、宇宙は唯一実在の唯一活動であることを述べて置こうと思う。

意識活動は或範囲内では統一に由って成立することは略《ほぼ》説明したと思うが、尚或範囲以外ではかかる統一のあることを信ぜぬ人が多い。例えば昨日の意識と今日の意識とは全く独立であって、もはや一の意識とは看做されないと考えて居る人がある。併し直接経験の立脚地より考えて見ると、此の如き区別は単に相対的の区別であって絶対的区別ではない。何人でも統一せる一の意識現象と考えて居る思惟又は意志等について見ても、其過程は各相異なって居る観念の連続にすぎない。精細に之を区別して見れば此等の観念は別々の意識であるとも考えることができる。然るに此の連続せる観念が個々独立の実在ではなく、一の意識活動として見ることができるならば、昨日の意識と今日の意識とは一の意識活動として見られぬことはない、我々が幾日にも亙りて或一の問題を考え、又は一の事業を計画するという場合には、明に同一の意識が連続的に働くと見ることができる、唯時間の長短に於て異なるばかりである。

意識の結合には知覚の如き同時の結合、連想思惟の如き継続的結合、及び自覚の如き一生に亙れる結合も皆程度の差異であって、同一の性質より成り立つ者である。

意識現象は時々刻々に移りゆくもので、同一の意識が再び起ることはない。昨日の意識と今日の意識とは、よし其内容に於て同一なるにせよ、全然異なった意識であるという考は、直接経験の立脚地より見たのではなくて、反って時間という者を仮定し、意識現象は其上に顕われる者として推論した結果である。意識現象が時間という形式に由って成立する者とすれば、時間の性質上一たび過ぎ去った意識現象は再び還ることはできぬ。時間は唯一つの方向を有するのみである。仮令《たとえ》全く同一の内容を有する意識であっても、時間の形式上已に同一とはいわれないこととなる。併し今直接経験の本に立ち還って見ると、此等の関係は全く反対とならねばならぬ。時間というのは我々の経験の内容を整頓する形式にすぎないので、時間という考の起るには先ず意識内容が結合せられ統一せられて一となることができねばならぬ。然らざれば前後を連合配列して時間的に考えることはできない。されば意識の統一作用は時間の支配を受けるのではなく、反って時間は此統一作用に由って成立するのである。意識の根底には時間の外に超越せる不変的或者があるといわねばならぬことになる。

直接経験より見れば同一内容の意識は直に同一の意識である、真理は何人が何時代に考えても同一である様に、我々の昨日の意識と今日の意識とは同一の体系に属し同一の内容を有するが故に、直に結合せられて一意識と成るのである。個人の一生という者は此の如き一体系を成せる意識の発展である。

此点より見れば精神の根底には常に不変的或者がある。此者が日々その発展を大きくするのである。時間の経過とは此発展に伴う統一的中心点が変じてゆくのである、此中心点がいつでも「今」である。

右にいった様に意識の根底に不変の統一力が働いて居るとすれば、この統一力なる者は如何なる形に於て存在するか、いかにして自分を維持するかの疑が起るであろう。心理学では此の如き統一作用の本を脳という物質に帰して居る。併し嘗《かつ》ていった様に、意識外に独立の物体を仮定するのは意識現象の不変的結合より推論したので、之よりも意識内容の直接の結合という統一作用が根本的事実である。此統一力は或他の実在よりして出で来るのではなく、実在は反って此作用に由りて成立するのである。人は皆宇宙に一定不変の理なる者あって、万物は之に由りて成立すると信じて居る。此理とは万物の統一力であって兼ねて又意識内面の統一力である、理は物や心に由って所持せられるのではなく、理が物心を成立せしむるのである。理は独立自存であって、時間、空間、人に由って異なることなく、顕滅用不用に由りて変ぜざる者である。

普通に理といえば、我々の主観的意識上の観念連合を支配する作用と考えられて居る。併し斯の如き作用は理の活動の足跡であって、理其者ではない。理其者は創作的であって、我々は之になりきり之に即して働くことができるが、之を意識の対象として見ることのできないものである。

普通の意義に於て物が存在するということは、或場処或時に於て或形に於て存在するのである。併し此処にいう理の存在というのは之と類を異にして居る。此の如く一処に束縛せらるるものならば統一の働をなすことはできない、かくの如き者は活きた真の理でない。

個人の意識が右にいった様に昨日の意識と今日の意識と直に統一せられて一実在をなす

如く、我々の一生の意識も同様に一と見做すことができる。此考を推し進めて行く時は、啻《ただ》に一個人の範囲内ばかりではなく、他人との意識も亦同一の理由に由って連結して一と見做すことができる。理は何人が考えても同一である様に、我々の意識の根底には普遍的なる者がある。我々は之に由りて互に相理会し相交通することができる。啻に所謂普遍的理性が一般人心の根底に通ずるばかりでなく、或一社会に生れたる人はいかに独創に富むにせよ、皆其特殊なる社会精神の支配を受けざる者はない、各個人の精神は皆此社会精神の一細胞にすぎないのである。

前にもいった様に、個人と個人との意識の連結と、一個人に於て昨日の意識と今日の意識との連結とは同一である。前者は外より間接に結合せられ、後者は内より直に結合する様に見ゆるが、若し外より結合せらるる様に見れば、後者も或一種の内面的感覚の符徴によりて結合せらるるので、個人間の意識が言語等の符徴に由って結合せらるるのと同一である。若し内より結合せらるる様に見れば、前者に於ても個人間に元来同一の根底あればこそ直に結合せられるのである。

我々の所謂客観的世界と名づけて居る者も、幾度か言った様に、我々の主観を離れて成立するものではなく、客観的世界の統一力と主観的意識の統一力とは同一である、即ち所謂客観的世界も意識も同一の理に由って成立するものである。此故に人は自己の中にある理に由って宇宙成立の原理を理会することができるのである。若し我々の意識の統一と異なった世界があるとするも、此の如き世界は我々と全然没交渉の世界である。苟《いやしく》も我々の知り得る、理会し得る世界は我々の意識と同一の統一力の下に立たねばならぬ。

# 第七章　実在の分化発展

意識を離れて世界ありという考より見れば、万物は個々独立に存在するものということができるかも知らぬが、意識現象が唯一の実在であるという考より見れば、宇宙万象の根底には唯一の統一力あり、万物は同一の実在の発現したものといわねばならぬ。我々の知識が進歩するに従って益々この同一の理あることを確信する様になる。今此の唯一の実在より如何にして種々の差別的対立を生ずるかを述べて見よう。

実在は一に統一せられて居ると共に対立を含んで居らねばならぬ。此処に一の実在があれば必ずこれに対する他の実在がある。而してかくこの二つの物が互に相対立するには、此の二つの物が独立の実在ではなくして、統一せられたるものでなければならぬ、即ち一の実在の分化発展でなければならぬ。而してこの両者が統一せられて一の実在として現われた時には、更に一の対立が生ぜねばならぬ。併し此時この両者の背後に、又一の統一が働いて居らねばならぬ。かくして無限の統一に進むのである。之を逆に一方より考えて見れば、無限なる唯一実在が小より大に、浅より深に、自己を分化発展するのであると考えることができる。此の如き過程が実在発現の方式であって、宇宙現象は之に由りて成立し進行するのである。

斯の如き実在発展の過程は我々の意識現象について明に之を見ることができる。例えば意志について見ると、意志とは或理想を現実にせんとするので、現在と理想との対立である。併しこの意志が実行せられ理想と一致した時、この現在は更に他の理想と対立して新なる意志が出でくる。かくして我々の生きて居る間は、何処までも自己を発展し実現しゆくのである。次に生物の生活及発達について見ても、此の如き実在の方式を認むることができる。生物の生活は実に斯の如き不息の活動である。唯無生物の存在は一寸この方式にあてはめて考えることが困難である様に見えるが、このことに就いては後に自然を論ずる時に話すこととしよう。

さて右に述べた様な実在の根本的方式より、如何にして種々なる実在の差別を生ずるのであるか。先ず所謂主観客観の別は何から起ってくるか。主観と客観とは相離れて存在するものではなく、一実在の相対せる両方面である、即ち我々の主観というものは統一的方面であって、客観というのは統一せらるる方面である、我とはいつでも実在の統一者であって、物とは統一せられる者である（爰《ここ》に客観と云うのは我々の意識より独立せる実在という意義ではなく、単に意識対象の意義である）。例えば我々が何物かを知覚するとか、若しくは思惟するとかいう場合に於て、自己とは彼此相比較し統一する作用であって、物とは之に対して立つ対象である、即ち比較統一の材料である。後の意識より前の意識を見た時、自己を対象として見ることができる様に思うが、其実はこの自己とは真の自己ではなく、真の自己は現在の観察者即ち統一者である。此時は前の統一は已に一たび完結し、次の統一の材料として此中に包含せられたものと考えねばならぬ。自己はかくの如く無限の統一者である。決して之を対象として比較統一の材料とすることのできない者である。

心理学から見ても吾人の自己とは意識の統一者である。而して今意識が唯一の真実在であるという立脚地より見れば、この自己は実在の統一者でなければならぬ。心理学ではこの統一者である自己なる者が、統一せらるるものから離れて別に存在する様にいえども、此の如き自己は単に抽象的概念にすぎない。事実に於ては、物を離れて自己あるのではなく、我々の自己は直に宇宙実在の統一力其者である。

精神現象、物体現象の区別というのも決して二種の実在があるのではない。精神現象というのは統一的方面即ち主観の方から見たので、物体現象とは統一せらるる者即ち客観の方から見たのである。唯同一実在を相反せる両方面より見たのにすぎない。それで統一の方より見れば凡てが主観に属して精神現象となり、統一を除いて考えれば凡てが客観的物体現象となる（唯心論、唯物論の対立はかくの如き両方面の一を固執せるより起るのである）。

次に能働所働の差別は何から起ってくるか。能働所働ということも実在に二種の区別があるのではなく、やはり同一実在の両方面である、統一者がいつでも能働であって、被統一者がいつでも所働である。例えば意識現象に就いて見ると、我々の意志が働いたというのは意志の統一的観念即ち目的が実現せられたというので、即ち統一が成立したことである。其外凡て精神が働いたということは統一の目的を達したということで、これができなくって他より統一せられた時には所働というのである。物体現象に於ても甲の者が乙に対して働くということは、甲の性質の中に乙の性質を包含し統括し得た場合をいうのである。かくの如く統一が即ち能働の真意義であって、我々が統一の位置にある時は能働的で、自由である。之に反して他より統一せられた時は所働的で、必然法の下に支配せられたこととなる。

普通では時間上の連続に於て先だつ者が能働者と考えられて居るが、時間上に先だつ者が必ずしも能働者ではない、能働者は力をもったものでなければならぬ。而して力というのは実在の統一作用をいうのである。例えば物体の運動は運動力より起るという、然るにこの力というのはつまり或現象間の不変的関係をさすので、即ち此現象を連結総合する統一者をいうのである。而して厳密なる意義に於ては唯精神のみ能働である。

次に無意識と意識との区別について一言せん。主観的統一作用は常に無意識であって、統一の対象となる者が意識内容として現われるのである。思惟について見ても、又意志について見ても、真の統一作用其者はいつも無意識である。唯之を反省して見た時、この統一作用は一の観念として意識上に現われる。併し此時は已に統一作用ではなくして、統一の対象となって居るのである。前にいった様に、統一作用はいつでも主観であるから、従っていつでも無意識でなければならぬ。ハルトマンも無意識が活動であるといって居る様に、我々が主観の位置に立ち活動の状態にある時はいつも無意識である。之に反し或意識を客観的対象として意識した時には、其意識は已に活動を失ったものである。例えば或芸術の修錬についても、一々の動作を意識して居る間は未だ真に生きた芸術ではない、無意識の状態に至って始めて生きた芸術となるのである。

心理学より見て精神現象は凡て意識現象であるから、無意識なる精神現象は存在せぬと云う非難がある。併し我々の精神現象は単に観念の連続でない、必ず之を連結統一する無意識の活動があって、始めて精神現象が成立するのである。

最後に現象と本体との関係に就いて見ても、やはり実在の両方面の関係と見て説明することができる。我々が物の本体といって居るのは実在の統一力をいうのであって、現象とは其分化発展せる対立の状態をいうのである。例えば此処に机の本体が存在するというのは、我々の意識がいつでも或一定の結合に由って現んずるということで、此処に不変の本体というのはこの統一力をさすのである。

かくいえば真正の主観が実在の本体であると言わねばならぬ事になる、然るに我々は通常反って物体は客観にあると考えて居る。併しこれは真正の主観を考えないで抽象的主観を考えるに由るのである。此の如き主観は無力なる概念であって、之に対しては物の本体は反って客観に属するといった方が至当である。併し真正にいえば主観を離れた客観とは亦抽象的概念であって、無力である。真に活動せる物の本体というのは、実在成立の根本的作用である統一力であって、即ち真正の主観でなければならぬ。

## 第八章　自　然

実在は唯一つあるのみであって、其見方の異なるに由りて種々の形を呈するのである。自然といえば全然我々の主観より独立した客観的実在であると考えられて居る、併し厳密に言えば、斯の如き自然は抽象的概念であって決して真の実在ではない。自然の本体はやはり未だ主客の分れざる直接経験の事実であるのである。例えば我々が真に草木として考うる物は、生々たる色と形とを具えた草木であって、我々の直覚的事実である。唯我々が此具体的実在より姑《しばら》く主観的活動の方面を除去して考えた時は、純客観的自然であるかの様に考えられるのである。而して科学者の所謂最も厳密なる意味に於ける自然とは、此考え方を極端に迄推し進めた者であって、最抽象的なる者即ち最も実在の真景を遠ざかった者である。

自然とは、具体的実在より主観的方面、即ち統一作用を除き去ったものである。それ故に自然には自己がない。自然は唯必然の法則に従って外より動かされるのである、自己より自動的に働くことができないのである。それで自然現象の連結統一は精神現象に於ての様に内面的統一ではなく、単に時間空間上に於ける偶然的連結である。所謂帰納法に由って得たる自然法なる者は、或両種の現象が不変的連続に於て起るから、一は他の原因であると仮定したまでであって、如何に自然科学が進歩しても、我々はこれ以上の説明を得ることはできぬ。唯この説明が精細に且つ一般的となるまでである。

現今科学の趨勢はできるだけ客観的ならんことをつとめて居る。それで心理現象は生理的に、生理現象は化学的に、化学現象は物理的に、物理現象は機械的に説明せねばならぬこととなる。此の如き説明の基礎となる純機械的説明とはいかなる者であるか。純物質とは全く我々の経験のできない実在である、苟《いやしく》も之について何等かの経験のできうる者ならば、意識現象として我々の意識の上に現われ来る者でなければならぬ。然るに意識の事実として現われきたる者は尽く主観的であって、純客観的なる物質とはいわれない、純物質というのは何等の捕捉すべき積極的性質もない、単に空間時間運動という如き純数量的性質のみを有する者で、数学上の概念の如く全く抽象的概念にすぎないのである。

物質は空間を充す者として恰も之を直覚しうるかの様に考えて居るが、併し我々が具体的に考えうる物の延長ということは、触覚及視覚の意識現象にすぎない。我々の感覚に大きく見えるとも必ずしも物質が多いとはいわれぬ。物理学上物質の多少はつまり其力の大小に由りて定まるので、即ち彼此の作用的関係より推理するのである、決して直覚的事実ではない。

又右の如く自然を純物質的に考えれば動物、植物、生物の区別もなく、凡て同一なる機械力の作用というの外なく、自然現象は何等の特種なる性質及意義を有せぬものとなる。人間も土塊も何の異なる所もない。然るに我々が実際に経験する真の自然は決して右にいった様な抽象的概念でなく、従って単に同一なる機械力の作用でもない。動物は動物、植物は植物、金石は金石、それぞれ特色と意義とを具えた具体的事実である。我々の所謂山川草木虫魚禽獣というのは、皆斯の如くそれぞれの個性を具えた者で、之を説明するには種々の立脚地より、種々に説明することもできるが、此の直接に与えられたる直覚的事実の自然は到底動かすことのできない者である。

我々が普通に純機械的自然を真に客観的実在となし、直接経験に於ける具体的自然を主観的現象となすのは、凡て意識現象は自己の主観的現象であるという仮定より推理した考である。併し幾度もいった様に、我々は全然意識現象より離れた実在を考えることはできぬ。もし意識現象に関係あるが故に主観的であるというならば、純機械的自然も主観的である、空間、時間、運動という如きも我々の意識現象を離れては考えることはできない。唯比較的に客観的であるので絶対的に客観的であるのではない。真に具体的実在としての自然は、全く統一作用なくして成立するものではない。自然もやはり一種の自己を具えて居るのである。一本の植物、一匹の動物もその発現する種々の形態変化及運動は、単に無意義なる物質の結合及機械的運動ではなく、一々其全体と離すべからざる関係をもって居るので、つまり一の統一的自己の発現と看做すべきものである。例えば動物の手足鼻口等凡て一々動物生存の目的と密接なる関係があって、之を離れて其意義を解することはできぬ。少くとも動植物の現象を説明するには、かくの如き自然の統一力を仮定せねばならぬ。生物学者は凡て生活本能を以て生物の現象を説明するのである。啻《ただ》に生物にのみ此の如き統一作用があるのではなく、無機物の結晶に於ても已に多少この作用が現われて居る。即ち凡ての鉱物は皆特有の結晶形を具えて居るのである。自然の自己即ち統一作用は此の如く無機物の結晶より動植物の有機体に至って益々明となるのである（真の自己は精神に至って始めて現われる）。

現今科学の厳密なる機械的説明の立脚地より見れば、有機体の合目的発達も畢竟物理及化学の法則より説明されねばならぬ。即ち単に偶然の結果にすぎないこととなる。併し斯の如き考はあまり事実を無視することになるから、科学者は潜勢力という仮定をもって之を説明しようとする。即ち生物の卵又は種にはそれぞれの生物を発生する潜勢力をもって居るという、此潜勢力が即ち今の所謂自然の統一力に相当するのである。

自然の説明の上に於て、機械力の外に斯の如き統一力の作用を許すとするも、この二つの説明が衝突する必要はない。反って両者相待って完全なる自然の説明ができるのである。例えば此処に一の銅像があるとせよ、その材料たる銅としては物理化学の法則に従うでもあろうが、これは単に銅の一塊と見るべき者ではなく、我々の理想を現わしたる美術品である。即ち我々の理想の統一力に由りて現われたるものである。併し此理想の統一作用と材料其者を支配する物理化学の法則とは自ら別範囲に属し、決して相犯す筈のものではない。

右にいった様な統一的自己があって、而して後自然に目的あり、意義あり、甫《はじ》めて生きた自然となるのである。斯の如き自然の生命である統一力は単に我々の思惟に由りて作為せる抽象的概念ではなく、反って我々の直覚の上に現んじ来る事実である。我々は愛する花を見、又親しき動物を見て、直に全体に於て統一的或者を捕捉するのである。之が其物の自己、其物の本体である。美術家は斯の如き直覚の最もすぐれた人である。彼等は一見、物の真相を看破して統一的或物を捕捉するのである。彼等の現わす所の者は表面の事実ではなく、深く物の根底に潜める不変の本体である。

ゲーテは生物の研究に潜心し、今日の進化論の先駆者であった。氏の説に由ると自然現象の背後には本源的現象 Urphänomen なる者がある。詩人は之を直覚するのである。種々の動物植物は此の本源的現象たる本源的動物、本源的植物の変化せる者であるという。現に今日の動植物の中に一定不変の典型がある。氏はこの説に基づいて、凡て生物は進化し来ったものであることを論じたのである。

然らば自然の背後に潜める統一的自己とは如何なる者であるか。我々は自然現象をば我々の主観と関係なき純客観的現象であると考えて居るが故に、この自然の統一力も我々の全く知り得べからざる不可知的或者と考えられて居る。併し已に論じた様に、真実在は主観客観の分離しないものである、実際の自然は単に客観的一方という如き抽象的概念ではなく、主客を具したる意識の具体的事実である。従ってその統一的自己は我々の意識と何等の関係のない不可知的或者ではなく、実に我々の意識の統一作用その者である。この故に我々が自然の意義目的を理会するのは、自己の理想及情意の主観的統一に由るのである。例えば我々が能く動物の種々の機関及動作の本に横われる根本的意義を理会するのは、自分の情意を以て直に之を直覚するので、自分に情意がなかったならば到底動物の根本的意義を理会する事はできぬ。我々の理想及情意が深遠博大となるに従って、愈々《いよいよ》自然の真意義を理会することができる。之を要するに我々の主観的統一と自然の客観的統一力とはもと同一である。之を客観的に見れば自然の統一力となり、之を主観的に見れば自己の知情意の統一となるのである。

物力という如き者は全く吾人の主観的統一に関係がないと信ぜられて居る。勿論之は最も無意義の統一でもあろう、併しこれとても全然主観的統一を離れたものではない、我々が物体の中に力あり、種々の作用をなすということは、つまり自己の意志作用を客観的に見たのである。

普通には、我々が自己の理想又は情意を以て自然の意義を推断するというのは単に類推であって、確固たる真理でないと考えられて居る。併しこは主観客観を独立に考え、精神と自然とを二種の実在となすより起るのである。純粋経験の上からいえば直に之を同一と見るのが至当である。

## 第九章　精　神

自然は一見我々の精神より独立せる純客観的実在であるかの様に見ゆるが、其実は主観を離れた実在ではない。所謂自然現象をば其主観的方面即ち統一作用の方より見れば凡て意識現象となる。例えば此処に一個の石がある、此石を我々の主観より独立せる或不可知的実在の力に由りて現んじた者とすれば自然となる。併し此石なる者を直接経験の事実として直に之を見れば、単に客観的に独立せる実在ではなく、我々の視覚触覚等の結合であって、即ち我々の意識統一に由って成立する意識現象である。それで所謂自然現象をば直接経験の本に立ち返って見ると、凡て主観的統一に由って成立する自己の意識現象となる。唯心論者が世界は余の観念なりと云うのはこの立脚地より見たのである。

我々が同一の石を見るという時、各人が同一の観念を有って居ると信じて居る。併し其実は各人の性質経験に由って異なって居るのである。故に具体的実在は凡て主観的個人的であって、客観的実在という者はなくなる。客観的実在というのは各人に共通なる抽象的概念にすぎない。

然らば我々が通常自然に対して精神といって居る者は何であるか。即ち主観的意識現象とは如何なる者であるか。所謂精神現象とは唯実在の統一的方面、即ち活動的方面を抽象的に考えたものである。前に云った様に、実在の真景に於ては主観、客観、精神、物体の区別はない、併し実在の成立には凡て統一作用が必要である。この統一作用なる者は固《もと》より実在を離れて特別に存在するものではないが、我々がこの統一作用を抽象して、統一せらるる客観に対立せしめて考えた時、所謂精神現象となるのである。例えば爰《ここ》に一つの感覚がある、併し此の一つの感覚は独立に存在するものではない、必ず他と対立の上に於て成立するのである、即ち他と比較し区別せられて成立するのである。それでこの作用が進むと共に、精神と物体との区別が益々著しくなってくる。子供の時には我々の精神は自然的である、従って主観の作用が微弱である。然るに成長するに従って統一的作用が盛になり、客観的自然より区別せられた自己の心なる者を自覚する様になるのである。

普通には我々の精神なる者は、客観的自然と区別せられたる独立の実在であると考えて居る。併し精神の主観的統一を離れた純客観的自然が抽象的概念である様に、客観的自然を離れた純主観的精神も抽象的概念である。統一せらるる者があって、統一する作用があるのである。仮に外界に於ける物の作用を感受する精神の本体があるとするも、働く物があって、感ずる心があるのである。働かない精神其者は、働かない物其者の如く不可知的である。

然らば何故に実在の統一作用が特に其内容即ち統一せらるべき者より区別せられて、恰も独立の実在であるかの様に現わるるのであるか。そは疑もなく実在に於ける種々の統一の矛盾衝突より起るのである。実在には種々の体系がある、即ち種々の統一がある、此の体系的統一が相衝突し相矛盾した時、此の統一が明に意識の上に現われてくるのである。衝突矛盾のある処に精神あり、精神のある処には矛盾衝突がある。例えば我々の意志活動について見ても、動機の衝突のない時には無意識である、即ち所謂客観的自然に近いのである。併し動機の衝突が著しくなるに従って意志が明瞭に意識せられ、自己の心なる者を自覚することができる。然らば何処よりこの体系の矛盾衝突が起るか、こは実在其物の性質より起るのである。嘗《かつ》ていった様に、実在は一方に於て無限の衝突であると共に、一方に於て又無限の統一である。衝突は統一に欠くべからざる半面である。衝突に由って我々は更に一層大なる統一に進むのである。実在の統一作用なる我々の精神が自分を意識するのは、其統一が活動し居る時ではなく、此の衝突の際に於てである。我々が或一芸に熟した時、即ち実在の統一を得た時は反って無意識である、即ちこの自家の統一を知らない。併し更に深く進まんとする時、已に得た所の者と衝突を起し、此処に又意識的となる、意識はいつも此の如き衝突より生ずるのである。又精神のある処には必ず衝突のあることは、精神には理想を伴うことを考えてみるがよい。理想は現実との矛盾衝突を意味して居る（かく我々の精神は衝突によりて現んずるが故に、精神には必ず苦悶がある、厭世論者が世界は苦の世界であるというのは一面の真理をふくんで居る）。

我々の精神とは実在の統一作用であるとして見ると、実在には凡て統一がある、即ち実在には凡て精神があるといわねばならぬ。然るに我々は無生物と生物とを分ち、精神のある者と無い物とを区別するのは何に由るのであるか。厳密にいえば、凡ての実在には精神があるといってよい、前にいった様に自然に於ても統一的自己がある、之が即ち我々の精神と同一なる統一力である。例えば此処に一本の樹という意識現象が現われたとすれば、普通には之を客観的実在として自然力に由りて成立する者と考えるのであるが、意識現象の一体系をなせる者と見れば、意識の統一作用によりて成立するのである。併し所謂無心物に於ては、此統一的自己が未だ直接経験の事実として現実に現われて居ない。樹其者は自己の統一作用を自覚して居ない、其統一的自己は他の意識の中にあって樹其者の中にはない、即ち単に外面より統一せられた者で、未だ内面的に統一せる者ではない。此故に未だ独立自全の実在とはいわれぬ。動物では之に反し、内面的統一即ち自己なる者が現実に現われて居る、動物の種々なる現象(たとえば其形態動作)は皆此内面的統一の発表と見ることができる。実在は凡て統一に由って成立するが、精神に於て其統一が明瞭なる事実として現われるのである。実在は精神に於て始めて完全なる実在となるのである、即ち独立自全の実在となるのである。

所謂精神なき者にあっては、其統一は外より与えられたので、自己の内面的統一でない。それ故に見る人によりて其統一を変ずることができる。例えば普通には樹という統一せられたる一実在があると思うて居るが、化学者の眼から見れば一の有機的化合物であって、元素の集合にすぎない、別に樹という実在は無いともいいうる。併し動物の精神はかく看ることができぬ、動物の肉体は植物と同じく化合物と看ることもできるであろうが、精神其者は見る人の随意に之を変ずることはできない、之をいかに解釈するにしても、兎に角事実上動かすべからざる一の統一を現わして居るのである。

今日の進化論に於て無機物、植物、動物、人間という様に進化するというのは、実在が漸々其隠れたる本質を現実として現わし来るのであるということができる。精神の発展に於て始めて実在成立の根本的性質が現われてくるのである。ライプニッツのいった様に発展 evolution は内展 involution である。

精神の統一者である我々の自己なる者は元来実在の統一作用である。一派の心理学では我々の自己は観念及感情の結合にすぎない、此等の者を除いて外に自己はないというが、こは単に分析の方面のみより見て統一の方面を忘れて居るのである。凡て物を分析して考えて見れば、統一作用を認むることはできない、併しこの故に統一作用を無視することはできぬ。物は統一に由りて成立するのである、観念感情も、之をして具体的実在たらしむるのは統一的自己の力によるのである。この統一力即ち自己は何処より来るかというに、つまり実在統一力の発現であって、即ち永久不変の力である。我々の自己は常に創造的で自由で無限の活動と感ぜらるるのは此為である。前にいった様に、我々が内に省みて何だか自己という一種の感情あるが如くに感ずるのは真の自己でない。此の如き自己は何の活動もできないのである。唯実在の統一が内に働く時に於て、我々は自己の理想の如く実在を支配し、自己が自由の活動をなしつつあると感ずるのである。而して此の実在の統一作用は無限であるから、我々の自己は無限であって宇宙を包容するかの様に感ぜられるのである。

余が曩《さき》に出立した純粋経験の立場より見れば、此処にいう様な実在の統一作用なる者は単に抽象的観念であって、直接経験の事実でない様に思われるかも知れない。併し我々の直接経験の事実は観念や感情ではなくて意志活動である、この統一作用は直接経験に欠くべからざる要素である。

之までは精神を自然と対立せしめて考えてきたのであるが、之より精神と自然との関係に就いて少しく考えて見よう。我々の精神は実在の統一作用として、自然に対して特別の実在であるかの様に考えられて居るが、其実は統一せられる者を離れて統一作用があるのでなく、客観的自然を離れて主観的精神はないのである。我々が物を知るということは、自己が物と一致するというにすぎない。花を見た時は即ち自己が花となって居るのである。花を研究して其本性を明にするというは、自己の主観的臆断をすてて、花其物の本性に一致するの意である。理を考えるという場合にても、理は決して我々の主観的空想ではない、理は万人に共通なるのみならず、又実に客観的実在が之に由りて成立する原理である。動かすべからざる真理は、常に我々の主観的自己を没し客観的となるに由って得らるるのである。之を要するに我々の知識が深遠となるというは即ち客観的自然に合するの意である。啻《ただ》に知識に於て然るのみならず、意志に於ても其通りである。純主観的では何事も成すことはできない。意志は唯客観的自然に従うに由ってのみ実現し得るのである。水を動かすのは水の性に従うのである、人を支配するのは人の性に従うのである、自分を支配するのは自分の性に従うのである、我々の意志が客観的となるだけそれだけ有力となるのである。釈迦、基督が千歳の後にも万人を動かす力を有するのは、実に彼等の精神が能く客観的であった故である。我なき者即ち自己を滅せる者は最も偉大なる者である。

普通には精神現象と物体現象とを内外に由りて区別し、前者は内に後者は外にあると考えて居る。併しかくの如き考は、精神が肉体の中にあるという独断より起るので、直接経験より見れば凡て同一の意識現象であって、内外の区別があるのではない。我々が単に内面的なる主観的精神といって居る者は極めて表面的なる微弱なる精神である、即ち個人的空想である。之に反して大なる深き精神は宇宙の真理に合したる宇宙の活動其者である。それでかくの如き精神には自ら外界の活動を伴うのである、活動すまいと思うてもできないのである。美術家の神来の如きは其一例である。

最後に人心の苦楽に就いて一言しよう。一言にていえば、我々の精神が完全の状態即ち統一の状態にある時が快楽であって、不完全の状態即ち分裂の状態にある時が苦痛である。右にいった如く精神は実在の統一作用であるが、統一の裏面には必ず矛盾衝突を伴う。この矛盾衝突の場合には常に苦痛である、無限なる統一的活動は直にこの矛盾衝突を脱して更に一層大なる統一に達せんとするのである。此時我々の心に種々の欲望を生じ理想を生ずる。而してこの一層大なる統一に達し得たる時即ち我々の欲望又は理想を満足し得た時は快楽となるのである。故に快楽の一面には必ず苦痛あり、苦痛の一面には必ず快楽が伴う、かくして人心は絶対に快楽に達することはできまいが、唯努めて客観的となり自然と一致する時には無限の幸福を保つことができる。

心理学者は我々の生活を助くる者が快楽であって、之を妨ぐる者が苦痛であるという。生活とは生物の本性の発展であって、即ち自己の統一の維持である、やはり統一を助くる者が快楽で、之を害する者が苦痛であるというのと同一である。

前にいった様に精神は実在の統一作用であって、大なる精神は自然と一致するのであるから、我々は小なる自己を以て自己となす時には苦痛多く、自己が大きくなり客観的自然と一致するに従って幸福となるのである。

## 第十章　実在としての神

之まで論じた所に由って見ると、我々が自然と名づけて居る所の者も、精神といって居る所の者も、全く種類を異にした二種の実在ではない。つまり同一実在を見る見方の相違に由って起る区別である。自然を深く理解せば、其根底に於て精神的統一を認めねばならず、又完全なる真の精神とは自然と合一した精神でなければならぬ、即ち宇宙には唯一つの実在のみ存在するのである。而して此唯一実在は嘗《かつ》ていった様に、一方に於ては無限の対立衝突であると共に、一方に於ては無限の統一である、一言にて云えば独立自全なる無限の活動である。この無限なる活動の根本をば我々は之を神と名づけるのである。神とは決してこの実在の外に超越せる者ではない、実在の根底が直に神である、主観客観の区別を没し、精神と自然とを合一した者が神である。

いずれの時代でも、いずれの人民でも、神という語をもたない者はない。併し知識の程度及要求の差異に由って種々の意義に解せられて居る。所謂宗教家の多くは神は宇宙の外に立ちて而も此宇宙を支配する偉大なる人間の如き者と考えて居る。併し此の如き神の考は甚だ幼稚であって、啻《ただ》に今日の学問知識と衝突するばかりでなく、宗教上に於ても此の如き神と我々人間とは内心に於ける親密なる一致を得ることはできぬと考える。併し今日の極端なる科学者の様に、物体が唯一の実在であって物力が宇宙の根本であると考えることもできぬ。上にいった様に、実在の根底には精神的原理があって、此原理が即ち神である。印度宗教の根本義である様にアートマンとブラハマンとは同一である。神は宇宙の大精神である。

古来神の存在を証明するに種々の議論がある。或者は此世界は無より始まることはできぬ、何者か此世界を作った者がなければならぬ、かくの如き世界の創造者が神であるという。即ち因果律に基づいて此世界の原因を神であるとするのである。或者は此世界は偶然に存在する者ではなくして一々意味をもった者である、即ち或一定の目的に向って組織せられたものであるという事実を根拠として、何者か斯の如き組織を与えた者がなければならぬと推論し、此の如き宇宙の指導者が即ち神であるという、即ち世界と神との関係を芸術の作品と芸術家の如くに考えるのである。此等は皆知識の方より神の存在を証明し、且つ其性質を定めんとする者であるが、其外全く知識を離れて、道徳的要求の上より神の存在を証明せんとする者がある。此等の人のいう所に由れば、我々人間には道徳的要求なる者がある、即ち良心なる者がある、然るに若し此宇宙に勧善懲悪の大主宰者が無かったならば、我々の道徳は無意義のものとなる、道徳の維持者として是非、神の存在を認めねばならぬというのである、カントの如きは此種の論者である。併し此等の議論は果して真の神の存在を証明し得るであろうか。世界に原因がなければならぬから、神の存在を認めねばならぬというが、若し因果律を根拠としてかくの如くいうならば、何故に更に一歩を進んで神の原因を尋ぬることはできないか。神は無始無終であって原因なくして存在するというならば、此世界も何故にその様に存在するということはできないか。又世界が或目的に従うて都合よく組織せられてあるという事実から、全智なる支配者がなければならぬと推理するには、事実上宇宙の万物が尽く合目的に出来て居るということを証明せねばならぬ、併しこは頗る難事である。若しかくの如きことが証明せられねば、神の存在が証明できぬというならば、神の存在は甚だ不確実となる。或人は之を信ずるであろうが、或人は之を信ぜぬであろう。且つ此事が証明せられたとしても我々は此世界が偶然に斯く合目的に出来たものと考えることを得るのである。道徳的要求より神の存在を証明せんとするのは、尚更に薄弱である。全知全能の神なる者があって我々の道徳を維持するとすれば、我々の道徳に偉大なる力を与えるには相違ないが、我々の実行上かく考えた方が有益であるからといって、かかる者がなければならぬという証明にはならぬ。此の如き考は単に方便と見ることもできる。此等の説はすべて神を間接に外より証明せんとするので、神其者を自己の直接経験に於て直に之を証明したのではない。

然らば我々の直接経験の事実上に於て如何に神の存在を求むることができるか。時間空間の間に束縛せられたる小さき我々の胸の中にも無限の力が潜んで居る。即ち無限なる実在の統一力が潜んで居る、我々は此力を有するが故に学問に於て宇宙の真理を探ることができ、芸術に於て実在の真意を現わすことができる、我々は自己の心底に於て宇宙を構成する実在の根本を知ることができる、即ち神の面目を捕捉することができる。人心の無限に自在なる活動は直に神其者を証明するのである。ヤコブ・ベーメのいった様に翻された眼 umgewandtes Auge を以て神を見るのである。

神を外界の事実の上に求めたならば、神は到底仮定の神たるを免れない。又宇宙の外に立てる宇宙の創造者とか指導者とかいう神は真に絶対無限なる神とはいわれない。上古に於ける印度の宗教及欧州の十五六世紀の時代に盛であった神秘学派は神を内心に於ける直覚に求めて居る、之が最も深き神の知識であると考える。神は如何なる形に於て存在するか、一方より見れば神はニコラウス・クザヌスなどのいった様に凡ての否定である、之といって肯定すべき者即ち捕捉すべき者は神でない、若し之といって捕捉すべき者ならば已に有限であって、宇宙を統一する無限の作用をなすことはできないのである（De docta ignorantia, Cap. 24）。此点より見て神は全く無である。然らば神は単に無であるかというに決してそうではない。実在成立の根底には歴々として動かすべからざる統一の作用が働いて居る。実在は実に之に由って成立するのである。例えば三角形の凡ての角の和は二直角であるという理は何処にあるのであるか、我々は理其者を見ることも聞くこともできない、而も此処に厳然として動かすべからざる理が存在するではないか。又一幅の名画に対するとせよ、我々は其全体に於て神韻縹渺《ひょうびょう》として霊気人を襲う者あるを見る、而も其中の一物一景に就いてその然る所以の者を見出さんとしても到底之を求むることはできない。神は此等の意味に於ける宇宙の統一者である、実在の根本である、唯その能く無なるが故に、有らざる所なく働かざる所がないのである。

数理を解し得ざる者には、いかに深遠なる数理も何等の知識を与えず、美を解せざる者には、いかに巧妙なる名画も何等の感動を与えぬ様に、平凡にして浅薄なる人間には神の存在は空想の如くに思われ、何等の意味もない様に感ぜられる、従って宗教などを無用視して居る。真正の神を知らんと欲する者は是非自己をそれだけに修錬して、之を知り得るの眼を具えねばならぬ。かくの如き人には宇宙全体の上に神の力なる者が、名画の中に於ける画家の精神の如くに活躍し、直接経験の事実として感ぜられるのである。之を見神の事実というのである。

上来述べたる所を以て見ると、神は実在統一の根本という如き冷静なる哲学上の存在であって、我々の暖き情意の活動と何等の関係もない様に感ぜらるるかも知らぬが、其実は決してそうではない。曩《さき》にいった様に、我々の欲望は大なる統一を求むるより起るので、此統一が達せられた時が喜悦である。所謂個人の自愛というも畢竟此の如き統一的要求にすぎないのである。然るに元来無限なる我々の精神は決して個人的自己の統一を以て満足するものではない。更に進んで一層大なる統一を求めねばならぬ。我々の大なる自己は他人と自己とを包含したものであるから、他人に同情を表わし他人と自己との一致統一を求むる様になる。我々の他愛とはかくの如くして起ってくる超個人的統一の要求である。故に我々は他愛に於て、自愛に於けるよりも一層大なる平安と喜悦とを感ずるのである。而して宇宙の統一なる神は実にかかる統一的活動の根本である。我々の愛の根本、喜びの根本である。神は無限の愛、無限の喜悦、平安である。

# 場所

# 一

現今の認識論に於て、対象、内容、作用の三つのものが区別せられ、それ等の関係が論ぜられるのであるが、かかる区別の根底には、唯時間的に移り行く認識作用と之を超越する対象との対立のみが考えられて居ると思う。併し対象と対象とが互に相関係し、一体系を成して、自己自身を維持すると云うには、かかる体系自身を維持するものが考えられねばならぬと共に、かかる体系をその中に成立せしめ、かかる体系がそれに於てあると云うべきものが考えられねばならぬ。有るものは何かに於てなければならぬ、然らざれば有るということと無いということとの区別ができないのである。論理的には関係の項と関係自身とを区別することができ、関係を統一するものと関係が於てあるものとを区別することもできる筈である。作用の方について考えて見ても、純なる作用の統一として我という如きものが考えられると共に、我は非我に対して考えられる以上、我と非我との対立を内に包み、所謂意識現象を内に成立せしめるものがなければならぬ。此の如きイデヤを受取るものとも云うべきものを、プラトンのティマイオスの語に倣うて場所と名づけて置く。無論プラトンの空間とか、受取る場所とかいうものと、私の場所と名づけるものとを同じいと考えるのではない。

極めて素朴的な考え方ではあるが、我々は物体が空間に於て存在し、空間に於て相働くと考える、従来の物理学に於ても斯く考え来ったのである。或は物なくして空間はない、空間とは物体と物体との関係に過ぎない、更にロッチェの如く空間は物に於てあると考え得るでもあろう。併し斯く考えるならば、関係するものと関係とが一つのものでなければならぬ、例えば、物理的空間の如きものとなるであろう。併し物理的空間と物理的空間とを関係せしめるものは亦物理的空間ではない、更に物理的空間が於てある場所がなければならぬ。或は関係に於て立つものが関係の体系に還元せられる時、唯それ自身によって成立する一つの全きものが考えられ、更にその成立する場所という如きものを考える要はないとも云うであろう。併し厳密に云えば、如何なる関係も関係として成立するには関係の項として与えられるものがなければならぬ、例えば知識の形式に対しては内容がなければならぬ。縦《たとい》、両者合一して一つの全きものが考えられるとしても、此の如きものが映される場所というものがなければならぬ。或はそれは単に主観的概念に過ぎないと云うでもあろう。併し対象が主観的作用を超越して自立すると考えられるならば、客観的なる対象の成立する場所は、主観的であってはならぬ、場所其者が超越的でなければならぬ。我々が作用という如きものを対象化して見る時、亦かかる思惟対象の場所に映して見るのである。意味其者というものすら客観的と考えられるならば、かかるものの成り立つ場所も客観的でなければならぬ。或はその様なものは単なる無に過ぎないと云うでもあろう。併し思惟の世界に於ては無も亦客観的意義を有つのである。

我々が物事を考える時、之を映す場所という如きものがなければならぬ。先ず意識の野というのをそれと考えることができる。何物かを意識するには、意識の野に映されねばならぬ。而して映された意識現象と映す意識の野とは区別せられなければならぬ。意識現象の連続其者の外に、意識の野という如きものはないとも云い得るであろう。併し時々刻々に移り行く意識現象に対して、移らざる意識の野というものがなければならぬ。之によって意識現象が互に相関係し相連結するのである。或はそれを我という一つの点の如きものとも考え得るであろう。併し我々が意識の内外というものを区別する時、私の意識現象は私の意識の範囲内にあるものでなければならぬ。かかる意味に於ての私は、私の意識現象を内に包むものでなければならぬ。右の如く意識の立場から出立して我々は意識の野というものを認めることができる。思惟作用も我々の意識作用である。思惟の内容は先ず我々の意識の野に映されたものである。内容によって対象を指示するのである。今日の認識論者は内容と対象とを区別し、内容は内在的であるが対象は超越的と考える。対象は全然作用を超越して、それ自身によって立つものと考えられる。此に於て我々は意識の野の外に出るのである。対象には意識の野という如きものはないと考えられる。併し意識と対象と関係するには、両者を内に包むものがなければならぬ。両者の関係する場所という如きものがなければならぬ、両者を関係せしめるものは何であろうか。対象は意識作用を超越するというも、対象が全然意識の外にあるものならば、意識の内にある我々よりして、我々の意識内容が対象を指示すると云う如きことを考えることもできない、対象が意識作用を超越すると云うことすらできない。カント学派では、認識対象界に対して主観的に超越的主観即ち意識一般という如きものが考えられる。併し認識主観に於て我々は意識を超越して意識の野の外に出ると云い得るであろうか。それは意識の野の極限であるかも知れないが、意識の野が消滅するのではない。心理学的に考えられた意識の野というのは、既に考えられたものである、一種の対象に過ぎない。かかる意識の野を意識する意識の野はその極限に於ても、之を超越することはできない。又我々が現実的と考える意識の野といえども、いつでもその背後に現実を超越したものがある。所謂実験心理学的に限定せられる意識の野という如きものは単に計算することのできる感覚の範囲に過ぎない。併し意識は意味を含んで居なければならぬ、昨日を想起する意識は意味に於ては昨日を包んで居なければならぬ。此故に意識は一般的なるものの自己限定とも云い得るのである。感覚的意識といえども、それが後の反省可能を含む限り意識現象と云い得るのである。一般的なるものが極限として達することができないと云うならば、個物的なるものも達することのできない極限と云わねばならぬ。

カント学派に於ては、認識とは形式によって質料を統一することであると考えるが、かかる考の背後には、既に主観の構成作用という如きものが仮定せられて居なければならぬ、形式は主観に具せられたものと考えられて居るのである。然らざれば認識の意味を成さない。単に形式によって構成せられたものというのは超対立的対象に過ぎない。又客観的なる形式が客観的なる質料を構成すると云うならば、それは客観的作用であって認識という意味を生ずることはできない。形式と質料との対立と、主観と客観との対立とは直に同一視することはできない。判断作用の対象を成すものは形式と質料の対立に異なった意味の対立が加わって来なければならない。判断の直接の内容を成すものは、真とか偽とかいうものでなければならぬ。形式と質料の対立を成立せしめる場所と真偽の対立を成立せしめる場所とは異なったものでなければならぬ。認識の成立する場所に於ては、形式と質料とが分たれるのみならず、両者の分離と結合とが自由でなければならぬ。かかる場合、超対立的対象に対して、主観性というものが外から付加せられるものと考え得るでもあろう。ラスクの如きも根本的なる論理的形式に対して、全く非論理的なる体験の対象という如きものを根本的質料と考えて居る。併し氏自身も認めて居る如く、知るということも体験の一つでなければならぬ。体験内容を非論理的質料というも所謂感覚的質料と同一ではない。体験の内容は非論理的と云うよりも超論理的である、超論理的というよりも寧《むし》ろ包論理的と云わねばならぬ。芸術や道徳の体験についても斯く云うことができるのである。認識の立場というのも体験が自己の中に自己を映す態度の一でなければならぬ。認識するというのは体験が自己の中に自己を形成することに外ならない。体験の場所に於て、形式と質料の対立関係が成立するのである。斯く自己の中に無限に自己を映し行くもの、自己自身は無にして無限の有を含むものが、真の我として之に於て所謂主客の対立が成立するのである。此者は同ということもできない、異ということもできない、有とも無とも云えない、所謂論理的形式によって限定することのできない、却って論理的形式をも成立せしめる場所である。形式を何処まで押し進めて行っても、所謂形式以上に出ることはできない。真の形式の形式は形式の場所でなければならぬ。アリストテレスの「デ・アニマ」の中にも、アカデミケルに倣うて精神を「形相の場所」と考えて居る。此の如き自己自身を照らす鏡ともいうべきものは、単に知識成立の場所たるのみならず、感情も意志も之に於て成立するのである。我々が体験の内容という時、多くの場合既に之を知識化して居るのである、此故に非論理的な質料とも考えられるのである。真の体験は全き無の立場でなければならぬ、知識を離れた自由の立場でなければならぬ、此場所に於ては情意の内容も映されるのである。知情意共に意識現象と考えられるのは之によるのである。

場所というものを以上述べた如く考えるならば、作用というのは、映された対象と映す場所との間に於て現れ来る関係と思う。単に映されたるもののみが考えられた時、それは何等の働きなき単なる対象に過ぎない。併しかかる対象の背後にも、之を映す鏡がなければならぬ、対象の存立する場所というものがなければならぬ。勿論、此場所が単に映す鏡であって、唯対象が之に於てあるというのみならば、働く対象を見ることはできない。全然己を空うして、すべてのものを映す意識一般の野ともいうべきものに於て、すべてが単なる認識対象として全然作用を超越したものと考えられるのも之によるのである。併し意識と対象とが全然無関係であるならば、之を映すということも云われない、之に於てあるということすら不可能である。此故に此間を繋ぐものとして判断作用というものが考えられるのである。一方に対象が作用を超越すると考えられるのみならず、一方に意識の野も作用を超越して之を内に包むものと考えられねばならぬ。而して意識一般の野が対象を容れて無限に広がると考えられた時、対象は意識一般の野に於て種々なる位置を取ると考えることができる、種々なる形に於て映され得ると考えることができる。是に於て対象が種々に分析せられ、抽象せられ所謂意味の世界が成立すると共に、斯く対象を種々なる位置、種々なる関係に於て映すことが一方に於て判断作用と考えられるのである。而して超越的対象と意識一般の野とが相離れて、作用がその孰《いずれ》にも属する能わざる時、作用の統一者として所謂認識主観という如きものが考えられるのである。常識的に物が空間に於てあると考えるならば、物と空間とが異なると考えられる以上、物は空間に於て種々なる関係に於て立つことができる、種々にその形状位置を変ずると考えることができる。是に於て、我々は物と空間との外に力という如きものを考えざるを得ない。而して力の本体として物が力を有つと考えることもできれば、力を空間に属せしめて物理的空間というものを考えることもできるのである。私は知るということを意識の空間に属せしめて考えて見たいと思う。

従来の認識論が主客対立の考から出立し、知るとは形式によって質料を構成することであると考える代りに、私は自己の中に自己を映すという自覚の考から出立して見たいと思う。自己の中に自己を映すことが知るということの根本的意義であると思う。自分の内を知るということから、自分の外のものを知るということに及ぶのである。自己に対して与えられるというものは、先ず自己の中に於て与えられねばならぬ。或は自己を統一点の如く考え、所謂自己の意識内に於て知るものと知られるものと、即ち主と客と、形式と質料と相対立すると考えるでもあろう。併し此の如き統一点という如きものは知るものと云うことはできない、既に対象化せられたもの、知られたものに過ぎない。かかる統一点を考える代りに、無限なる統一の方向を考えるにしても同じである。知るということは先ず内に包むということでなければならぬ。併し包まれるものが包むものに対して外的なる時、物体が空間に於てあると考えられる如く、単にあるということに外ならない。包むものと包まれるものとが一と考えられる時、無限の系列という如きものが成立する。而してその一なるものが無限に自己自身の中に質料を含むと考えられる時、無限に働くもの、純なる作用という如きものが考えられる。併しそれは尚知るものと云うことはできない。唯、かかる自己自身に於てあるものを更に内に包むと考えらるる時、始めて知るということができる。形相と質料との関係について云えば、単に形相的構成ということが知るということではなく、形相と質料との対立を内に包むことが知るということでなければならぬ。質料も低次的形相と見るならば、知るものは形相の形相とも云うことができる、純なる形相、純なる作用をも超越し、此等を内に成立せしめる場所という如きものでなければならぬ。ラスクの如く、主観が客観的対象の破壊者と考えられるのも之に由るのである。物体が空間に於て可分的と考えられる如く、思惟の対象は思惟の場所に於て可分的と考え得るのである。物体が空間に於て種々なる意味に於て無限に可分的なる如く、思惟の対象は思惟の場所に於て可分的である。或は知るものを右の如く考えるならば主客対立の意義が失われ、主観に統一とか作用とかいう意味がなくなると考えるでもあろう、主観という意味がなくなるとも云い得るでもあろう。今此問題に深入りすることはできないが、単に物が空間に於てあるという如き場合に於ては、空間と物とは互に外的であって、空間に主観という如き意味はないであろう。併し物の本体性がその於てある場所の関係に移って行く時、物は力に還元せられる。併し力には力の本体というものが考えられねばならぬ、関係には関係の項というものがなければならぬ。此の本体というものを何処に求むべきであるか。之を元の物に求めるならば、何処までも力に還元することのできない物というものが残ることとなる。之を空間其者に帰するならば、空間的関係の項として点という如きものを考える外はない。併し関係の本体となるものが単に点という如きものならば、力という如きものはなくならねばならぬ。真に力の関係を内に包むものは力の場という如きものでなければならぬ。而して力の場に於ては、すべての線は方向を有ったものでなければならぬ。純なる作用を内に包むと考えられる認識の場所に於ても、すべての現象が方向を有ったものでなければならぬ。知るものを包むものと考えることによって、主客対立の意義を失うと考えるのは、含まれるものに対して外的なる場所が考えられる故である。単に空虚なる空間という如きものは、真に物理現象を内に包むものではない。真に種々なる対象を内に包むというべきものは、空間に於て種々なる形が成立する如き、自己の中に自己の形を映すものでなければならぬ。斯く云えば「於てある」と云う如き意味が失われるとも云い得るであろう、対象を包んで無限に広がる場所の意味がなくなると云うでもあろう。唯、すべての認識対象を内に包みつつ而も之を離れ居る意識の野に於ては、此の二つの意味が結合すると考えることができるのである。

知るということが自己の中に自己を映すことであり、作用というのは映されるものと映す場所との関係に於て見られ得るとするならば、全然作用を超越したラスクの所謂対立なき対象という如きものは如何なるものであろうか。かかる対象も何かに於てあらねばならぬ。我々が有るというものを認めるには、無いというものに対して認めるのである。真の無はかかる有るというものに対して認められた無いというものは、尚対立的有である。真の無はかかる有と無とを包むものでなければならぬ、かかる有無の成立する場所でなければならぬ。併し有を否定し有に対立する無が真の無ではなく、真の無は有の背景を成すものでなければならぬ。例えば、赤に対して赤ならざるものも亦色である。色を有つもの、色が於てあるものは色でないものでなければならぬ、赤も之に於てあり、赤でないものも亦之に於てあるものでなければならぬ。我々が認識対象として限定する以上、有無の関係にまでも同様の考を推し進めることができると思う。此の如き「於てある場所」という如きものは、色の如き場合に於ては物と考えられる、アリストテレスの如く性質が物に於てあると云い得る。併しそれでは場所の意義は失われて物が属性を有つということとなる。之に反し物が何処までも関係に溶かされて行くと考えられる時、有無を含んだものは一つの作用と考えられる。併し作用の背後には尚潜在的有が考えられねばならぬ。本体なき働き、純なる作用というのは本体的有に対して云われ得るのであるが、作用から潜在性を除去するならば、作用ではなくなる。かかる潜在的有の成立する背後に、尚場所という如きものが考えられねばならぬ。物が或性質を有つと考えられる時、之に反する性質はその物に含まれることはできない。然るに、働くものはその中に反対を含むものでなければならぬ、変ずるものはその反対に変じ行くのである。此故に有無を含む場所其者が直に作用とも考えられるであろう。併し一つの作用というものが見られるには、その根底に一つの類概念が限定せられねばならぬ、一つの類概念の中に於てのみ相反するものが見られるのである。作用の背後にある場所は真に無なるもの、即ち単に場所という如きものではなく、或内容を有った場所、或は限定せられた場所とも云うべきであろう。作用に於ては有と無と結合するが、無が有を包むとは云われない。真の場所に於ては或物がその反対に移り行くのみならず、その矛盾に移り行くことが可能でなければならぬ、類概念の外に出ることが可能でなければならぬ。真の場所は単に変化の場所ではなくして生滅の場所である。類概念をも越えて生滅の場所に入る時、もはや働くということの意味もなくなる、唯見るというの外はない。類概念を場所として見て居る間は、我々は潜在的有を除去することはできない、唯働くものを見るに過ぎないが、類概念をも映す場所に於ては、働くものを見るのではなく、働きを内に包むものを見るのである。真に純なる作用というのは、働くものでなく、働きを内に包むものでなければならぬ。潜在有が先立つのではなく、現実有が先立たねばならぬ。此に於ては形式と質料との融合せる対立なき対象を見ることができるのである。

此の如き対立なき対象というべきものは、全然意識の野を超越したものと考えられるのであるが、若し全然主観の外にあるものならば、如何にしてそれが主観の中に映じ来り、認識作用の目的とならねばならぬのであろうか。私はかかる対象といえども、場所という如き意味に於ける意識の野の外にあるのではない、何処までも場所によって裏付けられて居ると思う。場所が単に有を否定した対立的無と考えられた時、対象は意識の野の外に超越すると考えざるを得ない、対象はそれ自身に存立して居ると考えられるのである。普通に所謂意識の立場というのは、嚮《さき》に云った如き有に対する無の立場である。有に対する無が一つの類概念としてすべてを包摂する時、無は一つの潜在的有となる。如何なる有をも否定し果しなき無の立場に立つ時、即ち有に対して無其者が独立する時、意識の立場という如きものが現れる。而して斯くすべての有を越えた立場に於て、すべての有が映され、分析せられ得ると考えられるのである。併し真の無はかかる対立的なる無ではなく、有無を包んだものでなければならぬ。あらゆる有を否定した無といえども、それが対立的無であるかぎり、尚一種の有でなければならぬ。限定せられた類概念の外に出るといえども、それが尚考えられたものとして、一つの類概念的限定を脱することはできぬ。此故にそこに一種の潜在有の意義すら認められ、唯心論的形而上学も成立するのである。真の意識というのは右の如き意識をも映すものでなければならぬ、所謂意識とは尚対象化せられたものに過ぎない。真の無の場所というのは如何なる意味に於ての有無の対立をも超越して之を内に成立せしめるものでなければならぬ。何処までも類概念的なるものを破った所に、真の意識を見るのである。対立なき超越的対象といえども、かかる意味に於ける意識の外に超越するとは云い得ない、却って此場所に映されることによって、対立なきものと見られるのである。対立なき対象というのは我々の当為的思惟の対象となるものである、所謂判断内容を一義的に決定する標準となるものである。若し我々が之に反して考えた場合、我々の思惟は矛盾に陥る外はない、思惟は思惟自身を破壊することとなる。かかる意義を離れて対立なき対象という如きものの考え様はない。かかる対象を見る時、我々は対立的内容の成立する主観的意識の野を超越して外に出ると考えられるでもあろう。併しそれは対立的なる無の立場から真の無の立場に進むということに外ならない、単に物の影を映す場所から物が於てある場所に進むというに外ならない。所謂意識の立場を棄てるのではない、却って此立場に徹底することである。真の否定は否定の否定でなければならぬ、然らざれば意識一般の如きも無意識と択ぶ所はない、意識という意味はなくなるのである。我々が斯く考えざるを得ない、然らざれば矛盾に陥ると云い得る時、かかる意識の野は所謂超越的対象を内に映しているのでなければならぬ。かかる立場は否定の否定として真の無なるが故に、すべて対立的無の場所に映されるものをも否定することができるのである。意識の野は真に自己を空うすることによって、対象をありのままに映すことができるのである。この場合、対象が対象自身に於てあると考えられるかも知らぬが、単に対象がそれ自身に於てあるならば、所謂意識内容の標準となることはできない。対象の於てある場所は所謂意識も亦之に於てある場所でなければならぬ。我々が対象其者を見る時、それを直覚と考えるでもあろう、併し直覚も亦意識でなければならぬ。所謂直覚も矛盾其者を見る意識の野というものを離れることはできない。普通に直覚と思惟とは全く異なれるものと考えられるが、直覚的なるものがそれ自身を維持するには、やはり「於てある場所」という如きものがなければならぬ。而して此場所は思惟の於てある場所と同じものである。直覚的なるものがその於てある場所に映されたる時、思惟内容となるのである。所謂具体的思惟という如きものに於ては、直覚的なるものも含まれて居なければならぬ。意識は何処までも一般概念的背景を離れることはないと思う。一般概念的なるものが何時でも映す鏡の役目を演じて居るのである。我々が主客合一と考えられる直覚的立場に入る時でも、意識は一般概念的なるものを離れるのではない、却って一般概念的なるものの極致に達するのである。矛盾を意識する立場に於て一般概念的なるものを破って外に出ると云うのは、対象化せられた一般概念的なるものを意味するのである。此の如きは既に限定せられたもの、特殊なるものに過ぎない、知るという意味をも有たない。直覚的なるものを映す場所は、直にまた概念の矛盾を映す場所でなければならない。

直覚の背後に、意識の野とか、場所とかいうものを認めると云うには、多くの異論があるかも知らぬが、直覚というのが単に主もなく客もないということを意味するならば、それは単なる対象に過ぎない。既に直覚といえば、知るものと知られるものとが区別せられ、而も両者が合一するということでなければならぬ。而して知るものは単に構成するとか、働くとかいうことを意味するのではなく、知るものは知られるものを包むものでなければならぬ、否之を内に映すものでなければならぬ。主客合一とか主もなく客もないと云うことは、唯、場所が真の無となると云うことでなければならぬ、単に映す鏡となるということでなければならぬ。特殊なるものが客観的と考えられ、一般なるものは単に主観的と考えられて居るが、特殊なるものも知識内容としては、主観的であると云うことができ、若し特殊に対して客観的所与を認めるならば、一般的なるものに対しても客観的所与という如きものを認め得るであろう。カント哲学に於てはこれが単に先験的形式と考えられるのであるが、かかる考の根底には、主観の構成作用によって客観的所与を構成するという考が前提となって居るのである。併し構成するということは、直に知るということではない。知るということは、自己の中に自己を映すということでなければならぬ。真のアプリオリは自己の中に自己の内容を構成するものでなければならぬ。此故に構成的形式の外に、ラスクの如く領域の範疇 Gebietskategorie というものをも考え得るのであろう。我々の認識対象界に於て限定せられた一般概念を見るのは、かかる場所が自己を限定するによるのである。場所が場所自身を限定したもの、或は対象化したものが所謂一般概念となるのである。プラトンの哲学に於ては、一般的なるものが客観的実在と考えられたが、真にすべてのものを包む一般的なるものは、すべてのものを成立せしめる場所でなければならぬという考には至らなかった。此故に場所という如きものは却って非実在的と考えられ、無と考えられたのである。併しイデヤ自身の直覚の底にもかかる場所がなければならぬ、最高のイデヤといえども尚限定せられたもの、特殊なるものに過ぎない、善のイデヤといっても相対的たるを免れない。単に対立的なる無の場所を意識の場所として考える時、直覚に於てはかかる場所が消失すると考えられ、更に直覚が於てある場所という如きものは認められないかも知らぬが、私はかかる場所は直覚の内に包み込まれるのではなく、却って直覚其者をも包むものであると思う。直覚が於てあるのみならず、意志や行為も之に於てあるのである、意志や行為も意識的と考えられるのは之に由るのである。デカートは延長と思惟とを第二次的本体と考え、一方に運動をも延長の様態と考え、一方に意志をも思惟の様態と考えたが、かかる意味に於ける真の延長は物理的空間の如きものでなければならぬと共に、真の思惟は右の如き場所でなければならぬ。意識するということと、知識の対象界に映すということとがすぐ一つに考えられるが、厳密なる意味に於て知識の対象界に情意の内容を映すことはできない。知識の対象界は何処までも限定せられた場所の意味を脱することはできない。情意の映される場所は、尚一層深く広い場所でなければならぬ。情意の内容が意識せられるということは、知識的に認識せられるということではない、知情意に共通なる意識の野はその孰《いずれ》にも属せないものでなければならぬ、所謂直覚をも包んで無限に広がるものでなければならぬ。最も深い意識の意義は真の無の場所ということでなければならぬ。概念的知識を映すものは相対的無の場所たることを免れない。所謂直覚に於て既に真の無の場所に立つのであるが、情意の成立する場所は更に深く広い無の場所でなければならぬ。此故に我々の意志の根底に何等の拘束なき無が考えられるのである。

## 二

私は今再び始の考に戻って見よう。有るものは何かに於てあると考えざるを得ない。無論、茲《ここ》に有るというのは存在の意味ではない、極めて一般的なる意味に過ぎない。例えば種々なる色は色の一般概念に於てある、色の一般概念は種々なる色の於てある場所と考えるのである。アリストテレスの如く性質は本体に於てあると考え、而して彼の第二の本体の如きものを考えるならば、種々なる色は一般的なる色自身に於てあると考えることができる。種々なる色の関係は色自身の体系によって構成せられるのである、色の判断の真の主語となる色自体でなければならぬ。一般的なるものは単に主観的と考えられるが、所謂個物的なるものも考えられたものに過ぎない。此の如き客観的一般者に於て特殊なるものは如何なる関係に於て立つであろうか。色自体の如きものが種々なる色を有つということはできぬ、有つというにはその背後に隠れた或物が考えられねばならぬ。而してその或物は全く類を異にせる性質をも有ち得るものでなければならぬ。然らば特殊なる色は色自体の作用と考え得るであろうか。色自体という如きものは未だ働くものではない、時の関係を含むものではない。唯一般的なるものは特殊なるものを含み、後者は前者に於てあるのみである。恰も形あるものは形なきものの影であると云う如く、形なき空間其者の内に無限の形が成立する如き関係であろう。無論、空間に於ては、尚空間に特有なる種々の関係が入って来るであろうが、空間的関係の基にも一般と特殊との関係があり、之によって種々の空間的関係が構成せられるのである。赤は色であるという判断に於て、繫辞は客観的には一般的なるものに於て特殊なるものがあり、一般なるものが特殊なるものの場所となると云うことを意味する。真に一般的なるものは、自己自身に同一なるものであり、種差を内に包むものでなければならぬ。而して対象が意識を超越すると考えるだけならば、単に特殊なるものが一般なるものに於てあると云うの外ないが、更にこの場所の意味を深くして、所謂意識も之に於てあると考えるならば、真の場所は自己の中に自己の影を映すもの、自己自身を照らす鏡という如きものとなる。有が有に於てある時、後者が前者を有つということができ、顕れた有が顕れない有に於てある時、前者は後者の顕現であり後者が働くということができるが、有が真の無に於てある時、後者が前者を映すというの外はない。映すということは物の形を歪めないで、その儘《まま》に成り立たしめることである、その儘に受け入れることである。映すものは物を内に成り立たしめるが、之に対して働くものではない。我々は鏡が物を映すと考えるのも、斯く考えるのである。無論、鏡は一種の有であるから、真に物其者を映すことはできぬ、鏡は物を歪めて映すのである、鏡は尚働くものである。他の物の影を宿すものが有であればある程、映されたものは、他の肖像ではなくして、単に象徴となり、符号となる。更に或物が他に於てあるという意義を失うに至れば、両者独立して、単に相働くとか、相関係するとか云うの外はない。一般的なるものが単に主観的ではなく、それ自身に客観性を有するとするならば、客観的一般者に於て特殊なるものがあるという義は、一般なるものが特殊なるものの形を歪めないで、その儘に内に成立せしめると云うことでなければならない。一般なるものが特殊なるものを有つのではない、特殊なるものが一般的なるものの結果というのでもない、又単に空間が物を含むとか、物が空間に於てあるとかいう意味に於て含むのでもない。一般と特殊とは物と空間という様に相異なるのでもない。特殊なるものは一般なるものの部分であり、且つその影像である。併し一般なるものは特殊なるものに対して、何ら有の意義を有するのではない、全然無である。物が個物的であればある程、一般的でなければならぬと考えられる時、その一般的なるものは個物的なるものを自己の中に映すものでなければならぬ。或は一般と特殊との間には、映す映されるという関係はないと云うでもあろう。併し何かが何かに於てあるという時、既にその両者の間に何等かの関係がなければならぬ、徳は三角に於てあるなどと云うことはできない。「於てあるもの」は自己のある場所の性質を分有するものでなければならぬ、空間に於てある物は空間的でなければならぬ。而してその性質がその物に本質的なるかぎり、即ちそれによってその物の存在が認められるかぎり、一つのものが一つのものに於てあると云い得るのである。此故に完全に一つのものが一つのものに於てあるというには、前者は後者の様相でなければならぬ。かかる場合、我々は直に本体と様相という如きものを考えるのであるが、構成的範疇の前に反省的範疇があるとすれば、本体なき様相とも云うべき純性質的なるものが互に相区別し、互に相関係すると云うには互に相映し映されることによって、客観的に自己自身の体系を維持すると云うの外はない。直接なる経験の背後に考えられた本体という如きものを除去する時、本体なき作用、純なる作用の世界を見る。併し尚何等かの意味に於て働くものという如きものが考えられて居る。更に働くものをも除去する時、純なる状態の世界を見る、即ち本体なき様相の世界を見る。統一を内に見ることによって純粋作用の世界を見ることができるならば、更に之を推し進めて純粋状態の世界と云う如きものを見ることができるであろう。構成的範疇の世界以前に考えられる反省的範疇の世界は、此の如きものでなければならぬ。映すと云えば我々は直に一つの働きを考えるのであるが、働くということから映すということは出て来ない。却って無限に自己の中に自己を映すということから、働くものを導き出すことができるのである。働くという考は有限なる一般者、色どられた場所の中に無限の内容を映そうとするより起るのである。すべての有を否定する無の場所に於ては、働くことは単に知ることとなる、知るということは映すことである。更に此立場を越えて真の無の場所に於ては、我々は意志其者をも見るのである。意志は単なる作用ではなく、その背後に見るものがなければならぬ、然らざれば機械的作用や本能的作用と択ぶ所はない。意志の背後に於ける暗黒は単なる暗黒ではなくして、ディオニシュースの所謂 dazzling obscurity でなければならぬ。かかる立場に於ける内容が対立的無の立場に映されたる時、作用としての自由意志を見るのである。意志も意識の様相と考えられるのは此の如き考に基かねばならぬ、作用としての自由の前に状態としての自由があるのである。

繋辞としての「ある」と存在としての「ある」とを区別すべきことは云うまでもないが、

物があるということも一つの判断である以上、両者の深き根底に相通ずるものがなければならぬ。「ある」という繫辞は、特殊なるものが一般なるものの中に包摂せられることを意味する。一般なるものの方から云えば、包摂することは自己自身を分化発展することである。判断とは一般なるものが自己自身を特殊化する過程と考えることができる。無論、特殊化の過程というも、直に時間に現れる出来事を意味するのではない、単に一般と特殊との関係を示すのみである。所謂具体的一般者というものが考えられるならば、判断的関係はその中に含まれると考えねばならぬ。而して真の一般なるものは、いつも具体的一般者でなければならぬ。我々が外に物があるという時、それは繫辞の「ある」ではなく、存在するということでなければならぬ。併し此の如き存在判断が一般妥当的として成立するには、その根底にやはり具体的一般者が認められねばならぬ。実在が判断の主語となると考えられるのは、之に由るのである。非合理的なるものの合理化によって、存在判断が成立するのである、時間空間というもかかる合理化の手段に過ぎない。斯く考え得るならば、存在するということは具体的一般者の立場からの繫辞を意味し、繫辞の「ある」というのは抽象的一般者からの存在を意味すると考えることもできる。自然界に於て物があるということは存在判断の妥当なるを意味し、赤は色であるということは赤は色の概念に於てあるということを意味する。所謂存在とは一般的繫辞の特殊なる場合と考えることができる。特殊なるものが一般なるものに於てある時、我々は単に有ると考える、有が有に於てあるのである。例えば色は自己自身に体系を成して自己自身に於てあると考えられる、所謂対立なき対象となるのである、自然的存在も同様の意味に於て超越的対象である。之に反し、有が更にその於てある無の場所に映される時、空間に於ける物が種々の象面に於て見られる如く、所謂対立的対象の世界が現れて来る。対立的無の立場に於て、意識作用としての判断即ち判断作用というものが考えられるのである、判断作用とは対立的無の特殊化である。対立的無は尚真の無の上に映されたる有なるが故に、一種の有として作用の基体となるのである。併し無が基体なるが故に、意識作用其者の内容は見られない、ラスクの云う如く単に当る Treffen とか当らぬ Nichttreffen とかいうに過ぎないのである。併しかかる作用も真の無の場所に於ては作用の意味を失うて具体的一般者の繋辞となる。真の無の場所に於てあるということは、それが妥当するということである。対立的無の場所に於ては尚作用を見るが、真の無の場所に於ては単に妥当的なるものを見るのである。カントの意識一般もすべての認識の構成的主観としては、真の無の場所でなければならぬ。此場所に於ては、すべて「於てあるもの」は妥当するものである。是に於て、すべて存在的有は変じて繋辞的有とならねばならぬ。併し意識一般も尚真の無の立場ではない、対立的無の立場から絶対的無の立場への入口に過ぎない。更に此立場を越えて叡智的実在の世界がある、理想即実在の世界がある。是故にカントの批評哲学を越えて尚形而上学が成立するのである。有るものは何かに於てなければならぬ、論理的には一般なるものが、その場所となる。

カントが感覚によって知識の内容を受取ると考えた意識は、対立的無の場所でなければならぬ、単に映す鏡でなければならぬ、かかる場所に於て感覚の世界があるのである。意識一般はかかる意味に於ての意識ではない、所謂意識作用も之に於てある場所でなければならぬ、対立的無を含む無でなければならぬ、外を映す鏡ではなくして内を映す鏡でなければならぬ。之に於てあるものは、すべて単なる妥当となるのであるが、真の無の場所に於ては、かくの如く妥当するものが即ち存在でなければならぬ。此の如き真の無の場所に於ける存在の世界は、純粋思惟の対象界にあらずして、純粋意志の対象界と考えることができる。対立なき対象がその於てある場所に映されることによって、対立的対象を生ずる如く、真の無の場所に於てある叡智的存在即ち純粋意志の対象に対して、その対立的対象の世界即ち反価値の世界が成立するのである。此世界に於ては広義に於ける善のみ実在であると云い得るであろう。醜なるもの、悪なるものは物なき空間が無と考えられる如く、無と考えられる、アウグスチヌスの如く悪は無であると云うことができる。而して此世界に於ける意志作用は認識の世界に於ける判断作用に相当するであろう。唯、真の無の場所に於てのみ自由なるものを見ることができる。限定せられた有の場所に於て単に働くものが見られ、対立的無の場所に於て所謂意識作用が見られ、絶対的無の場所に於て真の自由意志を見ることができる。対立的無も尚一種の有なるが故に、意識作用には断絶がある、昨日の意識と今日の意識とはその間に断絶があると考えられる。真の無は対立的無をも越えて之を内に包むが故に、行為的主観の立場に於て昨日の我と今日の我とは直に結合するのである。かく考えられる意志は原因なきのみならず、それ自身に於て永遠でなければならぬ。かかる場合、意志の背後に無意識なるものが考えられるのであるが、意識の背後は絶対の無でなければならぬ、すべての有を否定するのみならず、無をも否定するものがなければならぬ、時間上に生滅する意識作用が意識するのではない。意識は永久の現在でなければならぬ、意識に於ては、過去は現在に於ての過去、現在は現在に於ての現在、未来は現在に於ての未来ということができる、所謂現在は現在の中に映されたる現在の影である。かかる意識の本質を明にするものは、知識の体験にあらずして、寧《むし》ろ意志の体験である。此故に意志の体験に於て我々の意識は最も明瞭となると考えられるのである。而して知識も意識であるかぎり、一種の意志と考えることができるのである。

## 三

意識の根底には一般なるものがなければならぬ。一般的なるものが、すべて有るものが於てある場所となる時、意識となるのである。一般的なるものが尚一般的なるものとして限定せられる限り、即ち真の無なる場所とならざる限り、外に本体を見、内に一般概念を見るのである。すべての実在を包含するスピノーザの本体といえども、尚無に対する有であって、すべて有るものを含むことができるとするも、否定的意識作用を含むことはできない。真に主語となって述語となることなき本体というべきものは、単に判断の対象となるのみならず、判断其者をも内に包むものでなければならぬ。有無対立の立場から真の無の立場に移る時、その回転の点に於て、カントの所謂意識一般の立場が成り立つ。此立場から見れば、すべてが認識対象となる、理論的妥当となる、すべてが認識対象界に映されたる影像に過ぎない。真実在は認識対象界の後に形を潜めて、不可知的なる物自体となる。意識一般の立場はすべての有を包む無の立場なるが故に、何処までも意識の立場たることを失わない。併しそれは実在としての意識ではない、働く意識ではない、意識作用というものも意識一般の立場に於て見られたる認識対象に過ぎない。是に於て、問題となるのは判断作用である。判断作用は一方に於て時間上に現れる出来事たると共に、一方に於て意味を荷うものでなければならぬ。全然作用を超越すると考えられる意識一般が、如何にして意識作用と結合するのであろうか。内面的意味の世界も一種の対象界とするならば、かかる対象界を見る意識一般は、単なる超越的対象を見る意識一般と同一の意義のものであろうか。真にすべてを対象化する意識一般は作用を超越するものでなく、何処までも自己の内に退いて、すべての対象を内に包むものでなければならぬ。無にして有を包むものを意識とするならば、無限に深き意識の意味がなければならぬ。所謂意識一般とは対立的無より真の無に転ずる門口である。対立的有の立場に於て不可知的なる力の作用であったものは、対立的無の立場に於て意識作用となり、真の無の門口たる意識一般を越ゆることによって、広義に於ける意志作用となる。判断作用というのは丁度意識一般の立場に於て見られるのである、判断と意志とは一つの作用の表裏と考えることができる。意識一般の立場を突き詰めれば、何等の内容ある作用を見ることはできぬ、認識対象界の窮まる所、単に抽象的なる当る、当らぬという如き作用を見るのみである、而して此の如き作用の裏面には意志作用が考えられなければならぬ。円い四角形という如きものを意識するには、背後に於ける意志の立場が加わらねばならぬ。構成的範疇の背後に反省的範疇があると考え得るならば、反省的範疇の制約をも破ることによって、我々は随意の世界に入るのである。抽象的思惟と抽象的意志とは一つの門口の両面である。此門口を過ぐれば、自由なる意志の対象界に入る。此世界に於ては、すべて有るものは妥当的実在であり、叡智的存在である。或は妥当的対象の背後に存在を考えるの不当なるを云うでもあろう、存在の前に当為があると考えられる。併し何故に所謂自然科学的実在のみが存在と考えられねばならぬであろうか。今深く存在の問題に入り込むことはできないが、実在の根底には非合理的なるものがなければならぬ。感覚的なるものが実在と考えられるのも之に由るのである。併し単に非合理的なるものが実在と考えられるのではない、理性によって到達することができないと共に、何処までも理性化せらるべきものでなければならぬ。アリストテレスが判断の主語となって述語とならないものと云うのは、最も能くかかる意義を言い表したものであろう。空間、時間、因果の法則によって統一せられた所謂自然界もその一例に過ぎない。而して右の如き意味に於て判断の主語となるものを求めるならば、所謂具体的一般者というものが最もそれに適当するであろう、具体的一般者が実在ということができる。その根底となる一般者が限定せられた有であるかぎり、本体という如きものが考えられ、それが対立的無なる時、純なる作用という如きものが考えられ、それが真の無なる時、即ち単なる場所ともいうべき場合、所謂叡智的存在という如きものが考えられるのである。いずれも同様の意義に於て、存在ということができる。私の所謂場所の意義に従って、種々の異なれる存在の意義を生ずるのである。先ず感覚的性質が於てある場所の意味が一般化せられる時、空しき空間となる。併し空間も一種の有である。更に空間も之に於てある場所という如きものは、超越的なる意識の野という如きものでなければならぬ。感覚的なるものが直に之に於てあると考えられる時、精神作用となる。所謂意識の野とは否定的無なるが故に、感覚的なるものの背後に考えられる基体即ち所謂物は消滅して、感覚の背後には唯無が見られる、感覚は無より生ずると考えられる、即ち純なる作用となる。併し作用もその於てある場所に於ては一種の存在である。真の無の門口たる意識一般に於ては、作用も存在の意義を失い、一旦はすべてが当為となるであろうが、更に場所が真の無其者となる時それが又一種の有と考え得るであろう。之に於てあるものは唯叡智的存在であり、当為はその影となるのである。

意識一般は真の無の場所に入る門口なるが故に、物自体の如きものは否定せられて、すべてが認識対象となる。併し真の無の場所其者に於ては、此立場を越えて更に主語となって述語とならない基体を見ることができる。真に主語となって述語となることなき基体というべきものは、判断を超越したものではなく、判断を内に包むものでなければならぬ、単に判断の主語となるのみならず、判断の目的となるものでなければならぬ。判断の根元となり又その目的となるものが、真に判断の主語となり得るのである。所謂自然的存在もこの一例として存在と考えられるのである。唯、意識一般を認識主観として、その上に出ずることのできない頂点と考えた時、我々は更に之を越えて存在を考えることはできない。叡智的存在という如きものは形而上学的として排斥するの外はない。併し判断は一つの意識作用ではあるが、意識の全体ではない、判断は即ち意識ではない。我々は判断の意識の外に意志の意識を有って居る。意志も意識現象であり、意志の背後にも之を知るものがあると考え得るが故に、意志よりも知識が一層深きものであり、意志も判断の対象となると考えられるのであるが、意志を意識するものは単に判断するものではない。意志を意識するものは判断をも意識するものである。無より有を生ずる、無にして有を含むということが、意識の本質である。意識するということと、意識せないということとが区別せられ、心理学者は意識の範囲というものを定めるが、かかる区別を意識するものは何であるか。意識の範囲として限定せられたものは、意識せられたもので、意識するものではない。真に意識するものは所謂意識として限定せられないものをも、内に包むものでなければならぬ。意識の背後に潜在的なる何物かが考えられた時、もはや意識ではない、力の発展となる。意識の立場は或一つの限定せられた立場に対して、一層高次的な立場とも考え得るでもあろう。高次的立場は低次的立場に対して、無にして之を包むが故に、意識の意義を有つことができるのである。併し何等かの意義に於てその高次的立場が限定せられた時、更に於てある無の立場が認められ、意識の意義を失わなければならぬ。真の意識の立場は最後の無の立場でなければならぬ。意識の底には、之を繋ぐ他の物があってはならぬ、かかるものがあらば意識ではない。意識の流は一方から見れば、時々刻々に移り行き、一瞬の過去にも返ることができないと考えられると共に、その根底には永遠に移らざるものがなければならぬ。唯この永遠に移らざるものが無なるが故に、意識は繰返すことができないと考えられるのである。若し意識の根底に何等かの意味に於て有が認められるならば、それによって意識は繰返すことのできるものとならねばならぬ。意識の根底には唯、永遠の無あるのみである。我々が内部知覚に於て直接に対象を見ると考えるのも之によるのであろう。対象が意識そのものとして見られた時、その背後に何物もない、我々は物そのものを見ると考えられるのである。而して真の無の立場というのは、一つの理想に過ぎないから、内部知覚も単なる極限に過ぎないのである。意識の本質を右の如く考えるならば、判断ということよりも、意志ということが、尚一層深き意味に於て知るということでなければばならぬ。知識に於ては、無にして有を映すと考えられるが、意志に於ては、無より有を生ずるのである。意志の背後にあるものは創造的無である。生む無は映す無よりも更に深き無でなければならぬ。此故に我々は意志に於て、最も明に自己を意識し、意識の最高強度に達すると考えるのである。無より有を作るということは、潜在的なるものも無に於てあると云うことでなければならぬ、潜在的なるものをも内に映すと云うことでなければならぬ。アウグスチヌスは神は時の中に於て世界を創造したのではない、時も神の創造したものであると云い、作るといえば質料がなければならないが、神は無より質料をも作ったと云う如く、無より有を創造するものは、単に時を超越し質料を離れた形相ではなく、時も之に於てあり、質料も之に於てあるものでなければならぬ、即ち映すことが作ることであるものでなければならぬ。単に質料を形相化することが知るということではなく、自ら空うして自己の中に質料を包み、自己の中に自己を形成し行くことが知るということであるとするならば、知るということもその背後に既に無より有を生ずる意志の意義がなければならぬ。唯知識に於ては限定せられたアプリオリ、限定せられた形相の上に立つが故に、時を含み質料を包むということはできない。知識に於ては対象がそれ自身の体系を有し、それ自身の方向を有って居る。それ自身の体系を有し、それ自身の方向を有することは限定せられた一般者の上に立つことを意味する。限定せられたものに対しては、限定せられないものが対立する、潜在的なるものは未だ真の無ではない、映す鏡の底に尚質料が残って居る。無論それは所謂潜在、所謂質料ではないとしても、カントの物自体、現今のカント学派の体験の如く、除去することのできない質料である。知識の無は極微的無である、真の無ではない。純知的なる意識一般の立場に於て我々は避けることのできない矛盾に陥るのは、この為である。意識一般は判断の主観でありながら、判断作用を超越したものでなければならぬ、意識一般は意識の意義を失うこととなる。此故に真の意識一般は却ってその背後に意志の意義を有って居なければならぬ。カントの意識一般はフィヒテの事行に至らねばならぬのである。判断はその根底に意志を予想することによって、意識一般は意識の意義を有することができるのである。而も判断の立場は直に意志の立場ではない、判断は意志の一面に過ぎない。判断の立場は何処までも限定せられた場所の意味を脱することはできない。フィヒテの事行といえども、尚真の無の場所に於ける自由意志ではない。自己の中に無限の反省を含み無限の質料を蔵するとしても、それは定まれる無限の方向、定まれる意味の潜在たるを免れない。それよりして随意的意志は出て来ない、自由に方向を定める選択的意志の意義を明にすることはできない。真に自由なる意志は無限なる反省の方向、無限なる潜在の意義に対して自由なるものでなければならぬ、即ち之を内に包むものでなければならぬ、斯くして始めて無から有を作るということができる。質料も無から作られたものであり、無より有を作るということは、すべての作用の潜在的方向を超越して、而も之を内に包むということでなければならぬ、此に於ては質料も映されたる影像であるということでなければならぬ。真に自由なるものは、無限なる純粋作用を自己の属性となすものでなければならぬ。

包摂判断に於ては、特殊的なるものが主語として、一般的なる述語の中に含まれると考えられるが、主語となって述語とならない基体に於ては、特殊なるものに於て一般なるものが含まれると考えられる。併し物の判断に於ても、その主語となるものは単に特殊的なるものではなく、その属性に対して一般的意義を有って居なければならぬ。唯、含む一般的なるものと含まれる特殊的なるものとの間に間隙がある限り、物と性質との関係が成り立ち、超越的なる物という如きものが考えられるのである。併し物が超越的であるということは、形相と質料とが相離れ、単に形相化することのできないのみならず、形相化的進行の方向を以てするも限定することのできない質料が残されると云うことである、云わば質料の方向が無限定であるということである。質料が形相に対して外的であり、偶然的であるかぎり、質料の独立性が認められ、超越的なる物の存在が考えられるのである。而して物の存在を認めるため、於てある場所という如きものが考えられねばならぬのである。併し場所其者が内在的有即ち一種の形相と考えられ、内在的なるものの中に超越的なるものが含まれると考えられた時、力の世界が成立する。斯くして又種々なる力の質料性というものが認められると共に、力の於てある場所という如きものが考えられねばならぬ。力の非合理性、力の質料性ということは、内在的なるものの超越性ということである。私が此に力の於てある場所というのは、物理学者の所謂力の場という如きものではない。実在としての力の於てある場所ともいうべきものは、超越的意識の野ともいう如きものでなければならぬ。此場所に於て力学的力と経験内容とが合一して物理的力となるのである、物理的力の存在性は此場所に於て立せられるのである。空間も、時間も、力もすべて思惟の手段と考えられた時、与えられた経験其者の直に於てある客観的場所は超越的意識の野という如きものでなければならぬであろう。物が空間に於てあるという如き意味に於て意識の野に於てあると云うべきものは、意志の本体即ち自由なる人格でなければならぬ。所謂認識対象界に於て感覚が非合理的なる如く、意識の野に於て非合理的なるものは自由意志である。感覚は形式的思惟に対しては全然外的であり、非合理的であるかも知らぬが、構成的思惟によっては合理化し得ると考えることができる、即ち右に云った如く内在的なる場所の内に超越的なるものを盛ることができる。然るに自由意志に至っては、如何なる意味に於ても合理化することができぬ、全然限定せられたる場所を超越したものでなければならぬ。判断に於て主語となって述語とならないものが述語を有するものとなる如く、何処までも場所として限定することのできない、全然非合理的なるものが意識の本体となる。而して力の実在性も要するに意志の非合理性によって維持せられるのである。主語となって述語とならないものが基体と考えられるのも、所謂述語的一般としては限定し得ざるものであるが而も述語を内に包むが故に外ならない、即ち述語的有が之に於てある場所なるが故でなければならぬ。判断は主語と述語との間に成立するのである。此場所の中に超越的なるものが見られる時、即ち潜在的なるものが考えられる時、働くものとなるが、それが単に限定せられた場所と見られる時、両者を結合するものは判断となるのである。有が有に於てある時、場所は物である。有が無に於てあり、而してその無が考えられた無である時、前に場所であった物は働くものとなる。而して空虚なる場所は力を以て満たされ、前に物であった場所は潜在を以て満たされる。超越的なるものが内在的となるというのは、場所が無となることである、有が無となることである。併し有の場所となる無に種々の意味がある。単に先ず或有を否定した無即ち相対的無と、すべての有を否定した無即ち絶対的無とを区別することができる。前者は空間の如きものであり、後者は所謂意識の野の如きものである。意識の野に於ては前に物であったものは意識現象となり、空虚なる場所は所謂精神作用をもって満たされる。場所がすべての有を否定した無なるが故に、意識の場所に於ては、すべての現象が直接と考えられ、内在的と考えられるのである。精神作用も無の場所との関係ではあるが、物力の如き有の意味を有することはできぬ、判断の対象として、限定することができぬ、唯所謂反省的判断の対象となることができるのみである。自然科学的立場からは、精神作用なるものが否定せられるのは此故である。意識の野に於ては、その場所が無となると共に、単に性質の場所となって、物という如きものは消失するのであるが、対立的無は尚有の意義を有するかぎり、前に有であった場所は潜在を以て満たされる、即ち意識の本体、意識我という如きものが考えられるのである。併し意識的潜在は物力の潜在とは異ならねばならぬ。意識的潜在は動的意味の潜在である、物理的には無なるものの潜在である。単なる有の場所から否定的無の場所に入るに従って、種々なる合目的的世界が考えられる、所謂非実在的なる意味が実在性を有って来るのである。此場合存在性が失われると考えられるが、唯有るものは何かに於てあるという場所の意義が変じて来るのである、存在の根底を成す一般者が失われる訳ではない。場所が無となる時、アリストテレスの現実が潜在に先立つ、形相が質料に先立つという意味が明になって来る、潜在的質料と考えられるものは、却って直接の現実的形相と見ることができる。右の如く、対立的無の場所に於ては、所謂意識の野に於ての如く尚一種の潜在を見るのであるが、更に真の無の場所に於ては意識の野に於ての如き潜在も消え失せねばならぬ、意識一般の立場に於ては意識現象も対象化せられねばならぬ、所謂意識我も之に於てあるものでなければならぬ。すべての意義に於て働くというものはなくなる、力という如きものはなくなる、判断作用其者すら対象化せられるのである。是に於て我々は如何なる意義に於ても真実在を認めることはできぬ、物自体は不可知的というの外はない。個物的実在というも、時空の形式によって統一せられた認識対象たるに過ぎない。併し意識一般が知識の客観性を維持するというには、その根底に超越的なるものがなければならぬ。カントが経験内容の制約に知識の客観性を求めた如く、知識の客観性の基には却って非合理的なるものがなければならぬ。而もかかる意味に於て超越的なるものは、所謂物の如きものであってはならぬ、又力の如きものであることもできない。それ等はすべて認識主観によって対象化せられたものである。之を潜在ということもできぬ、何となれば潜在は既に力の範疇を予想するからである。此故にそれは如何なる意味に於ても之を対象化して知識的に限定することはできない、知識は却ってその限定によって成立するものでなければならぬ。何処までも限定することができないという意味にては無であるが、而もすべての有は之に於てあるものでなければならぬ。認識の形式が質料を構成するというのは、時に於ける構成作用と同様ではない。意識一般の超越性は形式も質料も之に於てある場所の超越性である、一般的なるものが一般的なるものの底に、内在的なるものが内在的なるものの底に、場所が場所の底に超越することである、意識が意識自身の底に没入することである、無の無であり、否定の否定である。若し真に判断作用を超越し主語となって述語となることなき基体を求むるならば、之を措いて外にない、最後の非合理的なるものであって、而もすべての合理的なるものは之に於てあるのである。感覚的実在としての物の非合理性の根底は要するに此にあるのである。物が空間に於てあると考えられる時、場所が物に対して全き無と考えられるが故に、単に非合理的なるものとして、個々独立的存在の意義を有する。之に反し力に至っては、場所が有の意義を有するが故に、一旦此の如き個々独立的存在性を失われると考えられるが、更にその後に力の本体という如きものを考えざるを得ない、是に於て我々の思惟は矛盾に陥るのである。場所が真に無なる時、かかる矛盾は消失して、我々は復《また》空間に於ける物の如き個々独立的存在を見る。而して翻って考えて見れば、前の存在性の根底も実は此にあったのである、所謂感覚的実在の根は此から生じて居たのである。何故に此に至って再び物が空間に於てある如き存在の意味を得るかと云うに、場所が絶対の無となるが故である、場所が之に於て有るものを絶対的に越えて居るからである。此故に一方から見れば、すべての働きを超越して単に永遠なるものと考えられねばならぬと共に、一方から見れば、すべての場所を含むが故に、無限に働くものと考えられねばならぬ、即ち一言に云えば、自由を以て属性とするものである。真に知る我は働く我を超越するのみならず、所謂知る我をも知るのである、我々の人格の根底には此の如き意味に於ける実在の意義がなければならぬ、即ち無から有を生ずるものがなければならぬ、質料をも作ると云うべきものがなければならぬ。対立的無の場所という如きものが全然消え失せると共に、かかる無の場所との関係に於て見られる作用という如きものも消え失せねばならない。作用というものがその於てある場所を失い、その実在性を失うと共に、現実に対する潜在という如きものもなくならなければならぬ。有るものは唯純粋性質ともいうべきものである、性質の背後に物があるのではなく、物の背後に性質があるのである、性質の背後に力があるのではなく、力は一つの属性となるのである。現実の後に潜在があるのではなく、現実の此方に潜在があるのである。構成的範疇の対象界の背後に見らるる反省的範疇の対象界とは此の如き純粋性質の世界でなければならぬ。一般概念的なるものを場所とする考を何処までも徹底し、而してその場所が絶対的無となる時、之に於てあるものは純粋性質という如きものでなければならぬ。元来構成的範疇と反省的範疇とは離すべきものではなく、一つのものの両面とも云うべきものでなければならぬ。構成的範疇を具体的として反省的範疇をその萎縮せる抽象的一面と考えるならば、後者の世界は単なる抽象的思惟の世界となるが、構成的範疇の背後に反省的範疇を見、前者が後者の特殊化せるものとするならば、意志の世界となるのである。意志と判断とは構成的範疇と反省的範疇との孰《いずれ》を表とし何を裏となすかによって異なるのである。純粋性質という如きものを実在の根底と考えるには、多くの異論があるでもあろうが、我々に真に直接なるものは、純粋性質という如きものでなければならぬ。それは心理学者の所謂感覚の如きものでないのは云うまでもなく、一瞬の過去にも返ることなき純粋持続という如きものでもない。純粋持続と云い得るものは尚時を離れたものとは云えない、更にかかる連続をも越えたものでなければならぬ。それは永遠に現在なる世界、真の無の場所に於ける有である。否定の立場が意識の立場であり、意識の場所が我々に最も直接なる内面的場所と考え得るならば、此の如き場所に於てあるものが真に直接なるものと云わねばならぬ。我々は此の上に物の世界、力の世界を構成するのみならず、意志の世界も構成するのである。自由を属性とするカントの叡智的性格という如きものも、此の如き意味に於ける有でなければならぬ。判断の主語となるものが場所である時、性質を有する物という如きものは消失して基体なき作用となる、更に場所其者も無となる時、作用という如きものも消え失せて、すべてが影像となる。主語となって述語となることなき基体が無となるが故に、判断の立場から云えば本体なき影像というの外はない。本体という如きものはもはや何処にも求めることはできない、唯自ら無にして自己の中に自己の影を映すものがあるのみである。併し一方から云えば、真に無の立場に於ては所謂無其者もなくなるが故に、すべて有るものはそのままに有るものでなければならぬ。有るものがそのままに有であるということは、有るがままに無であると云うことである、即ちすべて影像であるということである。有るものを斯く見るということが、物を内在的に見ることであり、実在を精神と見ることである。他に之を映す無の場所なきが故に、一々が自己が自己を映すもの即ち自覚的なものでなければならぬ。此立場に於ては、作用というものも影像に過ぎない。潜在というものもかかる有の背後に見られるのではなく、その上に描かれたる陰影に過ぎない、有の中に含まれて居るのである。無から有を作るというのは映す鏡をも映すということに外ならない。質料は一つの作用の方向によって逆に限定せられた質料ではなく、質料自身も一種の形相となるのである。作用の背後にあるものを映す鏡そのものも映されることによって、潜在も現実となり、質料も働くものとなる、之を無から質料を作ると云うのである。作るというのは時に於て作るのではなく、見ることである、真の無の鏡の上に映すことである。我々の意志も此の如き意味に於ては見ることである。見るとか映すとかいうのは比喩に過ぎないと考えられるかも知らぬが、包摂判断に於て主語が述語の中にあるということが、映すとか見るとかいうことの根本的意義に外ならない。述語的なるものが映す鏡であり、見る眼である。かかる判断意識の根本的性質は意識の一種たる意志の根底にもなければならぬ、判断も意志も無の場所の様相である。現象学者は知覚の上に基礎付けられたる作用の底にも直覚があり、知識はこれに向って充実せられて行くと云うが、知識の基礎となる直覚とは尚意識せられた意識であって、意識する意識ではない。真に意識する意識、即ち真の直覚は作用を基礎付け行くことによって変じ行くのではなく、却って作用は之に於て基礎付けられねばならぬ。作用の基礎付けそれ自身が一種の充実的方向を有って居るのである。情意の客観的対象界を認めないならば、作用の基礎付けの充実という如きことは無意義であるが、知覚を基礎としてその上に自然界が建てられるという時、その根底となる直覚は唯知覚的直覚の上に何物かが加わったものではなく新しい総合的直覚でなければならない、直覚が直覚自身を充実し行くのである、私の所謂場所が場所自身を限定し行くのである。此故に意志の自覚なくして自然界のアプリオリは成立することはできない。所謂直覚の背後に更に意識を考えるというには尚論ずべき点があるであろうが、私は矛盾の意識も既に所謂直覚を一歩越えた意識でなければならぬと思う。私の所謂場所が限定せられ得るかぎり、即ち一般概念が対象化せられ得る限り知識の範囲に属するが、之を越ゆれば判断はその限定作用を失って意志の世界に入る。矛盾の意識は判断の意識から意志の意識への転回点を示すものである。此の如き判断的知識の背後の意識、即ち真の無の場所というべきものは何処までも消えるものではない。その究極に於て意志をも越えて、上に云った如き純粋状態の直観に至る。此時、我々は再び矛盾の意識の超越を見る、前者は判断の矛盾の超越であり、後者は意志の矛盾の超越である。意志の矛盾を超越することによって我々は真の無の立場の極限に達するのである。

私が此節に於て用いた純粋性質という語は種々の誤解を招くかも知れないが、それは真の無の場所に於てあるものであって、自己自身を見るものを意味するのである、純なる作用の根底にあって見ることが働くことであるものを云うのである。之を純粋性質と云った所以は作用よりも深きが故に静的存在であり而も物とか本体とかいうものではない、最も直接なる存在たるが故に過ぎない。

## 四

上に述べた所に於て、私は叡智的実在と自由意志との差別及び関係の問題に触れたが、自由を状態とする叡智的実在と自由意志とは如何なる関係に於て立つか。自由意志の本体という如きものが最高の本体とも考えられるであろうが、意志の自由とは行為の自由を意味し、行為の自由ということが些《いささ》かでも作用との関係に於て考えられるならば、尚全然対立的有無の場所を超越したものと云うことはできない。我々はいつでも対立的無の場所に於ける意識作用に即して、自由意志を意識するのである。更に此立場を越えて真の無の場所に入る時、自由意志の如きものも消滅せなければならぬ。内在的にして即超越的なる性質は物の属性、力の結果ではなくして、力や物は性質の属性でなければならぬ、物や力が性質の本体ではなく、性質が物や力の本体でなければならぬ。真の無の空間に於て描かれたる一点一画も生きた実在である。斯くして始めて構成的範疇の世界の背後に於ける反省的範疇の対象界を理解することができるのである。此の如きものを叡智的実在と考えるならば、それは単に働くものではなく見るものでなければならぬ。色が色自身を見ることが色の発展であり、自然が自然自身を見ることが自然の発展でなければならぬ。叡智的性格は感覚の外にあって之を統一するのではなく、感覚の内になければならぬ、感覚の奥に閃くものでなければならぬ、然らざれば考えられた人格に過ぎない、それは感ずる理性でなければならぬ。対立的無の場所たる意識の立場から見れば、それは物の空間に於ける如く単なる存在と見ることができ、而して物が力を有つと考えられる如く、叡智的実在は更に意志を有つと考えることができる。

空間に於ける物は内在的なるものの背後に考えられた超越者である。性質的なるものを主語としてこれを合理化する時、空間は合理化の手段となる、すべて現れるものは空間に於て現れるのである、空間が内在的場所となる、空間的ということが物の一般的性質として、すべてが一般概念の中に包摂せられるのである。空間的直覚の上に立つ時、性質的なるものは非合理的なるものとして、超越的根拠を有つものでなければならぬ。元来、性質的なるものの根底には、ベルグソンが純粋持続と云った如く、無限に深きものがある。而して斯く性質的なるものの根底が何処までも深く見られるのは、真の無の場所に於ける直接の存在は純粋性質ともいうべきものなることを意味するのである。空間という如き限定せられた場所からしては、何処までも量化することのできない超越的なるものと云うの外はない。併しかかる超越的なるものを内在化しようという要求より力の考が出て来る、我々は一層直覚を深めて行くのである。直覚を深めるというのは、真の無の場所に近づき行くことである。現象学的に云えば、作用を基礎付けて行くと云うのであろうが、作用は「作用の作用」の上に於て基礎付けられるのである、而して作用の作用の立場は真の無の場所でなければならぬ。之を非合理的なるものを合理化すると云い得るであろう、主語となって述語となることなき基体が述語化せられ行くことである。是に於て前に場所と考えられた空間は如何なる地位を取るであろうか。性質的なるもの、自己に超越的なるものを自己の中に取り入れようとする時、空間其者が性質的なものとならねばならない、空間は力の場とならなければならない、空虚なる空間は力を以て満たされることとなる。色もなく音もなき空間がすべてを含む一般者となり、色や音は空間の変化より生ずると考えられるのである。力というのは場所が之に於てあるものを内面的に包摂しようとする過程に於て現れ来る一形相である。此故に判断や意志と同一の意義を有って居るのである。物理的空間は何処までも感覚的でなければならぬ、感覚性を離るれば物理的空間はなく、単に幾何学的空間となる、而して力は亦数学的範式となるの外はない。感覚の背後に考えられる超越的なる基体が、無限大にまで打ち延ばされることによって、前に単に場所と考えられた空間と合一し力の場となるのである。非合理的なるものを内に包む意志の立場から云えば、此の如き場所は既に意志の立場と云い得るであろう。此故に力の概念は意志の対象化によって生ずる、物の底に意志を入れて見ることによって生ずると考えられるのである。無なる意識の場所と、之に於てある有の場所との不合一が力の場所を生ずる、有の場所から真の無の場所への推移に於て力の世界が成立するのである。有るものの場所となるものが亦限定せられた有であるかぎり、我々は力というものを見ることはできない。例えば物体というものを考える場合、我々は何等かの性質的なるものを基礎として、之に他の性質的なるものを盛るのである、触覚筋覚というごときものが先ず此の如き基礎として択ばれるのである。物体というものが考えられるには、何処まで行ってもかかる基礎となるものを除去することはできない。超越的なる物という考は、却って内在的性質を限定して之に他の性質を盛ろうとするより起るのである。限定せられた場所の中に、場所外のものを入れようとするより起るのである。かかる意味に於ては、物を考える場合でも、判断は自己の中に自己を超越するということができる。此の如き基体となる性質を何処までも押し進めて行けば、遂に最も一般的なる感覚的性質となる。物質の概念は斯くして成立するのである。物質は直接に知覚すべからざるものと考えられるが、それは特殊なる知覚対象ではないというに過ぎない。知覚の水平線を越えては物質というものはない。知覚とは直接に限定せられたものを意識することであると考えられる如く、限定せられた場所の意義は最後まで脱することはできない。無の場所に於ける有の場所の限定ということが知覚ということでなければならぬ。而して限定せられた有の場所、即ち知覚の範囲に留まる間は、力の世界を見ることはできぬ。限定せられた性質の一般概念の中に於ては、単に相異なるもの、相反するものを見るのみである。力の世界を見るには、かかる限定せられた一般概念を破って、その外に出なければならぬ、相反の世界から矛盾の世界に出なければならぬ。此転回点は最も考うべきであると思う。矛盾的統一の対象界を考えるには、その根底には直覚がなければならぬ。数学的真理の如きものの根底には一種の直覚のあることは、何人も認めるであろうが、之を色や音の如き所謂感覚的直覚とは同じとは考えない。併しすべて判断の根底には一般的なるものがあるとするならば、色や音についての判断も一般者の直覚に基いて成立するのである。感覚的なるものの知識の根底に於ける一般者と、所謂先験的真理の根底に於ける一般者とは如何に異なるか。矛盾的関係に於て立つ真理を見るには、我々は所謂一般概念の外に出て之を見るということがなければならない。所謂一般的なるものが見られ得るということが、先験的知識の成立する所以である。之によって我々は斯くなければならぬ、然らざれば知識は成立せないと云い得るのである。既に一般概念の外に出ながら、如何にして更に判断の根底となる一般的なるものを見ることができるであろうか。一般概念の外に出るというのは、一般概念がなくなることではない、却って深くその底に徹底することである、限定せられた有の場所から、その根底たる真の無の場所に至ることである、有の場所其者を無の場所と見るのである、有其者を直に無と見るのである。斯くして我々はこれまで有であった場所の内に無の内容を盛ることができる、相異の関係に於てあったものの中に矛盾の関係を見ることができる、性質的なるものの中に働くものを見ることができるのである。我々の見る知覚的空間は直に先験的空間ではない。併しそれは先験的空間に於てあるのである、而して先験的空間の背後は真の無でなければならぬ。無の場所に於てあると云うことが意識を意味するが故に、それは先験的意識に於てあると云うことができる。是故に一般概念の外に出るということは、却って之によって真に一般的なるものを見ることである。先験的空間という如きものは、此の如き一般者を云い表したものである。此の如き立場に於ては見るということは、単に記載することではなく、構成することである。真の直覚は無の場所に於て見るということでなければならぬ。此に至って直覚はその充実の極限に達し対象と合一するということができるのである。右の如き極致に達せない間は、知識は単なる記載以上に出ることはできぬ。現象学的立場といえども、意識は尚対立的無の場所を脱せないのである、考えられた一般概念の外に出ることができないのである。現象学者の作用というのは、一般概念の埒によって囲まれた作用である、対象の一範囲という如きものに過ぎない。是故に内に対象の構成を見ることができず、外に作用と作用との関係を見ることもできない。作用其者の充実という如きことは現象学の立場に於て現れて来ないのである。アリストテレスは感覚とは封蠟《ふうろう》の如く、質料なき形相を受取るものであると云ったが質料なき形相を受取るものは形相を有たないものでなければならぬ。斯く受取るとか、映すとかいうことが何等かの意味に於て働きを意味するならば、それは働くものなくして働き、映すものなくして映すと云うことでなければならぬ。映れるものを形相とするならば、それは全く形相なき純なる質料と考うべきであろう。之に反し、映された形相を特殊なるものとして質料と考うるならば、それは形相の形相として純なる形相とも考え得るであろう。かかる場合、我々は直に映すものと映されるものと一と考えるのであるが、その一とは如何なるものを意味するのであろうか。その一とは両者の背後にあって両者を結合するということではない、両者が共に内在的であって、而も同一の場所に於て重り合うということでなければならぬ。恰も種々なる音が一つの聴覚的意識の野に於て結合し、各の音が自己自身を維持しつつも、その上に一種の音調が成立すると同様である。ブレンターノが「感官心理学」に於て云って居る様に現象的に結合するのである。唯、我々は感覚には意識の野を考えるが、思惟には之を認めないから、思惟の場所に於て重り合うという語が一種の比喩の如くに思われるのである。併し我々の思惟の根底に一つの直覚があるとするならば、感覚や知覚と同じく思惟の野という如きものが考えられねばならぬ、然らざれば現象学者の直覚的内容の充実的進行という如きものは考えられないのである。思惟の野に於て重り合うというのは、一般なるものを場所として、その上に特殊なるものが重り合うことである。聴覚の場合に於ては、個々の音の集団を基礎として、之に音調が加わると考え得るでもあろう。併し真の具体的知覚に於ては、個々の音が一つの音調の要素として成立する、即ち之に於てあると考えねばならぬ。空間に於ては、一つの空間に於て同時に二つの物が存在することはできないが、意識の場所に於ては、無限に重り合うことが可能である。我々は限なく一般概念によって限定せられた場所を越えて行くことができるのである。我々が個々の音を意識する時、個々の音は知覚の場所に於てある。その上に音調という如きものが意識せられる時、音調も亦同一の意識の場所に於てある。各の音が要素であって、音調は之から構成せられて居るというのは、我々の思惟の結果であって、知覚其者に於て個々の音は音調に於てあるのである。併し音調も亦一つの要素として、更に他の知覚に於てあることができる、音も色も一つの知覚の野に於てあるということができる。斯くして知覚の野を何処までも深めて行けば、アリストテレスの所謂共通感覚 sensus communis の如きものに到達せなければならぬ、それは単に特殊なる感覚的内容を分別するものである。分別すると云えば、直に判断作用が考えられるのであるが、判断作用の如く感覚を離れたものではない、感覚に付着して之を識別するのである。此の如きものを私は場所としての一般概念と考えるのである。何となれば、所謂一般概念とは此の如き場所が更に無限に深い無の場所に映されたる影像なるが故である。知覚が充実して行くというのは、此の如き場所としての一般者が自己自身を充実し行くことである。その行先が無限であって、無限に自己を充実して行くが故に作用と考えられる、而してその限なき行先は志向的対象として之に含まれると考えられるのである。併しその実は之に含まれるのではなく、此の如き無限に深い場所に於てあると云うことを意味するのである。直覚というのも、かかる場所が無限に深い無であることを意味するに外ならない。斯くその底が無限に深い無なるが故に、意識に於ては、要素と考えられるものをその儘《まま》にして、更に全体が成立するのである。現象学派に於ては作用の上に作用を基礎付けると云うが、作用と作用とを結合するものは所謂基礎付ける作用ではなくして、私の所謂「作用の作用」という如きものでなければならない。此場所に於ては作用は既に意志の性質を含んで居るのである、作用と作用との結合は裏面に於ては意志であると云ってよい。併し意志が直に作用と作用とを結合するのではない、意志も此場所に於て見られたものである、此場所に映されたる影像に過ぎない。意志も尚一般概念を離れることはできない、限定せられた場所を脱することはできない。直覚は意志の場所をも越えて深く無の根底に達して居る。一般の中に特殊を包摂して行くことが知識であり、特殊の中に一般を包摂することが意志であり、この両方向の統一が直観である。特殊の中に一般を包摂するというのは背理の様であるが、主語となって述語となることなき基体という如きものが考えられる時、既に此意味が含まれて居なければならぬ。現象学に於て知覚が充実して行くというのも、この方向に向って進み行くのである。この方向に於ては基礎付ける作用も、基礎付けられる作用も、一つの直覚の圏内に入って行く、即ち共に無の場所に於てあるのである。直覚に分限線はない、知覚という作用を限る時、既に一般概念によって直覚の場所を限定して居るのである。現象学者が知覚作用に生きるという時、既に範疇的直覚も含まれて居なければならぬ、我の全体がそこにあるのである、私は之を無の場所に於てあると云いたい。此故に知覚的経験を主語として、所謂経験界が成立するのである。知覚作用として限定せられた直覚は、既に思惟によって限定せられた直覚である。我々が知覚に生きるという時、知覚は思惟の上に重り合うのである、知覚的なるものがその底の場所に映ったものが、その一般概念となる。我々が知覚的直覚という如きものを限定して見ることのできるのは、或一つの意識作用が或一点から出立し、また元に還ることが可能と考えられるが故である。一つの平面に於ては、或一の点から無限の果を廻っても、亦元の点に還ることが可能でなければならぬ。或は之を一つの意識面がそれ自身の内に中心を有つとも云い得るであろう。無限なる次元の空間とも考え得べき真の無の場所に於て、此の如き一平面を限定するものは一つの一般概念でなければならぬ。知覚の意識面を限定する境界線をなすものは、知覚一般の概念でなければならぬ。知覚的直覚というのは斯くして限定せられた場所である。我々が知覚的直覚に於てあると考える時、我々は一般概念によって限定せられた直覚に於てあるのである、限定せられた場所に於てあるのである。一般概念は斯く意識面の境界線をなすが故に、一方に於て限定せられた場所の意義を有すると共に、一方に於ては自己自身を限定する場所の意義を有って居るのである。私が前に一般概念の外に出ると云ったのは、一般概念を離れるのではない、また之によって一般概念が消え失せるのでもない、限定せられた場所から限定する場所に行くことである、対立的無の場所、即ち単に映す鏡から、真の無の場所、即ち自ら照らす鏡に至ることである。此の如き鏡は外から持ち来ったのではない、元来その底にあったのである。我々が真に知覚作用に生きるという時、我々は真の無の場所に於てあるのである、鏡と鏡とが限なく重り合うのである。此故に我々は所謂知覚の奥に芸術的内容をも見ることもできるのである。元来知覚の意識と判断の意識とが離れて居るのではない。判断の意識を特殊なるものが一般的なるものに於てあるとするならば、知覚的意識面とは特殊なるものの場所に過ぎない、而して特殊なるものは小語的概念によって限定せられて居るのである。知覚的意識面というのは、色とか音とかいう如き所謂感覚の内容によって定められるのではなく、一般的なるものに対する特殊性によって定められるのである。物の大小形状は概念的に考えることもできるが、知覚的に見ることもできる。之に反し概念的なるものであっても、それが判断の主語として与えられる時、知覚性を有つと云うことができる。或は知覚の底には概念的分析を容れない無限に深いものがあると云うでもあろう。私もそれを認めるのであるが、かかるものの背後に概念を入れて見るかぎり、知覚と云い得るのである。直覚を概念の反射鏡に照らして見るかぎり、それが知覚となる。真に概念を越えたものは最早知識ではない、知覚を芸術的直観の如きものと区別して、之を知識と考え得るかぎり、それは直覚其者ではない。我々は数学者の所謂連続の如きものを見ることはできぬ、而も知覚の背後に概念を越えた何物かを見ると考えるのは芸術的内容の如きものでなければならぬ、ベルグソンの云う如く唯之と共に生きることによって知り得る内容である。知覚は概念面を以て直観を切った所に成立するのである。フッサールの云う如く知覚の水平面は何処までも遠く広がるであろう。併しそれは概念的思惟と平行して広がるのである、之を越えて広がるのではない、何処までも之によって囲まれて居るのである。無は何処までも有を裏打して居る、述語は主語を包んで居る、その窮まる所に至って主語面は述語面の中に没入するのである、有は無の中に没し去るのである。此の転回の所に範疇的直覚が成立する、カントの意識一般もかかる意味に於ける無の場所である。かかる転回を私は一般概念によって限定せられた場所の外に出ると云うのである、小語から大語に移り行くのである。是に於て述語的なるものが基体となると考えることができる。これまで有であった主語面をそのままに述語面に没入するが故に、特殊なるものの中に一般なるものを包摂するという意志の意味をも含んで来るのである。

一般概念とは如何なるものであるか。一般概念とは特殊概念に対立して考えられるのであるが、特殊と一般との関係には、判断意識というものを考えねばならぬ。判断とは一般の中に特殊を包摂することである。併し特殊概念は更に特殊なるものに対して、一般概念とならねばならぬ。推論式に於て媒語がかかる位置を取るものである。論理的知識とは、此の如き無限の過程と考えられるが、何処かに一般概念というものが限定せられ得るかぎり、論理的知識が成立するのである。然らばかかる一般概念を限定するものは何であるか。最高の一般概念は何処までも一般的なるものでなければならぬ、如何なる意味に於ても特殊なる内容を越えたものでなければならぬ。而して此の如くすべての特殊なる内容を越えたものは無に等しき有でなければならぬ。真に一般的なるものは有無を超越し而も之を内に包むもの、即ち自己自身の中に矛盾を含むものでなければならぬ。推論式に於ての媒語は一方から見れば大小両語の中間に位するものと見られるが、深き意味に於ては既に此地位にあるものでなければならぬ。単に知識の立場から云えば、それは考うべからざるものでもあろう。然らば、矛盾の意識は何によって成立するであろうか。論理的には、それは唯矛盾によって展開し行くヘーゲルの所謂概念の如きものを考える外ないであろう。併し論理的矛盾其者を映すものは何であるか。それはまた論理的なものであることはできない。一度論理的なるものを越えるという時、矛盾其者を見るものがなければならぬ、無限なる矛盾を内容とするものがなければならぬ。私はこういう立場を意志の立場と考えるのである。論理的矛盾を超越して而も之を内に包むものが、我々の意志の意識である。推論式について云えば、媒語が一般者となるのである。推論式に於ても、媒語が主要の位置を取って居る。媒語が単に大語の中に含まれるとするならば、推論式は判断の連結に過ぎない。苟《いやしく》も推論式が判断以上の具体的真理を表すものと考えるならば、媒語が統一的原理の意義を含み、大語も小語も之に於てあるのである、両者はその両端と考うべきである。媒語は此場合、私の所謂意識の場所の意義を有って来る、推論式に於て我々は既に判断の立場から意志の立場への推移を見るのである。判断に於ては我々は一般より特殊に行くが、意志に於ては我々は特殊から一般に行く、帰納法に於て既に意志の立場が加わって居るのである。事実的判断に於ては、特殊なるものが判断の主語となる、特殊なるものによって客観的真理が立せられる、特殊なるものの中に判断の根底となる一般的なるものが含まれて居なければならぬ。かかる一般者は単に包摂判断の大語と考えられる一般者とは異なったものでなければならぬ。事実的判断は論理的に矛盾なく否定し得ると考えられる如く、その根底には所謂論理的一般者を越えて自由なるものがなければならぬ。私が此に意志の立場の加入を考える所以である。意志は単に偶然的作用ではなく、意志の根底には作用自身を見るものがなければならぬ、作用其者の方向を映すものがなければならぬ、所謂一般概念的限定を越えた場所に意志の意識があるのである。作用に対して自由と考えられるのは、作用とは一般概念によって限定せられたものなるが故である。判断の立場から意志の立場に移り行くというのは有の場所から無の場所に移り行くことである。有と無と相対立すると考える時、両者を対立的関係に置くものは何であるか。主観的作用から見れば、我々は有から無に、無から有に思惟作用を移すことによって両者を対立的に考え得るでもあろう。併し客観的対象から見れば、有が無に於てあるということである、思惟の対象界に於て限定せられたものが有であり、然らざるものが無と考えることができる。思惟の対象界がそれ自身に於て一体系を成すと考えるならば、無は有よりも一層高次的と考えることができる。無も思惟対象である、之に何等かの限定を加えることによって有となる、種が類に含まれるという意味に於て有は無に於てある。無論、無と考えることは既に一つの限定せられた有と考えることであって、その以前に更に無限定のものがなければならぬと云い得るであろう、而して之に於て有と無とが対立的関係に於てあると考えることもできるであろう。併し無を有と対立的に見る立場は、既に思惟を一歩踏み越えた立場である、所謂有も無も之に於てある作用の作用の立場でなければならぬ。判断作用の対象として考えられた時、肯定的対象と否定的対象とは排他的となるが、転化の上に立つ時、作用其者の両方向を同様に眺めることができる。併し措定せられた対象界から見れば、赤の表象自体は色の表象自体に於てある如く、有は無に於てある、物は空間を排するのではなく、物は空間に於てあるのである。働くものといえども、それが働くものとして考えられる以上、それが於てある場所が考えられねばならぬ、一般概念によって統一せられ得るかぎり作用というものが考えられるのである。作用自身を直に対象として見ることはできない、一般の中に無限に特殊を含み而も一般が単に於てある場所と考えられる時、純粋作用という如きものが見られるのである。斯く考えれば一つの立場から高次的立場への接触は、直線と弧線とが一点に於て相接する如く相接するのではなく、一般的なるものと一般的なるものと、場所と場所とが無限に重り合って居るのである、限なく円が円に於てあるのである。限定せられた有の場所が限定する無の場所に映された時、即ち一般なるものが限なく一般的なるものに包摂せられた時、意志が成立する。限定せられた有の場所から見れば、主語となって述語とならない基体は、何処までも此場所を超越したものであり、無限に働くものとも見られるであろう。併し意識するということは無の場所に映すことであり、此場所から見れば、逆に内面的なる意志の連続に過ぎない。限定せられた有の意義を脱しない希臘《ギリシャ》哲学の形相より出立すれば、何処までも質料を形相化し遂に純なる形相に到達するも、尚質料が真に無となったのではない、唯極微的零に達したまでである、質料は尚動くものとして残って居る。真の無の場所に於ては、一から一を減じた真の無が見られねばならぬ。此に於て我々は始めて真に形相を包む一者の立場に達したと云い得る、極微的質料もその発展性を失い、真に作用を見るということができる。トーマスの如く善を知れば必ず之を意志するという時、我々は尚真の自由意志を知ることはできない、真の意志はかかる必然をも越えたものでなければならぬ。ドゥンス・スコートゥスの如く意志は善の知識にも束縛せられない、至善に対しても意志は尚自由を有すると考えられねばならぬ。思惟の矛盾は思惟としてはその根底に達することであり、ヘーゲルの哲学に於ての如く此以上のものを見ることはできないであろうが、我々の心の底には矛盾をも見るもの、矛盾をも映すものがなければならぬ。ヘーゲルの理念がその自己自身の外に出て自然に移らねばならないのは之に由るのである。右の如く場所が場所に於てあり、真の無の場所から之に於てある有の場所が見られた時、意志作用が成立すると考えられるならば、一般概念とは無の場所に於て限定せられた有の場所の境界線と考えることができる。平面に於ける円の点が内部に属すると見ることができると共に、外部に属すると見ることができる如く一つのものが感覚に即して限定せられた有の場所と見られると共に、無の場所に即して一般概念と考えられるのである。限定せられた場所が無の場所に於て遊離せられて所謂抽象的一般概念となる。一般概念の構成作用、所謂抽象作用には意志の立場が加わらねばならぬ。ここにラスクの云う如き主観の破壊が入って来るのである。

前に云った如く、フッサールの知覚的直覚というのは一般概念によって限定せられた場所に過ぎない。真の直覚はベルグソンの純粋持続の如く生命に充ちたものでなければならぬ。私はかかる直覚を真の無の場所に於てあると考えるのである。無限に広がる知覚的直覚面を囲むものは一種の一般概念でなければならぬ。知覚的直覚というものが考えられる時、知覚作用というものが考えられねばならぬ。作用というものが考えられるには私の所謂「作用の作用」の立場から作用自身が反省せられねばならぬ。作用其者を直に見るということはできぬ、一つの作用が他の作用と区別して見られるには、一つの一般概念によって限定せられた場所がなければならぬ、述語的なるものが主語の位置に立つことによって働くものが見られるのである。知覚の水平面は無限に遠く広がると思われるが、それは無限に深き無の場所に於て限定せられた一般概念の圏外に出でない。一般概念というのは有の場所が無の場所に映れるものに過ぎない、有の場所と無の場所と触れ合う所に概念の世界が成立するのである。併し単に有を超越し有が之に於てあると考えられる否定的無は尚真の無ではない。真の無に於ては、かかる対立的無も之に於てあるのである。限定せられた有が直に真の無に於てあると考えられる時、知覚作用が成り立つ、かかる無が更に無に於てあると考えられる時、判断作用が成立するのである。すべて作用というのは一つの場所が直に真の無の場所に於てあると見られる場合に現れるのである、種々なる作用の区別や推移が意志の立場に於て見られ得ると考えられるのは此故である。有が無に於てあるが故に、作用の根底にはいつでも一般概念なるもの、述語的なるものが含まれて居る。併しそれは単に対立的無に映されて居るのでなく、直に真の無に於てあるが故に、遊離せる抽象的概念ではなくして、内在的対象となる。内在的対象とは真の無の場所に固定せられた一般概念である。作用は必ず内在的対象を含まねばならぬと考えられるが、却って内在的対象に於て作用があるのである、内在的対象として限定せられた場所によって作用が見られるのである。真の無の場所は有と無とが重り合った場所なるが故に、作用の対象は何処までも対立的でなければならぬ。対立的ならざる対象を含むと考えられるもの、例えば知覚の如きものは、厳密なる意味で作用ではない、尚一般概念を以て囲まれたる有の場所たるに過ぎない、未だ場所が直に無に於てあるとは云われない。唯判断作用の如きに至っては明にかかる対象の対立性が現れる。判断のすぐ後に意志がある、判断意識は有が直に無に於てあることによって現れるのである。アリストテレスの共通感覚を押し進めてカントの意識一般に至るには、有から無への転換がなければならぬ。無論、知覚といえどもそれが意識と考えられる以上、対立を含んで居るであろう。対立によって意識は成立するのである。意識の野に於て対象が重り合うと考えられるのも、実は之によるのである。有の場所が直に真の無の場所に於てある時、我々は純なる作用の世界を見る、普通に意識の世界と考えられるものは此の如き世界を意味して居る。併し此の如き世界は、尚内在的対象界として概念的に限定せられた一つの対象界たるを免れない。内在的対象と考えられるものは無を以て縁付けられた有の場所である、或は対立的無によって限定せられた真の無の場所である。真の無の場所は尚之より深きものでなければならぬ、尚之を越えて広がるものでなければならぬ、かかる場所も之に於てあるものでなければならぬ。是に於て我々は初めて意志の世界を見るのである。知識的対象としては有と無との合一以上に出ることはできない、主語と述語との合一に至って知識はその極限に到達する。併しかかる合一を意識する時、かかる合一が於てある意識の場所がなければならぬ。有るものは何かに於てあると云う時、同一なるものも於てある場所がなければならぬ。同一の裏面に相異を含み、相異の裏面に同一を含むというのは此の如き場所に於てでなければならぬ。有と無と合一して転化となると考えられる時、転化を見るもの、転化が於てある場所がなければならぬ。然らざれば転化は転化したもの、即ち或物としてそこに留まり、更に矛盾的発展をなすことはできぬ。矛盾の発展には矛盾の記憶という如きものがなければならぬ。単に論理的判断の立場から見れば、それは唯矛盾から矛盾に移り行くことであろう、その統一として単に自己自身に於て無限に矛盾を含むものを考える外はない。併し斯く考えることは尚判断の主語を外に見ることであり、真に述語的なるものが主語となることではない、限定せられた場所として意識の野を見て居るのである。ヘーゲルの理性が真に内在的であるには、自己自身の中に矛盾を含むものではなく、矛盾を映すもの、矛盾の記憶でなければならぬ、最初の単なる有はすべてを含む場所でなければならぬ、その底には何物もない、無限に広がる平面でなければならぬ、形なくして形あるものを映す空間の如きものでなければならぬ。自己同一なるもの否自己自身の中に無限に矛盾的発展を含むものすら之に於てある場所が私の所謂真の無の場所である。或は前者の如きものに到達した上、更に於てある場所という如きものを考える要はないと云うでもあろう。併し前者は判断の主語の方向に押し詰めたものであり、後者はその述語の方向に押し詰めたものである。内在的ということが述語的ということであり、主語となって述語とならない基体も、それが内在的なる限り知り得るとするならば、後者から出立せなければならぬ、後者が最も深いもの、最も根本的なるものと云い得るであろう。従来の哲学は意識の立場について十分に考えられてない。判断の立場から意識を考えるならば、述語の方向に求めるの外はない、即ち包摂的一般者の方向に求めるの外はない。形式によって質料を構成すると云い、ロゴスの発展と云うも、之より意識するということを導き出すことはできぬ。我々は一切の対象を映すものを述語の極致に求めねばならぬ。苟《いやしく》も意識するものと云うものを考えた時、それは既に意識せられたもので意識するものではない。アリストテレスは変ずるものはその根底に一般的なるものがなければならぬと云ったが、かかる一般的なるものが限定せられた有限の場所である限り変ずるものが見られ、それが極微である限り純粋作用というものが見られるのであるが、唯全然無となった時、単に映す意識の鏡という如きものが見られねばならぬ。一より一を減《ひ》いた真の零というものが考えられる限り、単に映す意識の鏡、私の無の場所というものも論理的意義を有するものでなければならぬ。純なる作用の根底をなすもの、希臘《ギリシャ》人の所謂純粋なる形相という如きものも、一層深き無の鏡に於ては、遊離されたる抽象的一般概念ともなるのである。我々は常に主客対立の立場から考えるから、一般概念は単に主観的と考えられるのであるが、抽象的一般概念を映す意識の鏡は所謂客観的対象を映すものをも包んで尚且つ深く大なるものでなければならぬ。而してそれは真に無なるが故に、我々に直接であり、内面的である。判断の述語的方向をその極致にまで押し進めて行くことによって、即ち述語的方向に述語を超越し行くことによって、単に映す意識の鏡が見られ、之に於て無限なる可能の世界、意味の世界も映されるのである。限定せられた有の場所が無の場所に接した時、主客合一と考えられ、更に一歩を進めれば純粋作用という如きものが成立する。判断作用の如きもその一であって、一々の内容が対立をなし、所謂対立的対象の世界が見られるのであるが、更に又かかる立場をも越えた時、単に映された意味の世界が見られるのである。我々の自由意志はかかる場所から純なる作用を見たものである。此故に意志とは判断を裏返しにしたものである、述語を主語とした判断である。単に映す鏡の上に成り立つ意味はいずれも意志の主体となることができる、意志が自由と考えられる所以である。意志に於て特殊なるものが主体となると考えられる、意志の主体となる特殊なるものとは無の鏡に映されたものでなければならぬ、限定せられた一般概念の中に包摂せられる特殊ではなく、かかる有の場所を破って現れる一種の散乱である。

以上述べた所は一般概念によって囲繞せられた有の場所を破って、単に映す鏡とも云うべき無の場所があり、意志はかかる場所から有の場所への関係に於て見られ得ることを述べたが、まだ単に之に於てあるものに論及することができなかった。意志は真の無の場所に於て見られるのであるが、意志は尚無の鏡に映された作用の一面に過ぎない。限定せられた有の場所が見られるかぎり、我々は意志を見るのである。真の無の場所に於ては意志其者も否定せられねばならぬ、作用が映されたものとなると共に意志も映されたものとなるのである。動くもの、働くものはすべて永遠なるものの影でなければならない。

此節の終の方に於て述べた所は説明の不十分なる所が多い、次の「左右田博士に答う」の終及び特に「知るもの」を参考せられんことを望む。

## 五

知覚、思惟、意志、直観という如きものは、厳密に区別すべきものたると共に、相互に関係を有し、その根底に此等を統一する何物かがなければならぬ。かかるものを摑むことによって、此等のものの相互の区別及び関係が明にせられるのである。意識作用としては、此等の外に尚記憶、想像、感情など多く論ずべきものがあるであろうが、今は右の四つのものに止めて置く。知識の立場から見て最も直接にして内在的なるものは判断であろう、判断として最も根本的なるものは包摂判断である。包摂判断とは一般なるものの中に特殊なるものを包摂することである。包摂するというのは、特殊なるものを主語として、一般なるものを之について述語すると云うことである。包摂すると云えば、すぐ作用という如きものが考えられるのであるが、かかる概念を交えないで、概念の一般と特殊ということが、すぐに包摂的関係に於てあると云うことである。関係といえば、対立せる二つのものが考えられるのであるが、二つのものが対立的に考えられるには、二つのものが共同の一般者に於てなければならぬ。此意味に於て包摂的関係というものが関係としても亦最も根本的と云い得るであろう。判断作用というものから時間的意義を除去すれば、その根底に残るものは唯かかる包摂的関係のみである。或は何等かの意味に於て時間的関係を入れることなくして、作用というものを考え得ないと云うでもあろう。併し判断作用というのは、かかる包摂的関係を基として考え得るのである。かかる包摂的関係から直に変ずるとか、働くとかいうことの出て来ないのは云うまでもない。併しかかる包摂的関係の時間上に於ける完成として、判断作用というものが理解せられるのである。特殊なるものを主語として、之について一般なるものを述語するとは、如何なることを意味するか。我々は斯く考える時、いつも主観客観の対立を前提として居る、主語となるものは客観界に属し、述語的なるものは主観界に属すると考えて居る。併しかかる対立を考える前に、主語となるものと述語となるものとの直接の関係がなければならぬ、概念自身の独立なる体系がなければならぬ、判断の客観的妥当は之によって立せられるのである。概念の体系は如何にして自己自身を維持するか。一般的なるものが基となって特殊なるものを包む、特殊なるものが一般的なるものに於てあると考えることもできれば、特殊なるものが基となって一般的なるものを有つとも考えることができる。併し概念自身の体系として寧《むし》ろ前者を取らねばならぬ。後者に於てはもはや複雑なる関係が含まれて居る、既に主客両界の対立というものが考えられ、主語となるものが外に射影せられて居ると云うことができる、然らざれば一が多を有することはできぬ。無論、一般的なるものが特殊なるものを含むと考えるにも、一般的なるものが自己自身を超越すると考えなければならぬであろう。併しかく考えるのは、概念を考えられたものの如く見る故である、概念と意識とを離して考える故である。直接には一般と特殊とは無限に重り合って居る、斯く重り合う場所が意識である。右の如く考えるならば、判断に於て真に主語となるものは特殊なるものではなく、却って一般的なるものである。全然述語的なるものの外にあるものは判断の主語となることはできない、非合理的なるものもそれが何等かの意味に於て一般概念化せられ得る限り、判断の主語となるのである。斯く考えれば、判断とは一般なるものの自己限定ということとなる、一般なるものはすべて具体的一般者でなければならぬ、厳密には抽象的一般なるものはない。無論私がここに判断というのは所謂判断作用の如きものを云うのではない、単にその根底となるものを意味するのである。希臘人《ギリシャ》の如く形相を能働的と考えるのは、真に直接なる意識の場所に於てのみ可能である。

右の如く特殊と一般との包摂的関係から出立し、何等の仮定なき直接の状態に於ては、一般は直に特殊を含み、一般より特殊への傾向に於て判断の基礎が置かれるとするならば、一般と特殊との包摂的関係から種々なる作用の形を考え得ると思う。我々は無限に特殊の下に特殊を考え、一般の上に一般を考えることができる。かかる関係に於て、一般と特殊との間に間隙のある間は、かかる一般によって包含せられたる特殊は互に相異なれるものたるに過ぎない。併し一般の面と特殊の面とが合一する時、即ち一般と特殊との間隙がなくなる時、特殊は互に矛盾的対立に立つ、即ち矛盾的統一が成立する。是に於て一般は単に特殊を包むのみならず、構成的意義を有って来る。一般が自己自身に同一なるものとなる、一般と特殊とが合一し自己同一となると云うことは、単に両者が一となるのではない。両面は何処までも相異なったものであって、唯無限に相接近して行くのである、斯くしてその極限に達するのである。是に於て包摂的関係は所謂純粋作用の形を取る。かかる場合、述語面が主語面を離れて見られないから、私は之を無の場所というのである。主客合一の直観というのは、此の如きものでなければならぬ。無論、右の如き意味に於ける純粋作用は未だ働くもの、動くものではない、唯述語的なるものが主語となって述語とならない基体となると云うことである、判断が内に超越することである、内に主語を有つことである。主客合一を単なる一と考えるならば、包摂的判断関係は消滅し、更に述語が基体となると云う如きことは無意義と考えられるであろう。併し包摂的関係から押し進めて行けば、何処までも此両者の対立がなくなる筈はない。直観というのは述語的なるものが主語となることである。私はすべて作用と考えられるものの根底を此に求めたいと思う。矛盾的対立の対象に於て初めて働くものが考えられるのである。意識が純粋作用と考えられるにも、意識の根底にかかる直観がなければならぬ。普通には作用の時間的性質のみが注意せられ、単なる物理的作用と意識作用との区別が十分に注意せられて居ないが、意識作用に於ては時間的変化の背後に非時間的なものがなければならぬ。無論、物理的作用の根底にも物とか力とかいう如く非時間的なるものが考えられねばならぬであろうが、両種の作用の異なる所は、意識作用に於てはその根底となるものが、判断の立場から云えば述語的なるものでなければならぬ。論理的進行と時間的変化とを直に同一視すべからざることは云うまでもない。併し時間的変化という如きものの成立する前に、論理的なるものがなければならぬ。時の根底に矛盾せるものに移り行くことの可能、矛盾せるものの統一が置かれねばならぬ。意識作用が純粋作用と考えられるのも、我々の意識と考えられるものがかかる矛盾の統一の場所なるが故である。無論、数理の如きものに於ても、述語的なるものが主語となると云い得るであろう。数理の統一は矛盾的統一である、併し数理が数理自身を意識するとは云われない、論理的矛盾から意識作用は出て来ないと云い得るであろう。併し数理の根底となる一般者は尚限定せられた一般者である限定せられた場所である。唯、包摂的関係に於ての一般的方向、判断に於ての述語的方向を何処までも押し進めて行けば、私の所謂真の無の場所というものに到達せなければならない。無論、限定せられた一般を越えるという時、判断は判断自身を失わねばならぬであろう。併し具体的一般者というものをその極限にまで押し進めて行けば、此に到達せざるを得ない。アリストテレスは物理学第三篇に於て、無限定なるものがすべてを含むというパルメニデスの考に対して、無限定なるものは全体と類似するが故に斯く考えられるのであるが、無限定なるものは量の完成の質料として潜在的に全体であるが、顕現的に全体ではない、それは包むものではなく、包まれるものである、不可知的なもの、無限定なものが包むとか、限定するとかいうことはできないと云って居る。判断の対象としては、斯く云うの外ないであろう。併し形相として限定せられたものが意識せられた時、それがエンテレケーヤであるとしても尚於てある場所がなければならぬ、イデヤの場所はまたイデヤたることはできない。量の分割作用によって潜在と顕現と分たれるならば、かかる作用自身を見るものがなければならぬ。潜在として有に包まれた無は、真の無ではなく、真の無は有を包むものでなければならぬ、顕現ということは真の無に於てあるということである。主知主義の希臘《ギリシャ》人はプロチンの一者に於てですら、真の無の意義に徹底することができなかった。限定せられた一般者を越ゆると云えば、全然知識の立場に於て論ずることができないと考えられるであろう、併しそれは知識成立に欠くべからざる約束である。単に一般と特殊との包摂的関係に於ても、既に此両者を包むものがなければならぬ、真の一般者とはかかるものを云うのである、判断的知識の極致と考えられる矛盾的関係に於ては、明に之を見ることができるのである。矛盾的関係に於ては、少くも知るものと知られるものとが相接触して居なければならない、此故にかかる知識は主語の面と述語の面とが或範囲に於て合同して居なければならない、アプリオリと考えられるのである。矛盾的統一の知識の対象も、対象其者として矛盾を含んで居るのではない、否寧《むし》ろ厳密に統一せられたもの、毫末《ごうまつ》も異他性を容れないものと云い得るであろう、最勝義に於て客観的と云わねばならぬ。矛盾するとは述語のことである、矛盾的関係というのは判断の述語面に映されたものの間に於て云い得るのである。所謂主語面に於ては、是か非是かの対立性を成すのである。矛盾的統一の対象にまで行き詰った時、判断的知識の立場からしては、もはやそれと他とを更に包含する一般者を見ることはできない。併しかかる対象といえども、述語可能性を脱することはできぬ。然らざれば、判断の対象となることはできないのである。是に於て我々は単なる述語面、純なる主観性というものに撞着せざるを得ない。始から主客の対立を仮定して何処までも之を固執すればとにかく、然らざれば所謂客観界を包んだ純なる主観界、体験の場所というものに達することができる。かかる場所に於て繋辞の有は存在の有と一致するのである。客観的対象の主観と考えられる意識一般も意識であるとすれば、意識せられた対象と異なったものとして考えられねばならぬ、而して判断の立場から云えばそれは対象が於てあるもの、述語的なるものと云わざるを得ない、之によって判断意識が成立するのである。判断の立場から意識を定義するならば、何処までも述語となって主語とならないものと云うことができる。意識の範疇は述語性にあるのである。述語を対象とすることによって、意識を客観的に見ることができる、反省的範疇の根底は此にあるのである。従来の所謂範疇は一般者の求心的方向にのみ見られたものであるが、之を逆の方向即ち遠心的方向に於ても見ることができるのであろう。判断は主語と述語との関係から成る、苟《いやしく》も判断的知識として成立する以上、その背後に広がれる述語面がなければならぬ、何処までも主語は述語に於てなければならぬ、判断作用という如きものは第二次的に考えられるのである。所謂経験的知識といえども、それが判断的知識であるかぎり、その根底に述語的一般者がなければならぬ。すべての経験的知識には「私に意識せられる」ということが伴わねばならぬ、自覚が経験的判断の述語面となるのである。普通には我という如きものも物と同じく、種々なる性質を有つ主語的統一と考えるが、我とは主語的統一ではなくして、述語的統一でなければならぬ、一つの点ではなくして一つの円でなければならぬ、物ではなく場所でなければならぬ。我が我を知ることができないのは述語が主語となることができないのである。それでは、数学的判断の根底となる一般者と経験科学的判断の根底となる一般者とは如何に異なるかと云うでもあろう。前者に於ては、上に云った如く特殊の面と一般の面とが単に合同するのであるが、後者に於ては、特殊を含む一般の面が之を包んで尚余あるのである。元来判断に於ては、述語となって主語とならないものが、主語となるものの範囲よりも広いのである。主語の方面にのみ客観性を求める判断的意識の立場から云えば、それは単に抽象的一般概念と考えられるであろう。併し我々の経験的知識の基礎は此の如き述語的なるもの、云わば性質的なるものの客観性に置かれねばならぬ。性質的なるものが主語となって述語とならない意義を有することによって、経験的知識の客観性が立せられるのである。直覚の形式としての空間の如きものであっても、含むと含まれるとの関係に立つ前に、すべてが空間でなければならぬ、数学的知識の根底に直観があると考えられる所以である。直観というのは主語面が述語面の中に没入することに外ならない。斯く直観と考えられるものの背後に於ても消え失せない、対立なき対象をも含んで尚余ある述語面が我々の意識界と考えられるものである。私に意識せられると云うことはかかる述語面に於てあると云うことを意味する、思惟の対象も之に於てあり、知覚の対象も之に於てあるのである。思惟の意識と知覚の意識とは異なると考えられるが、かかる区別はその対象に即して考えられる故である、知覚する私は又思惟する私でなければならぬ。意識を作用と考えることすら、既に対象との関係に於て考えられるのである、作用其者すら意識せられたものである。意識せられた作用としてすべての作用が同一の意識面に於てある、之によって思惟と感覚とが結合するのである。意識面というのは判断の主語を包み込んだ述語面であって、斯く包み込まれた主語面が対立なき対象となり、その余地が意味の世界となる。此故に感覚的なるものすらいつも意味の縁暈を以て囲繞せられ、思惟的なるものの中心にはいつでも直覚的なるものがある。普通には始から主客を対立的に考え、知るということは主観が客観に働くことと考えるが故に、対立なき対象というものが主観の外に考えられ、概念的なるもののみ主観に於てあると考えられるのであるが、所謂一般概念とは直覚的なるものの意識面に於ける輪廓であり、意味とは之によって起されるその意識面の種々なる変化である、恰も力の場の如きものである。意識に於ては意味が内在するのみならず、対象も内在するのである。志向的関係というのは意識外のものを志向するのではなく、意識面に於てあるものの力線である。我々は普通に自同律に於て表される直覚面を意識面から除去して、剰余面だけを意識面と考えて居る、私が前に云った如く有に対する対立的無の場所をのみ意識面と考えて居る。此故に直覚的なるものの背後には意識以外のものがあると考えられる。併し直覚的なるものは自己自身に同一なるものとして、述語面の中に含まれて居なければならない。

一般と特殊との包摂的関係を何処までも押し進めて行って、自己自身に同一なるものの背後にも、尚之を越えて広がれる述語面が真の意識面である、直覚も直に之に於てあり、思惟も直に之に於てある。対立的対象が之に於てあるのみならず、無対立の対象も之に於てあるのである。すべての主語面を越えて之を内に包むが故に、すべての対象は之に於て同様に直接でなければならぬ。種々なる対象の区別は之に於てあるものの関係から生ずるのである。主語面を越えて述語面が広がるという時、我々は判断意識を超越すると云わねばならぬ。主語を失えば判断という如きものは成立しない、すべてが純述語的となる、主語的統一たる本体という如きものは消失してすべて本体なきものとなる、此の如き述語面に於て意志の意識が成立するのである。判断の立場のみ固執する人には、此の如き述語面を認めることはできないであろう。併し意志は判断の対象となることはできぬが、我々に意志の自覚を有する以上、意志を映す意識がなければならぬ。判断自身すら判断の対象となることはできないが、我々は判断を意識する以上、判断以上の意識がなければならぬ、而して此の如き意識面は之を述語的方向に求めるの外はない。述語面が主語面を越えて深く広くなればなる程、意志は自由となる。併し何処までも意志は判断を離れるのではなく、意志は勝義に於て述語を主語とした判断である、判断を含まない意志は単なる動作に過ぎないのである。判断は自己同一なるものに至ってその極限に達する、かかる自己同一なるものの輪廓線を越ゆる時、それが意志となる。それで意志の中心には、いつでも自己同一なるものが含まれて居る。上に云った如く自己同一なるものの周囲は意味を以て囲繞せられて居る、対立なき対象の周囲は対立的対象を以て囲繞せられて居る。述語面が自己同一なるものを含んで更にそれ自身の領域を有する時、述語面は主語面に対して無なるが故に、それが深くなればなる程、自己同一なるものの中に意味が含まれる様になる、無対立の対象の中に対立的対象が含まれる様になる、即ち自己同一なるものは意志の形を取って来るのである。自己同一とは主語面と述語面とが単に一となることではない、何処までも両面が重り合って居るのである。自己同一なるものがその背後の述語面に移された時、自己同一の主語面を囲繞して居た意味は、述語面に於ける自己同一の中に吸収せられるのである。自己同一述語面に於ける自己同一が即ち我々の意志我の自己同一である。自己同一の外にあった意味が自己同一の中に含まれるが故に、意志に於ては特殊の中に一般を含むと考えられる。無論それはもはや特殊というべきものではなくして個体でなければならない、判断的意識の面からその背後に於ける意志面に於ける自己同一なるものを見た時、それは個体となるのである。判断的意識面に於ては対象と意味とは区別せられるであろう、無対立の対象と対立的対象とも区別せられるであろう。併し自己同一の極限を越えて単なる述語面に出た時、此等の区別は消滅して同等となると考えることができる。単なる意識我の立場に於ては、直覚的なるものも、思惟的なるものも同位的に意識せられると考えざるを得ない。作用の意識に於ては、感覚作用も思惟作用も同様に意識せられる。ここに随意的意識の世界が開かれると共に意味と対象との直接なる結合も可能となるのである。斯く一旦述語面に於て意味と対象とが両ながら直接となった後、述語面に於て対立的対象と無対立的対象とは如何なる関係に於て立つか、述語面に於ての統一とは何を意味するか、述語面に移されたる自己同一とは如何なるものであろうか。単に知識的に云えば、既に主客合一であって、更にそれ以上のものを考えることはできないであろう。併し所謂主客合一とは主語面に於て見られたる自己同一であって、更に述語面に於て見られる自己同一というものがなければならぬ。前者は単なる同一であって、真の自己同一は却って後者にあるのである。直観とは一つの場所の面がそれが於てある場所の面に合一することであるが、斯く二つの面が合一すると云うことは単に主語面と述語面とが合一すると云うことではなく、主語面が深く述語面の底に落ち込んで行くことである、述語面が何処までも自己自身の中に於て主語面を有することである、述語面自身が主語面となることである。述語面自身が主語面となるということは述語面が自己自身を無にすることである、単なる場所となることである。包摂的関係に於て、特殊が何処までも特殊となって行くということは一般が何処までも一般となって行くということでなければならぬ、一般の極致は一般が特殊化すべからざるものとなるのである、すべての特殊的内容を超越して無なる場所となることである。主語と述語との判断的関係から云えば、之を単に主客合一の直観と云うのである。是故に無対立なる対象の意識は意識が意識自身を超越するのではなく、意識が深く意識自身の中に入るのである。之を超越するというのは、対象的関係のみを見て意識自身の本質を考えないからである。意識の本質を主語面を包んで広がる述語面に求めるならば、此方向に進むことが純な意識に到達することである。その極致に於て、述語面が無となると共に対立的対象は無対立の対象の中に吸収せられ、すべてがそれ自身に於て働くものとなる、無限に働くもの、純なる作用とも考えられるのである。此故に意志はいつも自己の中に知的自己同一を抱くと云うことができる。主語の方向に於て無限に達することのできない本体が見られる如く、述語の方向に於て無限に達することのできない意志が見られるのである。而してその極、主語と述語との対立をも超越して真の無の場所に至る時、それが自己自身を見る直観となる。斯く述語をも超越するということは無論知識を超越するということでなければならぬ。併し述語が主語を超越するということが意識するということであり、此方向に進むことが意識の深底に達することであるとすれば、知識の立場に於て我々に最も遠いと考えられるものが、意志の立場に於ては最も近いものとなる、対立的対象と無対立的対象との関係は逆となると考えることができる。「或者がある」「或者がない」という二つの対立的判断に於て、その主語となるものが全然無限定として無となれば、ヘーゲルの考えた如く有と無とが一となると考えることができる、而して我々はその総合として転化を見る。かかる場合、我々は知的対象として主語的なるものを求むれば唯転化するものを見るのみであるが、その背後には肯定否定を超越した無の場所、独立した述語面という如きものがなければならぬ。無限なる弁証法的発展を照らすものは此の如き述語面でなければならない。

包摂的関係を何処までも述語の方向に押し進めて、その極限に於て意識面に到達する、主語面を越えて之を内に包むものが意識面である。感覚的なるものと云えども、それが知的対象として考えられるかぎり、その背後に一般的なるもの、即ち述語的なるものがなければならぬ。かかる述語的なるものが主語となる時、広い意味に於て働くものが考えられるのである、而してかかる意味に於て働くものは我々の意識に最も直接なるものと云い得るのである。此故に一般概念の限定なくして働くものを考えることはできない、我々は判断の方向を逆にすることによって働くものを考え得るのである。我々の経験内容が種々に分類せられ、概念的に統一せられるに従って、種々なる作用が区別せられる、而して種々なる一般概念が更にその上にも一般概念的に統一せられるに従って、作用の統一というものが考えられる。かかる一般概念的統一の方向を何処までも押し進めて行けば、遂にすべての経験内容の統一的一般概念に到達するであろう、此の如きものが物理的性質でなければならぬ、共通感覚の内容とも云うべきものであろう。フッサールの知覚的直覚というのは此の如き意味に於て一般概念によって限定せられたる直観に過ぎない。更にかかる限定を越えて述語的方向を押し進めれば、知覚的なるものを越えて思惟の場所に入る。此場合に於ても意識は知覚的なるものを離れるのではない、知覚的なるものは直観的なるものとして之に於てあるのである。唯その剰余面に於て単なる思惟の対象という如きものが見られるのである。所謂自覚的意識とは、此の如く知覚的なるものも、思惟的なるものも直接に之に於てある場所である。自覚的意識面とは恰も対立的無の場所に当るであろう、我々が普通に意識面と考えて居るものは是である。併し我々は尚一層深く広く、有も無も之に於てある真の無の場所というものを考えることができる、真の直観は所謂意識の場所を破って直にかかる場所に於てあるのである。対立的無の場所は限定せられた場所として、尚主語的意味を脱することができないから、すべて超越的なるものを内に包摂することはできぬ、真に直観的なるものはかかる場所をも越えたものでなければならぬ。所謂感覚的なるものも直観的なるものとして、その根底は所謂意識面を破って真の無の場所に於てあるのである。真に直観的なるものとしては、感覚的なるものは芸術的対象でなければならぬ。場所が無となるに従って対立的対象は無対立的対象の中に吸収せられて、対象は意味に充ちたものとなる。此の如き直ちに直観の場所即ち真の無の場所に於てあるものが所謂意識の場所、即ち対立的無の場所に於て見られる時、それが無限に働くものとなる。而して直観の場所は所謂意識の場所よりも一層深く広い意識の場所であり、意識の極致であるから、内に超越的なるものを見ると考えられるのである。併し逆に直観の場所から之を見れば、之に於てあるものが対立的無の場所へ投げた自己の影像に過ぎない。此の如く直観の場所から見た時、働くものとは之に於てあるものの自己限定として意志作用である。而して直観的なるものの於てある場所、直観の述語面に於てあるものを知識面から見れば無より有を生ずる無限の作用と見られ、無も之に於てある直観面から見ればそれが意志である。直観面は知識面を越えて無限に広がる故に、その間に随意的意志が成立するのである。判断とは一般の中に特殊を包摂することであり、変ずるものは相反するものに移り行く。変ずるものを意識するには、相反するものを含む一般概念が与えられて居なければならない。かかる場合、一般概念が意識面に於てあり、特殊なるものが対象面に於てあると考えられる間は、働くものを意識することはできぬ。唯、対象面が意識面に付着した時、即ち一般的なるものが直に特殊なるものの場所となった時、働くものが見られるのである。対象面が意識面に付着するということは対象が判断するものとなり、意識が変ずるものとなることである。併し対象面と意識面、主語面と述語面とが単に一つとなってしまえば、働くものもなく、判断するものもない。かかるものが見られ得るかぎり、述語面が主語面を包むものでなければならぬ、而して判断意識の性質よりして何処までも斯く考うべきである。変ずるものは相反するものに移り行くということは述語として限定することのできない何物かがあり、之によって述語となるものが限定せられると共に、その物は又すべてに就いて述語となることを意味する。主語的に云えばそれは個体というべきものであり、述語的に云えばそれは最後の種というべきものであろう。述語が主語を包むという考から云えば、主語が無限に述語に近づくことが働くものを考えるということであり、述語面から云えば、述語面が自己自身を限定することであり、即ち判断することである。是故に述語面が限定せられるかぎり働くものが考えられる、判断の矛盾を意識する述語面に於てのみ、真に働くものが考えられるのである、矛盾的統一の述語面に於てはじめて述語面が独立となるのである。単に限定せられた述語面は判断の根底とはなるが、働くものとなることはできない。働くというのは主語面が述語面に近づくと考えられる如く、又述語面が主語面に近づくことである、述語面が主語面を包んで余地あるかぎり働くものとなる。働くとは主語面を包んで余ある述語面が自己の中に主語面を限定することである、包摂的関係を述語面から見ることである。此故に一つの包摂的関係はその主語面を包んで余ある述語面からは意志であり、その主語面に合する範囲に於ては判断であり、述語面の中に含まれた主語面に於ては働くものとなるのである。併し述語面が自己を主語面に於て見るということは述語面自身が真の無の場所となることであり、意志が意志自身を滅することであり、すべて之に於てあるものが直観となることである。述語面が無限大となると共に場所其者が真の無となり、之に於てあるものは単に自己自身を直観するものとなる。一般的述語がその極限に達することは特殊的主語がその極限に達することであり、主語が主語自身となることである。

以上論じた所は多くの繰り返しの後、遂に十分思う所を言い表すことのできなかったのを遺憾とする、特に尚直観の問題には入ることができなかった。唯、私は知るということを従来の如く知るものと、知られるものの対立から出立する代りに、一層深く判断の包摂的関係から出立して見たいと思うのである。

# 永遠の今の自己限定

# 一

聖パウロスの「時が完了せられた時、神が彼の息子を送った」という語に対し、アウグスチヌスが時の完了とは何を意味するかと問われた時、時が無くなることであると説明した。かかる誕生には時という如きものはなくならなければならないのである。併しマイステル・エックハルトの云うには、時の完了というのは尚一つの意味がある。時及び幾千年かの間、時に於て起った又起るであろうものを、現在の一瞬に引寄せることができれば、それが時の完了というものである。それが永遠の今というものであって、そこに於て私が今物を見、音を聞く如く、新に鮮かに万物を神に於て知ると云うことができるのである(Meister Eckhart, Von der Vollendung der Zeit)。プラトンはティマイオスに於て創造者が創造物に永遠性を付与することの不可能なるを見て永遠の動く影像を作った、それが時であると云って居る。プラトンがそこに永遠なるものと考えて居るのは生ぜず滅せざるもの、即ち時を超越したものを意味して居るのであろう、永遠にあるものとして、変ずるものの始となり終となるものを意味して居るのであろう。そこでは過去もなく未来もなくすべてが現在であると考えることもでき、又過去も未来も同時に現在に於てあると考えることもできるかも知らぬが、寧《むし》ろ時という如きものを超越して時という如きものがその意味を有たないと考うべきであろう。永遠の今 nunc aeternum と考えられるものは、エックハルトの云う如く無限の過去と無限の未来とが現在の一点に於て消されると考えられるものでなければならない、神は創造の始の日の如く今も尚世界を創造しつつあり、時はいつも新に、いつも始まるという意味でなければならない。

時とは固《もと》如何なるものであり、如何にして考え得るものであろうか。時とは無限の過去から無限の未来に向って進み行く無限の流と考えられる、直線的進行と考えられる。併し未来は未だ来らざるものであり、過去は現れたるものといえどもそれは既に過ぎ去ったものであり、加之《しかのみならず》我々は何処までも過去の過去を知ることはできない。我々は唯現在を中心として過去未来を知るの外はないのである。現在を中心として記憶によって過去と結合し、未だ来らざるものを予感することによって、過現未の関係が成立すると考えることができる。即ち現在に於て過ぎ去ったものも未だ過去として終らざるものがあり、未だ来らざるものも既にその尖端を現して居り、現在に於てあるものが既に傾斜を有って居る、否現在そのものが過去から未来への推移であるということから時の関係という如きものが考えられるのであると思う。併し変ずるものが知られるには変ぜざるものがなければならない、現在を中心として無限の過去、無限の未来というものが考えられるには、無限の過去、無限の未来に通ずるものがなければならない。アウグスチヌスの如く過去、現在、未来というものがあるのではなく、過去の現在、現在の現在、未来の現在というものがあるのでは時が現在に於てあるということは時そのものを否定することでなければならない、時が何等かの意味に於て包まれると考えられる時、それは時というものでなくならねばならない。時は無限の流でなければならない、而もその方向は絶対に翻すことのできない永遠の流でなければならない、時は一瞬の前にも返ることができないと考えられねばならない、時の無限の行先と考えられるものが何等かの意味に於て包まれると考えられる時、時は繰り返し得るものとならねばならない。時は単に一定の方向を有った連続という如きものではない、時の行先は包むものの外に出て行かなければならない、如何なる意味に於ても対象的に限定せられるものの外に出て行かなければならない。時の尖端は一瞬一瞬に消え行くものでなければならぬ、そこに時は永遠に返すことができないという意味があり、そこに現在は摑むことができないという意味があるのである。アウグスチヌスの如く時は現在に於てあると考えねばならぬ、而も斯く考える時、時というものはなくなるのである。時は自己自身に於て矛盾するのである。如何にしてかかる時が自己自身を限定すると云い得るであろうか。

すべて有るものは何等かの意味に於て一般者に於てあると云うことができる、即ち一般概念の外延の意義を有って居るのである。それによって何は何々であるという判断が成立するのである、判断は一般者の自己限定として成立するということができる。個物というが如きものに至っては主語となって述語とならないと云われる如く、述語的一般者に於てあるということは云われないと考えられるでもあろう。併し個物というものが考えられるのは一般者に於てあり、一般者の自己限定として考えられるのでなければならぬ。私は之を一般者の場所の自己限定というのである。かかる意味の限定は何処までも深めて行くことができる。個物というのは尚主語となるという意義を有するであろう、変化という如きものに至っては主語として限定することもできないと考え得るでもあろう。併しそれにしても尚何処までも限定せられた一般者に於てあり、何処までも有の場所的限定の意義を脱せないと云い得るであろう。時というものが考えられるには、かかる限定せられた一般者の自己限定という如きものの外に出なければならない。無にして、自己自身を限定するものの自己限定として、無の場所的限定として、時という如きものが考えられるのである。時は無限に移り行くものと考えられる、併し時は単に変ずるものではない、或方向に向って無限に移り行くと云っても、それだけにて時というものは考えられるのではない。爾《しか》考えられる時、現在というものは何処までも、捕捉すべからざるものとなるのである。而も上に云った如く現在というものから過去と未来とが考えられるのである、過去から現在が限定せられるのではなく、現在が現在自身を限定することによって、過去と未来とが限定せられるのである、現在というものなくして時というものはない。かかる意味に於て現在が現在自身を限定するということは、限定せられた一般者の中に無限に変じ行くものを考えることによって可能なるのではなく、逆に限定するものなくして自己自身を限定するものの自己限定として考えられねばならぬ、時は自己自身に於て矛盾すると考えられる所以である。限定せられた一般者に於てあるものとして矛盾というものは考えることはできない、唯無にして有を包むものに於て矛盾というものが考えられるのである。現在として摑み得た時、それは既に現在ではない、現在は摑み得ざるもの、矛盾は考えられないものと考えられるでもあろう。併し自己が自己自身を知る、即ち自覚するということは、無にして有を限定するということであり、そこにいつも現在が現在自身を限定するという意味があるのである。アウグスチヌスも過現未は心に於てあると云って居る。自己が自己自身を知る所、そこに現在があり、現在が現在自身を限定する所、そこに自己があるのである。自己の底には何物もあってはならぬ、何物かが自己を限定すると考えれば、自己というものはなくなる。現在の底には何物もあってはならぬ、何物かがあると考えれば、過去が現在を限定することとなり、時というものはなくなるのである。嚮《さき》にすべて有るものは一般者に於てあり、判断的知識は一般者の自己限定として成立すると云ったが、逆に一般者の自己限定というのはその根底に於てすべて自覚の意義を有って居るということができる。ノエマ的なるものが主語的なるものであり、一般者の自己限定として判断が成立するというのは、自己が自己に於て自己を見るということを意味するに外ならない。唯、無にして自己自身を限定するもののノエマ的自覚として、それが客観的と考えられるのである。それで個物を包む場所的限定と考えられるものは無の自覚的限定の意義を有ったものでなければならない、個物という如きものは我々の自覚に基いて考えられるのである、個別的判断の基にはいつも直覚的なるものがなければならない。アリストテレスの如く主語となって述語とならない個物に真理の根拠を求めるということは、真理が無の自覚によって基礎付けられることを意味するであろう、アリストテレスのいう如き意味に於て定義とはロゴスの自覚的内容を意味すると考えることができる。

それで現在が現在自身を限定することによって時というものが成り立ち、現在が現在自身を限定すると云うには、無が無自身を限定するということがなければならない、そこに我々の自覚の意義がなければならない。無にして自己自身を限定する一般者の自己限定として即ち絶対無の自覚的限定として時というものが考えられるのである。すべて一般者の自己限定と考えられるものは絶対無の自覚的限定によって基礎付けられ、之によって包まれると考えることができるが、絶対無の自覚的限定としては、無にして自己自身を限定するもの、即ち自己自身を限定する現在というものが限定せられるのである。而も真に自己自身を限定する現在というのは摑むことのできない瞬間というものであり、絶対無の自覚的限定として自己自身を限定する瞬間という如きものが限定せられるのである、それが我々の自由なる人と考えるものであろう。絶対無の場所的限定として自由なる人という如きものが限定せられ、それは無にして自己自身を限定するものとして、我々の自己は自己の中に時を包み、各人は各人の時を有つと云うことができる。普通には永遠の過去より永遠の未来に流れ行く絶対時という如きものが考えられ、我々は之に於て生れ之に於て死に行くと考えられる。併し上にも云った如く、かかる考え方によって真の時というものが考えられるのではない。時は自己が自己を限定することによって、現在が現在を限定することから始まらねばならぬ、各人の自己のある所そこに各自の時というものがあるのである。我が時に於てあるのでなく、時が我に於てあるのである、絶対時という如きものは考えられたものに過ぎない。絶対無の自覚のノエシス的限定として即ち場所的限定として、先ず無にして自己自身を限定するものが限定せられる。真に無にして自己自身を限定するものというのは、自由なる人というべきものであろう。絶対の無によって限定せられるものは自由なる人という如きものでなければならない。此の如き意味に於て無にして自己自身を限定するものは、自己の中に無限の弁証法的運動を包む円の如きものと考えることができる、自由なる人というのは自己自身の中に時を包む円環的限定ということができる。パスカルは神を周辺なくして至る所に中心を有つ無限大の球 une sphère infinie dont le centre est partout, la circonférence nulle part に喩えて居るが、絶対無の自覚的限定というのは周辺なくして至る所が中心となる無限大の円と考えることができる（パスカルの如く球と考えるのが適当かも知れないが私は今簡単に円と考えて置く）。之によって之に於て至る所に無にして自己自身を限定する円が限定せられると考えることができるのである。斯くして絶対無の自己限定によって之に於てあるものとして無数の人というものが限定せられ、それぞれの現在を有った無数の時というものが成立すると考えることができる。すべての時を包み、現在が現在を限定する意味にて、すべての時を限定する絶対的現在ともいうべきものは、周辺なくして至る所に中心を有つ絶対無の自覚的限定ということができる。かかる意味に於て絶対的現在と考えられるものは何処にても始まり、瞬間毎に新に、いつでも無限の過去、無限の未来を現在の一点に引き寄せることのできる永遠の今ということができ、時は永遠の今の自己限定として成立すると考えることができる。真に永遠の今というべきものはプラトンの考えた如き永遠不変の意味ではなくして、その各の点に於て無限の過去無限の未来を消すことのでき、それに於て何処でも何時でも時が始まると考えることのできる絶対無の自覚という如きものでなければならない。プラトンの所謂永遠の世界という如きものも之によって之に於て限定せられるのである。周辺なくして至る所が中心となる絶対無の自覚面という如きものは、その各の点に於て時が始まると考えられると共に、その各の点に於て時が消されると考えることができる、絶対の生の面は絶対の死の面でなければならない。絶対無の自己限定はそのノエシス的限定の意味に於て無数の時を包み、之によって無数の時が成立すると考えられると共に、そのノエマ的限定の意味に於てはすべての時を否定すると考えることができる。すべての時を包むという意味に於て限定せられた絶対の現在というものに於ては、時がなくなるのである。周辺なくして至る所が中心である円の自己限定はすべてを包む無限大の円と考えることができる。そこには動もなく生もない、それはもはや現在というべきものでもない、そこでは時というものがなくなるのである。唯、かかる無限大の円という如きものが（我々の所謂対象界と考えて居るものが）絶対無の自己限定面であるということから、即ちそれが永遠の今によって限定せられた永遠の現在であるということから、絶対に無にして自己自身を限定するものの自己限定として所謂絶対時という如きものが考えられるのである、永遠の過去から永遠の未来に流れる絶対時という如きものが考えられるのである。併し上に云った如く限定せられた一般者の自己限定として時というものが考えられるのではない、対象界の自己限定としては時というものは考えられない。時は無にして自己自身を限定する一般者の自己限定として考えられねばならない。而もかかる意味に於て絶対時というものが限定せられるということは我々が瞬間の底に瞬間を摑むということでなければならない、摑むことのできない瞬間を摑むということでなければならない、周辺なき円の中心が定まるということでなければならない、神の自覚なくしては不可能である。之に反し周辺なき円の自己限定として無にして自己自身を限定する円という如きもの、即ち自己自身を限定する現在というものが限定せられ、摑むことのできない現在が摑まれるかぎり、時というものが成立するのである。而して我々は真に無にして自己自身を限定するものとして、瞬間の尖端に於て真の時に触れると考えることができる、即ち絶対時に接すると考えることができる、個人の尖端に於て神に接するということができる、そこに内的事実即外的事実と考えられるのである。併し一旦現在が現在自身を限定すると考えられるならば、現在は何処までも摑まれ行くと考えることができる、無のノエマ的自覚の方向に何処までも摑まれた現在の自己限定という如きものを考えることができる、一般的自己の自覚的限定という如きものを考えることができるのである。無にして自己自身を限定するものの自己限定は何処までも摑むことのできない瞬間の自己限定と考えられねばならぬが、それが自覚的に自己自身を限定し自己自身を見ると考えられるかぎり、そこに限定せられた現在の自己限定という如きものが考えられ、それに於てプラトンのイデヤの如き永遠なるものが考えられるのである。かかる方向の極端に於て時なきものという如きものも考えることができるのであろう。

二

現在が現在自身を限定する所そこに自己があり、自己が自己自身を限定する所そこが現在である、永遠の過去より来るものは此に来り、永遠の未来に出てゆくものは此から出て行くのである、此に於て永遠の過去が消され、此に於て永遠の未来が始まると考えることができる。過去を消し過去を包むという意味に於てそれが理性と考えることができ、未来を始めるという意味に於てそれが自由意志と考えることができるが、限定するものなくして自己自身を限定するという意味に於て絶対に非合理的と考えることができる。かかる自己と考えられるものは何処に如何なる関係に於てあるものであろうか。

限定せられた一般者即ち有の場所という如きものから出立して、かかる一般者が自己自身の中に無限に自己を限定して行くと考えることもできる、換言すれば我々の対象界と考えるものはかかる一般者の自己限定と考えられるものであり、対象界と考えられるものが無限に自己の中に自己を限定して行くと考えることもできる。併しかかる考え方を以てしては、上に云った如く自己自身に矛盾するものを考えることはできぬ、従って真の時というものを考えることはできない。とは云え、斯く一般者が自己の中に無限に自己を限定して行くということは、既にそれが超越的なるものによって裏付けられて居ることを意味していなければならない、有が無の自己限定として無に於てあるという自覚の意味を有っていなければならない。絶対無限なる対象界の自己限定と考えられるものは絶対無のノエマ的限定と考えることができるであろう。絶対に無にして自己自身を限定するもののノエマ的限定は自ら絶対無限の過程とならざるを得ない、絶対無限なる対象界と考えられるものの自己限定の極限に於ては絶対無の自覚的限定に触れると考えることができる。かかる接触線に於て後者の立場から永遠の過去から永遠の未来に渡る絶対時という如きものが考えられるのである。所謂客観的時という如きものは絶対無の自覚のノエマ的限定に沿うて考えられるものと云うことができるであろう、即ち対象界の自己限定に沿うて考えられるものであろう。対象界に即して考えられる所謂歴史というものは、かかる時の意味に於て考えられるものでなければならない。対象的限定という立場から何処まで自覚的立場に接近して行っても歴史の立場に達することはできない、目的論的見方と歴史の立場とはその立場に於て区別せられなければならない。歴史というものは、唯対象的限定を越えた無の自覚の立場に於てのみ考え得るのである、故に歴史は弁証法的と考えられねばならない。併し我々の自己は単に歴史に於てあるのではない。対象的限定に沿うて考えられる歴史的時に於ては何処までも現在に達することはできない、歴史的時には瞬間というものはない。却って現在が現在自身を限定するということから、限定せられた一般者を越えた無の自覚的限定というものが成立し、かかる立場から対象的限定線に沿うて客観的時というものが考えられるのである。故に我々は絶対無の自覚そのものを有せざるかぎり、即ち神の自覚を有せざるかぎり、絶対時という如きものを限定することはできない。唯、行為的自己として絶対無の自覚のノエマ的限定の意義を有するかぎり、我々は歴史に於てあり、又歴史的時という如きものが行為的自己の自己限定の立場に於て考えられるのである。それで自己自身を限定する我々の真の自己と考えられるものは、対象的限定に沿うて考えられる客観的時という如きものをも越えてあるもの、即ち、歴史を越えたものでなければならない。我々の自由なる自己と考えられるものは、無限なる弁証法的運動を包む絶対無のノエシス的限定によって基礎付けられて居るものでなければならない、場所が直に場所自身を限定するという円環的限定によって基礎付けられたものでなければならない。ノエシス的限定と考えられるものは、場所が場所自身を限定するという意味に於て円環的限定として内に無限の弁証法的運動を包むものでなければならない。故に我々の自由なる自己と考えられるものは対象的限定に沿うて考えられる客観的時の底に無限に深く自己自身を限定するものとして、即ち瞬間を包むものとして考えられるのである。歴史の底に自由なる個人的自己というものが考えられるのである。

アウグスチヌスは自己は自己自身を知るのみならず自己自身を愛すると云い、又我々は知らないものを愛することはできないと云う。何故に自己は自己自身を愛することによって自己であり、如何なる意味に於て我々は愛するものを既に知って居ると云い得るであろうか。対象的に既に知られたものは求め得られたものであり、知ろうとするものは未だ知られたものではないと云わざるを得ない。併し我々の自己は限定せられた一般者の自己限定として限定せられるのではない、有の自己限定として自己というものがあるのではなく、無の自己限定として自己というものがあるのである。先ず場所の自己限定と考えられるものがあり、之に於て之によって対象的限定というものが成立すると考えられる。斯く考えられるかぎり、所謂対象的限定と考えられるものは既に我々の自覚に於てあり、或意味に於て知られて居ると考えることができる。我々は自愛に於て対象的に無なるものを愛するのである、知識的に知ることのできないものを求めるのである。而も求められるものが求めるものであり、愛せられるものが愛するものであると云うことから自愛というものが成立し、無が無自身を限定するとして我々の真の自覚というものが考えられるのである。私の所謂場所が場所自身を限定するということは、積極的には自己が自己を愛するということであると云うことができる。故に自愛というのは場所自身の無媒介的なる自己限定として、絶対に非合理的ということができ、我々の自己は自愛によって非合理的に自己自身を限定するのである。かかる自己限定が対象的には身体的限定と考えられるものであろう、自愛なき所に身体はなく、身体なき所に自愛はないのである。絶対に無なるものの自己限定として無の自覚と考えられるものは無限の弁証法的運動と考えることもできるであろう。之に於てあるものは自己自身に於て矛盾するものと考えることもできるであろう。併し周辺なき円の自己限定の意味に於て無の自覚というのはかかる過程的限定を内に包むのみならず、之を越えて自己自身を場所的に限定すると考えることができる、無限の過程的限定は之に於て消されるのである。至る所が中心となる周辺なき円の自己限定としては、至る所に無数の円環的限定が成立すると考えることができる、即ち、永遠の今の自己限定として至る所に現在が現在自身を限定すると考えることができる。そこには面と面とが相触れると考えることができる、絶対無の自覚の能限定面と所限定面とが相触れると考えることができる、死の面即ち有の面と生の面即ち無の面とが相触れると考えることができる、かかる意味に於て無の場所的限定というべきものが自愛と考えられるものである。その所限定面即ち対象的有の面というべきものが身体と考えられるものである、之に於てあるものは限定するものなくして自己自身を限定するものとしてすべて衝動的である。故に自愛のある所そこに身体があり、身体のある所そこが現在である。現在というのは対象的限定から定まるものでない、我々の自己の自覚的限定から定まるのである。知識的に現在というものが定められるのでなく、現在は自己が自己自身を愛する所に定められるのである。自己自身を限定する現在と考えられるものは自愛的自己と云ってよい、過現未を包む現在の自己限定と考えられるものは自愛的限定でなければならない。アウグスチヌスは此の三つのものは心に於てあると云い、それ等を記憶と直観と期待とに帰して居るが、かかる三つのものの統一としての我は我自身を愛する我でなければならない。

以上述べた如くなるを以て、無の自覚的限定として之に於てあるものは、いつも二つの仕方に於て限定せられて居ると云うことができる。或は限定するものなくして自己自身を限定するものは二つの方向に於て自己自身を限定すると云ってよい。一つはノエマ的に自己自身を限定するものとして絶対無の自覚のノエマ的限定線に沿うて弁証法的に自己自身を限定するのである。之を直線的限定と考えることができる、所謂時間的に即ち歴史的に自己自身を限定するのである、かかる限定の意味に於て自己は行為的と考えられるのである。もう一つは絶対無のノエシス的限定に沿うて円環的に自己自身を限定して行くのであるて自己自身を中心として弁証法的運動を包む意味に於て自己自身を無限大に拡げて行くと考えることができる。周辺なくして至る所が中心となる円に於ては、至る所を中心として無限大の円が成立すると考えることができる。周辺なき円の自己限定として至る所に自己自身を限定する無の場所即ち自己自身を限定する現在というものが成り立つ。それは無の自覚に於て限定せられたものとして弁証法的に即ち歴史的に自己自身を限定し行くと考えられなければならぬと共に、場所自身の自己限定として超越的に自己自身を限定すると考えることができる、弁証法的運動を内に包み之を超越すると考えられねばならぬ。周辺なき円の自己限定としてはかかるものが考えられねばならないのである。かかる意味に限定せられた場所と考えられるものが、上に云った如く身体と考えられるものである。身体と考えられるものは純なる精神的限定として考えられるものでもなく、又純なる物質的限定として考えられるものでもない、唯無の場所的限定として即ち自愛的自己の自己限定として考えられるのである。摑むことのできない現在の底に考えられる個人的自己というのは、自己自身を限定する或一点を中心とした即ち自己自身を限定する瞬間を中心とした無限大の円と考えることができるであろう。それで自愛というのは周辺なき円の自己限定と考えられる或一点から、弁証法的運動のノエマ的限定線に沿うて何処までも之を包むという意味に於て拡がり行く円環的自己限定と考えることができる。併し（私は今此に自愛と他愛との関係について委しく論ずる暇はないが）他愛というのは斯くして考えられるものではない、自愛と他愛とは正に相反する方向に於て考えられねばならない。社会愛、人類愛という如き他愛というのは自愛の拡げられたものと考えられるであろう、所謂同情という如きものによって自己は何処までも拡げられるものと考えることができる。併しかかる意味に於て拡げられた愛というのは何処までも拡げられた自愛であって、真の他愛ではない、ノエマ的限定線に沿うて之を包むべく拡げられた円環的限定に過ぎない、唯自己自身を限定する現在が拡がって行ったまでである。真の他愛というべきものは之と反対の方向に考えられなければならない。周辺なくして至る所が中心となる円の自己限定と考えられるものは、一方にかかるノエマ的限定の意義を有ったノエシス的限定をも否定する意義を有っていなければならない、ノエマ的限定線に沿うた円環的限定をも否定する意味を有っていなければならない、然らざれば単に無限大の円の自己限定というのと択ぶ所がないのである。我々が如何ともすることのできない絶大の自然という如きものに対した時、之を真の客観界と考え自己もその一部に過ぎないと考える。併し我々は或程度までは自然をも手段として使用することができる、自己の意志の命令の下に置くことができる。加之《しかのみならず》、若しカント哲学に於ての様に、自然界と考えられるものも純我の総合統一によって成立すると考えるならば、自然界も或意味に於て我に於てあると云うことができるであろう。すべて理性的なるものは我々の意志を以て如何ともすることができないと云っても、尚自己に於てあるものと云うことができる。唯、私に対して如何ともすることのできないものは汝である、真に私に対立し、真に客観的というものは自然ではなくして汝でなければならぬ。ノエマ的限定を没したノエシス的限定というべきものは私と汝との関係でなければならぬ、周辺なき円の自己限定として至る所に限定せられる円と円との関係は私と汝との関係でなければならない。周辺なき円の自己限定として無数の円が成立するということは人格が人格に於て成立するということを意味するであろう。而して何処までも無が無自身を求め無が無自身を限定することが真の愛というべきものであり、自愛というのも斯く考うべきものであるとすれば、周辺なき円の自己限定と云うべきものは絶対の愛と考えることができ、絶対の愛によって私と汝とが限定せられると云うことができる。真の自愛は他愛であり他愛はその実自愛である、そこに汝自身の如く汝の隣人を愛せよという語の意義が理解せられるのである。対象的限定に沿うて自己自身を限定するという自愛から何処まで行っても他愛は出て来ない、而してそこに真の人格的自愛というものもないのである。真の愛はかかる方向の否定でなければならぬ、故に真の愛はケェルケゴールが „Leben und Walten der Liebe" に於て云って居る如く「汝は愛せざるべからず」である。私は右の如くノエマ的限定を越えた周辺なき円の自己限定即ち場所が場所に於てあるという如き場所自身の自己限定の意味に於て、表現的限定という如きものをも見ることができると思う。ノエマ的限定を越えた立場に於て客観的なるものは、すべて汝でなければならぬ、我に対して立つ客観的歴史というものも汝でなければならぬ。併し歴史はノエマ的限定線に沿うて考えられたものである、更にかかる限定をも越えた立場に於て客観的なるものは単に自己自身を表現するものとなるのである。

## 三

すべて絶対無の自覚的限定として之に於てあるもの、即ち真に具体的有というべきものは、上に云った如く直線的と円環的との二様の意味に於て自己自身を限定すると考えることができる。周辺なき円が自己自身を限定すると考えられる時、先ず無限大の円として自己自身を限定すると考えられ、それに於て至る所が中心として無数なる無限大の円が限定せられると考えることができる。かかる中心ともいうべきものが自己自身を限定する瞬間と考えられるものである、絶対に無なるものの自己限定として瞬間というものが限定せられるのである、永遠の今の自己限定として至る所が今となると云ってよい。併し一つの中心を有った無限大の円という如きものは、絶対無の場所的限定即ち周辺なき円のノエシス的限定として之に於てあるものであって、そのノエマ的限定面というものではない。周辺なき円の自己限定面としては、何処までも中心を否定する、中心のない円という如きものが考えられねばならない。至る所が中心となる周辺なき円はノエマ面としては絶対的に中心否定の円として自己自身を限定するのである。何処までも中心のない絶対の死の面という如きものが絶対無の自覚のノエマ面と考えることができ、至る所が中心である絶対の生の面という如きものがそのノエシス面と考えることができるであろう。絶対無の自覚に於ては無が無自身を見るとして、映す面が映される面であり、此両面は一というべきであるから、之に於てあるものは何処までも弁証法的と考えられねばならない。両面の対立から云えば両面の接触する所に弁証法的なるものが成立すると考えることができ、弁証法的に自己自身を限定するものから云えば、自己自身は相反する両面に属するものとして、一方に絶対の死の面を望み、一方に絶対の生の面を見ると考えることができる、而も後者が前者を包み死が即生であるという所に、弁証法的なるものが考えられるのである。弁証法的運動というのは唯ノエマ的に有が即無であるという如きことによって成立するのではなく、その根底に無が無自身を限定する即ち場所が場所自身を限定するということがなければならぬ、私の所謂円環的限定がなければならない。無の自覚として具体的有と考えられる我々の自己というものがそれ自身に於て矛盾であり、弁証法的と考えられるのも、自己が自己自身を愛するということに基かなければならない。単に知る自己より矛盾の起り様もない、単に知る自己という如きものは真の自己でないのである。自己の底には深い非合理的なるものがなければならない、非合理的なるものが合理的である、否、非合理的なるものの自己限定によって合理的なるものが成立することが弁証法的ということでなければならない。真の自己の存在はその理性的なるにあるにあらずして、その感官的なるにあるのである、その肉的なる所にあるのである。而も単に肉的なるものは物質と択ぶ所はない、唯肉の底に霊を見る所に自己というものがあるのである。故に自己の存在そのものが矛盾である、理性的自己が理性的自己たるにも、その底に非合理的なるものがなければならない、理性的自己は希薄なる自己である。かかる意味にて肉の底に自己自身を限定する霊、否肉そのものを即霊となすのが真の自愛的自己というものであり、かかる自己の自己限定が自愛と考えられるものである。而して自己自身を愛する自愛的自己の自己限定と考えられるものは無の場所の自己限定というべきものでなければならない。感官的なるものが即霊的であるということは、それが無の場所的限定であって無の場所に於てあると云うことでなければならない、限定するものなくして自己自身を限定するということでなければならない、事実が事実自身を限定するということでなければならない、外が即ち内ということでなければならない、非合理的なるものが即合理的ということでなければならない。私が非合理的なるものの自己限定というのは、何か知ることのできない深い或物があって、それが自己自身を限定するというのではない、限定するものなくして自己自身を限定するということである。潜在的に不可知的なる或物と考えられるものはオンに対するメ・オンたるに過ぎない、かかる考そのものが事実が事実自身を限定する意味に於て成立するのである。それで我々の自己と考えられるものは場所的限定として即ち円環的限定として成立し、而も周辺なき円の自己限定として絶対否定の死の世界即ち絶対に中心否定の円を自己限定面となすという意味に於て、弁証法的に即ち直線的に自己自身を限定すると考えられるのである。場所が場所自身を限定するという意味に於て絶対の死の面と生の面とが相触れると考えられる所に身体というものが考えられ、そこに弁証法的に自己自身を限定する身体的自己というものが成立するのである。それが相反する両面の間に於てあるものとして、その何の面に近づくかによって種々なる自己が成立すると考えることができる。その両端に於ては相反する意味に於て身体なき自己という如きものを考えることができるであろう、そこに我々の自己が自己自身の身体を失うと考えることができるのである。而して絶対無の自己限定として具体的有というべきものは、すべて我々の自己という如き意味を有ったものであり、弁証法的限定の相反する両端に於て、一は弁証法を否定する意味に於て一は之を包む意味に於て弁証法的限定を離れたものを考えることができる、即ち相反する意味に於て時なきものを考えることができる。抽象的有とか一般的自己とかいう如きものはかかる意味に於て考えられるものである。

至る所が中心となる周辺なき円の自己限定に喩うべき絶対無の自己限定面即ちそのノエマ面ともいうべきものは中心なき円と考うべきであろう。無の場所的限定として之に於てあるものはかかる限定面に於て自己自身を限定すると考えることができる。それは所限定面と能限定面とに対して如何なる関係に於て立つであろうか。周辺なくして至る所が中心となる円の自己限定として之に於てあると考えられるものは、或一つの中心を有った無限大に拡がる円と考えることができるであろう。かかる中心が我々の個人的自己と考えられるものであり、そこに瞬間が瞬間自身を限定すると考えることができる、そこに自己自身かかる自己と考えられるものは中心否定の円即ち絶対無のノエマ面からは何処までも否定せられる、即ち自己自身の中心を失うと考えられると共に、又何処までも之を包む意義を有すると考えることができる。時は永遠に消え行くと共に又永遠に生れ出るものである。自己は何処までも対象界から限定せられると考えられねばならぬと共に、自己は何処までも対象界を限定する意義を有って居る。何処までも対象界を包むという意味に於てはそれは行為的と考えられ、何処までも対象界から限定せられるという意味に於てはそれは感官的と云うべきである。中心否定の円即ち絶対無のノエマ的限定面から云えば、すべての中心的限定は否定せられると云うべく、私の所謂限定せられた一般者と考えるものはすべて之によって裏付けられて居ると云わなければならない。限定せられた一般者の自己限定を破って無の自己限定として之を包む意味を有って、之に沿うて考えられる時というものは、つまり中心否定の円の自己限定即ち絶対無のノエマ的限定に沿うて考えられるものでなければならない。而も時は何処までもかかる円を包むことはない、中心を有った円は中心のない円を包むことはできない、中心的限定は非中心的限定からして何処までも否定せられると考えられねばならない。非中心的限定の立場からは自己自身を限定する現在という如きものは何処までも否定せられて行く、我々の自己は何処までも否定せられて行かねばならない。時は老い行くのである、我は死に行くのである、一瞬の過去にも返ることのできない永遠なる時の流というものは斯くして考えられるのである。併し非中心的限定と考えられるものは固《もと》至る所が中心である周辺なき円のノエマ的限定に過ぎない。中心的限定は何処までも非中心的限定によって消されるのではない。時は何処までも蘇るのである、我々の一瞬一瞬が死であると共に生である、啻《ただ》に一瞬一瞬に蘇るのみならず円環的限定として時を包む意味を有つのである、過去を翻す意味を有つのである、プラトンの如く瞬間は時の外にあると云うことができる、背理的ではあるが未来が過去を限定すると云うことができる。中心否定の円の自己限定という如きものは、唯、至る所が中心である円のノエマ面としてのみ考えられるのであるから、斯く云うことができるのである。かかる意味に於て時を包んだ瞬間の自己限定というべきものが行為と考えられるものであり、その底には円環的限定として自己自身を愛するものがあるのである。而もそれが永遠の過去から永遠の未来に流れる時の限定に対して単に知的にして知覚的と考えられるのである。知覚的と云っても瞬間的限定の尖端に於て内的知覚即外的知覚として唯、事実が事実自身を知る事実感とでも云うべきである。一つの中心を有った無限大の円として絶対無の自覚のノエマ的自己限定に沿うて考えられるものは以上の如く考えねばならないが、更に場所が場所自身を限定するという意味に於て場所の無媒介的自己限定というものを考えることができる、即ち円環的限定という如きものが考えられなければならない。所限定面即能限定面と考えられる時、死即生として弁証法的と考えられるであろう。併し弁証法的運動と考えられるものは固、限定するものなくして自己自身を限定する絶対無の過程的限定として成立するものであり、その根底には絶対無の場所的限定として之を包む立場がなければならぬ。それが無が無自身を限定する絶対無のノエシス的限定として絶対の愛という如きものでなければならない、之に於ては弁証法的運動も消え行くと考えることができる。かかる絶対愛の立場に基礎付けられて抽象的なる場所的限定というものが成立すると考えることができる。それで無媒介的なる場所の自己限定と考えられるものは、いつも愛の自己限定に基礎付けられねばならない、人と人との直接なる結合に基礎付けられねばならない。絶対無のノエシス的限定と考えられるものは、愛の自己限定というべきであろう。摑むことのできない現在を摑むものは愛である、愛によって摑まれた現在という如きものが成立するのである。而してかかる現在の自己限定と考えられるものが我々に一般的自己と考えられるものである。我々に共通なる世界というものが構成せられるには、その底に広義に於て社会的自己というものがなければならない（社会我なくして現在というものはない）。個人というものを一つの中心を有った無限大の円と考えるならば、社会我と考えられるものは周辺的に限定せられた円と考えることができるであろう。それで社会我というものはいつも対象界を包む意味を有って居る、即ち行為的意義を有って居るのである。場所が場所自身を限定するという意味に於ては一つの面が能限定面と所限定面との意味を有っていなければならない、一つの円は両様の意味に於て限定せられていなければならない、両面の接触面と考えられねばならない。社会我は一種の身体を有ったものである、所限定面に即して考えられる自己限定の意味に於てはそれは歴史に於てあり、歴史によって基礎付けられると考えられねばならない、絶対無のノエマ的限定に沿うて考えられるノエシス的限定の内容が歴史と考うべきである。併しそれが能限定面的限定としては即ち愛の自己限定としては、所限定面は能限定面の内に包まれ之に没入する意義を有し、そこに歴史を越え弁証法的運動を止揚する意義がなければならない。愛の自己限定に於て我々は歴史を越えて永遠なるものの内容を見るのである。愛の自己限定に於ては自己に対するものは又自己として限定せられるのである、対象的限定が即自己限定となるのである、客観が主観の中に没入するのである。過現未を包む現在の自己限定とは、即ち無にして自己自身を限定するものの自己限定とは、場所が場所自身を限定するとして愛の自己限定というべく、之に於て時を越え歴史を包むということができる、即ち愛の自己限定に於て我々は永遠に現在なるものの内容に触れると云うことができる、かかる愛の自己限定を直観と考えるのである。行為の底には自己自身を愛するものがなければならぬ、行為とは自己自身を愛するものの時に沿うた自己限定に外ならない。我々が行為によって時を包み得たと考えられる時、そこに直観というものが成立するのである、直観は行為の自覚ということができる。かかる直観の内容が永遠に現在なるイデヤということができる、イデヤは愛の内容ということができる（芸術は愛に基くのである）。故に場所が場所自身を限定するという意義を有する社会我の自己限定の内容と考うべきものは、何等かの意味に於てイデヤ的でなければならない、社会我の自己限定によってイデヤ的内容が見られると云うことができる。そこにそれが歴史を越えてある意義があるのである。

愛に於ては自他合一し、他に於て自己を見るのである。絶対無の場所的限定たる絶対の愛に於ては、すべてが自己となり、すべてに於て自己を見ると云うことができる、周辺なき円の至る所が中心であると考えることができる。かかる限定に於ては、一方に時を包む意味を有するを以て、広義に於て行為とも考えられると共に、一方に物に於て自己を見ると云うことができ、愛のノエマ的限定は直観と考えることができる。愛の自己限定として自己自身を限定する場所が限定せられるということ、即ち有限なる円環的限定が成立するということは、そこに一つの直観が成立するということを意味すると考えることができる、絶対無の自己限定というのは根本的には自己自身を見て行くことであると云うことができる。いつも又至る所に生れる永遠の今の自己限定を絶対の愛と考えるならば、限定せられた今の自己限定と考えられるものは直観と云い得るであろう。過現未を包む現在の自己限定というのを愛の自己限定と考えるならば、現在が現在自身を限定するという意味に於ては、それを直観と考えることができる。而してそれは永遠の今の自己限定として、そこに我々は永遠なるものの内容に触れると考えることができるであろう。それが時の充実と考えられるものでなければならない。時の充実の方向に於ては時がなくなるのではない、時が包まれるのである。真に永遠なるものというのは単に変ぜないものと云うのではない、現在が現在自身を限定する意味に於て内から自己自身を限定して行くものを意味するのである（Plotin, Über Ewigkeit und Zeit）。現在が現在自身を限定し行くという意味を有する行為に於て、我々が永遠なるものの内容に触れると考えられるのも之が為でなければならない。かかる意味に於て自己自身を見て行くということは個人的自己に於てその極限に達するのである、絶対無の自覚に於てあるものは一つの中心を有った無限大の円という如きものに至って、その極限に達すると考えざるを得ない、かかる極限に於て死の面即生の面として弁証法的限定というものが考えられるのである。併し中心なき円は至る所が中心である円の限定面として之を包むという意義を有するを以て、更に之を越えた立場というものを考えることができる。かかる弁証法的運動を包むという立場に於てノエシス的方向に自由意志という如きものが考えられると共に、そのノエマ的方向に中心なき円の限定面的内容として単なる表現の世界という如きものが考えられるのである。後者に於て自己というものはない、それは無自覚の世界である。自由意志の底に我々は時を越えたもの、即ち神に接すると考え得るならば、表現の方向に於ては時がなくなると考えることができる。中心なき円という如き絶対の否定面に於ては時とか自己とかいう如きものはなくなると考えざるを得ない、そこは絶対の死の世界でなければならない。表現の世界というのは死を以て覆われたる生の世界である。我々が行為的自己の立場から出立して自己自身を限定して行くと考えるならば、我々は如何ともすることのできない対象面に撞着すると考えざるを得ない、そこに我々は我々の自己を失うと考えるのである。併し行為の底には自己自身を愛するものがなければならない、行為的に如何ともすることのできないものも愛の範囲に於てあると云うことができる、即ち欲望の対象界に於てあると考えることができる。行為的自己の自己限定の立場から云えば、物が欲望の対象となると考えることもできるが、逆に対象界からは愛の対象界の中心と考えられるものが自己であり、行為とはかかる対象界の自己限定と考えることができる。上に云った如く愛とは物が我であり、物に於て我を見ることである。アウグスチヌスの如く我々は知らざるものを愛することができないとすれば、愛に於ては物が既に我に於てあり、物の自己限定が我の自己限定と考えることができる。かかる考を推して、行為的自己が自己自身を失うと考えられる時、即ち中心を有った無限大の円の中心が中心否定の面によって消されると考えられる時、中心なき円の自己限定として表現の世界という如きものが成立するのである。かかる世界の成立にはその底に他愛がなければならない。行為的自己の自己限定というのは自愛と考えられるものであり、行為的自己が自己自身を失うと考えられる時、我々は他愛に入るのである。前に云った如く他愛は自愛の拡げられたものでなく、その否定の方向にあるのである。対象的限定線に沿うて之を包むべく考えられたものが自愛であり、かかる方向を否定して汝を包むのが他愛である。真に対象界を自己の内に見る時、対象界が自己の中に没すると考えられる時、更に自己に対するものはもはや物ではなく汝でなければならぬ。かかる対立に於て私がなくなると考えられる時、すべてが汝である。場所と場所との対立は私と汝とでなければならない、絶対の愛の立場からは中心否定の円と考えられるものも汝の意味を有ったものでなければならない。自愛的自己が自己自身を失うということは他愛に入るということであり、他愛に入るということは自愛の方向を否定する絶対の愛の立場に結び付くことを意味するのである。斯くして中心のない円が無自覚的と考えられる表現の野と云う如きものとなるのである。唯、場所が場所自身を限定する意味に於て、所謂他愛的自己の自己限定として、広義に於ける社会的自己即ち一般的自己というものが成立するかぎり、それが過現未を包む現在の自己限定即ち愛の自己限定として、之に於て時が充実して行くと考えられるのである、永遠なる今の自己限定としてイデヤ的なるものが見られるのである。表現的自己の自覚的限定というのはかかる意味に於て考えられるものでなければならぬ。我々の思惟的自己と考えられるものは無自覚的なる表現面が自覚的意義を有つ所に成立するのである。それは自覚的意義を有った無自覚的なる表現面の自己限定ともいうべきであろう、ノエシス面的限定としてはそれは行為の意義を有つと考えることもできる。併しそれは愛を中心とした社会的自己の自己限定という如きものではない、寧《むし》ろそれを否定する意味を有ったものと云うことができる、それは絶対愛のノエマ的限定に裏付けられたものと考うべきであろう。

絶対無の自覚的限定というものをそのノエマ面的限定から見れば、絶対時の自己限定と考えられるであろう。限定せられた一般者を越えて無にして自己自身を限定するものを考える時、それは中心なき円の自己限定とも考うべきものであろう、之に於て所謂客観界と考えられるものが限定せられる。併しノエシス面的限定として之に於てあると考えられる我々の自己はかかる限定面に於てあるのではない、之を越えてあるものである、時によって限定せられるのではなく、却って永遠の今の自己限定として時を限定するのである。絶対時と考えられるものは、唯、死即生なる時の否定的方向に中心を置いたものに過ぎない。絶対無の自覚的限定として真に具体的有と考うべきものは、永遠の今の自己限定たる我々の個人的自己というものでなければならない。その一々が一つの中心を有った無限大の円として自己自身を限定すると云うべきである。故に我々の自己は所謂歴史に於てあるのではない、唯ノエマ的に歴史に於て自己自身を限定するのである。すべて絶対無の自覚的限定として之に於てあるものは、その限定面に於て自己自身を限定すると考えねばならない、我々の自己はそのノエマ的限定に沿うて絶対時に於て自己自身を限定すると考えられるのである。単なる限定面的内容としては所謂自然というものが考えられるであろう。身体的自己としては我々は自然に於て自己自身を限定し、又自然によって自己自身を限定せられると考えねばならぬ。併し行為的自己としては歴史に於て自己自身を限定するのである。以上は絶対無のノエマ的限定の立場から見たのであるが、即ち知識的見方であるが、そのノエシス的限定の立場から見れば、即ち情意的見方よりすれば、私に対するものは汝でなければならない、すべての対象的関係は私と汝との関係でなければならぬ。現在が現在自身を限定するということが自己が自己を限定することであるというのは、自己が自己を一つの人格として限定するということでなければならない。私が一つの人格として自己自身を限定するかぎり斯く云い得るのである、真に無と無とを結合する無の自己限定と考えられるものは人格的統一でなければならない、直線的限定を包む円環的限定というのはかかるものでなければならない。それで絶対無のノエシス的限定によって基礎付けられた私というものから見れば、絶対無のノエマ面というものは汝というものでなければならない。而もそれは絶対無のノエマ面として絶対に私を否定する意味を有ったものでなければならない、かかる意味に於て表現の世界という如きものが考えられる。それは私に不可知的な汝であり、或は未だ自覚せない客観的自己である。併し中心のない円は固《もと》、至る所中心たる円のノエマ面として之に於てあるものでなければならない、かかる意味に於てはそれは大なる客観的自己でなければならない。所謂意識一般という如きものもかかる意味に於て考えられるものであろう。それは表現的自己の自覚と考えることもできる、至る所中心である円がそこに始めて自己自身を円環的に限定すると考えることができる、即ち自己自身を見る意味を有って来ると云うことができる。かかる限定も固、絶対的愛の自己限定によって基礎付けられるものとして、此の私と同じく一の自己であり、私に対して汝の意味を有ったものでなければならぬ。併しそれはノエマ的限定として全然知的であり、その内容は単に自然と考うべきものである。身体的自己としては我を殺すに一滴の水を以てして十分であるが、一つの人格としては全宇宙を以てしても我は之を知る故に殺すものよりも貴いということができる、而も両者共にノエシス的限定としては、絶対の愛に於ては、我と自然とは兄弟でなければならない。ノエシス面がノエマ面を包むという意味を有った時、表現的自己が自覚的となり、意識一般の意味を有って来ると云ったが、更にノエマ面がノエシス面の内に包み込まれ、無が無自身を見るという意味を有った時、表現的自己の自己限定と考えられるものは社会的自己の意義を有って来なければならない、即ち人格的意義を有って来るのである、それは私に対して汝である。それは絶対無のノエシス的限定の意義を有するノエマ面として我々をノエマ的に限定する意味を有すると共に、我々の自己はノエシス面的限定として我々は社会に対して自由であり、却って社会は我々によって構成せられると考えることができる。更にノエマ面がノエシス面の中に没入したと考えられる時、そこにもはや社会的自己という如きものもない、汝として私に対するものは唯、神である。我々は個人的自己の尖端に於て自由意志として直に神に接するのである。ノエシス的には斯く神に接すると云い得ると共に、ノエマ的には社会的制約を離れて自己と同一の自由なる人を見る、人と人と相対するのである。ノエマ面的限定として汝というものがなくなる時、ノエシス即ノエマとなる、我々は各の人に於て神を見るのである、汝自身の如く汝の隣人を愛せよという声もそこから出て来るのである。かかるノエシス的限定の世界を一つの社会と考えるならば、それは神の国というべきものであろう、カントの目的の王国という如きものも斯くして考えられるものでなければならない。かかる絶対無のノエシス的限定に対してそのノエマ的限定と考えられるものが歴史の世界という如きものである、社会我と考えられたものは此に於て歴史我の意味を有って来るのである、ノエマ的には我々は之に於てあり之によって限定せられると考えられる。而も絶対無のノエマ的限定として歴史の底に無限に非合理的なるものがある、歴史をも消すものがある、かかる絶対の死が絶対の愛に於て絶対の生であると考えられる所に神の国という如きものが考えられるのである。対象的認識の立場としては我々はノエマ的限定から考えるのであるが、ノエマ的限定はいつもノエシス的限定によって基礎付けられていなければならぬ。絶対無の自覚の最も根本的なるノエマ的限定の内容と考うべきものは自己自身を限定する事実という如きものであろう、原始歴史の事実という如きものであろう。至る所中心である円の自己限定の内容と考うべきものは此の如き非連続の連続の事実という如きものでなければならない。ノエマ的にはその底に絶対に非合理的なるものを考えなければならない、それは未だ所謂自然という如きものではない。而もそれが絶対に非合理的なるが故に絶対に無であり、絶対に無なるものの自己限定として、それは絶対の愛というべきものでなければならない。そこではノエシス即ノエマとして、それは未だ自然でもなければ汝でもない。併しそれが絶対の自覚としてその自己限定の内容が自己自身を限定する事実そのものと考えられるのである、それは私の所謂原始歴史の事実という如きものでなければならない。我々は自然に於て非合理的なるものに撞着すると考うべきではなく、歴史に於て真に非合理的なるものに撞着するのである。かかる意味に於ける事実の世界はノエマ的に自己自身を見る意義を有し、而もそれが見られないと考えられる時、所謂歴史というものが考えられ、それと共に上に云った如く自然という如きものも考えられ、更に社会という如きものも考えられるのである。此等のものはすべて原始歴史の世界の自己限定の意義を有って居るのである、絶対無の自覚の両面の間に挟まれて居るということができる、そのノエマ面的方向にイデヤが見られ、その底にノエシス即ノエマとして自己自身を限定する事実が見られる。イデヤとは事実の自覚的内容たるに過ぎない、それは限定せられた現在の内容として非実在的と考えられるが、その底にはいつでも自己自身を限定する今の自己限定として事実的なるものがなければならない。而してかかる事実を限定するものは絶対無の自覚に接するものとして、我々の個人的自己という如きものでなければならない。個人的自己と考えられるものは絶対無の場所に於てある最後のものとして、それから見てそのノエマ的方向とノエシス的方向とに一般的自己という如きものが見られるのである。

## 四

上より述べて来た如く永遠の今の自己限定によって絶対無の自覚の対象界が限定せられるとすれば、そのノエシス的限定と考えられるものは絶対の愛の自己限定と考うべきであろう。弁証法的運動の背後には之を包むものがあるのである、之を止揚するものがあるのである。すべて無の自覚に於てあるものはその背後に円環的限定がなければならない、即ち場所が場所自身を限定するという意味がなければならない。それが愛の自己限定というべきものである、物の存在性は之によって限定せられるのである。絶対愛の自己限定によって人格的世界というものが限定せられ、之に於てあるものとして無数の個人的人格というものが限定せられるのである、個物という如きものもかかる限定によって基礎付けられるものでなければならない。愛の限定という如きものによって認識対象を基礎付けると考えるのは知識の客観性と相容れないと云われるでもあろう。併し場所が場所自身を限定するの意味なくして所謂意識現象というものを考えることはできない、すべて精神科学的知識の成立の根底には多少ともかかる限定の意義を考えねばならない。加之《しかのみならず》、自然科学的認識を基礎付ける自己自身を限定する事実そのものという如きものも、かかる限定によって基礎付けられると云うことができる。非連続の連続として事実そのものと考えられるものは、かかる限定の内容でなければならない。斯くして認識対象の世界から芸術、道徳、宗教の対象界への推移も考えることができるであろう。従来あまりに知情意の抽象的区別に捕えられて、具体的なる物の見方というものが疎にせられて居るではないかと思う。自己自身を愛するということなくして自覚という如きものはない、愛の自己限定によって具体的対象という如きものが限定せられるのである。ヘーゲルの弁証法というものは物の具体的見方ということができるが、私は更に愛の自己限定を加えることによって之を完全にし得ると思うのである。

記憶なくして我というものはない、併し記憶は如何にして成立するのであろうか。記憶の内容は固《もと》、連続的でなければならない。併しかかる連続は如何にして可能であるか、昨日の我と今日の我とは如何にして結合するか。かかる結合の根底を外に求めれば脳の存在に求めるの外はない、併しそれは唯、一種のヒュステロン・プロテロンたるを免れない。之を内に求めればライプニッツの極微知覚の如きものを仮定するの外はない、而もそれは単なる仮定たるを免れない。記憶というものは無の自己限定によって成立すると考えざるを得ない、私の所謂円環的限定によって成立すると考えることができる。かかる限定に於て直線的連続が限定せられ、それが我々の内的連続と考えられるのである。記憶に於て既に非連続的なるものの連続という意義がなければならない、単なる事実の連続と考えられるものが之に於て限定せられるのである。かかる記憶の底にあって無にして自己自身を限定すると考えられるものは何であるか。それは自愛的自己と考えられるものでなければならない、自愛的自己という如きものが記憶を限定し又その想起の方向を決定するものでなければならない。我々はかかる自己を本能的と考え自愛的自己の底に非合理的なるものを考える。併しかかる非合理的なるものの自己限定によって人格的自己というものが考えられるのではない。人格的ならざる自己はない、我々は我々の人格的自己を愛するのである。かかる自己の底には、合理的なるものも之に於て限定せられるが故に、非合理的と考えられるものがなければならない、それが私の無の自己限定と考えるものである。今日の我に対する昨日の我、否今の瞬間の我に対して前の瞬間の我も独立の人格である。現在の自己が過去の自己を決定するのでもなく、過去の我が現在の我を決定するのでもない、その間に互に相限定するものがあってはならない、若しそういうものがあったならば人格的統一は成立しない。昨日の事実も絶対の事実であり、今日の事実も絶対の事実でなければならない、我々は各瞬間に於て独立であればある程、一つの人格と考えられるのである、個人的人格の内にもカントの所謂目的の王国の意味がなければならない。互に独立なるものの結合なるが故にそれは直接と考えられ、却って内面的統一と考えられるのである。人格とは主として理性的に行為するものとして考えられるが、独立なるものと独立なるものとの直接の結合は愛というものでなければならない、人格的統一の底にはかかる愛の統一がなければならない、かかる愛の底から理性的行為と考えられるものも起るのである。記憶と考えられるものは、かかる意味に於ける自愛的自己のノエマ的限定と考えることができる、過現未を包む現在の自己限定として記憶という如きものが成立するのである。記憶に於ては非連続的の連続の意義がなければならない、分離的であればある程、記憶的に統一せられて居るということができる、記憶に於ては我々は個々の事実に従うのであり、個々の事実に従えば従う程記憶は明であるのである。想像とか思惟とかに於ての如く何等かの意味に於てノエマ的に統一が見らるるかぎり、それは記憶ではない。かかる無統一の統一、そこに真に内面的自己の統一というものがあるのである、我々が真に内面的自己の統一として記憶的統一と考えるものは分離的統一と云うべきものである。内的感官と考えられるものは個々の事実を見るのである、それは眼なくして見る眼である。内的感官と考えられるものの尖端に於て我々は絶対に非合理的なるものに撞着するのである、絶対の否定に撞着するのである。而もそこから蘇るのが想起である、かかる否定の肯定として個々の事実が分離的に統一せられるかぎり、自愛的自己というものが考えられるのである。更に自愛の意義が自即他の他愛の立場にまで深められる時、愛によって客観的事実の世界が限定せられると考えることができる。アウグスチヌスがすべてが記憶に於てあると云い、広大無辺の奥の院 penetrale amplum et infinitum と云ったのも斯くして理解することができる。

我々は単なる事実というものを考える。そしてそれを非合理的と考える、甚しきはそれ自身に何等の形式を有たない質料の如きものとも考える。併し普通に事実と考えられるものでも、何時、何処でという様に時間空間の形式に当嵌まったものでなければならない。加之《しかのみならず》、少くとも経験科学と考えられるものに於ては、我々は何処までも事実に従わなければならない、事実に合するということによって知識の客観性が立せられるのである。

無形式にして単に非合理的と考えられる事実が如何にしてかかる意義を有つことができるであろうか。我々に対して与えられると考えられるものは、何等かの意味に於て、我々の主観との関係に於て与えられねばならない。盲に対して色は与えられない、聾に対して声は与えられない、与えられるものは求められたものと云うことができる。併し我々の視覚作用が色を生ずるのでもなければ、色が視覚作用を生ずるのでもない。色は色自身の体系を有つ、その体系と考えられるものは分類的体系という如きものであろう。併しそれが私に対して与えられると云うには、即ち私というものと何等かの関係に入ると云うには、それが自己自身を限定する意味を有たねばならぬ、少くも広義に於て「有る」という意味を有ったものでなければならない、ヒポケーメノンの意味がなければならない。併しヒポケーメノンとして与えられるというならば、それは我々の思惟に対して与えられると云い得るかも知らぬが、見る私に対して与えられるとは云えない。それは作用するものではない、作用するものと考えられるには、それが自己自身の内から無限に自己自身を限定して行くと考えられねばならない、一つの具体的一般者と考えられねばならない。併し斯く考えられた時、それが如何なる意味に於て私との関係に入るか。単に斯く考えられただけでは、そこに我々の視覚作用という如きものは考えられない。而も色の一般者の自己限定というものを離れて視覚作用という如きものは考えられない。唯、一般者の自己限定として主語的方向に考えられるものを述語的方向に考えることによって、即ちヒポケーメノンを裏返すことによって、視覚作用という如きものが考えられるのである、場所の自己限定として意識作用という如きものが考えられるのである。それで我々に対して或物が与えられると云うのは、我というものがあり、或物というものがあって、後者が前者に対して与えられるのではなく、唯、無にして自己自身を限定するものがあると云うことである、有るものが弁証法的に自己自身を限定するということでなければならない、その自己肯定の方向が物と考えられ自己否定の方向が我と考えられるのである、肯定的有に対する相対的無が我と考えられるのである。感覚がインデッキスとして与えられると云うのも、此の如き意味でなければならない。マールブルク学派のいう如くそれが極微として単に生産点という如きものであったなら、それから事実の世界、真の実在の世界は構成せられない。共立composssible の世界が構成せられるには、それは自己自身に矛盾するものとして弁証法的に自己自身を限定するものでなければならない。無形式なる質料という如きものは与えられるという意味を有つことはできないのみならず、ギリシャ哲学に於て考えられた如く単なる無と考えるの外ないのであろう。我々に与えられるということは、無の自己限定として無に於てあるということでなければならない。無の自己限定として無に於てあると云うことが所与の形式と考うべきものである、その底には私の所謂円環的限定の意義がなければならない。最も深い意味に於て所与の範疇と考えられるものは弁証法的でなければならない。之をそのノエマ的限定の方から見れば絶対に非合理的と云い得るであろう、併しノエシス的限定の立場から見ればそれは絶対に合理的と考え得るであろう。非合理的なるが故に合理的、合理的なるが故に非合理的、そこに真の弁証法的限定があるのである。所謂事実と考えられるものが非合理的として「我々に与えられる」というには、非合理的即合理的ということを意味せなければならない。単に非合理的なるものは単なる質料という如くそれは何物でもない。それが我々に与えられるという時、それが合理的ということを意味せなければならない。普通に合理的といえば単なる思惟というものを考える、而して之に対して非合理的なるものが与えられると考える、併し真に有るものとしては、単に非合理的なるものもなければ、単に合理的なるものもない、数学の如きものでも数学的直覚の事実に基くと云うことができる。形式があって内容が之に対して与えられるのでなく、形式と内容とは同時に与えられるのである。プラトンがパルメニデスに於て云って居る様に「有るもの」は何かに於てあると云わねばならぬ、「於てあるもの」に対して「於てある場所」が形式と考えられるのである。自覚に於て自己が自己に於て自己を見ると考えられる如く、一般者が自己に於て自己に於てあるものを限定する。かかる意味に於てすべて有るものは何かに於てあるのである。而して場所が場所自身を限定するという意味に於て、円環的限定として場所自身が限定せられるかぎり、限定せられた場所が形式として与えられたものと対立する。そこに主観と客観との対立という如きものが考えられるのである、限定せられた場所というものが主観と考えられるのである。併し有るものは、いつも無の自己限定として無に於てあるものとして、それ自身を弁証法的に限定するのである、無即有、質料即形相なるが故に弁証法的となるのである。唯、弁証法的運動を包む愛の立場に於て弁証法的運動が止揚せられると考えられるかぎり、形式と与えられたものとが対立するのである。多くの哲学は無にして自己自身を限定する表現的自己の自覚的限定というべき具体的なる弁証法的限定というものから出立せないで、無媒介的なる場所の自己限定によって考えられる抽象的なる主客の対立から出立する。而して無のノエマ的自覚というべき理性を主観と考え、之に対して非合理的内容が与えられると考える。併し理性によって知識が限定せられると考え、理性的限定が知るということであると考えるならば、それはもはや単なる論理的限定という如きものではなくして、具体的一般者の自己限定という如きものでなければならない。而して真の具体的一般者の自己限定というべきものは、無の自己限定として弁証法的でなければならない。カント学派の人々は経験の内容が空間、時間と論理の範疇とに当嵌って経験界が成立すると考えるが、その総合統一によって経験界が成立すると考えられる意識一般と考えられるものは、私の考では最も深い意味に於て内的知覚という如き意味を有ったものでなければならない。そしてそれは無にして自己自身を限定するものとして弁証法的に自己自身を限定するものと考えねばならぬと思うのである、斯くしてそれによって真の客観界が成立すると云い得るのである。斯く内的感官の自己限定によって経験界が成立すると考え得るが、内的感官は弁証法的に自己自身を限定するものとして、固《もと》、行為的意義を有って居る、前に云った如く未来より過去を限定する意味を有って居る、無が有を包む意味を有って居る。かかる意味に於て有が無の中に没したと考えられる時、即ち弁証法的限定が場所自身の円環的限定によって包まれたと考えられる時、そこに我々がかかる経験界を考える立場というものが成立するのである。絶対無のノエシス的限定の立場即ち愛の立場に於て弁証法的限定を包むと考える立場に於て、我々が客観界を問題として之を考え、之を知るということが可能となるのである。云わば意識一般を包む自己の立場に於て客観界が我々に問題となるのである。カントは客観界の成立の立場を明にした、併しそれが我々に問題となる立場について考えて居ない。そういう立場は上に云った如く時が失われると考えられる表現的自己の自己限定の立場でなければならない。内的感官の対象として自己自身を限定すると考えられる事実と考えられるものが、絶対無の自覚のノエシス面に於てあると考えられる時、「於てあるもの」に対立して「於てある場所」というべきものは対立的意義を有するだけ、それだけ限定せられた場所の意義を有し、それが行為的主観と考えられる。絶対無の場所に於てあるものに対して対立的に限定せられる場所が行為的主観と考えられるものである、故に行為的主観と考えられるものは主観の最後のものと考えることができる。かかる意味に於て限定せられた場所の自己限定と考えられるものが、行為的自己の自己限定と考えられるものであり、その自覚的内容がイデヤと考えられる。併し絶対無の場所に於てあるものに対し、対立的に考えられる場所というものは何処までも行為的主観の意義を有って居る、換言すれば行為的主観は何処までも「於てあるもの」を包む意味を有って居る。かかる主客対立の極限に於て行為的主観はノエマ的には思惟と考えられ、ノエシス的に自由意志と考えられる。行為的主観と考えられるものが「対立的に限定せられた場所」として、もはや「於てあるもの」を包み得ざる時、尚何処までも包む意義を有するかぎり、それは自由意志と考えられ、それが包み得ると考えられるかぎり思惟と考えられる、後者のイデヤ的内容として真理というものが成立する。自己自身を限定する事実のノエシス的限定と考うべき内的感官が行為的意義を有するかぎり、所謂意識一般という如きものが考えられるのである。それで自己自身を限定する事実が我々に対して与えられると考えられる時、之に対して我々の主観と考えられるものは行為的主観の意義を有ったものでなければならない。それはノエシス的には自由意志の意義を有って居るが、ノエマ的には思惟の意義を有って居る。与えられるものが後者に於てあると考えられる時、問題という意義を有つのである。かかる意味に於てコヘンの如く与えられるものは問題として与えられるものであり、与えられたものは求められたものと云うことができる。単なる形式的主観と考えられるものは認識主観の意義を有つことができないのみならず、かかる主観に対しては与えられるなどと云うことも不可能であろう。自己に対して与えられるものは自己の内から与えられるものでなければならない。内的感官と考えられるものが右に云った如く行為的意義を有つ時、それは良心と考えられるものである。良心を有するものにして行為の善悪が問題となる如く、理論的良心を有するものにして与えられるものが問題となるのである。理論的行為的自己の自己限定として、之に於てあるものが問題となり、その自覚的内容が真理となるのである。ウィンデルバントがロッチェの言を引いて避くべからざる循環論証は已むなく之を犯さねばならぬという真の意義も此に求められなければならない。理論的良心あるものにして知識が問題となるのである、真の意識一般と考うべきものは良心という如き意味を有ったものでなければならない。而して良心というべきものはすべて然なければならぬ如く、それは単に形式的と考うべきものでなく、非合理的なるものの合理化として一面に創造的意義を有っていなければならない。範疇と考えられるものはそれが行為的意義を有するかぎり、その総合統一の形式と考えられるのである、即ち「於てあるもの」に対して限定せられた場所の自己限定の形式と考えることができる。

知識は認識主観の総合統一から始まると考えられる。併し私は知識は永遠の今の自己限定として事実が事実自身を限定すると云うことから始まると考えるのである、即ち分離的統一より始まると考えるのである。与えられたものは無形式なる雑多ではなくして、それぞれが絶対的に自己自身を限定するものでなければならぬ。それは統一を否定することによって自己自身を統一するものでなければならない、そこには否定的統一という如きものがなければならない。かかる統一が否定の肯定として弁証法的限定と考うべきものであり、我々の知識は此に基礎付けられ、此に始まるのである。事実の命ずる所、我々は如何なる既成の形式をも棄てなければならない。我々の真の自己というものが絶対の無というものであり、真に有るものは絶対の無に於てあるとするならば、斯く考えざるを得ない。真の自己の内的統一と考うべきものは右の如き否定的統一でなければならない、即ち弁証法的でなければならない。我々は我々に直接なるものとして主客未分の芸術的直観の如きものを考え、又はベルグソンの純粋持続の流の如きものを考えるが、それ等は既に射影せられた自己の統一に過ぎない。真の直接なる内的自己の統一はノエマ的方向にあるのではなくしてノエシス的方向にあるのである、而してそれは場所的統一という如きものでなければならない。芸術的直観の如きものでも、その底に事実が事実自身を限定するということがなければならない。所謂認識主観と考えられるものは、かかる場所的限定の自覚として、之に於て統一せる知識というものが成立するのである。所謂認識主観の総合統一によって知識が成立するというより、寧《むし》ろ事実が事実自身を限定するということから認識主観の総合統一というものが考えられるのである、凹面鏡に投射せられた光線が一つの焦点に集中すると一般である。無にして自己自身を限定すると考えられるかぎり、絶対無の空間は曲率を有って居なければならぬ、之に於てあるものはそれ自身に於て統一せる一つの対象界を形成するのである。単なる事実というものがあって、形式が之を統一するのではない、自己自身を限定する今の自己限定として今が自己自身を限定することによって、即ち現実が現実自身を限定することによって、認識形式が定まって来るのである。感覚的内容として物理的事実が自己自身を限定することによって、物理的認識の形式が定まって来るのである。如何なる意味に於て今が今自身を限定するかによって種々なる認識形式が定まって来るのである。過現未を包む現在が自己の中に自己を限定する、その自己限定の焦点という如きものが所謂今というものであり、それが時の自己限定であるかぎり、無にして自己自身を限定するものとして、その前後を照す光点の如きでなければならぬ、即ち自己自身を限定する今でなければならぬ。かかる自己限定が最も深い意味に於て内的感官と考えられるものである。記憶なくして内的感官というものはない、内的感官は過去を包む意味を有って居る。普通に斯く記憶的なる内的感官によって所謂内界と考えられるものが限定せられると考えられるが、それでは単に可能的なる時が限定せられるまでであり、真に自己というものは見られない。真の内的感官はコギト・エルゴ・スムとして、作用が作用自身を見る意味がなければならない。斯くして始めて我々の自己が時の前後を包むと考えることができる。アウグスチヌスの如く我々は記憶することを記憶し、記憶も記憶に於てあると云い得るのみならず、忘れることも記憶に於てあると云うことができる。かかる内的感官の直観によって所謂内部知覚の事実というものが限定せられるのである。併し無の自己限定としての内的感官の限定によって、所謂内的事実の世界が成立するとするならば、内的感官は既に外的感官の意義を有ったものでなければならない。自己を見るものは自己を越えたものでなければならない、永遠の今の自己限定として感官と考えられるものには、固《もと》、内外というものはないのである。無の自己限定として非合理的なるものに撞着するという意味に於ては、却ってすべて外的とも考えることもできる。かかる外的感官にまで記憶的意義を付加すればアウグスチヌスの如くすべてが記憶に於てあると云うことができ、又プラトンの如く知ることは想起であるとも考えることができる。感官とは固、無の自己限定面という如きものであって、内的事実の世界という如きものは、かかる限定面に於て一つの中心を有った限定せられた円という如きものに過ぎないであろう。こういう意味に於ては感官というのは一般に良心という如き意味を有ったものと考えることができる。良心というのは理性的と考えられるが、非合理的なるものが即合理的であるということが良心的直覚ということである、直覚的なるものが直に立法的であることが良心の声と考えられるものである。単に理性的なるものにも、又単に非理性的なるものにも、良心の声というものは聞かれない。非合理的なるものの底に聞える理性の声、肉の底に聞える霊の声が良心の声である。良心の声に従うというのは単に理性的となることではなく純なる情意の要求に従うことでなければならない、唯、考えられた自己を棄てることである、私欲を離れることである、無にして自己自身を限定するものとなることである、永遠の今の自己限定の内容は広義に於て良心の声として現れるのである。良心的直覚という如きことは従来、単に行為についてのみ考えられたが、直証的知識についてはいうまでもなく、物理的知覚の如きものであっても、それが立法的意義を有するかぎり、それは良心的意義を有ったものでなければならない。物理学者は何処までも物理的事実の良心的直覚に従わなければならない、之が為には如何なる理論も棄てなければならないのである。オンに対してメ・オンが立つのではない、メ・オンに対してオンが立つのである、我々の真の自覚はオンの方にあるのではなくしてメ・オンの方にあるのである。知識成立の根底には絶対に非合理的なるものの合理性というものがなければならない、良心の声は神の声である。かかる意味に於て絶対無の場所に於てあるものに対して、相対的に限定せられた場所にして何処までも之を包む意義を有ったものが知的主観と考えられるものである。而して斯く限定せられた場所が同時に限定する場所の意義を有するかぎり、所謂直証的知識という如きものが成立するのである。

我々の知識の世界は理論的良心によって、芸術の世界は芸術的良心によって、道徳的世界は道徳的良心によって成立する。その底にはいずれも事実が事実自身を限定するという意味がなければならない、永遠の今の自己限定の意味がなければならぬ。而してそれは絶対無の自己限定として、即ち絶対に非合理的なるものの合理化として、ノエシス的には絶対の愛という如きものでなければならない。愛に於ては、我々は自己を否定することによって自己を肯定するのである、死することによって生きるのである、愛は非合理的なるものの合理化というべきである。ケェルケゴールの云う如く真の愛は義務であり、良心の事であると云うことができる。事実が事実自身を限定する瞬間の自己限定に於て、永遠の今の自己限定として、永遠なるものに触れる所に、良心的直覚があり、絶対的愛の内容があるのである。而して絶対愛の立場に於て弁証法的なるものを包むと考えられるかぎり、永遠の価値の世界即ちイデヤの世界が見られるのである。神の立場に立たざるかぎり我々は弁証法的なるものを包むということはできない、絶対無の場所に於てあるもの即ち弁証法的に自己自身を限定するものに対して、限定せられた場所が対立すると考えねばならない。かかる場所的限定の内容としてイデヤ的なるものが見られるのである。併しかかる対立的に限定せられた場所の立場即ち所謂行為の立場は固《もと》、弁証法的に自己自身を限定するものを包むという意義を有しながら之を包むことができないのである。唯、何処までも之を包むという意義を有するかぎり、その極限に於てノエマ的に意識一般という如きものが考えられ、ノエシス的に道徳的主観という如きものが考えられるのである、而して之を包み得るかぎり芸術的主観というものが成立するのである。併し此等の主観の世界はそれ自身に於て成立して居るのではなく、その底に弁証法的に自己自身を限定する感覚と愛との世界がなければならない、即ち事実が事実を限定するという事実の世界のあることを忘れてはならない。

# 私と汝

一

私は現在私が何を考え、何を思うかを知るのみならず、昨日何を考え、何を思うたかをも直ぐに想起することができる。昨日の我と今日の我とは直接に結合すると考えられるのである。之に反し、私は他人が何を考え、何を思うかを知ることはできない。他人と私とは言語とか文字とかいう如き所謂表現を通じて相理解するのである。私と汝とは直に結合することはできない、唯外界を通じて相結合すると考えられるのである。我々は身体によって物の世界に属し、音とか形とかいう物体現象を手段として相理解すると考えられるのである。併し物体界とは如何なるものであるか。物体界というものも、我々の経験的内容と考えるものを時間、空間、因果の如き形式によって統一したものと考えることができる。内界と外界というものが本来相対立したものでなく、一つの世界の両面という如きものに過ぎない。両界は同じ材料から構成せられて居るのである。すべて実在的なるものは時に於てあると考えられ、時は実在の根本的形式と考えられる。内界と考えられるものも、外界と考えられるものも、それが実在的と考えられるかぎり、時の形式に当嵌ったものと考えられねばならぬ。然るに、時は現在が現在自身を限定するということから考えられるのである。而して現在が現在自身を限定するということから時が限定せられるということは、時は永遠の今の自己限定として考えられると云うことを意味していなければならない。時は永遠の今の自己限定として至る所に消え、至る所に生れるのである。故に時は各の瞬間に於て永遠の今に接するのである。時は一瞬一瞬に消え、一瞬一瞬に生れると云ってよい。非連続の連続として時というものが考えられるのである。時というものが斯くして考えられると考えるとするならば、時は各の瞬間に於て二つの意味に於て永遠の今に接すると考える事ができる。永遠の今と考えられるものは、一面に於ては絶対に時を否定する死の面と考えられると共に、一面に於ては絶対に時を肯定する生の面と考えられねばならない。時の限定の背後に永遠の死の面というものを置いて考える時、永遠なる物体の世界というものが考えられ、その背後に永遠の生の面というものを置いて考える時、永遠なる精神の世界というものが考えられるのである。内界と外界とは時の弁証法的限定の両方向に考えられる、永遠の今の両面に過ぎない。すべて具体的に有るものは弁証法的に自己自身を限定する、即ち時間的に自己自身を限定するのである。時に内外の別があるのでなく、時は固《もと》一つでなければならぬ。真の時は歴史時というべきものであり、具体的なる実在界は歴史的と考えることもできるであろう。かかる世界が弁証法的に自己自身を限定するに当り、その両方向に抽象的なる二つの世界が考えられるのである。我々の意識現象と考えられるものが朝から晩まで種々に変化するに関らず、一つの内面的統一を保つと考えられるのみならず、昨日の我と今日の我とは直接に結合すると考えられ、そこに我々の内界というものが考えられる。併しかかる内面的統一というものが成立するには、既に表現的限定の意義がなければならない。我々の意識の統一と考えられるものは、一面に於て実在的連続と考えられると共に、一面に於て意味的結合でなければならない、意識現象に於ては意味即実在と考えられるのである。かかる結合に於ては、一々の点が自己自身を表現するものでなければならない。表現するものと表現せられるものと一であるということが、意識統一の真の意義と考えることもできる。私と私とが心の内にて話し合うのである。真の時というべきものは、単なる連続として考えられるのでなく、上に云った如く非連続の連続として考えられるのでなければならぬ。而してかかる時の連続と考えられるものは限定するもののなきものの限定として、表現的限定の意義を有っていなければならぬ。昨日の私と今日の私とは、私と汝との如く共に表現の世界に於てあるのである。

個物というものは如何にして考えられるのであるか。個物というものが考えられるには、先ず何等かの意味に於て一般者の限定というものが考えられねばならない。個物はかかる限定の極限として考えられるのである。個物は何処までも限定せられたものでなければならぬ。限定せられない個物というものはない。併しかかる意味の限定に於ては何処までも個物に達することはできず、単にかかる意味に於て限定せられたものは真の個物ではない。個物は自己自身を限定するものでなければならぬ。個物的なるものの自己限定によって判断が成立すると考えられる如く、個物は一般者を限定するという意味を有っていなければならぬ。個物と一般者との間には弁証法的限定という如き意味がなければならぬ。かかる意味に於て個物が限定せられると云うには、有の一般者の限定として考えられるのでなく、限定するものなきものの限定として無の一般者の限定として考えられねばならない。無の一般者の限定というのは単に限定するものがないという意味ではない。有るものは何かに於てあると考えられる如く、物は環境を有つと考えられねばならない。而もかかる環境は無限に広く無限に深く考えられるものでなければならない。物がその環境から限定せられると考えられるかぎり、それは有の一般者の限定と考えられるものであり、何処までも真の個物というものは考えられない。唯、例という如きものがあるのみである。物と環境との間に所謂合理的関係という如きものが考えられるかぎり、個物というものは考えられない。個物は環境に包まれ何処までも環境から限定せられるという意味を有すると共に何処までも環境から限定せられないものであり、却って環境を限定する意味を有ったものでなければならない。環境は個物に対して単にその働きの場所という如き意味を有っていなければならない。如何に大きく深く環境を考えて行っても、単に環境から限定せられると考えられるかぎり、個物というものは考えられない。かかる意味に於ての環境を越えた環境に於て、自己自身を限定し行く個物というものが考えられるのである。故に個物と環境との間は互に非合理的と考えられる、個物に対して環境は偶然的と考えられ、環境に対して個物は偶然的と考えられる。斯くして同一の環境に対して自由に自己自身を限定し行く無数の個物が考えられるのである。而も環境と個物とは固《もと》、無関係ではない。環境なくして個物というものもなければ、個物なくして環境というものもない。時の限定に於ても、瞬間というものが限定せられるには、何等かの意味に於て限定せられた現在から出立せなければならない。かかる現在の限定の極限として、瞬間というものが考えられるのである。而もかかる意味の限定に於ては、真の現在、即ち瞬間は摑むことのできないものであり、現在のない時は真の時ではない。時は現在が現在自身を限定するということから考えられねばならない。而してかかる意味に於て真の時というものが考えられるには、嚮《さき》に環境的と考えられた現在は永遠の今という意味を有ったものでなければならない。斯く超越的環境の意味を有った永遠の今の自己限定として、之に於て、無数に自己自身を限定する現在というものが考えられるのである。かかる意味に於て環境と考えられるものは、死の面ではなくして生の面でなければならない。無の一般者の限定として個物と環境との相互限定と考えられるものは、生命の流という如き意味を有ったものでなければならない。環境が個物を生み、個物が環境を変じて行くという個物と環境との関係は生命と考えられるものでなければならない。非合理的なるものの合理化として弁証法的と考えられるものの根底に於て生命と考えられるものでなければならない。ヘーゲルの弁証法はノエマ的であったと云い得る。従って弁証法が唯、過程的に考えられたと云い得るであろう。併し真の弁証法はかかる意味に於て考えられるものでない。かかる意味に於て弁証法というものが考えられるならば、それは何処までも連続的発展の意義を脱することはできない。絶対の死より生きるという真の弁証法的意義は出て来ない。真の弁証法というものが考えられるには、物が環境に於てあり、環境が物を限定し、物が環境を限定するという考から出立せなければならぬ、即ち場所的限定の立場から出立せなければならぬ。物が何等かの意味に於て環境に含まれて居ると考えられるかぎり、弁証法的運動というものは考えられない。真の弁証法的運動というものが考えられるには、物が絶対に環境から死し去らねばならぬ。物と環境との間には何等の作用的関係もなくならねばならぬ。環境は物に対して単なる場所という如き意味を有たねばならぬ。物と環境とは互に偶然的でなければならぬ。而もかかる死の面が即ち生の面であるという所に、限定するもののなきものの限定として真の弁証法的運動が考えられるのである。絶対の否定が即肯定である真の弁証法というものが考えられるには、此の如き場所的限定の意義がなければならぬ。斯くして環境が個物を限定し、個物が環境を限定するという弁証法的過程が考えられ、場所的限定の意義に於て偶然的なる無数の個物というものが考えられるのである。概念の外延的関係という如きものは此に基くと考えねばならぬ。単に主語的なるものに就いて、有即無として過程的に考え行く時、真の弁証法的運動というものは成立しない。真の弁証法的運動というものが考えられるには、場所的切断がなければならない。故に真の弁証法的過程は物と環境との間に考えられるのである。例えば、成が既成在として定有となると云うにも、私の所謂場所的限定の意味がなければならないと考えるのである。特に場所的限定の意義なくして質より量の出て来ようがない。弁証法的運動は物が場所に於てあるということから始まらなければならない。私はこういう意味に於て、有るものは何かに於てあるというプラトンのパルメニデスに於てかかる弁証法的運動の発端が含まれて居るではないかと思うのである。

私と汝との関係について種々なる難問は、内界と外界とが対立し、各自が絶対的に自己自身に固有なる内界を有つと考えるから起るのであると云うことができる。我々が厳密なる意味に於て個人的自己の意識というものから出立するならば、遂に独我論に陥るの外ない。併し個人は個人自身によって生れるのではない。若し個人が絶対ならば個人というものもない。個人というものが生れるには、個人が生れる地盤がなければならない。即ちその環境というものがなければならない。個物は何処までも環境から限定せられたものでなければならない。而も環境を限定する所に個物というものがあるのである。而して斯く環境が場所的限定として之によって個物が限定せられると考える時、右に云った如くそこに無数の個物が考えられるのである。私を私として限定するものは、汝を汝として限定するものであり、私と汝とは同じ環境から生れ、同じ一般者の外延として之に於てあるという意味を有つと云うことができる。発生的に考えても、我々の自己は個人から始まるのではない。多くの原始民族に於て見られる如く共同意識から始まるのである。個人は社会から生れると云ってよい。如何なる意味に於て個人的意識に先立って社会的意識というものが考えられ、更に如何にして物体界から意識の世界が生れると考えられるであろうか。すべて有るものは時に於てあるのであり、具体的に有るものはすべて歴史的と云うべく、単なる物質の世界というものはない。主観を離れた単なる客観界というものがあるのではない。宇宙進化論的に考えれば、意識現象も物質から出て来ると考えなければならぬかも知らぬが、それはデュ・ボア＝レモンの云った様に世界の不可思議の一でなければならぬ。物質の世界というものが我々の自己を生む環境となるのではなく、私の所謂「於てあるもの」と環境との間には特殊と一般との関係がなければならぬ。単なる物質の世界と考えられるものは、我々の自己に対して環境の意味を有つものでない。唯、時というものが考えられるには、上に云った如く何等かの意味に於て限定せられた現在から出立せなければならない。かかる現在の自己限定の極限として瞬間というものが考えられ、逆に瞬間が瞬間自身を限定するという意味に於て、真の時というものが考えられるのである。即ち限定せられた現在というものが、いつも私の所謂環境という意味を有ったものでなければならない。かかる意味に於て何処までも限定せられた現在、永遠に限定せられた今というものが、すべてのものがそれによって限定せられ、それから生ずると考えられる環境と考えることができる。かかるものをすべてのものの環境と考えられる物体界と考えることができるであろう。我々がすべての実在の根底として考える物体界というものは、かかる意味に於て何処までも限定せられた現在の世界でなければならぬ。それに於ては瞬間というものはない、自己自身の中心を有たない時の世界、即ち空間的時の世界というべきである。すなわち所謂物質界と考えられるものが無の限定として現在が現在自身を限定する意味を有し、既に歴史的世界という意味を有することによって、それからすべてのものが発展すると考えられるのである。それは既に弁証法的意義を有ったものでなければならない、生きたものでなければならない。限定せられた現在の自己限定、即ち有の一般者の自己限定として時というものが考えられる時、何処までも過去から現在が限定せられると考えられるが、逆に限定するものなくして自己自身を限定する瞬間の自己限定から時が始まるという立場から見れば、終のものは始にあると云うことができる。時は未来から限定せられると考えることができる、真の生命と考えられるものは一面に於て未来から過去への逆流と考えることもできる。唯物論者は脳髄が出来たから意識が生じたと考えるが、却ってベルグソンの如く我々の感官という如きものはエラン・ヴィタールが物質界を貫通した跡方と考えることができる、視力の流の跡に眼というものが出来たと考えることができる。視力的生命との関係に於てでなければ眼というものは理解せられない、然らざれば単に細胞の偶然的なる結合と考える外ないであろう。本当は我々の世界と考えるものは、瞬間が瞬間自身を限定することから始まると云うことができる。瞬間が瞬間自身を限定するということは、単に何物もない所から忽然、物が出て来るということではなく、そこにも環境が個物を限定し、個物が環境を限定するという意味がなければならぬ。点から点に移り行く真の個物と考えられるものは此の如き弁証法的過程として考えられるのである、一方に於て自己が過去の過去から限定せられると考えられると共に、一方に於て自己は未来の未来から自己を限定する意味を有っていなければならない。過去もなく未来もなく、至る所が今であり、至る所に時が始まる永遠の今の自己限定として世界が始まると云うことができる。而してかかる限定が我々の人格的生命と考えられるものであり、我々の世界は人格的生命の自己限定から始まると考えることもできるであろう。我々の個人的自己の環境と考えられる社会的意識と考えられるものも、かかる意味に於て永遠の今の意味を有ったものでなければならない。而して世界の根底として考えられる物質界と考えられるものは、社会的意識の身体という如き意味を有ったものでなければならぬ。

限定するものなきものの限定として弁証法的運動と考えられるものが、右の如く環境が「於てあるもの」を限定し、逆に「於てあるもの」が環境を限定すると云うことであり、環境というものがかかる限定に欠くべからざる一面であるとすれば、私は之によって我々の意識と考えるものが如何にして生じ、如何なる意味を有するものなるかを明にすることができると思う。物は環境に於てあり、個物は環境的限定の極限として考えられねばならぬ。而も単にかかる意味に於て個物というものが考えられるのでなく、逆に個物が環境を限定するという意味がなければならぬ。かかる逆限定というものが考えられるかぎり、そこに中和的環境というものが考えられねばならない、過程的限定を離れた単なる場所的限考えることができる。弁証法的限定というものを、唯、過程的に考えるならば、単に否定即肯定、死即生という如きことにて足るであろう。併しかかる意味に於ての弁証法と考えられるものは尚主語的有に即したものと云うべく、連続を基として考えられた非連続の連続たるを免れない、真に絶対否定を基とした弁証法ではない。従ってかかる弁証法に於ては、分離的なるものを考えることはできぬ。真の弁証法というのは、始より蘇生を期待して死するのでなく、真に死することによって生きるということでなければならぬ、絶対の死に入ることによって蘇るということでなければならぬ。「於てあるもの」に対して、場所的限定というものが対立的意義を有っていなければならぬ。かかる意味に於て何処までも環境から限定せられ行くと考えられる個物が、その極限に於て之を越えると考えられる時、場所的限定と考えられるものは、単に個物的過程を映す我々の意識面という如き意味を有つと考えることができるのである。個物が環境を越えると考えられる時、場所的限定が之につれて消え失せるのではない、場所的限定は何処までも之に対して逆限定の意味を有たなければならぬ。而もそれはもはや之を限定するという意味を有つことはできない、単に之を映すというの外ないのである。斯くして実在界を離れた浮泛《ふはん》的なる映像の世界という如きものが考えられるのである。時間的なるものに対して非時間的なるものの世界と考えられるものは、かかる意味を有ったものでなければならぬ。併しかかる世界といえども、全然、個物が個物自身を限定するという意味を失ったものではない、単に一般的なる場所的限定の世界ではない。苟《いやしく》もそれが有ると考えられるかぎり、一般が個物を限定し、個物が一般を限定する弁証法的限定の意義を有っていなければならない。意識は誰かの意識でなければならない、何人の意識でもない意識というものは考えられない、各人が各人の意識面を有つのである。環境的限定の極限に於て個物が之を越えるという時、即ち個物が場所に対して自由となると考えられる時、無の限定の立場に於て之に対する逆限定として、即ち個物が個物自身を限定するという意味に於て、無数の個物的限定というものが考えられねばならぬ。併し場所が何処までも環境的限定の意義を有つと考えられる時、自己自身を限定する個物と考えられるものは、単に映すもの、単に各自の意識面を有つものと考える外ない。我々の自己は此場合、全然受働的と考えられるのである、単に環境を映すもの、即ち感官と考えられるのである。我々の内部知覚的世界と考えられるものは斯くして考えられるのである。環境的限定を離れて各自が各自の内面的世界を有つと考えられるのである、単なる環境的場所の自己限定として我々の感覚的意識の世界という如きものが考えられるのである。併し意識の世界といえども、右に云った如く実在界を離れて浮遊するのではない、受働も一種の作用でなければならぬ。我々は限定せられた一般者の自己限定として個物というものを考えて行く時、その限定の極限に於て之を越えると考えなければならぬ。併し私の所謂環境的限定の意味はそこに止まるのではない、何処までもその意味がなければならぬ。上に云った如く、すべてのものが物質界から生ずると考えられる時、その物質界と考えられるものは、時間的として既に無の限定の意味を有っていなければならない。斯くして始めて物質の弁証法的運動ということが理解せられ、物質から意識が生ずるという如きことも云い得るのである。単なる物質界と考えられるものは、唯、環境的限定の極限に考えられた抽象面たるに過ぎない。真の物質と考えられるものは、固《もと》、歴史的物質でなければならない。具体的に有るものは、始から無の限定として、環境が個物を限定し、個物が環境を限定するという弁証法的運動としてあるのである。かかる弁証法的運動と考えられるものが、連続的過程としてでなく、絶対否定によって非連続の連続として考えられねばならぬのであるから、かかる過程の一面として意識という如きものが考えられるのである。意識から物質は出ないが、物質から意識が出ると考えることもできぬ。個人的意識を生むと考えられる歴史的物質は、固、弁証法的として始から意識面を有ったものでなければならない。環境的限定の極限として個物というものが考えられるという代りに、個物が個物自身を限定することによって環境が限定せられるという立場から云えば、物質界という如きものは、個物的限定の極限に於て、その逆限定として考えられるのである。個物の自己限定の極限に於て絶対の否定面に撞着すると考えられる所に、物質界というものが考えられねばならぬ。故にギリシャ哲学に於ての様に、物質は単なる無と考えられ、又単に映す鏡とも考えられるのである。意識界と考えられるものが一面に於て物質界であり、物質界と考えられるものが、一面に於て意識界であるとも云うことができる。個物が個物自身を限定するという意味に於て具体的に有ると考えられるものが行為するものという如きものであり、行為するものが個物的に自己自身を限定するという意味に於て、自己限定面と考えられるものがその意識面というものであり、更に之を越えた環境的限定面と考えられるものが物質界と考えられるものである。而して絶対の死の面は即生の面なるが故に、行為的自己として我々の於てある世界という如きものは、一面に於て何処までも物質的と考えられると共に、一面に於て何処までも意識的として表現的世界の意義を有つと云うことができる。我々の於てある世界というものは環境的限定としては物質の世界、生物の世界というべく、個物的限定の立場に於ては歴史的世界と考えることができるであろう。単なる環境的限定の立場から何処までも環境を越え行く個物を限定しようとする時、環境的限定は物質的、生物的として宇宙的生命の意味を有たなければならぬが、自己自身を限定することによって環境を限定する意味を有する動く個物を限定する環境的限定と考えられるものは、歴史的と云わねばならぬ。

以上述べた如く、何等かの環境なくして個物というものなく、我々は何等かの環境に於てあり、環境が我々を限定すると共に、我々が環境を限定する。環境なくして個物がないと共に、個物なくして環境というものもない。かかる過程的限定の根底に何処までも単なる環境的限定というものを置いて考えれば、物質界の自己限定という如きものが考えられ、それが何処までも我々の個人的自己を限定するという意味に於ては、宇宙的生命と考えることもできるであろう。併しすべて時に於てあるものは既に無の限定の意義を有し、かかる弁証法的運動も、固《もと》、死即生なる絶対無の限定面的限定として考えられるのであり、具体的にはかかる環境的限定というのも社会的限定という如き意味を有し、歴史的に自己自身を限定して行くと云うことができる。こういう意味に於ては、単なる物質界と考えられるものも歴史の世界、表現の世界の一面ということができる。唯、かかる弁証法的限定の底には、絶対に死して生れるという絶対面に撞着するという意味があり、そこに自己自身を限定する真の個人的自己というものが考えられるのである。単なる環境的限定としての物質界というものも、そこから考えられるのである。個人的自己に対し絶対的否定面として物質界というものが考えられるのである。こういう意味に於て、物質というものを所謂物質という意味ではなく、絶対の非合理性を意味するとすれば、表現的限定の底に物質というものを置くこともできるであろう。社会的・歴史的限定の極限として考えられる我々が、死即生の絶対面に撞着すると考えられる時、絶対に非合理的なるものと云うべき物質という如きものに撞着すると共に、我々は限定せられた環境的限定を脱して、各人が各人の意識面を有つということができるのである。そしてそこから個物が環境を限定し、我々は歴史的に我々の社会を変じ行くと考えることができる。社会的・歴史的限定の極限として考えられる我々の個人的自己は、逆に歴史を限定し、社会を改造する創造的意義を有つのである。社会は自己自身の限定の尖端と考えられる個人的自己の自己限定を通じて動くのである。偉人という如きものは社会的意識の焦点と考えることができるのである。

私は是に於て真の生命の過程というものを明にして置かねばならぬ。真の生命というべきものは、ベルグソンの創造的進化という如き単に連続的なる内的発展ではなくして、非連続の連続でなければならぬ。死して生れるということでなければならぬ。生命の飛躍は断続的でなければならぬ。ベルグソンの生命には真の死というものはない。故に彼の哲学に於て空間的限定の根拠が明でない。真の生命というのは、唯私の所謂死即生なる絶対面の自己限定としてのみ考え得るものでなければならぬ。真に限定するものなきものの自己限定としてのみ考え得るのである。然らざれば、何処迄も対象的限定の意義を脱することはできない。我々は我々の個人的自己の自己限定の底に於て、絶対の無に撞着するのである、明日の我として蘇るものを越えて、再び自己として蘇らないもの、唯、他人として蘇るものに撞着するのである。そこに絶対に非合理的にして合理的なるものを生む真の物質という如きものも考えられるであろう、永遠に死して生れないもの、唯一度的なるものに触れるということができる。かかる限定を個物と環境との関係から見れば、それはすべてを包む無限大の環境の自己限定と考えることができるであろう。時の瞬間という如きものは無限大なる円の自己限定の中心と考えることもできる。而して更に瞬間から瞬間に移る時間的系列を限定するものは、かかる無限大の円を包むもの、即ち周辺なき円と考えねばならぬであろう、一般者の一般者ということができる。かかる意味に於て、一面に於て非合理的として物質と考えられるものは、一面に於て無限の生命と考えることができる。一度的なるものを限定するものは、一歩一歩が創造的なる永遠の生命と考えることができる。併しかかるものも、尚真に絶対無の限定というべきものではない、絶対の死即生なる絶対面的限定というべきものでない。真の絶対無の限定と考えられるものは、単に周辺なき円という如きものではなくして、その至る所が中心となるものでなければならぬ。かかる一般者の自己限定として絶対に死して蘇るという弁証法的に自己自身を限定するものが限定せられるのである、個物が環境を限定し環境が個物を限定するものが考えられるのである。こういう立場から見れば、一度的に自己自身を限定する永遠の生命と考えられるものも、尚ノエマ的に限定せられた一つの特殊なる生命という意義を脱することはできない、真の永遠の生命ということはできない。周辺なくして至る所が中心となる円の自己限定としては、之に於て無数の自己自身を限定する円が限定せられると考えることができる。無数の今が限定せられると考えることができる。我々の個人的自己と考えるものは、皆かかる絶対無の限定面的限定として之に於て限定せられるのである。かかる円の周辺的限定として、一面に自己自身を限定する無数の無限大の円が限定せられると考えることができるであろう。無数の無限大の円が之に包まれると考えることができる。而してそれが周辺なき円の自己限定として、即ち無の一般者の限定として、個物が個物を生み、点より点に移る一度的なる無限の系列と考えねばならぬであろう。斯くして永遠の過去から永遠の未来に流れる無限の時の流というものが考えられるのである。至る所が中心となる無辺の円の自己限定として、之に於てあると考えられる我々の個人的自己は、それが周辺的に自己自身を限定すると考えられるかぎり（ノエマ的に自己自身を限定すると考えられるかぎり）、環境的には何処までもかかる無限大の環境によって限定せられて居ると考えられねばならない、永遠に流れる時によって限定せられると考えられねばならぬ。昨日の我と今日の我とが直に結合して一つの個人的自己というものが考えられるかぎり、それはかかる時に於てあると考えられねばならないのである。我々の個人的自己がノエシス的限定の底に死即生なる絶対面に触れると考えられるということは、ノエマ的にかかる時によって限定せられると云うことを意味せねばならない。併し我々の生命の真の実在性はかかる環境的限定に於てあるのではない、絶対に死して生れる所にあるのである。我々は絶対の底から生れるのである。かかる意味に於て我々の生命は過去から生れるのでなく、未来から生れるということができる、否、永遠の今の自己限定として現在が現在自身を限定するという意味に於て生れるのである。我々の生命は非連続の連続として限定せられるのである。そこに我々の生命の社会性というものがなければならない、子は親から生れないという意味がなければならぬ、親と子と同列的なる意義がなければならない。ベルグソンは画家のパレットの上に盛られた色を見れば、我々は大概如何なる画を描くかを想像することができるが、実際如何なる画が出来るかは画家自身も知ることはできないと云う。併しかかる意味に於て非合理的と考えられるものは、尚、主客合一の非合理性、芸術的非合理性という如きものでなければならぬ。我々の生命はかかる所から生れるのではない。かかる生命は非実在的なるイデヤ的生命に過ぎない。真の生命に於ては我々は絶対に非合理的なるもの、物質という如きものに撞着するのである。そこには真に限定するものなきものの自己限定として、唯、事実が事実を限定するというの外ない。我々は、唯、之を映すと考えるのみである。対象的には我々は我々自身を失って単に非合理的なる自然という如きものも考えられる。合理的なるものと非合理的なるものと、所謂形式と質料との対立という如きものも、かかる立場に於て考えられるのである。そこに環境的限定と個物的限定とが分裂すると考えられるのである。而もかかる死の底から蘇るという所に、我々の真の実在的生命の意義があるのである。こういう意味に於てベルグソンの生命という如きものは実在的ではない、身体のない生命である。ベルグソンに於ては身体は生命の道具たるに過ぎない。私は自然科学者の考える如き意味に於て生命の基礎に物質を置くのではないが、非合理的なるものを基礎とするという意味に於て、寧《むし》ろ実在的生命は身体的と考えたいと思う。身体なくして実在的生命というものはない。而して我々の真の生命というものを斯く絶対の死から蘇ることであるとするならば、それは内面的持続という如きものに求むべきではなくして、実践的行為という如きものに求むべきであると思う。行為に於ては我々は過去から限定せられる在自身を限定するということが行為ということでなければならない。否、限定するものなき限定として現在が現在自身を限定するということが行為ということでなければならない。環境が個物を限定し、個物が環境を限定するという意味に於て、弁証法的に自己自身を限定するものが、行為するものでなければならない。ベルグソンの純粋持続の生命という如きものも、かかる限定に基礎付けられたものでなければならぬ。而も環境と個物とが一つの流となることによって弁証法的意義を失ったものと云うことができる。

我々の真の生命と考えられるものが、死即生なる絶対面的限定として、以上述べた如きものとするならば、生命というものが一つの大なる流と見られる前に、その根底にすべてを包む空間的限定という如きものが考えられねばならぬ。周辺なくして至る所が中心となる円の自己限定として、永遠の今の限定という如きものが考えられねばならない。その至る所が中心として、之に於て自己自身の限定面を有った無数の円が空間的に限定せられると考えられると共に、周辺なき円の限定として、即ち一般者の一般者の限定として、之に於てあるものが無限の流によって限定せられると考えられるのである。大なる生命の流は死即生の絶対面の中に回転しつつあるのである。時は永遠の今の中に生れ永遠の今の中に消え去ると考えられる如く、歴史は永遠の今の中に回転しつつあると考えることができる。我々はいつでも永遠の今に接して居るのである。我々は各の時代に於て絶対面に触れて居る故に、環境が個物を限定し、個物が環境を限定するという我々の世界と考えられるものは、いつも永遠の今の自己限定の意味を有ったものでなければならぬ。現在が現在自身を限定するという事から我々の世界というものが考えられねばならぬ。時は何等かの意味に於て限定せられた現在から考えられると考えられる所以である。力学的全体として時代というものが考えられるのも、此の如き時を包む永遠の今の自己限定の意味に於て考えられねばならない。かかる限定を単に死の面に即して考える時、又単に生の面に即して考える時、いずれも非現実的にして考えられた世界たるを免れない。我々は各の瞬間に於て永遠に未来なるもの、永遠に過去なるものに接して居るのである、否、永遠の今に接して居るのである。我々はいつも我々の底に死即生なる絶対面に接して居るのである。我々は現実の底に於ていつも絶対の死、即ち絶対に非合理的なるものに触れて居る。そこでは事実が事実自身を限定し、我々は感官的として唯、之を映すと云うことができる。之を物質というならば、我々は物質に直接すると云い得るであろう。之と共に、我々は現実の底にいつも永遠の生に接して居るのである。時を越えて而も時に於て自己自身の内容を限定するものに撞着するのである。そこに我々の個人的生命というものがあるのである。而して個人的生命というものなくして実在的生命というものはない。併しかかる実在的生命と考えられるものは、瞬間が瞬間自身を限定する意味に於て、個人的と考えざるを得ないと共に、周辺なき円のノエマ的限定、即ち一般者の一般者の限定として無限の流に於てあると考えざるを得ない。かかる意味に於て無限の時の流と考えられるものは、限定するものなきものの限定として、之に於てあるものから繰り返すことができないと考えられると共に、之を死の面に即して考えれば、過去から未来への無限の流と考えられ、之を生の面に即して考えれば、逆に未来から過去に向っての無限の流と考えられる。無限なる時の流と考えられるものは、その実、過去から始まるのでもなければ、未来から始まるのでもない。時は永遠の今の自己限定として、現在が現在自身を限定するということから考えられるのである。かかる限定は至る所が中心となり周辺なき円の自己限定を意味し、一般者の一般者の限定を意味するのである。かかる円に於てある無限大の円と考えられる我々は、何処までも現在が現在自身を限定すると考えられる一般者の一般者によって限定せられると考えることができる。我々はいつでも何等かの与えられた環境に於てあるのである、与えられた現在に於てあるのである。而もかかる現在と考えられるもの、即ち環境と考えられるものは、絶対の無の限定として何処までも固定したものではない、閉じられた円ではない。環境が個物を限定すると共に、個物が環境を限定するのである。環境は自己自身を否定すると共に、自己自身を肯定する意味を有っていなければならぬ。現在が現在自身を限定するということは、いつもかかる意味を有っていなければならない。かかる限定の無限なる重畳として、無限大なる時の流というものが考えられるのである。現在が現在自身を限定することから、時の流というものが考えられるのである。それ故に、無限なる流と考えられるものは、永遠の今の自己限定の立場からは、空間的に無限大の円の無限の重畳と考えることができる。現在が現在自身を限定する意味に於て、円環的に自己自身を限定する時の流というものは、永遠の今が自己の中に自己を映す永遠の今の姿ということができる。永遠の今と考えられるものが、かかる意味に於て時を包み時を基礎付けるものとして、我々は瞬間が瞬間自身を限定すると考えられる自己限定の底に於て、いつも永遠の今の自己限定に触れると考えることができるのである。真に個物的に我々を限定するものは、すべてを包む一般者でなければならない。此故に我々は死即生の絶対面に撞着するものとして、一面に絶対に非合理的なるもの、物質に撞着すると考えられると共に一面に永遠の生命に接すると考えることができる、時を越えたものに触れると考えられるのである。而も我々はすべてを包む絶対的環境に於てあるものとして無限の環境から限定せられて居ると考えざるを得ない、現在が現在自身を限定する意味に於て又無限の果から限定せられて居ると考えられるのである。

我々は何処までも環境的に限定せられるという意味に於て、絶対の環境的限定として過去から未来に亘る宇宙的発展という如きものが考えられ、それが我々の生命をも包み、我々の生命をも限定するものとして宇宙的生命とも考えられるが、時は絶対無の限定として永遠の今の中に包まれ、永遠の今の中に回転するという意味に於て、かかる限定の背後に空間的なるものがなければならぬ。而も自覚的限定として時というものが考えられるという意味に於ては、かかる空間的限定と考えられるものは、寧《むし》ろ社会的というべきものであり、宇宙的発展と考えられるものも歴史的ということができる。絶対的環境の限定と考えられるものは、固《もと》、死即生なる絶対無の自己限定に於ける死の面と考うべきものであり、各自の意識面を有った我々の個人的自己と考えられるものは、かかる死即生の絶対的限定面に沿うて考えられるのである。故に我々の自己の自己限定の底には、時を越えた意味がなければならぬ。空間的・社会的意義がなければならない。真の生命というものも、かかる意味に於て考えられるのである。生命の根底には流れて流れざるものがなければならぬ。絶対の死の面と考えられるものが物質界と考えられるものであり、我々は一面に於ていつも物質界に接して居ると考えられると共に、死の面即生の面という意味に於て一面に意識的であり、表現の世界、歴史の世界に接して居るということができる。我々は行為するものとして真に自己自身の生命を有し、真に生きるということができるのである。我々は絶対面的限定として、一方に絶対の環境的限定によって限定せられ、無限なる時の流に於てあると考えられなければならぬであろう。併し我々は単にかかる意味に於てあるのではない、絶対無の場所的限定としてあるのである。外延的限定としてあるのである。かかる考の基礎付については、此論文の「三」の後方に於て述べた所を参照せられんことを望む。我々の自覚的限定に於て、自己自身の底に絶対の他を見るということによって自己が自己となると考えられ、そして我々の於てある世界と考えられるものが、かかる自覚的限定によって限定せられたものとするならば、我々の世界と考えるものの根底に社会的限定の意味があると云わねばならぬ。過程的弁証法的限定として過去から未来に亘る無限の時の流と考えられるものの底に、一即多として場所的限定の意義があるとすれば、現在が現在自身を限定することによって自己自身を限定する瞬間の底に、永遠の今の空間的限定の意味がなければならぬ。

## 二

以上述べた所を概括すれば、すべて有るものは何かに於てあり、具体的有と考えられるものは、環境が個物を限定し個物が環境を限定するという意味に於てあるのである。時というものが考えられるのも、何等かの意味に於て現在と考えられるものから出立して、その自己限定として直線的進行というものが考えられると共に、その極限に於て逆に瞬間が瞬間自身を限定することによって考えられるのである。時は非連続の連続として考えられるのである。かかる考え方からは、我々は一面に於て何処までも環境から限定せられると考えられねばならぬ。環境の上に更に環境が考えられ、一般者の一般者の限定として、我々は無限なる時の流に於てあると考えられねばならぬ。併しすべてを包む絶対の環境と考えられるものは、固《もと》、絶対に無なるものでなければならぬ。限定するものなくして自己自身を限定すると考えられる瞬間的限定に於て、我々は絶対の無というものに撞着するのである。真に一切を包む絶対の環境というものに触れるのである。かかる立場から云えば、嚮《さき》に何処までも個物を限定すると考えられた無限の環境と考えられるものは、かかる絶対自己自身の限定によって個物を限定すると考えられる現在の自己限定と考えられるものは、永遠の今が自己自身の中に自己を映す永遠の今の姿という如きものでなければならぬ。自己自身を限定する瞬間的限定の立場からは、いつも逆に環境を限定すると考えることができ、環境的限定の立場から時は無限の過去から限定せられると考えられるに対し、時は未来から限定せられると考えることができる。時は永遠の今の中に回転すると考えることができるのである。此故に、我々はかかる瞬間的限定の尖端に於て、一面に無限の過去に接すると考えることができる、永遠なる時の始に接すると考えることができる。換言すれば、之に於てあるものは無限の過去から限定せられて居ると云うことができる。我々はいつも瞬間的限定の尖端に於て一度的なるものに接すると考えるのである。我々はそこに絶対に非合理的なるものに撞着すると考えることができる。絶対に非合理的に我々を限定するものに撞着すると考えることができる。而して斯く無限の過去から非合理的必然を以て我々を限定するものを物質と呼ぶならば、我々はそこに物質に撞着するということができるであろう。我々は之に対し単に映すものと考えられるのである。併し瞬間的限定の一面に於て斯く考えられると共に、個物が個物自身を限定することによって環境を限定するという意味に於て、又そこに我々は無限の未来から我々を限定するものに撞着すると考えることができるであろう。そこに我々は永遠の生命に接すると云うことができる、我々は何処までも自由であると云うことができる。それで、永遠の今の自己限定として之に於てあるものは、無限の環境から限定せられると考えられると共に、瞬間的限定の尖端に於て何処までも自己自身を限定するのである、即ち働くものである。働くものとして、我々は現実の底に、何処までも永遠の過去から我々を限定するもの、即ち絶対に非合理的なるものによって限定せられる、即ち我々は身体を有つと考えると共に、我々は何処までも、我々の環境を造り行くと考えることができる。行為的自己の自己限定に対して環境的限定と考えられるものは、表現的と考えられねばならぬ。我々は我々の現実の底に無限の過去を見ると考える時、即ち無限に非合理的なるものを見ると考える時、我々は何処までも物質界によって限定せられて居ると考えざるを得ない。併し我々が瞬間的限定の尖端に於て無限の未来から限定せられて居ると考える時、此世界は我々の意志実現の場所という意味を有って来なければならぬ。自己に対して立つものは単なる物質という如きものではなくして、質料という如き意味を有ったものでなければならぬ。又我々を囲み我々を限定すると考えられる、我々の於てある環境と考えられるものも、単なる物質界という如きものではなくして、表現の世界という如きものでなければならぬ。純なる物質の世界は我々の如何ともすることのできない世界である、単なる物質界には行為もなければ、表現もない。我々の行為的自己に対しては、非合理的なるものの意味が変ぜられなければならぬ、客観的世界と考えられるものの意味が変ぜ［られ］なければならない。それは一面に於て何処までも我々を否定するもの、即ち絶対に非合理的なるものの意味を有すると共に、我々が之に於て生れ、之に於て生きるという意味を有つものでなければならない。一面に於て、その背後に非合理的なるものとして何処までも物質界という如きものが考えられねばならないと共に、一面に於て永遠の生命という如きものが考えられねばならぬ。永遠の今が自己自身の中に映す永遠の今の姿として、自己自身を限定する現在と考えられるものは此の如き意味を有ったものでなければならない。かかる意味に於て、永遠の今の自己限定として之に於てあるものは、すべて働くものの意味を有し、自己自身を限定するという環境から限定せられる、即ち大なる時の流に於てあると云うことができる。而して瞬間が瞬間自身を限定すると考えられる瞬間的限定の尖端に於て、いつも死即生なる真の生命に接触する、即ち物質即精神なる神に触れるということができる。かかる意味に於て大なる生命の流と考えられるものは、死の面に即しては生物的生命と考えられ、更に宇宙的生命とも考えられるであろう。併し生の面に即しては、社会的・歴史的生命と考えられる。

私と汝とは以上述べた如き意味に於て、永遠の今の自己限定として、即ち働くものとして、共に永遠の今に於てあるのである。永遠の今の自己限定というものを一般者の自己限定と考えれば、我々はその外延として之に於てあると云うことができる。我々は各自の内的世界に於てあり、所謂外界を通じて相働くのではなく、同じ一般者によって限定せられ、同じ一般者に於てあるものとして相関係するのである。色は色と相関係するが色は音と相関係せない、私と汝と互に人格として相働くにも、同一の一般者に於てあるという意味がなければならぬ。永遠の今の自己限定として瞬間が瞬間自身を限定するという意味に於て、之に於てあると考えられる我々は、何処までも過去から限定せられると考えられるであろう。我々は現実の底から何処までも物質によって限定せられて居る、我々は身体を有つことによって我々であるのである。私は汝と共に同じ物質であるとも云える、私の声は空気の波動として直に汝の耳に働くのである。併し我々は単にかかる環境から限定せられるものではない、我々は単なる物質ではない。私も汝も共に働くものとして瞬間的限定の尖端に於て未来からの限定の意味を有って居るのである。我々は是に於て環境的限定から離れると考えることができる、過去からの必然的限定を脱して自由となり、創造的となると云うことができる。我々が各自に有する意識面と考えられるものは、斯く未来からの限定の意味に於て考えられるのである。無論未来から限定すると云えば、何物かを創造すると考えねばならぬであろう。そこに永遠なる生命に接するとして、ベルグソンの創造的進化の如きものも考えられるであろう。併し我々はそこに絶対の死即生なる絶対無の自己限定面に撞着するとして、先ず単に映すというものが考えられねばならぬ。絶対に限定するものなきものの限定として、映すということが考えられねばならない。我々を何処までも過去から限定すると考えられた環境的限定面、即ち物質面と考えられるものが、その自己限定の極限に於て自己自身の限定を失うと考えられる時、単に自己自身の限定を越えたものの内容を映すものと云う意味を有たなければならぬ、物質は是に於て単に映す鏡という意味を有たなければならない。之に於て現れるものは、物自体ではなくして、物自体の影と考えられるのである。斯くして我々の意識面というものが考えられ、身体によって共同の世界を有ったと考えられた我々の自己は、自己自身に唯一なる各自の世界を有つと考えられる。環境的限定の意義を失った環境と考えられるものは単なる映す鏡と考えられ、更にそれがその背後から自己自身を限定するものに属するものとして、各自の意識界というものが考えられるのである。併し翻って考えれば、前に瞬間的限定の尖端に於て、何処までも過去から我々を限定すると考えられた物質界と考えられるものは、固《もと》、永遠の今の自己限定面として死即生の意味を有ったものでなければならない。斯くして、瞬間が瞬間自身を限定すると云い、我々は瞬間的限定の尖端に於て未来から限定すると云うことができるのである。物質界というものが斯く考えられた時、それは既に単なる環境的限定面というべきものではなく、之に於て環境が個物を限定し、個物が環境を限定する弁証法的限定面という意味を有っていなければならぬ。環境的限定の極限に於て逆に個物から限定せられると云うことによって、過去からの限定の極限に於て、逆に未来から限定せられると考えることによって、各自の意識面というものが考えられるとするならば、そこに無数の意識面というものが考えられねばならない。絶対否定の弁証法的限定から、かかる量的関係というものが出て来なければならないのである。環境的限定の極限に於て、個物が自己自身を限定することによって、逆に環境を限定すると考える時、個物は各自の自己限定面を有し、かかる個物を限定する弁証法的限定面と考えられるものは自己自身を限定する無数の限定面を限定すると云う事ができる。私と汝とはかかる限定面的限定としてそれに於てあるのである。私の意識を限定するものは汝の意識を限定するものでなければならぬ。汝の意識を限定するものは私の意識を限定するものでなければならない。私と汝とは同一の原理によって限定せられるのである。嚮《さき》に私と汝とは共に身体を有することによって共に物質界に属し、私の声は空気の波動として汝の耳に達することによって私の意識内容を汝に通ずると云ったが、私の意識内容を汝に通ずるものは単なる空気の波動ではなくして、私の意識内容の表現としての空気の波動でなければならぬ、言語でなければならぬ。私と汝とは未来から現在を限定し行くものとして、即ち働くものとして、我々を囲む環境と考えられるものは、単なる物質界という如きものではなくして、表現の世界というものでなければならぬ。物質と考えられるものも、単なる物質というべきものではなくして、社会的・歴史的実在の意義を有ったものでなければならない。すべて有るものは環境が個物を限定し、個物が環境を限定する意味に於てあるのである。過去が未来を未来が過去を限定する意味に於てあるのである。単なる物質界と云う如きものは、唯、環境的限定の極限に考えられた抽象的限定面たるに過ぎない。私と汝とは空気の波動という物質を通じて相知るのではなく、言語を通じて相知るのである。我々の身体と考えられるものそのものも、物質として考えられるものではなく、社会的・歴史的事物として考えられるものでなければならぬ。私と汝との間には、同一の一般者に於てあるものとして、色が色に干渉し、音が音に干渉する意味がなければならない。私と汝とは共に弁証法的限定によって限定せられたものとして、私と汝とは絶対の否定によって媒介せられてあると考えられねばならぬ。斯く絶対否定の媒介ということが私と汝との間に物質界というものを考えることとなるのであるが、かかる絶対の否定面というものは私と汝とを切断するものではなくして、私と汝とを媒介すべく置かれたものでなければならぬ。絶対の否定は肯定を含んだ否定でなければならぬ。それは何処までも非合理的というべきであろう、併し単なる物質界という如きものでなくして表現の世界という如きものでなければならない。純物理的現象として空気の波動と考えられるものも、我々の直接経験の事実というものを絶対の環境的限定の立場から統一したものに過ぎない。

私と汝とは同じ一般者によって限定せられ、之に於てあるものとして汝を限定するものは私を限定するものであり、私を限定するものは汝を限定するものであるとするも、私と汝とを限定する限定原理というべきものは如何なるものであるか。如何なる意味に於て私の存在は汝の存在を要求し、汝の存在は私の存在を要求し、私は如何にして汝の存在を知り、汝は如何にして私の存在を知るか。又何処まで私は汝の意識内容を知り、汝は私の意識内容を知ると云い得るであろうか。私の表現の類推によって汝の表現を知るという類推説の維持し難きは云うまでもなく、マックス・シェーレルも云って居る如く、感情移入という如きものを以てするも、私が汝の個人的存在を知り、汝が私の個人的存在を知るということを説明し得ないであろう。瞬間的限定の尖端に於て、時が未来から限定せられるという意味に於て、我々は働くものとして有るという時、我々は無限なる当為によって限定せられるということができる。終に現れるものが始から限定するものであるというのが、我々の合目的的因果と考えるものである、生物学的現象というものは斯くして考えられる。我々も生物としてかかる法則によって支配せられると云わざるを得ない。併し我々は身体的自己として何処までも生物学的法則に支配せられるとしても、我々は単なる身体的自己ではない。単なる生理的法則を以てしては我々の意識現象は説明せられない。単なる物質から意識は出て来ない。生物学的見方というのは合目的的と云っても、単なる環境的限定を基礎とした生命の見方に過ぎない。過去を基礎とした時の見方に過ぎない。それは何処までも瞬間的限定に達することはできない。かかる時には真の瞬間というものはない。かかる生命には真に生きるということはない。真に我々の人格的生命を限定するものは、かかる限定をも否定したものでなければならない、何処までも過去からの限定を包むものでなければならない。過去からの限定といっても、過去は無限の彼方にあるのではなく、真の過去は瞬間的限定の底にあるのである。現実の底に於ける絶対の否定から過去が始まるのである。無限の過去から限定せられると考えられる瞬間的限定の底から、之を翻すことによって働くものとしての我々を限定すると考えられるものは、単に合目的的作用という如きものではなくして、当為の意味を有ったものでなければならない。私というものが外から限定せられると考えられる限り、それが如何に合目的的と云っても、真の私というものではない。衝動に従うということは自己が自己を否定することでなければならぬ、当為が衝動を包む所に、真に自由なる人格的自己が見られるのである。斯く考えるならば、永遠の今の自己限定として我々が限定せられると云うには、当為の意味が含まれていなければならない。瞬間が瞬間自身を限定することによって時が限定せられると云うのには、当為の意味がなければならぬ。絶対無の限定として之に於てあるものは、環境が個物を限定し個物が環境を限定するという意味に於て弁証法的と考えられるが、かかる環境的限定と考えられるものは一面に当為の意味を有ったものでなければならない。真の弁証法的限定と考えられるものは、絶対の死によって生れるということでなければならぬ。何等かの意味に於て対象的限定というものが考えられるかぎり、真の弁証法的限定というものは考えられない。絶対の死に入ると考えられるとき、そこに所謂内部知覚という如きものすら断たれなければならない。蘇生の期待を有つということすら、真に死することではない。かかる絶対の死より蘇るものが、真に人格的自由の自己というべきものであり、それが真に弁証法的存在というべきものである。是に於て、我々を包み我々を限定する環境と考えられるものは、一般に一般的自己という意味を有って居ると考えられることができる、社会的歴史的生命の意義を有ったものと云うことができる。

人格的自己と云えば、我々の身体的束縛を脱却して単に精神的なる自己と考えられる。併し我々の人格と考えられるものは、何処までも個物的でなければならぬ、人格の底には何処までも達することのできない非合理的なるものがなければならない、身体なくして人格というものはない。我々の身体の底に考えられる非合理的なるものは、何処までも我々を殺し、我々を否定する意味を有って居ると共に、我々を肯定し我々を生むという意味を有っていなければならない。瞬間的限定の底には死と共に直に生の意味がなければならない。生物学的生命の底には何処までも物質があり死があるが、人格的生命の底には何処まででも生命がなくてはならぬ。非合理的として物質と考えられるものも、そこには我々を生むものの意味を有っていなければならぬ。瞬間的限定の底に於て未来から限定せられると考える時、我に対して絶対に非合理的なるものは物質ではなくして他人である。自然と考えられるものも尚、カント哲学で云う如く意識一般の総合統一によって構成せられると云うことができ、斯く考える時、自然も我によってあると考えることができる。併し他の人格と考えられるものは何処までも我に対して立つものと云わざるを得ない。瞬間的限定の尖端に於て此瞬間が無限の未来から限定せられると考える時、単に無限の過去からの限定が消されるのではない。若し爾《しか》考えるならば、瞬間というものはない、即ち現在というものはない、未来のみあって現在なきものは空想たるに過ぎない。未来からの限定が過去からの限定に対して当為の意義を有し、当為が衝動を包むと考えられる所に、人格的なるものが考えられると云っても、人格は単なる当為であると云うのではない。瞬間的限定の底には、何処までも未来からの限定に反抗するものがなければならない、何処までも過去からの限定の意味を有ったものがなければならない。併し無論、それは単なる過去からの限定と考えられるものではない、過去からの限定と考えられるものは、何処までも覆えさるべきものである。それは過去からの限定に対しても、未来からの限定に対しても非通約的なものでなければならぬ、時の限定を越えたものでなければならない。そこにプラトンがパルメニデスに於て、運動と静止との間に位し、そこから運動が静止に変じ、静止が運動に変ずると考えた、時に属せざる瞬間の意味がなければならない。それは時を包む永遠の今の自己限定として、自己自身を限定することによって時を限定すると考えられるものでなければならぬ。そこから無限の過去が限定せられると考えられると共に、無限の未来も限定せられるのである。単なる当為と考えられるものは、かかる限定に於て唯、過去からの限定が越えられるという意味を有つものに過ぎない、人格的限定の一面たるに過ぎない。それは環境が個物を限定し個物が環境を限定するという意味に於て考えられる環境的限定の一面に過ぎない。当為が我々を限定すると考えられねばならぬと共に、我々が当為を限定すると考えられねばならないのである。当為の内容は個人が個人自身を限定する所から定まるのである。上に云った如く、環境が個物を限定し個物が環境を限定する弁証法的運動として、絶対無の立場から無限なる時の流というものが考えられると共に、真に絶対の無と考えられるものは、かかる時の流を包んだものでなければならぬ、時は永遠の今の中に回転するのである。時は無限の過去から考えられるのでもなく、無限の未来から考えられるのでもない、時は現在が現在自身を限定することから考えられる、その根底に於て瞬間が瞬間自身を限定するという意味がなければならぬ。かかる意味に於て自己自身を限定する瞬間と考えられるものは、唯、時を包む永遠の今の自己限定としてのみ考えられるのである。自己に於て自己を限定する永遠の今の自己限定として、之に於てプラトンのパルメニデスに於て云って居る如き瞬間が無数に限定せられるのである。自己自身の限定によって時を限定する瞬間と考えられるものは、永遠の今の外延という如き意味を有ったものでなければならない。弁証法的限定を単に過程的にのみ考えるならば、弁証法的限定の底にかかる場所的限定という如きものを考え得ないであろう。併し真の弁証法と考えられるものは、絶対の否定に基礎付けられて居るものでなければならぬ。絶対の死から生きると云うことでなければならない。蘇生の期待を有って死するものは真に死するものでない、そこには尚、未来からの限定の意味が残されて居ると云ってよい。真の弁証法と考えられるものは、ノエマ的には絶対の断絶であると共に、ノエシス的に直接の結合と考えられるものでなければならぬ。斯くして始めてその一歩一歩が絶対に触れると云うことができる。絶対の死即生ということは、唯、ノエマ的に一つのものが死即生であると云うのではない、又、過程的に否定が即絶対の肯定であると云うのでもない、自己が絶対に他なるものと一であると云うことでなければならない、自己の中に絶対の他を見、絶対の他の中に自己を見ると云うことでなければならない。絶対に他なるものとは考えることのできないものである、而もそれが私をして私たらしめるものであるという所に、真の死即生の意味があるのである。真の弁証法と考えられるものはかかる場所的限定に基礎付けられて居るものでなければならぬ、過程的弁証法と考えられるものは之によって考えられるのである。我々の人格的生命と考えられるものの根底には、かかる外延的関係がなければならぬ、親も子を生まないという意味がなければならぬ、絶対に独立なる個物の統一ということがなければならぬ。かかる矛盾の統一として無限なる生命の流というものが考えられるのである。個物が無限の過去から限定せられると考える時、即ち個物が限定せられた一般者の限定として考えられる時、それは何処までも達すべからざるものである、何処までも非合理的なるものとして残されねばならない。従って個物と個物との媒介なるものは、かかる一般者に於ては求められない、かかる一般者に於ては個物的外延を限定する原理はない。否、かかる一般者は個物を否定すると云ってよい。自然には個物というものはない。個物が無限の未来から限定せられてあると考える時、それは目的によって働くものである。或は当為によって行為するものである。此場合は前の場合と異なり、個物を否定し又は之を外に置くのではなくして、何処までも之を内に限定しようと云う意味を有って居る、個物を内から限定するのである、目的は個物そのものの目的であり、当為は個物そのものの当為である。併し個物が働くと考えられるかぎり（そして働かない個物というものはないのであるから）、それは何処までも単に目的的に限定することのできないものでなければならない。目的的一般者の中に即ち反省的一般者の中に包むことのできないものでなければならない、働くものとしてそれが実在的と考えられる限り、その底に現在が現在自身を限定するという意味がなければならぬ、絶対に非合理的なるものがなければならない、人格と云っても単なる当為ではない。かかる意味に於て非合理的と考えられるものは何であるか。それは単なる物質というものではない、物質は目的も当為も有たない。かかる非合理性によって基礎付けられた個物、即ち生きたものに対しては、物質は一面に抵抗の意味を有し、一面に手段の意味を有するに過ぎないのである。然らば、かかる個物を限定し、個物と個物とを媒介する一般者と考えられるものは如何なるものであるか。過去からの限定の極限に於て、即ち瞬間的限定の尖端に於て、直ぐ之を覆えして未来からの限定と考える時、私の所謂有の一般者が無の一般者によって裏付けられたものとして、無限の連続というものが考えられるであろう。而して既に有の一般者が無の一般者によって包まれると考えられるかぎり、之に於てあるものはいつも未来から限定せられるものとして、合目的的世界というものが考えられるであろう。併しかかる一般者の限定としては真の個物的生命というものは考えられない、唯、無限なる生命の流という如きものが考えられるまでである。真に生きた個物というものが考えられるには、無が有に沿うて限定するのでなく、無が有を限定するのでなければならぬ。そこに絶対無の自己限定として弁証法的運動というものが考えられるのである、死即生、生即死として個物が個物を限定するということができるのである。是に於て、一般者が個物を限定するのでなく、個物が一般者を限定するのである、否、個物が一般を限定し、一般が個物を限定するのである。かかる個物的限定の底に、之を基礎付けるものとして非合理的なるものが考えられるならば、それは所謂物質という如きものではなくして弁証法的物質というべきものであろう。而してかかる物質は絶対の無と考えられるものでなければならぬ。

由来、弁証法というも、単に過程的に考えられその根底に場所的限定のあることが注目せられないのであるが、絶対の死即生である絶対否定の弁証法に於ては、一と他との間に何等の媒介するものがあってはならない、自己が自己の中に絶対の他を含んでいなければならぬ、自己が自己の中に絶対の否定を含んでいなければならぬ、何等か他に媒介するものがあって、自己が他となり、他が自己となるのでなく、自己は自己自身の底を通して他となるのである。何となれば自己自身の存在の底に他があり、他の存在の底に自己があるからである。私と汝とは絶対に他なるものである。私と汝とを包摂する何等の一般者もない。併し私は汝を認めることによって私であり、汝は私を認めることによって汝である、私の底に汝があり、汝の底に私がある、私は私の底を通じて汝へ、汝は汝の底を通じて私へ結合するのである、絶対に他なるが故に内的に結合するのである。瞬間的限定の尖端に於て、瞬間から瞬間に移り行くと考えられる時の進行というものの根底にも、かかる場所的弁証法の意義がなければならない。瞬間は何等かの媒介によって他の瞬間に移るのではない。然らばと云って自己自身によって他に移るのでもない。若し自己自身によって他に移ると云うならば、単なる内面的持続の如きものの外考えられない。瞬間は自己自身の底深く秘められた自己否定によって、他の瞬間に移り行くのである。無限の過去から無限の未来に亘る時の流と考えられるものは、かかる意味に於て瞬間そのものの中に蔵せられたる無限なる自己否定の過程に過ぎない。故に、我々は瞬間が瞬間自身を限定すると考えられる瞬間的限定の底深く入れば入る程、そこにすべてを包む最大の時の流に撞着すると考えるのである、一度的なる絶対時に撞着すると考えるのである。そこに事実が事実自身を限定するという意味があるのである、周辺なくして至る所中心となる円の周辺に撞着するということができるのである。時というものを考えるには、何等かの意味に於て与えられた現在の自己限定というものから考えて行かねばならぬ、そしてその無限に深く動き行く尖端が瞬間と考えられるのである。例えば、円錐形の基底から見てその深く動き行く頂点の如きものが瞬間と考えることができる。そしてその頂点が深くなればなる程、その基底が広くなると考え、その頂点が無限なる深さの極限に達したと考えられる時、その基底は無限大となる、否、周辺なき円となると考えることができるのである。併し瞬間が瞬間自身を限定することから時の限定が考えられると云う時、かかる考を逆にせなければならぬ。頂点の自己限定そのものの中に基底が含まれていなければならぬ、時を越えたものによって時が限定せられるのである。単に頂点が深くなると共に基底が広がるというのでなく、基底から基底に移るという意味がなければならぬ、そこに周辺なくして至る所中心となる円の自己限定の意義があるのである、現在が現在自身を限定すると考えられる底にかかる意味がなければならぬ。

私は是に於て弁証法的限定の根底に直観という如きものを考えざるを得ないと共に、真の直観というものは弁証法的運動を含んだものと考えざるを得ないと思う。古来、直観ということは、単にノエマ的に主客合一とか、見るものと見られるものとが一であるとか考えられて、未だそのノエシス的限定の意義が明となっていない。直観ということは、一つのものが直に他となる、一が自己自身の内から他に移り行くと云うことでなければならぬ。その間に両者を媒介する何物かがあると考えられるかぎり、それは直観ではない。かかる限定が考えられるには、一の底に他があると考えられねばならぬ、自己自身の底に絶対の他があると考えられねばならない。アリストテレスは主観と客観とを包む類概念はないと云う如く、主と客とがノエマ的に一であるとは考えられないことである。主と客と一であると、見るものと見られるものとが一であると云うことは、私自身の底に他があると云うことでなければならない、私は私自身の底を通じて他であると云うことでなければならない。

直観に於てはノエマ的に一切が一であると考うべきでなく、ノエシス的に一が一切であると考うべきである、一即多と考うべきである。単なる知覚作用と考えられるものであっても、それが直観の意義を有するかぎり、此の如き意義を含んでいなければならない。それは単に受働的というのではなく、形成作用の意味を有っていなければならない。真の直観と考えられるものは弁証法をノエマ的に停止したものではない、弁証法的運動を包んだものでなければならぬ、否、之を基礎付けるものでなければならない。直観が単に受働的と考えられる時、唯、対象というものがあるのみである、作用は単なる無と考える外ない。直観ということが内的持続の意味に考えられても、それは尚対象的連続というものを考えるのと区別はない、それによって直観的作用そのものの意義は明でない。直観的作用というものが考えられるには、自己の内より他に移ると考えられねばならぬ。而もその自己の内というものが何等かの意味に於て対象的連続と考えられるかぎり、一が他に移り行くということは、対象的限定によるという意味を脱することはできない。自発的と云っても、その自発的自己というものが、何等かの意味に於て対象的に考えられるかぎり、真の直観ではない。直観ということが、真に自己自身を媒介として自己の内から他に移るということとすれば、如何なる意味に於ても対象的連続という如きものが考えられてはならぬ。作用が作用を生むという如きも、既に対象化せられた作用の連続に過ぎない。背理の様ではあるが、真に自己の内から他に移るということは、一面に於て無媒介的に飛躍的に移るという意味を有っていなければならない、そこでは一歩一歩が直覚的と考えられるのである。何等かの意味に於て対象的限定という如きものが考えられるならば、真の直観という如きものはない。真の直観というものが此の如く弁証法を包むと考えられねばならぬと共に、真の弁証法というものが絶対否定を媒介とする絶対弁証法と考えられるかぎり、直観によって基礎付けられて居ると考えなければならない。唯、直観というものが単に受働的とか、自発的とか考えられ、弁証法というのも、ノエマ的に、連続的に考えられるかぎり、両者は全く離れたものと考える外ないのである。我々が瞬間的限定の尖端に於て、絶対否定を媒介として、瞬間から瞬間に移ると考えられる時、それが無媒介的なるが故に、真の内的推移と考えられるのである。故に過去からの限定に対して、未来からの限定として、我々が行為すると考える時、いつでも直観的なるものに撞着せなければならないのも之によるのである。行為に於て我々はいつでも何等か時を越えた永遠なるものに撞着すると考えられねばならぬ。かかる意味に於て行為が永遠の今の限定の意味を有つのである。見るという意味なくして行為というものはない。私はフィードレルが芸術家的行動について云って居るものが、真の直観の意義を含んで居ると思うのである。瞬間的限定の尖端に於て過去からの限定の極限を越えると考えられる時、上に云った如く単に過去を映す意識面というものが考えられる。併しそれが単に未来からの限定に属すると考うべきでなく、更に一層深く場所が場所自身を限定する意味に於て、未来からの限定をも映すという意味を有って居るのである。即ち時を包むという意味に於て、それは直観の意義を有って居るのである。私は此論文の初に於て、物は何等かの環境に於てあると考えられ、環境が環境自身を限定すると考えられる極限に於て個物というものが考えられ、逆に個物が個物自身を限定することによって環境が限定せられると考えられる、かかる弁証法的運動として実在界というものが考えられるのであると云った。時も現在が現在自身を限定するということから考えられると云ったが、かかる意味に於て現在が現在自身を限定するとか、環境が環境自身を限定するとか考えられるには、右に云った如き直観の意義がなければならぬ。私と汝との関係も此に求められなければならない。

三

右に述べた所によって、私は略《ほぼ》私が私自身を知るという自覚の意義を明にすると共に、私を限定すると共に汝を限定する私と汝との限定原理を明にすることができると思う。瞬間的限定の尖端に於て、時が未来から限定せられると考える時、環境が個物を限定し個物が環境を限定する弁証法的運動の世界として、行為の世界というものが考えられる。かかる意味に於て、永遠の今の限定として社会的・歴史的世界の大なる時の流というものが考えられる。併しかかる無限なる弁証法的運動の根底には、自己に於て他を見るという直観の原理がなければならない。自覚というには、種々の考え方があるであろうが、いつも云う如く私は自己が自己に於て自己を見ると考えねばならぬと思うのである。知るものと知られるものとが一であるとか、作用が作用を生むとか、或は事行とかいうのも、皆十分に自覚の意義を云い表すものではない。見るものと見られるものとは、即ち主観と客観とは絶対に異なったものでなければならぬ、主と客とを含む一般者はない。自己が自己に於て自己を見ると考えられる時、自己が自己に於て絶対の他を見ると考えられると共に、その絶対の他は即ち自己であるということを意味していなければならない。而してかかる意味に於て見るものと見られるものとを包むものは、限定するものなき限定として無の一般者と考えられるものでなければならぬ。それは無媒介的媒介、非連続的連続というべきものでなければならない。而してそれ故に、真に内面的限定と考えられるものでなければならぬ。自己が自己自身を見るということは斯くして考えられるのである、即ち見るものなくして見るということでなければならない。右の如き自覚の意義を環境が個物を限定し個物が環境を限定するという立場から見れば、「於てあるもの」が何処までも自己自身を限定することによって環境を限定し、環境を限定することによって自己自身を限定して行くと考えられる。そしてこういう意味にてすべて生命というものが考えられるのであるが、かかる弁証法的限定の極限に於て、一面に個物が自己自身を否定することによって直に他の個物を限定する、即ち点から点に移ると考えられると共に、一面に環境が環境自身を限定すると考えられねばならぬ、即ち内面的連続として所謂自覚という如きものが考えられるのである。かかる意味に於ては、芸術的直観という如きものが自覚のノエマ的限定の極致と考えられなければならない。直観といえば、いつもその典型として芸術的直観の如きものが考えられるのであるが、芸術的直観と考えられるものは、私の所謂弁証法的直観、即ち真の自覚と考えられるものの一つの場合に過ぎない、云わばそのノエシス的限定の意義を極小にしたノエマ的限定と云ってよい。自己の底に絶対の他を見るということは、絶対の他が自己であると云うことを意味すると考えることができ、自己の中に他を見るということをそのノエシス的限定と考えれば、他が自己であるということはそのノエマ的限定と考えることができるであろう。かかる意味に於て、弁証法的直観のノエマ的限定として、いつも芸術的直観という如き内面的連続作用が考えられねばならない。故に芸術的直観と考えられるものは、その根底に於て一種の行為でなければならない。見ることが行為であり、行為が見ることであり、行為によって見るということが芸術的直観ということでなければならない。芸術的直観というも、行為的実在の世界を離れたものではない。それは我々の人格的活動の一部分でなければならない。芸術的内容も社会的・歴史的と考えられる所以である。之に反し、何処までも自己の中に他を見ると考えられる我々の弁証法的自覚、即ち永遠の今の自己限定として歴史的に基礎付けられたる実在的自己の自覚は、一面に於ていつも行為によって見るという意味を有っていなければならぬ、芸術的直観の意義を有っていなければならない、イデヤを見るという意義を有っていなければならない。瞬間的限定の尖端に於て時を包む永遠の今の内容と考えられるもの、即ち弁証法的直観の内容と考えられるものが、すべてイデヤ的と云うことができる。かかる意味に於てはプロチノスと共に、万物は見ることを求めると云うことができる。自己の底に絶対の他を見ると考える時、その内容は所謂知識的であることはできない。知識と考えられるものは、何処までも限定せられた一般者の内容という意味を有ったものでなければならない。自己自身を限定する環境的現在の底に何処までも又自己自身を限定する現在が考えられて行くというのではなく、瞬間が瞬間自身を限定する瞬間的限定の尖端が止められると考えることによって知識が成立するのである。それは無限なる瞬間的限定の尖端が止められることによって限定せられた自己自身を限定する環境的現在の内容、即ち限定せられた一般者の内容と考えられるものでなければならない。自己の中に無限に自己自身を限定する他を見ると考えられる時、即ち現在の底に無限に自己自身を限定する現在が考えられる時、その内容は何処までも知識的に限定することのできないものでなければならない。かかる内容が我々に情意の内容と考えられるものである。知識に於ては我々は物を外に見ると考えられるが、情意に於ては我々は物を内に見ると考えるのである。情意の内容というのは物を物として見るのでなく、物を我として見ることによって、物を人格化することによって、我々が物に対して有つ我々の自己限定の内容である。かかる物の見方は物を外に見るのではなく、物を内に見るということでなければならぬ。それは自己の底に他を見、その他が自己であるという私の所謂真の直観と考えられるものでなければならない。自己の内に自己を見るという自覚に於て、内に見られる絶対の他と考えられるものは物ではなくして、他人というものでなければならない、而してかかる他が自己に於て見られると考えられるかぎり、それは自己でなければならない。自覚的限定の形式に於て物の人格化ということが考えられるのである。而してかかる人格的世界の内容が情意の内容と考えられるものでなければならない。かかる世界に於ては、物と考えられるものも単なる物ではなくして、欲するもの嫌うものでなければならぬ。情意の内容と考えられるものは、すべて自己の中に自己を見るという自覚の内容、即ち直観内容の意義を有ったものでなければならぬ。それは現在の内に現在を限定し行く、点から点に移る、非連続の連続の内容というものでなければならない。そこに時を包む永遠の今の内容としてその一歩一歩が永遠なるものに触れると考えられるのである。故に芸術的直観の立場に於ては、色も線も無限の深さを有つと考えられる、色は無限なる色の融合、線は無限なる線の融合と考えられるのである。深さなきものの深さ、形なきものの形が芸術的直観の内容と考えられるのである。かかる非連続の連続として現在の内に無限に現在を限定し行く、点から点に移る時を包んだ直観的過程と考えられるものは、一面に於て我々の形成作用と考えるものである。斯く芸術的直観は形成作用と考えられ、我々の個性的自覚と考えられるものも、かかる意味を有つが故でなければならない。かかる意味に於て、我々は行為によってイデヤを見ると云うこともできるのである。無限に現在の内に現在を限定する現在の内容と考えられるものは、瞬間的限定を停止することによって見られる知識内容として限定することはできない、情意の内容は知識的限定に対して非通約的と考えられる所以である。歴史という如きものは、何処までも所謂客観的知識という如き意味を持つことはできない。

私が私自身を知るということが、以上述べた如く直観という意味を有って居るとするならば、人と人との直接の関係として私が汝を、汝が私を知ると云うには、そこに直観と考えられるものがなければならない。直観というのは通常、芸術的直観を典型として考えられる如く、我々が直に物と合一するということではない、自己自身の底に絶対の他を蔵し、自己が自己の底から他に転じ行くと云うことでなければならない、自己と他とが一となると云うのではなく、自己の中に絶対の他を見ると云うことでなければならない。それは考えることのできない矛盾であろうが、斯くして絶対の否定、絶対の死によって生きるという真の弁証法的運動というものが考えられ、無媒介的に一より他に移るという真の内的推移というものも考えられるのである。我々の自覚の事実というものが考えられるかぎり、かかる限定が考えられねばならない。見るものと見られるものとは固《もと》、絶対に異なるものでなければならぬ、それが一であると云うのは右の如くにして考えられねばならない。斯くして見るものなくして見るということも考えられるのである。かかる自覚的限定に於て私と汝とは如何なる関係に於て立って居るか、私が汝を知り汝が私を知るとは何を意味するか。私は直観ということを自己が自己を知るということから考えた、そして自己が自己を知るということは自己に於て絶対の他を認めることであると云った。併しかかる関係は直に之を逆に見ることができる。自己が自己の中に絶対の他を認めることによって無媒介的に他に移り行くと考える代りに、かかる過程は絶対の他の中に私を見、他が他自身を限定することが私が私自身を限定することであると考えることができる。私が内的に他に移り行くということは逆に他が内的に私に入って来るという意味を有っていなければならない。自己自身の内に絶対の他を見ると考えられる真の自覚というものは、社会的でなければならない。人と人との空間的関係によって基礎付けられていなければならない。私と汝とは各自の底に絶対の他を認め、互に絶対の他に移り行くが故に、私と汝とは絶対の他なると共に内的に相移り行くと云うことができる。私と汝とは互に弁証法的関係に立つのである。故に私は私の人格的行為の反響によって汝を、汝は汝の人格的行為の反響によって私を知るのである。我々が各自の底に絶対の他を認め互に各自の内から他に移り行くということが、真に自覚的なる人格的行為と考えられるものであり、かかる行為に於て私と汝とが相触れるのである、即ち行為と行為との応答によって私と汝とが相知るのである。私は私の表現の類推によって汝を知るという如き考の支持し難きは云うまでもなく、私は汝の表現に没入することによって汝を知るのでもない、所謂感情移入によって汝を知るのでもない。私は汝が私に応答することによって汝を知り、汝は私が汝に応答することによって私を知るのである。私の作用と汝の作用とが合一することによって私が汝を知り汝が私を知るのではなく、互に相対立し相応答することによって相知るのである。そこにはいつも作用と反動との如き関係がなければならぬ、所謂直覚と考えられるものとは全然異なった意味がなければならぬ。普通に直覚的に私が汝を知ると考えられる場合、かかる意味が明にせられていないと思う。私が汝の情緒に移入することによって、私が汝を知るのではなく、私という人格が汝という人格に直に応答することによって私が汝を知るのである。故に私は汝と同感することによって汝を知るよりも、寧《むし》ろ汝と相争うことによって一層よく汝を知ると云うことができる。而して斯く応答によって私が汝を知り汝が私を知ると考えられると共に、汝の応答なくして私は私自身を知ることはできない、又私の応答なくして汝は汝自身を知ることはできないと云うことができる。自覚に於て自己の中に絶対の他を見、他が自己の意味を有つと云う時、我々に対し絶対の他と考えられるものは自己自身を表現するものの意味を有たなければならない、かかる関係の底には人と人との関係がなければならない。而して人と人との関係ということは話し合うと云うことでなければならない、互に応答すると云うことでなければならない。私が他人の思想感情を知ると云っても単に私と他人とが合一すると云うことではない、私の意識と他人の意識とは絶対に他なるものでなければならない。私の意識は他人の意識となることはできないという意味に於ては、私は絶対に他人の意識を知ることはできない。絶対に対立するものの相互関係は互に反響し合う、即ち応答するということでなければならない。何処までも独立に自己自身を限定するものが、自己限定の尖端に於て相結合するのが応答ということである、そこには所謂自他合一と正反対の意味がなければならない。所謂宇宙的感情という如きものに於て人は大宇宙と合一すると考えられる。併し単に我が宇宙と合一し之に没入すると考えるならば、我というものはない。斯く考えれば単なる無意識と択ぶ所がない（万有神教の弱点は此にあるのである）。そこに大宇宙を一つの人格として之と話し合うという意味がなければならない。我々は無意識となることによって大宇宙と合一するのではなく、我々の人格的自己限定の尖端に於て宇宙的精神と面々相接するという意味でなければならぬ。芸術的直観の如きものに於ても、我に対するものは単なる物というものではなくして、自己自身を表現する意味を有ったものでなければならない。単なる質料と考えられるものも単なる質料ではない、既に何等かの意味に於て形相の意義を有ったものでなければならない。加之《しかのみならず》、彫刻家が一刀一刀と刻み行くに当って、彼に対するものは単なる質料という如きものではない。彼の主観的自己に対して立つものは客観的精神という如きものでなければならない、彼は一刀一刀と刻み込むことによって之を見て行くのである。芸術的作品と考えられるものは、単に芸術家の主観的想像の写真ではない、彼は一刀一刀と客観的精神に話しかけて行くのである。斯くしてフィードレルの如く芸術的創造作用に於て働くことが見ることであり、見ることが働くことであると考えることができる。芸術的創造作用の底にも、人格と人格との応答という如き意味がなければならない。我々が自己に於て他を見ると考える時、我に対するものは自己自身を表現するものという意味を有つと云ったが、同時にそれが我々の自己を自己として限定するという意味に於て、それが直覚的と考えられるものでなければならぬ、内より我を限定する、即ち外が内であるという意味を有っていなければならぬ。絶対の他と考えられるものも、それが自己に於て見られると考えられるかぎり、それは直覚的という如き意味を有っていなければならぬ。それは何処までも他として外的と考えられると共に、既に何等かの意味に於て表現的意義を有っていなければならぬ、既に他の人として私を限定する意味を有っていなければならぬ。感覚的なるものに於ても、既に自己に於て他を見、自己が他によって限定せられると共に他を限定するという弁証法的自覚の意義を含んで居るのである。感官的なるものの背後に考えられるものは、普通に考えられる如き物質という如きものであってはならぬ。所謂物質という如きものから感覚というものが出るのではない、逆に感覚的なるものの弁証法的限定として所謂物質という如きものが考えられるのである。感官的限定と考えられるものの底にも、既に人格的限定の意味がなければならない。普通には人格の根底を理性に置くことによって、感官的限定と反対の方向に人格的自己を考えるが、真の人格的自己とは弁証法的実在として非合理的なるものの底に考えられるものでなければならない。絶対否定の弁証法に於て、自己の中に絶対の他を見るということは同時に絶対の他の中に自己を見るということでなければならぬ。併しそれが自己に於て他を見ると考えられるかぎり、その他と考えられるものはノエマ的に自己に対する相対的他と考えられ、自己が他を限定すると考えられると共に、他が自己を限定すると考えられる。而してその他と考えられるものが絶対の他として感覚的とか物質的とか考えられると共に、その根底に固《もと》、人格的意義を有するを以て、自他の相互限定の間に種々なる関係が成立すると考えることができる。自己の中に単なる絶対の他を見ると考えられる時、単なる感官的世界所謂物質界というものが考えられる、而して自己はかかる他から限定せられるものとして感官的自己というものが考えられる。併しかかる他の限定が固、弁証法的としてその根底に於て人格的と考えられる時、所謂生命の世界という如きものが考えられる。単なる他と考えられるもの、即ち感覚的なるものは、生命の手段と考えられると共に、自己は他から限定せられるという意味に於て衝動的自己という如きものが考えられる。自己に於て単に絶対の他を見るという時、単なる物質一元論的世界が考えられるが、是に於ては既に内からの限定と外からの限定との相関の意味に於て弁証法的世界が考えられるのである。種々なる本能と考えられるものはかかる意味に於て解すべきである。動物の本能には何等の目的も自覚も伴わない、その根底に於て不可知的なるものがなければならぬ。而もその不可知的なるものに於て他が自己であり自己が他であるという弁証法的意義がなければならぬ。加之《しかのみならず》、一つの動物の生命はその動物だけのものではなくして、大なる生命の連鎖に於ける一の環として考えられねばならぬ。而して生物の親と子とを媒介するものも、亦感官的と考えられるものでなければならない。そこには外が内であり内が外であるということがなければならない。動物が本能的直覚に於て対象に対して感ずるものは如何なるものであろうか。それは、我々の情意的内容という如きものでなければならない、云わば我々の表現の内容とか人格的内容とかいう如き意味を有ったものと考えることもできるであろう。併し自己に於て単なる他を見、そして又単なる他から限定せられると考えられるかぎり、それは何処までも私の所謂有の限定というべきものであって、それによって人格的世界を認めるということはできぬ、従って本能的に私が汝を知り、汝が私を知るという如きことは云われない。無論、如何なる動物も本能的に群をなし、個々の動物間には我々の友情に類するものを見ることができるであろう。併し動物間には私に対する汝というものはない。若し動物が哲学的に思索するならば彼は独我論を主張するであろう。自己に於て単なる他を見ると考える時、他が自己を限定するという意義に徹底すれば唯物論に陥るの外なく、自己に於てという意義に徹底すれば独我論に陥るの外ない。子供は本能的に母を認め、我々は本能的に他人の表情を感ずると考えられるであろう。我々が今日社会的感情と考えるものも、発生論的に種々なる本能から発展し来ったものと云うことができるであろう。そしてその底には、何等かの意味に於て対他人的直覚というものがあると考えることもできるであろう。併し我々はかかる意味に於て本能的に他人を直覚するのではない。本能的直覚と考えられるものは却って我々の人格的関係を消すと考えることもできる。私が汝を直覚し汝が私を直覚するというのは、その間に何処までも客観的限定の意義があるのではない、外の媒介によるのではない。私は汝の呼びかけによって汝を知り、汝は私の呼びかけによって私を知るのである。物が汝の呼声となるのである、否、私が私自身を知るというにも、物が我々に呼びかけることによって私は汝を知り汝が私を知るのであるい。我々が自己に於て見る感覚的なるものが、他として私に呼びかけるということがなければならない。我々が自己に於て見る感覚的なるものが、他として私に呼びかけることによって、私は私自身を知ると云うことができるのである。自己が自己に於て絶対の他を見ると考える時、我々の自己は死することによって生きるという意味を有し、他の人格を認めることによってのみ自己が自己となる、私の根底に汝があり汝の根底に私があると云うことができる。かかる弁証法的限定に於ては私に於て見る他と考えられるものは、単なる他ではなくして汝の呼声の意味を有っていなければならない。すべて表現と考えられるものはかかる意味を有ったものでなければならぬ。表現というのは我に於て我に対して見られる他というべきものであって、而もその背後に他の呼声の意味を有ったものでなければならない。自己の底に絶対の他を認めることによって内から無媒介的に他に移り行くということは、単に無差別的に自他合一するという意味ではない、却って絶対の他を媒介として汝と私とが結合するということでなければならない。自己が自己自身の底に自己の根底として絶対の他を見るということによって自己が他の内に没し去る、即ち私が他に於て私自身を失う、之と共に汝も亦この他に於て汝自身を失わなければならない、私はこの他に於て汝の呼声を、汝はこの他に於て私の呼声を聞くということができる。斯く我々がそれに没入することによって自己を見ると考えられる絶対の他の立場に於て、逆に私と汝とを限定する客観的精神というものが考えられる。我々が社会的に限定せられるという時、かかる客観的精神という如きものによって限定せられると考えられるのであるが、私と汝とはかかるものを媒介として相知るというのでもない。客観的精神と考えられるものは、尚我々が内に絶対の他に撞着し絶対の他の中に没入することによって聞く自己自身の声と考えることができる。それに於て真に人格と人格とが相対すると云うことはできぬ、他に於て直に汝の声を聞くということはできぬ。それは未だ真に内に絶対の他を見るというものではない、真に点から点に移る弁証法的限定というものではない。従ってかかる限定によって真の個人的自己は呼び起されない、単なる社会的限定は個人的自己を否定するとも考えられるのである。個人的自己は唯、個人的自己によって呼び起されるのである、個人的自己を呼び起すものは亦個人的自己でなければならぬ。私は絶対の他なる汝を媒介として私自身を知り、汝は絶対の他なる私を媒介として汝自身を知るのである、私と汝との底には弁証法的直観の意義がなければならない。

我々は内部知覚によって自己自身を知ると考える。併し昨日の私と今日の私とが直接に結合して、我々の人格的統一というものが考えられる時、それは何等かの対象的連続によると考えることはできない。若し対象的限定によって両者が相結合すると考えられるならば、真の人格的自己というものはない。かかる直覚的結合と考えられるものの底に、非連続の連続として既に弁証法的限定というものが考えられねばならない。我々の記憶と考えられるものに於ても、各瞬間の意識と意識とが話し合うという如き意味がなければならぬ。意識が志向的であるということが既に意識は存在として自己否定を含んで居るということができるであろう。併し我々の意識統一と考えられるものは、単なる意味の統一と考えられるものでもなければ、単に受働的なる感覚の連続というべきものでもない。それを作用と作用との連続と考えるとしても、そういうものは対象的に見られるものではない、見られるならば自己というものではない。我々の人格的自己の意識統一というものが考えられるには、現在の意識そのものの底に無限の深さというものが考えられねばならぬ、何処までも言表し得ざるものがなければならぬ。而もそれは何処までも自己自身を言表すると考えられるものでなければならぬ。加之《しかのみならず》、それは現在の意識を否定して次の現在意識に転ずるという意味を有ったものでなければならない、即ちそれは自己自身の底に絶対の他を含むと考えられるものでなければならない、かかる限定の底には絶対の他というものがなければならない。かかる弁証法的限定に於て始の点と終の点とが結合すると考えられるかぎり、一つの個人的自己の意識統一というものが考えられるのである。併しかかる限定に於ては固《もと》、過去が未来を限定するというのでもなく、さればと云って単に未来が過去を限定するとも考うべきでない。それは唯、現在が現在の底に自己自身を限定するということから考えられるのである、即ち瞬間が瞬間自身を限定するということから考えられるのである。斯く考えられるには、そういう瞬間というものに、時を内に越えたものという意味がなければならない。かかる自己自身を限定する瞬間というものが、意識統一として我々に自己と考えられるものであり、又かかる瞬間の自己限定として瞬間から瞬間に移り行く時の流というものが考えられるのである。我々の意識統一として一つの自己と考えられるものがかかる意味を有ったものとするならば、かかる自己を限定するものは何処までも所謂時に於てあるものの内に求めることはできない。即ちノエマ的方向に求めることはできない。却って之を逆の方向に求めねばならない。即ち時を包み時を内に限定する永遠の今の自己限定に求めねばならない、時そのものを限定する空間的なるものに求めねばならない。私を限定するものは汝でなければならない、自己自身を限定する瞬間と考えられるものは、瞬間から瞬間に移り行く時によって限定せられるのではなく、更に自己自身を限定する瞬間に対して限定せられるのである、個物は唯、個物に対して限定せられるのである、私の生れる時、汝がなければならない。自己自身を限定する瞬間と考えられるものは、過去から限定せられるのでもなく未来から限定せられるのでもない、現在に於て現在が限定せられるという意味に於て限定せられるものでなければならない。現在に於て現在が限定せられるということは、限定するものなき限定として、私の所謂無の一般者の限定として、個物と個物とが相限定するということでなければならない、個物が自己自身の中に絶対の他を見るということでなければならない。個物が個物自身の底に絶対の他を見るということは、自己自身の底に絶対に自己自身を否定するものに撞着するという意味を有っていなければならない。かかる意味に於て絶対の他と考えられるものは、私を殺すという意味を有って居ると共に、我々の自己は自己自身の底にかかる絶対の他を見ることによって自己であるという意味に於て、それは私を生むものでなければならない。自己が自己の底に絶対の他を見るということによって、無限の過去から我々を限定する因果的なる時の流というものが考えられ、逆にそれが自己自身を生むものであるということによって、無限の未来から我々を限定する合目的なる時の流というものが考えられる。併し絶対の否定即肯定の立場からは、永遠の今の限定として即ち直観的限定として、自己自身を限定する現在というものが考えられる、現在が現在の中に無限に現在を限定し行くと考えることができる。無限なる時の流と考えられるものは却ってかかる限定の過程的影像と考えることができる。自己自身の底に絶対の他を見ると考える時、我々は之に没入することによって生きると考えられねばならぬ。併し単に斯く考えることによって、我々の個人的自己というものが成立するのでなく、之に於て他の声を聞くという意味がなければならぬ。かかる意味に於て、私も汝も我々を媒介すると考えられる絶対の他に没入すると共に、そこから生れると考えることができる。我々が過程的と考える弁証法的限定の底に、一即多の弁証法的直観というものがなければならない、一即多なる空間的意義がなければならない。絶対に独立なるものとして話し合う人と人との底に、直接に相見るという意味がなければならない。かかる意味に於て個物が直に個物を限定する、私が汝を限定し汝が私を限定すると考えられるが、かかる限定を、自己自身を限定すると考えられる個物の立場から見れば、それは絶対の他として何処までも外から我々を限定すると考えられねばならない。それは我々を内から限定する即ち時間的に我々を創造すると考えられると共に、我々を包み我々を自己自身の中に限定する大なる時の流と考えられるものでなければならぬ。我々が自己自身の底に絶対の他を見ると考える時、無数なる時の流というものが考えられる、各人が各人の時を有つと考えられる。併しこれを逆に我々が自己の底から絶対の他によって限定せられて居ると考えることができる。而して弁証法的に我々はかかる絶対の他に没入することによって生きると考える時、永遠の今の自己限定と考えられるものは大なる時の流という如きものでなければならない。そこに客観的時というものが考えられる、各人の有つ各人の時は絶対時によって限定せられて居ると考えることもできる。自覚的限定の立場から各人が自己自身を限定し各人が各人の時を有つということは、逆に絶対時によって限定せられるという意味を有っていなければならない、絶対時によって無限なる時が限定せられると考えられねばならない。現在が現在の中に現在を限定するということは斯くして考えられるのである、現在が自己自身の中に自己自身を流動的に限定すると考えることができる、時を包む時の空間的限定、時の外延的限定という如きものが考えられる。一即多という弁証法的直観の立場からかかる限定が考えられねばならないのである。かかる限定に於て時の始と終とが結び付くと考えられるかぎり、自己自身を見る自己というものが考えられるのである、現在の中に限定せられた現在という如きものが自己と考えることができる。永遠の今の限定として之に於てあると考えられるものとして、即ち自己自身の底に絶対の他を見るという自覚的限定によって限定せられたものとして歴史に於てあると考えられるものは、すべて一面に於ては絶対の時の流に於てあり、之によって限定せられると考えられなければならない。併しそれと共に一面に私と汝とが互に絶対の他であるということは私と汝とを他より限定するもののなきことを意味し、我々は一即多として弁証法的に結合して居ることを意味するが故に、現在が現在自身を限定するという意味に於て、歴史に於てあるものの底にはいつも時を包み、時を限定するものが考えられねばならない。かかる時の逆限定と考えられる立場に於て、時の始と終とが結合すると考えられる自覚的自己というものが考えられるのである。云わば、過程的弁証法的限定に対して直観的弁証法的限定の立場から自覚的存在というものが限定せられるのである。無論、こういう二つの弁証法があると云うのでなく、それは弁証法の両面というべきものであるから、すべて歴史に於てあるものは一面に於て自覚的であり即ち自己という意味を有すると共に、一面に無限なる時の流に於てあると考えられねばならぬ。過去無限から未来無限に向って流れると考えられる絶対の時と考えられるものも、永遠の今の限定として無限の果に於て始と終とが結び付くと考えられるならば、それも一つの大なる自己と考えることもできる。之に反し、瞬間が瞬間自身を限定すると考えられる瞬間的限定の尖端に於て過去と未来とが結び付くと考えられる時、我々の個人的自己というものが考えられるであろう、而してその間種々なる意味に於て種々なる自己というものが考えられるであろう。弁証法的直観の立場からは、時の流というのは円の中に円を限定し行くとも考えることができる、至る所中心となり周辺なき円の自己限定と考えることができる。要するに、種々なる意味の自己というものが考えられるのは、自覚的限定に於て我々が自己の中に見ると考える「他」の意味によるのである。前にも云った如く、本能的自己とか社会的自己とかいう如きものの意味は、かかる意味に於て考えられる「他」と自己との関係によって定まるのである、一即多の直観的限定の立場から考えられるのである。かかる直観的自己の自己限定が形成作用と考えられるものであり、社会的自己と考えられるものは形成作用の意義を有つと云うことができる。唯、真に一即多として内に絶対の他を見ると考えられる時、それが神の社会的限定と考えられるものであり、そこに個人的自己と個人的自己とが直に相見ると考えることができる。個人的自己は唯、かかる意味に於て個人的自己によって呼び覚されるのである。斯く我々の世界と考えられるものが、その根底に於て我々が自己の底に絶対の他を見、逆に絶対の他に於て自己を見るという如き人格的自覚によって基礎付けられて居るとするならば、我々の知識と考えるものの底には、事実が事実を限定するという意味があり、私と汝とが話し合うという意味があると考えることができる。私が自己の中に絶対の他を見ると考える時、私に対するものは自己自身を表現するものとなり、そこに既に私と他とが話すという如き意味がなければならない。而してその他が汝であるという時、私と汝と話し合うものは、単なる表現の内容という如きものではなくして、私が私の自己限定としての事実を、汝は汝の自己限定としての事実を話し合うということができる。瞬間的限定の内容として考えられる事実と事実との結合には自己の内に絶対の他を見るという意味がなければならぬ。すべてツゥゲングリッヒとかフェルステーンとかいうことは、自己の底に絶対の他を見るという人格的自覚の立場から考えられるのである。私が汝を見ることによって私であり、汝は私を見ることによって汝であるという立場から、絶対に非連続的なるものの連続として話し合うということが考えられ、そこに事実と事実とが直接に結合すると考えられるのである。而して個人的自己ならざるものの内容、一般的自己の内容と考えられるものに就いても、それが自覚的なるものの内容と考えられるかぎり、それに対し了解という如きことを云い得るのである。単なる一個人の自己限定として事実というものは考えられない、独我論的立場に徹底すれば真の事実というものはない。内部知覚の事実と考えられるものであっても、非連続の連続として人格的自己の自己限定として考えられるのである。而してかかる人格的自己と考えられるものの根底には汝というものがなければならない。事実の世界は私と汝とが直接に相対し相話すということから始まる、すべて実在界と考えられるものは此に基礎付けられねばならぬ。デカルトのコギト・エルゴ・スムにも、単なる内部知覚という如きことを離れて自己の内に絶対の他を見、事実が事実自身を限定するという意味がなければならない。記憶というものなくして個人的自覚というものはない。併し記憶に於て前の我と後の我と直接に結合すると考えられる時、既に我と我とが話し合うという意味がなければならない。かかる意味に於てアウグスチヌスの如くすべてのものが記憶に於てあると考えることができる、忘れるということも記憶に於てあると云うことができる。以上述べた如くなるを以て、我々が何等かの対象的限定を通じて他の自己を知ると考えられる代りに、私と汝とが絶対の他として直に話し合うということから対象界というものが考えられると云うことができる。私が私の自己の中に絶対の他を見るということは、逆に私が絶対の他を見ることによって私が私自身を見るということを意味し、かかる意味に於て我々の個人的自覚というものが成立するのである。かかる個人的自覚の立場から、自己の中に他を見るという意味に於て何処までも他を自己の中に見ると考え行くことができるであろう、宇宙をも包むと云うことができるであろう。併しかかる方向に於て何処まで行っても汝に達することはできない、汝が私にツゥゲングリッヒとはならない。こういう方向に於て見られた世界と考えられるものは、何処までも主観的世界に過ぎない。何等かの意味に於て自己自身を限定する瞬間を止めることによって見られた世界である。真の実在界と考えられるものは、瞬間が瞬間自身を限定することによって時が成立すると考えられる瞬間的限定の底に於て、私と汝とが相見、相話す所に成立するのである。それは原始歴史的でなければならぬ、自然科学的世界も此に基礎付けられるのである。私と汝とが絶対の他であるという意味に於て汝の意識は私の意識ではない、私は汝の意識内容を知らない。併しかかる意味に於ける意識としては汝も私も実在ではない。私と汝とは自己の中に絶対の他を見るという人格的自覚に於て、直接に相対し相見るものとして互に実在的であるのである。我々は普通に対象的なるものを直接に知り、間接に汝を知ると考えて居るが、すべて我々の知識と考えるものは表現の内容という意味を有っていなければならない、自覚的なる表現的内容ともいうべきものが知識と考えられるものである。そして表現的限定の自覚と考えられるものは自己の中に絶対の他を見るということでなければならない。我々の知識と考えるものの底には、汝というものが含まれていなければならない。我々はいつでも三つの方向に於て自己を越えたものに対立して居る、物と考えられるもの、汝と考えられるもの、超越的我と考えられるものがそれである。併し此等のものは固《もと》、別々のものではなく、具体的知識の契機として之に含まれて居ると云うことができる。即ち自己の中に絶対の他を見るという人格的自覚はかかる三つの対立を含むと考えることができるのである。

## 四

我々の真の自己と考えられるものは人格的でなければならない、単に身体的と考えられるものは真の自己ではない。無論、何等の身体的欲求なくして自己というものはない、人格というものすら広義に於ての身体性なくしては考えられない。併し我々の自己の底に単に身体というものを考えるならば、自己という如きものは考えられないのみならず、我々が単なる身体的欲求に従うことは却って我々の自己を否定すると考えられる。加之《しかのみならず》、我々の欲求と考えられるものは固、それ自身の中に矛盾を含んだものと云うことができる。欲求が自己自身を満足することは欲求が自己自身を消すことであり、欲求は死すべく生れると云い得ると共に、欲求は又生命の要求として生れるべく死すると云うことができる。然らばと云って、我々の人格的自己と考えられるものが単に理性的というのでもない。単に理性的なるものは実在的と考えられないのみならず、単に合理的となるならば我々の自己というべきものではなくなる。我々の人格的自己と考えられるものは何処までも個物的でなければならない、一般的なる自己というものはない。我の自己の底には何処までも非合理性がなければならぬ、自由意志がなければならない。我々の人格的自己と考えられるものは何処までも非合理的なると共に、合理的と考えられるものでなければならぬ。我々の自己というのは空間的・時間的なる此実在界を離れて存在するのではない、何処までも環境的に限定せられたものでなければならない、我々は歴史に於てあるのである。而も我々の自己はかかる意味に於て限定せられたものであってはならぬ、何処までも之を越えるものでなければならない。こういう意味に於てそれは理性的であると考えることができる、空間的・時間的限定を離れて一般的法則によって動くと考えることもできる。併し単にそういう意味に於て空間的・時間的限定を越えると云うのでなく、我々の自己はこういう法則をも越えるという意味に於て非合理的でなければならぬ。斯くして自由なる人格的自己というものが考えられるのである。こういう意味に於て我々の自己と考えるものは如何に考うべきものであろうか。如何にしてかかるものが考えられ、如何にしてかかるものが有ると云い得るであろうか。私は上に云った如く我々が自己に於て絶対の他を見、逆に絶対の他に於て自己を見るという意味に於てのみ、かかる自己が考えられるのであると思う。無論、そういうものを考えることは不可能とも云われるであろう、自家撞着とも考えられるであろう。併し弁証法というものが固《もと》、かかる意味を有ったものであり、すべて具体的実在と考えられるものは弁証法的に自己自身を限定するものでなければならない。判断的知識というものが成立するにも、判断的一般者が自己自身の底に自己自身を越えたものを見るということがなければならない、即ち無の一般者の自己限定として判断的知識というものが成立するのである。個物が一般を限定し一般が個物を限定するという弁証法的運動も、かかる意味に於て考えられなければならない。

すべて我々が実在的知識と考えるものは何等かの意味に於て非合理的なるものの合理化の意味を有っていなければならない、単に非合理的なるものは我々の知識と何の交渉もない。感覚的なるものは全然非合理的と考えられる。併し感覚的なるものも意識せられると考えられるかぎり、それは私に於てあるものと考えられねばならない。そして又逆に我々の自己は感覚的なるものによって限定せられると考えられねばならない、斯くして感覚的なるものも弁証法的と云うことができるのである。我々の欲求と考えるものも、かかる意味に於て弁証法的と考えられなければならない。欲求の対象と考えられるものは我々の外にあると考えなければならぬのみならず、欲求そのものも我々の自己意識の外から起ると考えられねばならない、欲求の底に衝動とか本能とかいうものが考えられるのである。併し与えられたものは固、求められたものであると考えられる如く、況《ま》して欲求の対象と考えられるものは我々によって求められたものとして有ると云い得るのである。又欲求の底には何処までも深い非合理的なるものがなければならない、然らざれば我々の自己は実在的とは考えられない。而も単に斯く考えられるならば自己というものはない、かかる考を徹底すれば遂に自己を物質に帰する外はない。欲求に於ては単に非合理的なるものが我々を限定すると云うのではなく、非合理的なるものが即自己と考えられるものでなければならない、外と考えられるものが内と考えられるものでなければならない。斯く我々は欲求的自己に於ては云うまでもなく、感覚的自己という如きものに於てすら、既に自己に於て他を見るという意味が含まれて居ると考えなければならず、我々の感覚的世界と考えられるものはかかる意味に於て有ると考えられるものでなければならぬ。併し我々は何処までも欲求的自己とか感覚的自己とかいうものとして、人格的自己というものを考えることはできぬ。かかる意味に於ては、我々が何処までも真に他を自己に於て見るということはできぬ、我々は尚他に於てあるのである、他によって限定せられて居るのである。要するにそれは自己の底に非合理性を見るのみである、それからは我々の知的自覚と考えるものすら出て来ない。欲求的自己とか感覚的自己とか考えられるものに於ては、自己に於て他を見るのでなく他に於て自己を見るのである。而も単に他に於て自己を見ると考えられる時、自己というものはない。我々は所謂自覚的自己と考えられるものに於て、始めて自己に於て他を見ると云うことができる。我々は自覚に於て自己が自己を見ると考える、見るものと見られるものとが一となると考えるのである。併し対象的限定の意味に於ては、かかることは実際不可能でもあり、又考えられぬことである。かかる自覚というものが考えられるには、我々は自己自身の中に自己を見て行く無限の過程というものが考えられねばならない、一般者が自己自身の中に何処までも自己を限定して行くと考えられねばならない。而もかかる無限なる過程の尖端が何処までも自己に於てある、即ち極限が一般者に於て含まれるということによって、所謂自覚というものが考えられるのである。見るものに対して見られるもの、主に対して客と考えられるものは、何処までも他と考えられるものでなければならない、絶対に他と考えられるものでなければならない。而もそれを何処までも自己に於て見るという意味に於て自覚的自己というものが考えられるのである。それに於ては、非合理的なるものが合理的であり、外が内であると云うことができる。翻って考えれば、嚮《さき》に欲求的自己とか感覚的自己とか考えられたものも、その実かかる自覚的自己の立場から考えられるものでなければならない。前者から後者が考えられるのでなく、後者から前者が考えられるのである。それ故に、私はカント哲学の如き立場に於て始めて真に自己自身の中に他を見るという自覚的自己というものを考えることができると思う。自然というものが唯一の実在としてすべてのものの底に考えられた時、我々は自覚的自己という如きものを考えることはできない。自覚的自己の実在性というものが考えられるには、自然は純我の総合統一によって構成せられるという如き立場がなければならない、客観性というものが単に自己の外に見られるのでなく内に見られるという意味がなければならない。かかる立場からコヘンの如く与えられたものは求められたものであると考えることもできるのである。真に自覚的というべき人格的自己というものが考えられるには、カント哲学の如き立場を通らなければならない。自然の底に自己を認めることによって、自己の底に絶対の他を認めることによって、自由なる人格的世界の可能性が開かれるのである。併し唯それだけにて自由なる人格というものは考えられない、意識一般は自由なる人格ではない、カントに於て自由は要請たるに過ぎない。縦《たとい》、意識一般に代えるに純粋意志の如きものを以てしても、我々の個人的自己の自由というものは考えられない、而して個人的自由というものなくして自己というものはない。すべて我々の客観界と考えるものの根底に、形而上学的自己という如きものを考えるならば云うまでもなく、純我の総合統一という如きものを認めるとしても、それからして個人的自己というものは考えられない。単なる一般者の自己限定として個物というものが考えられない如く、一般的自己の自己限定として個人的自己というものは考えられない。我々の自己と考えるものは誰かの自己でなければならぬ、何人の自己でもない一般的自己という如きものは、自己として考えられないのである。我々は所謂自覚的自己の立場に於て自己に於て自己自身を見ると考える、即ち自己に於て自己を限定するものを見ると考える。自己に対し自己を限定するものは対象と考えられるものであり、右の如く考えることは自己に於て対象を見るということであり、自己に於て他を見るということを意味する。かかる意味に於て自己が自己の中に何処までも対象を見て行く、即ち他を見て行くということは我々の自己というものが何処までも深められ広げられて行くということを意味する。かかる限定の極限に於て我々が絶対の他を見ると考える時、超越的自己という如きものが考えられる（カント哲学では感覚という如きものが絶対の他との接触点と考えることができる）。併しその実、我々は此に於て避け難い二者択一に撞着するのである、一種のディレンマに陥るのである。絶対の他が自己に於てあると考えれば、それは絶対の他というものではない、要するに他というものはなくなる。斯く他というものが無くなると共に、始め何処までも自己自身の中に自己を限定する我々の自覚的自己と考えられたものは、その根底に於て理性という如きものと考えるの外なく、自己自身の底に何処までも非合理的なるものを蔵する真の個人的自己というものの意味は消されねばならない。然らばと云って、我々の自己が自己限定の極限に於て絶対の他に於てあり、他によって基礎付けられて居ると考えるならば、尚更自己の実在性というものは考えられない、要するに一種の唯物主義に陥るの外はない。それでは、我々が自己自身の底に見る絶対の他と考えるものを如何に見ることによって、真の自覚の意味が成立し、人格的自己というものが考えられるであろうか。その他と考えられるものは、唯物論者の云う如き単なる他であってはならぬ、又唯心論者の考える如き大なる自己という如きものであってもならぬ。それは絶対に他なると共に私をして私たらしめる意味を有ったものでなければならぬ、即ちそれは汝というものでなければならぬ。私に対して汝と考えられるものは絶対の他と考えられるものでなければならない。物は尚我に於てあると考えることもできるが、汝は絶対に私から独立するもの、私の外にあるものでなければならない。而も私は汝の人格を認めることによって私であり、汝は私の人格を認めることによって汝である。汝をして汝たらしめるものは私であり、私をして私たらしめるものは汝である。私と汝とは絶対の非連続として、私が汝を限定し汝が私を限定するのである。我々の自己の底に絶対の他として汝というものを考えることによって、我々の自覚的限定と考えるものが成立するのである。斯く私が私の底に汝を見、汝が汝の底に私を見、非連続の連続として私と汝とを結合する社会的限定という如きものを真の愛と考えるならば、我々の自覚的限定と考えるものは愛によって成立するということができるであろう。我々は普通に所謂内部知覚という如きものによって自己自身を直覚すると考える。併し我々の個人的自覚というのも、単にかかる意味の直覚に於て成立するのでなく、自己自身の中に自己を見て行く無限の過程でなければならない、而してその底に絶対の他を見るという意味を有っていなければならない。今日の私は昨日の私を汝と見ることによって、昨日の私は今日の私を汝と見ることによって、私の個人的自己の自覚というものが成立するのである、非連続の連続として我々の個人的自覚というものが成立するのである。その一歩一歩が絶対の無に接していなければならない、その根底にいつも汝がなければならない。永遠の今の自己限定として時が瞬間から瞬間に移るという如き意味に於て我々の自覚的限定が成立するのである。

斯く我々が我々の底に絶対の他と考えるものが汝であるとするならば、我々を対象的に限定すると云うべきものは、一般的自己という如きものでもなければ自然という如きものでもない、それは歴史という如きものでなければならない。自己の底に絶対の他を見ることによって自己が自己となると考えられる人格的自己というものは何処までも歴史的に限定せられたものでなければならない、我々は歴史的一般者の自己限定として限定せられるのである。我々が自己の中に絶対の他を見ると考える時、自己に対するものは単なる存在ではなくして自己自身を表現するものでなければならない、広義に於てそれは汝というものでなければならない。而して私は私の行為によって汝を限定し、汝は汝の行為によって私を限定するのである。我々の個人的自己が自己自身の底に見る非合理性と考えられるものは、単なる自然の非合理性ではなくして、歴史の非合理性でなければならない、汝の非合理性でなければならない。感覚的と考えられるものも、かかる意味に於て自己自身を表現するものであり、かかる意味に於て我々を限定すると云い得るのである。我々の身体と考えられるものも固《もと》、歴史的事物の意義を有ったものであり、我々の欲求と考えられるものも歴史的要求の意義を有ったものでなければならぬ。斯くして真に欲求なくして自己というものがないと云い得るのである。之と共に自覚的限定の底に何処までも他を含み私をして私たらしめる大なる自己と考えられるものは、単に深められ広められた大なる自己という如きものではなくして、行為によって私を限定する汝という如きものでなければならない。我々が自己自身の中に絶対の他を見るという時、それは深められ広められた自覚を意味するものではなくして、自己自身を否定する意味を有っていなければならぬ。我々は自己自身を否定することによって肯定するのである、死することによって生きるのである。そこでは個物が個物を限定する、点から点に移ると考えられねばならぬ。それは時間的にして社会的・歴史的限定と考えられるものでなければならない。自己自身の中に絶対の他を見るという絶対無の自覚的限定と考えられるものが社会的・歴史的限定と考えられるものであり、我々の自己はかかる意味に於て限定せられるのである。何処までも我々の自己の底に見られる深い非合理性と考えられるものは物質と考えられるものであり、何処までも自己の底に自己を基礎付けると考えられるものは汝という如きものでなければならない。自然の世界、イデヤの世界と考えられるものは歴史の世界の両面と考うべきものである。歴史の世界に於てはゴーガルテンの云うごとく、いつも私と汝と相逢うのである。かかる関係に於て歴史の世界が成り立って居るのである（Gogarten, Ich glaube an den dreieinigen Gott, Kap. 4)。私があるということは歴史的に限定せられて居なければならない。環境的限定を離れて個物というものはない。歴史的限定を離れて自己というものは考えられない。若しそういうものが考えられるならば、それは抽象的自己たるに過ぎない。我々の自己の底深く見られる非合理性は歴史的非合理性でなければならない。かかる意味に於ては我々の自己は何処までも過去から限定せられて居ると考えられねばならない。併しそれが単なる過去からの限定と考えられた時自己というものはない、それは「過ぎ去った汝」でなければならぬ、我々の底に見られる絶対の他でなければならない、自己の底に見られた過去でなければならぬ。こういう意味に於て我々の自己は歴史的に限定せられて居ると考えられるのである。之と共に、逆に我々は過去を単なる過去として見るのでなく、過ぎ去った汝として過去を見ることによって、真の歴史が始まるということができる。単に過ぎ去ったものが歴史ではなく、歴史に於てはいつも過ぎ去った汝と現在の私とが相逢うのである。そこに絶対無の自覚的限定としての歴史の実在性があるのである。私が最初に環境が個物を限定し個物が環境を限定する弁証法的運動として歴史というものを考えたのも、その根底にかかる意味がなければならない。無限の過去から私を限定すると考えられる環境的限定と考えられるものは、単なる環境的限定というものではなくして、汝という意味を有ったものでなければならない。我々が自己自身の底に無限の過去を見、更に自己自身の底に於て未来から過去を限定すると考え得るのも、否、時を否定すると考え得るのも、自己に対するものが汝であるという意味からでなければならぬ。永遠の今の自己限定として時というものが考えられると云うにも、その底に私が汝を限定し汝が私を限定するという意味がなければならぬ。斯くして瞬間から瞬間に移り行く時というものも考えられるのである。我々が自己自身の底に絶対の他として汝を見るということから、時の限定が始まるのである。私の自己自身の底に見る絶対の他として汝と考えられるものは、無限の底から内面的に私を限定する無限の過去としての汝、即ち過ぎ去った汝という如きものでなければならぬ。そこに無限の過去から現在を限定する時というものが考えられる。かかる意味に於て我々が絶対の汝から限定せられて居ると考える時、そこに絶対時というものも考えられるであろう、絶対の環境的限定というものも考えられるであろう。併し私が私に於て汝を見ることによって私であり、汝は汝に於て私を見ることによって汝であるという人格的自己の自己限定に於て、瞬間が瞬間自身を限定し、瞬間から瞬間に移る真の時というものが考えられるのである。すべて具体的に有るものは、その根底に於て右に云った如き私と汝との関係によって基礎付けられていなければならぬ。我々は普通に人格というものを抽象的に考えるから、実在の底に人格的限定という如きものを考えることによって、実在界が主観化せられ、抽象化せられると考える。併し過去無限からの歴史的限定というものを離れて、自己というものはない。我々の底に絶対の他を見るという意味に於て、絶対の環境的限定に即して自己というものが考えられるのである。私と汝とは唯歴史に於て相逢うのである。而してそれは逆に私と汝と相逢うことによって、歴史が成立することを意味して居るのである。道徳的には我々は有限なる自己の中に無限の当為を蔵することによって人格と考えられ、宗教的には罪の意識なくして人格というものは考えられないと云われる。併し我々の人格的自己は何故に斯く考えられねばならぬのであろうか。それは我々の自己自身の底に絶対の他を蔵するということを意味するに外ならない。自己自身の底に蔵する絶対の他と考えられるものが絶対の汝という意義を有するが故に、我々は自己の底に無限の責任を感じ、自己の存在そのものが罪悪と考えられなければならない。我々はいつも自己自身の底に深い不安と恐怖とを蔵し、自己意識が明となればなる程、自己自身の罪を感ずるのである。我々は自己自身の底に自然を蔵すると云っても、理性を蔵すると云っても、かかる考は出て来ない。又自己自身の底に見る他と考えられるものが尚自己と考えられるかぎり、責任というものは出て来ない。唯、私自身の底に汝を蔵しそれによって私が私自身であるということから、私は私の存在そのものの底に無限の責任を有するのである。而もその汝は単に一般的なる抽象的汝であってはならぬ、又歴史的と云っても単なる歴史的事実として了解の対象という如きものであってもならぬ。それは私の底から私を限定する歴史的汝でなければならぬ、私は私の底に歴史的汝を見ることによって私が私であるのである。フィヒテの非我と考えたものも、かかる意味を有った汝と考うべきである。当為と云っても、単に抽象的なる一般的当為というものがあるのでなく、私が私の限定せられた歴史的位置に於て、私に対するものを歴史的汝と見るによって、真の当為というものは考えられるのである。こういう意味に於てのみ実在の根底に人格的なるものを考え、人格的なるものの上に実在界が建てられると考えることができるのである。

私は嘗《かつ》て愛の対象を人と考えることによって、物を対象とする欲求と愛とを区別し、又真の愛とエロスとを区別した。真の愛というのは何等かの価値の為に人を愛するのでなく、人の為に人を愛すると云うことでなければならぬ。如何に貴き目的であっても、その為に人を愛すると考えられるならば、それは真の愛ではない。真の愛とは絶対の他に於て私を見るということでなければならぬ。そこには私が私自身に死することによって汝に於て生きるという意味がなければならぬ。自己自身の底に絶対の他を見ることによって、即ち汝を見ることによって、私が私であるという私の所謂絶対無の自覚と考えられるものは、その根底に於て愛の意味がなければならぬ。私はキリスト教に於てアガペと考えられるものにかかる意味があると思うのである。アガペは憧憬ではなくして犠牲である、神の愛であって人間の愛ではない、神から人間に下ることであって人間から神へ上ることではない。ショルツは Die Menschwerdung Gottes. In der Christuserscheinung. Und welch eine Menschwerdung! Bis zum Tode am Kreuz. So manifestiert sich die Gottesliebe. と云って居る (H. Scholz, Eros und Caritas, S. 49)。人間のアガペは神の愛の模倣と考えられる。而してアウグスチヌスが神の愛によって私が私であるものであると云う如く、神の愛によって私が真の私であるのである。我々が単に自己の中に他を見ると考える時、自己は欲求的と考えられ、かかる自己の見る他と考えられるもの、即ちその対象界と考えられるものは欲求の対象界と考えられる。併しかかる欲求的自己と考えられるものも自己という意義を有するかぎり、それは自己自身の中に絶対の他を見るという意味を有っていなければならない、而してその他は絶対の他として見られないものでなければならない。それで欲求的自己の立場に於てその対象界と考えられるものは、自己自身の手段となるものと然らざるものと、更に自己に反するものとに分れる。自己自身に於て他を見るということの逆に、他に於て自己を見るという意味に於ては、我々の自己は身体的と考えられねばならぬ、欲求的自己は身体的と考えられるのである。併しこういう意味に於て他と考えられるものも、でなければならない。単なる自然から欲求的自己というものも出て来ない。斯く考えられるかぎり、即ち他と考えられるものの底に自覚の意味があると考えられるかぎり、客観的精神という如きものが考えられる。客観的精神と考えられるものは、我々の自己に対して他と考えられると共に我々が之に於て自己を見出すと考えられるものである。我々は自己を他に没することによって生きると考えるのである。生物学的生命というものを考える時でも、既に自然と考えられるものに於て、かかる意味を考えるのである。斯く客観的精神と考えられるものに於て、他に没入することによって自己を見出すという意味があるとしても、尚真に絶対の他に於て自己を見るということはできない。客観的精神と考えられるものに於ては真の個人的自己というものは見出されない。我々の根底に自然というものが考えられる時、個人的自己というものの考えられないのは云うまでもないが、客観的精神に於ても同様である。客観的精神と考えられるものに於ても、自然と考えられるものに於ても、自己と他との抽象的対立を免れることはできない、何処までも自他の単なる闘争の意義を脱することはできない。客観的精神と考えられるものは、一面に於て自己の中に絶対の他を見るという絶対無の自覚的限定の意義を有するとも考えられるが、何処迄も我々の個人的自己を包み之を内に限定すると云うことができない。爾《しか》考えられるかぎり、それは却って絶対無の自覚的限定によって限定せられたものと云うことができる、単に自己の中に他を見るという意義を極限まで押進めたものと見ることができる。超越我と考えられるものは、かかる意味に於て自己の拡大に過ぎない、真に絶対の他に於て自己を見るという意味を有たない。自然と考えられるものも、かかる絶対無の自覚的限定によって限定せられたものと考えることもできるであろう。カント哲学に於ての如く、純我の総合統一によって自然が構成せられると考えることができる。併し自然はその背後に考えられる絶対の非合理性によって、絶対に我々を否定する意義を有するかぎり、即ち絶対死の意義を有するかぎり、尚絶対無の自覚の否定的意義を有すると考えることもできるのである。客観的精神の自己限定の内容と云うべきものは文化と考えられるものであろう。我々が自己自身の中に他を見、他によって限定せられると考えられるかぎり、客観的精神と考えられるものが我々を包み我々を限定する大なる自己として、我々はその目的を目的とし、我々はその自己実現の手段となるとも考えられるであろう。更に自己の底に自己自身を越えた絶対の他を見ると考える時、宇宙的精神という如きものが考えられ、それがエロスの対象としてそれによってエロス的限定という如きものも考えることができるであろう。併しそれは何処までも自己の底に他を見るという欲求的自己の立場を離れたものではない。従ってそれによって自己自身の底に原罪を見、真に死することによって生きるという人格的自己を限定することはできない。客観的精神と考えられるものは、真に我々の底から我々の自己をして自己たらしめる汝ではなくして、尚対立的に我々の外に見られる汝たるを免れない。唯、自己自身の底に絶対の他を見るということの逆に絶対の他に於て自己を見るという意味に於てのみ、真に自己自身の底に原罪を蔵し、自己の存在そのものを罪とする人格的自己というものが考えられるのである。そこにキリスト教の所謂アガペの意味がなければならぬ。絶対の他に於て自己を見るということによって、自己拡大と反対の意味に於て自己の中に絶対の他を見ると云い得るのである。そしてそこに我々は真に私が私であるものとなると云い得るのである。我々は理性なるが故に人格的自己であるのではない、況して単なる衝動によって人格的自己であるのでもない。我々は神のアガペに倣うて私自身の如く隣人を愛することによって人格的自己であるのである。愛は非合理的と云われる、アガペも自発的とか没価値的とかと考えられる。併し単に非合理的衝動という如きものは愛ではない。愛は他に於て自己を見るということでなければならない。そこに人格的自己の意義があり、絶対無の限定として我々の実在界と考えるものをも基礎付ける意味があるのである。我々に価値あるが故にアガペの対象となるのではない、アガペによって我々は価値を有つのである。ニグレンの云う如くアガペは価値創造の原理ということができる（A. Nygren, Eros und Agape, S. 61）。価値あるが故に神我を愛するのでなく、神我を愛するが故に、我は価値を有つのである。すべて客観的価値と考えられるものはアガペによって基礎付けられねばならない。エロスとアガペとは固《もと》、相反する方向である。我々はエロス的方向に進むことによって神に至ることはできない、何処まで行っても大なる自己を見るに過ぎない。そこから汝に対する義務とか責任とかいうものは出て来ない、自己が絶対者の為に存し、絶対の価値に対して当為を有つという意味は出て来ない。併し環境が個物を限定し逆に個物が環境を限定するという弁証法的運動に於て真の個物というものが考えられる如く、我々が自己に於て絶対の他を見、逆に絶対の他に於て自己を見ると考えられることによって、我々の真の人格的自己というものが考えられるのである。単に他に於て自己を見ると考えるならば、我と物と択《えら》ぶ所はない。神は何処までも我々の底から働くものでなければならない。外から働くものは盲目的力に過ぎない。我々は我々の底に超越を見るのである。それは矛盾であるかも知れない。併し真に人格的自己と考えられるかかる弁証法的運動としてあるのである。我々が自己の内に絶対の他を見ると考えるかぎり、そこにエロス的意義がなければならぬ。アガペの一面にエロスが含まれていなければならぬ。神は憧憬の対象とも考えられるのである。唯、我々はエロスによって神を見ようと考えるならば、それは全く東に行こうとして西に向うものと云わざるを得ない。エロスによってアガペが基礎付けられるのでなく、アガペによってエロスが基礎付けられるのである。我々の文化と考えるものは宗教によって基礎付けられることによって真の文化の意義があるのである。アガペに基礎付けられない文化は遊戯に過ぎない。放蕩息子や葡萄園に於ける労働者の比喩がアガペの意義を明にするものと考えられるのは云うまでもなく、アガペには何等の価値的考量が加ってはならぬ。併しかかる意味に於けるアガペは価値超越を意味するものであって、価値否定を意味するものでない。主語となって述語とならないヒポケーメノンは述語的に限定することはできぬ。併しそれは何処までも述語化せらるべきものである。我々は唯、歴史を通じて神と語るのである。我々の底から我々を限定する絶対の他と考えられるものは、歴史的限定の意義を有ったものでなければならない。神は歴史の底に自己自身を啓示するのである。斯く云うも歴史の根底に価値概念を置こうというのではない、歴史を合目的的に考えようと云うのではない。爾《しか》考えることは歴史を否定することである、歴史をイデヤ化することである、歴史の底には絶対の非合理性がなければならぬ。而もそれは単なる非合理性というべきものではなくして、汝という意義を有するものであり、限定するもののなきものの限定として、そこに時が始まるという意味がなければならぬ。そこには無から有が始まるという意味に於て創造の意義がなければならぬ、価値もそこから創造せられるのである。歴史は価値に従って作られるのでなく、価値も歴史的に創造せられるのである。我々が歴史を通じて神に接するという所に、価値創造の意味がなければならない。我々は歴史に於て歴史によって限定せられたものである。この歴史的限定を離れて我々の個人的自己と抽象的に相接する神というものが考えられるならば、即ち単に超越的神というものが考えられるならば、それは真の神というべきものではない。汝自身の如くに汝の隣人を愛せよというも、そこに感傷的意義があってはならぬ、若し毫厘《ごうり》もそういう意味があったならば、それはアガペというべきものではない。故にアガペに於ては人を愛するのでなく、神の愛を通じて人を愛すると考えられるのである。私と汝とは同じく歴史に於てあり、歴史によって限定せられたものとして、神の創造物である。私は神の創造物として私自身の如く、神の創造物としての汝を愛するのである。私と汝とがアガペに於てあるということは、私と汝とが神の創造物として歴史的世界に於てある意味を有っていなければならない。

# 行為的直観

一

直観と云えば、人はすぐに単に受働的と考える、或は恍惚の状態でもあるかの如くに考える。それは行為と正反対の状態と考えられる。概念的区別の上では、行為と直観とは然考えられるであろう。両者は何処までも結合することができないと考えられる。行為的直観という如きことは、空虚な概念か、然らざれば神秘的と考える外ないであろう。併しプロチノスの始より、直観というのは、単に受働的とか恍惚とか云うことではなかった。彼自身はそれを理性の極致とも考え、無限の動とも考えた。ベルグソンの直観の如きも、無限の動であるのである。併し私の行為的直観というのは、プロチノスの直観の如きものを云うのでもなければ、ベルグソンの純粋持続の如きものを云うのではない。却ってその逆である。極めて現実的な知識の立場を云うのである。すべての経験的知識の基となるものを云うのである。経験的な、あまりに経験的な知識の立場を云うのである。

従来直観ということを主張する人も、之を排斥する人も、主客の対立の立場から出立するのである。主客合一ということも、そこから両方向の結合の極限と考えるか、或はそれを超越的に考えるのである（ベルグソンは之と異なるが）。直観といえば、単に自己が物の中に没入することであり、行為というもののなくなることと考えられる。併し我々は右の如き出立点そのものを問題として見なければならない。認識作用というのも、歴史的世界に於て生起するものでなければならない。主客の分裂対立ということも、歴史的世界の弁証法的運動に基礎付けられなければならない。我々は歴史的世界に於ける個として認識するのである。主客の対立が何処に如何にと云うことも、歴史的に定まって来なければならない。歴史的背景を離れて抽象的に認識主観という如きものを考えることができるであろう。併し具体的認識は歴史的現実の構成でなければならない。私は唯無媒介的な直覚がそのまま知識だというのではない。併し客観的知識の成立には、否定そのものが行為的直観の現実によって媒介せられるものでなければならない。カント学派の認識論的立場という如きものそれ自身が、歴史的背景の上に立つものでなければならない。

人は我々が行為することによって直観すると考える、而して直観から行為は出て来ないと云う。併し斯く考えるのは、我々の行為というものが如何なる場合に於ても歴史的であり、我々は歴史的世界に於ての個として行為的であるのであると云うことを考えないからである。自己というものを抽象的に考えて居る故である。我々の行為というも、歴史的には本能的動作の如きものから発達して来たものでなければならない。本能的動作というのは種の形成作用である。併し生命というのは単に種の形成作用という如きものではない。それは主体が環境を、環境が主体を限定し、主体と環境との弁証法的自己同一でなければならない。弁証法的一般者の世界の自己限定として生命というものが考えられるのである。而して絶対矛盾の自己同一ということは形成することであり、創造することである、作られたものから作るものへと云うことである。かかる意味に於て作ることが見ることでなければならない。行為というのは、我々が物の世界に於てあるから起るのである。行為の起るには、物がなければならない、物は考えられたものでなく、見られるものでなければならない。歴史的に形成せられたものとして現れたものでなければならない。而もそれが自己というものと弁証法的関係に於てあるのである。世界は歴史的現在として何処までも決定せられたものでありながら、自己自身の中に自己否定を含み、自己自身を越えて現在から現在へ行くという所に、行為というものが成立するのである。故に行為は実践であり、制作であるのである。

心理学的立場からは、物は抵抗によって知られると考えられる。然考える時、行為というものが直観に先立つとも考えられる。併し真に客観的な物というものは、種的行為的に見られるのである、歴史的に見られるのである。而して種的行為的に見られると云うことは、行為的直観的に見られることである。作られたものから作るものへの歴史的世界の進展に於て、我々の行動は先ず種的である、本能的である。動物から人間となっても種的である（例えばトーテム的）。原始人の世界は社会的種的であるのである。原始人は種的に物を見、種的に働くのである。種的動作というのは行為的直観的に物を把握することであり、逆に行為的直観的に物を把握することが種的動作である。生きた種というものは主体が環境を環境が主体を限定する矛盾的自己同一であり、種的に物を見ると云うことは自己矛盾的に働くことであり、逆に種的に働くと云うことは自己矛盾的に物を見ることである。而して種は種自身を形成し行くのである。併し種というのは弁証法的一般者の種としての種であり、「種の生成発展の問題」に於て論じた如く、それは個性的に自己自身を形成し行くと云うことができる。概念的に媒介せられた行為というものも、かかる立場から歴史的に媒介せられるものでなければならない。作られたものから作るものへという弁証法的発展の世界に於て、制作的人間の世界のみが弁証法的であり、本能的動物の世界は単に非弁証法的と考えられるであろう。併し動物的本能の世界も、作られたものから作るものへの世界であったのである。而して今日我々の行動の底にも、種的なるものが働いて居るのである。何処まで行っても我々は種的なものを脱しないのである。制作というのも身体的動作の延長であるのである。而して種的行動というのは行為的直観的に物を把握することでなければならない。

二

我々の行動は固《もと》種的であり、行為的直観的に物を見るより起るのである。歴史的世界に於ては、動物の本能作用の如きものから人間の行動に至るまで然らざるはない。我々の行動は我々が歴史的世界の個として、歴史的世界に於て物を見るより起るのである。認識作用というのも歴史的行為である。認識の立場というのも、歴史に基礎付けられるものでなければならない。斯く行為的直観を基として知識を論ずると云うことは、認識論的立場からは直ぐにも神秘的とも考えられるであろう。知識は直観の否定から始まると考えられる。而して行為的直観の立場という如きは、非弁証法的と考えられる。併し私はその逆と考えるのである。

主体が環境を、環境が主体を限定し、作られたものから作るものへという歴史的進展の世界に於ては、単に与えられたと云うものはない、与えられたものは作られたものである。与えられたものは作られたものであると云うことは、環境というものが主体的に摑まれたものと云うことでなければならない。歴史的に作られたものと云うのは、主体的に、種的に形成せられたものでなければならない。歴史的に形作ると云うことは、種的に形作ることである。併し無論、環境とは単に主体的に摑まれたものではない。若し然らば、環境というものがないと云うに等しい。主体が環境を形成すると云うことは、逆に主体が否定せられることでなければならない。そして又そこから成立することでなければならない。種は制作に於て生きるのである、個性的に自己自身を形成する所に生きるのである。作られたものから作るものへ、矛盾的自己同一として、世界が個性的に自己自身を限定し行く所に、主体が環境を、環境が主体を限定すると云い得るのである。「種の生成発展の問題」に於て論じた様に、我々は歴史的個として種から生れる、併し種は個として環境的に自己自身を経営することによって生きるのである。種は個によって環境的に自己自身を経営することによって、環境的に変ぜられて行く。かかる方向を徹底的に考える立場から、種が環境的に生れるとも云い得るのである。死することは生れることである。一が多多が一なる弁証法的世界の自己限定として種が生れるのである。

右の如き歴史的進展の世界に於て、主体的なる種が環境を形成する、我々が歴史的個として種的に働くという所に、我々が行為的直観的に物を見ると云うことがあるのである。矛盾的自己同一としての歴史的構成に、知るということが基礎付けられるのである。種が環境を形成すると云うことは個として環境的に自己自身を経営することであり、逆にそれは種が変ぜられ、否定せられることであり、世界が個性的に自己自身を構成することである。そこに身体というものが構成せられ、歴史的個として我々は行為的直観的に物を見ると云うことができる。併し歴史の弁証法的運動というのは単にそれだけではない。現在は何処までも決定せられたものでありながら、否定せられるべく決定せられたものである。作られたものは過ぎ去ったものでありながら、作るものを作って行く。そこに断絶の連続、無の自己限定があるのである。相反する両方向の何れかに基本的なものを置けば、歴史的運動というものはない、絶対弁証法的でない。個性的に自己自身を構成し行くと云うことは、作用から作用への連続ということではなくして、作られたものから作るものへの連続でなければならない、即ち歴史的連続でなければならない。作られたものは、作るものから独立したものでありながら、作るものを作って行くのである（例えば、芸術的創作作用に於ての如く）。

種的に形成すると云うことが、既に個が働くことであり、行為的直観的に物を見ることである。併し歴史的運動とは歴史的生産作用であり、歴史的生産作用の本質は此に求められねばならない。そこに断絶の連続として意識というものの現れて来る所以があるのである。故に行為的直観的に物を見ると云うことは物が否定せらるべく見られることである。主体は自己自身を否定するべく形成するのである。然らば作られたものは単に作るものを作る為に作られたものかと云えば、作られたものと云うものを離れて、作るものと云うものがあるのでない。例えば、我々の身体というものも作られたものであると共に作るものである、見られるものであると共に見るものである。自己の身体という如きものは後から知られるものであろうが、認識論者の所謂主客の対立という如きものは、作るものと作られたものとの非連続の連続の関係から起るのであろう。今日の意識的自己の立場から抽象的に主客の対立を考え、意識的自己の行為というものを考えるが、それは作られたものから作るものへという歴史的形成作用から発展し来れるものでなければならない。種的に形成すると云うことは、既に種の否定を含み世界が何処までも個性的に自己自身を構成し行くという立場から、かかる意識的自己の行為というものが発展して来るのである。

作られたものは作るものを作るべく作られたのであり、作られたものと云うことそのことが、否定せられるべきものであることを含んで居るのである。併し作られたものなくして作るものと云うものがあるのでなく、作るものは又作られたものとして作るものを作って行く。これが歴史的実在の弁証法的運動である。何処を切って見ても、断絶の連続として、作られたものと作るものとの方向に、何処までも相反する主観と客観との対立が考えられ、而も矛盾的自己同一として作られたものから作るものへと動いて行く。世界が自己矛盾的に自己自身を否定するものを生むと考えられる。我々の行為というのは、かかる世界の自己否定の肯定として現れ来るものたるに過ぎない。作られたものから作るものへとして、断絶の連続と考えられる所に、いつも触れることのできぬ絶対に触れると考えられるのである。私はいつも作られたものから作るものへとして、作られたものを前にするのは、作られたものとして生れる我々からは斯く云うの外ないのである。

行為的直観的に物を見ると云うことは、物が否定せられるべく見られることである。直観というのは、抽象概念的に考えれば、単に静止の状態とも考えられるであろう。併し具体的には物を身体的に把握することである。故に行為的直観と云うのである。斯く云えば、行為が直観に先立つと考えられるかも知らぬが、我々の行為というのは種的動作に始まるのである。身体的に物を把握すると云うことは、種的に働くことである。否、私の行為的直観というのは、単に生物的種的に物を把握することではない、社会的に、歴史的種的に、把握することである。物とは歴史的事物である。我々は歴史的身体的に物を見るのである。そしてそれはその根底に於て作るべく作られたもの、否定せらるべく見られたものとして、それを歴史的に構成して行くのである。動物が衝動的に物を見ると云うのは此故である。動物が衝動的に物を見ると云うことは、否定すべく物を見ることである（ヘーゲルは動物は最も深くエロイシスの秘儀に通ずると云って居る）。而もそれは単なる否定の為の否定ではなくして、否定は即肯定でなければならない。そこでも既に消費が生産であり、生産が消費であるのである。併し動物的生命というのは作られたものという方向に固定した生命である。絶対矛盾の自己同一として、我々の歴史的生命は身体的形成的ということから社会的制作的となる。歴史的実在の世界は作られたものから作るものへと制作的に動いて行く、個性的に自己自身を構成し行くと考えられる。是に於て我々の制作は表現作用的であり、否定というのも生物的身体的ではなくして、歴史的身体的となる、判断作用的ともなる。歴史的構成作用というものが理性的なのである。そこには構想力など、種々のものが考えられるであろう。併しその根底には弁証法的自己同一として作られたものから作るものへという行為的直観的なものがなければならない。見ることと働くこととの矛盾的自己同一が根底とならなければならない。我々の行為は歴史的構成作用から出でて歴史的構成作用に行くと云うことができる。我々は個として、与えられた現実に対して何処までも否定的である。併しそれは歴史的世界の個として否定的なのであり、又否定することができるのである。現実の否定は歴史的構成的なるもの、個性的なるものを通さなければならない。行為的直観を基として歴史的構成作用を考えるのは、人生の目的が直観的静止にあるなどと云うのではない。我々の目的は何処までも歴史的構成にあるのである。歴史的制作に人間の存在があるのである。

行為的直観といえば、或は神秘的と考えられ、或は芸術的と考えられる。併し史的唯物論者は対象、現実、感性という如きものが、従来客観又は直観の形式の下に捉えられて、感性的・人間的活動、実践として捉えられなかった、主体的に捉えられなかったと云う。対象とか現実とかいうものを、実践的に、主体的に捉えると云うことは、行為的直観的に捉えることでなければならない。身体的に物を見るということが行為的直観的に物を見ることである、歴史的形成作用的に物を見ることである。実践といえば、身体の外に物を作ることではあるが、具体的にはそれは歴史的形成作用として身体的運動の延長でなければならない。逆に我々の身体というものは歴史的制作的なるが故に、行為的直観的に物を見るのである。斯く云えば、人は無造作に自然と歴史とを同一視すると云うでもあろう。対象論理的には、私も両者の区別を無視するのではない。併し現実を主体的に捉えると云うものは、自然を歴史的実在的に把握するものでなければならない。而して自然を歴史的実在的に把握し、宇宙の歴史的発展を一つの過程として考えるには、私の所謂作られたものから作るものへという歴史的生産の絶対弁証法によらなければならない。歴史に於ては、始から単に与えられたものと云うものはない。与えられたものは作られたものであり、又作られたものとして作るものを作るものである。作られたものから作るものへという所に、因果的必然がある。併しその間へ断絶の連続として主観的作用が入って来る。自然は相互補足的である。世界が歴史的生産的として弁証法的と云うには、その構成要素というものが弁証法的でなければならない。資本主義的経済社会の要素としての商品というものが、使用価値と交換価値との二者闘争的な弁証法的個物と考えられる。資本主義的経済社会の弁証法的発展は此に基くのである。歴史的実在の世界が矛盾的自己同一的であり、弁証法的に動き行くと云うのは、我々の身体が歴史的身体として行為的直観的に物を見るという所に基かねばならない。而して経済社会が弁証法的だと云うのも、此に基礎付けられねばならない。

ヘーゲルの「現象学」に於て論ぜられた意識の弁証法的発展の底に働いたものも、行為的直観的なものであったと私は思う。ヘーゲルが然考えたと云うのではないが、それは歴史的構成作用的なものであったのでなければならない。意識というも、それは従来の心理学者の考える如き具体的実在から切り離された抽象的意識ではなく、ガイストの意識でなければならない。此故に自己自身を否定して具体的な立場に進み行くのである。併しそれがヘーゲルの最後に云う如き絶対知の立場に達するには、更に根底的な深いものでなければならない。それはガイストをも否定する立場でなければならない。ガイスト自身の真の否定はガイストそのものからは出ない。意識は最始から絶対知的であったのでなければならない。弁証法というのは図式的な考ではない。弁証法とは何処までも具体的な思惟でなければならない、具体者と共に、云わば絶対と共に、歩いて見ることでなければならない。自己が物の世界に入り、物そのものとなって考えることである。故にヘーゲルはかかる弁証法的運動を経験とも云うのである（現象学の緒論に於て）。具体的実在そのものの動きが弁証法的なのである。而して自己自身の中から自己を限定し行くものは推論式的なのである。ヘーゲルの一般者というのは、形成的なのである、創造的なのである。我々の自己はその中に含まれていなければならない。対象認識の科学というものは具体的実在から推論式的に媒介せられると云い得るかも知らぬが、哲学は具体的実在そのものの自己媒介から成立する学でなければならない。ヘーゲルは始めてかかる点に着眼した人と云い得るであろう。ヘーゲルの学というのはかかる性質のものでなければならない。論理というものが生命の外にあるのでなく、生命自身の自己媒介に基くものでなければならない。故に弁証法的であるのである。

私の行為的直観というのは、所謂知覚の如きものを云うのではない。知覚の如きものも行為的直観的でなければならない。それは歴史的に生成し、歴史的に歴史的実在を見るものでなければならない。然るに普通に知覚というのは、具体的な歴史的実在から時を否定して、空間的に平面的に見るものを考えて居るのである。併し具体的には我々の感官的知覚も、固《もと》歴史的知覚なるが故に、我々はそれから芸術的直観にも行き得るのである。之に反し、学問的知識というものも、それが具体的真であるかぎり、行為的直観的に構成せられなければならない。我々が歴史的種として働く、種的に形成すると云うことが、行為的直観的に物を見るということであり、それは既に表現的に自己自身を限定する世界である。而して種は環境を環境は種を限定し、種は個性的に自己自身を否定することによって生き、環境は個性的に自己自身を否定することによって種を生む。歴史的現実の世界は、弁証法的自己同一として、作られたものから作るものへ、個性的に自己自身を限定して行く。そこに弁証法的一般者の自己限定として、歴史的地盤から行為的直観的に知識が構成せられるのである。かかる意味に於て歴史的現実の地盤から成立せない客観的知識というものはないのである。行為的直観的に構成すると云うのは、(芸術的直観の如くに) 理論を否定することではない。種は歴史的種として個性的に自己自身を否定することによって生きるのである。個性的に自己自身を限定すると云うことは、世界が作られたものより作るものへと断絶の連続として自己自身を限定することであり、それは現在が何処までも決定せられたものでありながら、何処までも自己自身の否定を含み、自己自身を越えて、現在から現在へ行くと云うことである。我々は現在に於て触れることのできない絶対に触れると云うことである。故にそこに世界が真に個性的に自己自身を限定すると考えらるれば考えらるる程、それは何処までも表現的に（符号的にすら）、自己自身を限定すると云うことができる。与えられたものは作られたものでなければならない、現れたものは無限の歴史を有ったものでなければならない。知識が行為的直観的に構成せられると云うことは、個性的に構成せられることであり、それは理論的に構成せられることでなければならない。但しそれは何処までも理論は実践の地盤から生れると云うことでなければならない。現在は自己否定を含み、何処までも自己自身を越えて行くが、又何処までも現在から現在へ行くのである。個性的に自己自身を限定する弁証法的一般者の自己限定というのは、理論が実践の地盤から構成せられると云うことでなければならない。

個性的に自己自身を限定する個物として、即ち個性的要素として、我々は行為的直観的に理論的知識を構成し行くのである。種の奴隷たる生物の世界は所謂知覚の世界とも考え得るであろう。併し歴史的身体的なる人間の世界は之を越えたものでなければならない。我々人間が行為的直観的に物を見ると云うことは、その根底に於て我々は個性的に自己自身を構成し行く世界の個性的要素として物を見ることである、個性的なるものを媒介として物を見ることである。事実的なるものは、かかるものとして我々に対するのである。種から生れる我々は、自己矛盾的に物を見るのである。作られたものから作るものへ、断絶の連続として、それは意識的でなければならない。我々は単に感官的に物を見て居るのでない、主体的に捉えて居るのである、故に歴史的社会的である。そこに具体的生命の自己媒介として抽象論理的契機も含まれなければならない。物は否定せらるべく見られるのである。併し具体的に真なるものは対象論理の立場から定まるのではない。知識は分析から始まると云っても、分析というものが抽象的に成立するのでなく、現実の歴史的足場からでなければならない。具体的なるものは潜在的であって分析によって顕現的となると考えられても、分析は具体的なものの自己矛盾として具体的なものに含まれていなければならない。而して矛盾的自己同一としての具体的なるものの自己矛盾が明であればある程、如何に分析すべきかが明となって来るのである。故に私は真の分析は行為的直観的でなければならないと考えるのである。而して単に潜在的なものが顕現的となるのではなく、新なものが創造せられ行くのである。知識の自己矛盾は歴史的生命に基くものでなければならない。それが弁証法的立場であるのである。真に弁証法的なるものは、矛盾的自己同一として、自己自身の内に矛盾を含み、自己自身を媒介して行くものでなければならない。そしてれが自己自身の内から自己自身を媒介するものとして、推論式的と考えられるのである。真の弁証法とは個性的現実を媒介とするものでなければならない。斯くして始めて絶対媒介的と云い得るのである。

私は動物的生命を種的と云い、本能的或は知覚的として、行為的直観的な人間的生命と区別したが、動物的生命も歴史的生命の一段階として弁証法的であるのである。人間も一面に何処までも動物的であると共に、動物も意識的であるかぎり、然云うことができる。感覚的生命の世界というものは、既に自己否定を含んだものであるのである。ヘーゲルと共に、感覚的なものの実在性を主張する人はセレスやバッカスの宗儀に入って飲食の秘訣を学べと云うことができる。動物の本能的生活に於ても、物は否定せられるべく見られるのである。それは主客相対立し、矛盾的自己同一として、何処までも段階的に自己自身を形成し行く歴史的世界である。唯そこには尚主観というものが独立でない。作られたものから作るものへの方向に於て、作るものが自立的でない。云わば、作るものが作られたものに付着して居る、主体が環境的である。生命は所謂身体的なるものを離れないのである。無論何処まで行っても主が客を離れるのではない。単なる主客の対立を考えるのは、抽象論理の立場である。併し矛盾的自己同一ということは、主が客に対して何処までも自立的ということでなければならない。主体と環境とが相互否定的に自己同一なればなる程、それは歴史的に動くものであるのである。歴史的生命の自己構成が所謂身体的から制作的となればなる程、弁証法的ということができる。而して作られたものが作るものを作ると云い得るのである。動物から人間への歴史的連続は、斯くして考えられるのである。人間に至っても、主が客から独立するのではない。主客の分裂対立そのものが、歴史の発展から段階的に定まって来るのである。言語の発展というものが、歴史的主体をしてロゴス的たらしめたと云うことができる。而して意識一般という如き立場も、成立するに至ったのである。そこに我々の自己が自由となったと考えられる。併しそれも、歴史的段階的たるを免れない。歴史的生命が弁証法的なるが故に、言語という如きものが発達したと考え得るであろう。

三

従来の認識論の立場からは、知識は認識主観の形式によって構成せられ、之に対して与えられたものは単に質料的とか潜在的とかと考える。直観と云えば、唯、主客未分以前と考えられる。併し知ると云うことも働くと云うことであり、働くと云うには足場というものがなければならない。足場となるものは何であるか。それはいつも行為的直観的に把握せられた現実の世界でなければならない。而してそういう世界というのは、歴史的に構成せられたものでなければならない、作られたものでなければならない。歴史の世界に於ては単に与えられたものと云うものはない。そしてそれは作られたものでありながら作るものを作り行く、個性的に自己自身を構成し行く世界でなければならない。絶対矛盾の自己同一として自己自身を構成し行く世界でなければならない。作られたものが足場となるのである。而して又作るものを作って行くのである。我々が働くと云うには、足場というものが把握せられていなければならない。それは渾沌的な主客未分以前という如きものでなく、明確に把握せられたものでなければならない。而して後、我々は真に働くと云い得るのである。個性的に自己自身を構成し行く世界の個性的要素として、即ち歴史的世界の個として、我々は我々の行為の方向を有つのである。世界の根底が単に与えられたものであるならば、我々の行為というものはない。歴史的世界の基体というべきものは、形作られて形作るものでなければならない。そこに歴史的世界の自己同一があるのである。故に個性的と云うのである。我々はかかる世界の個として行為的なのである。我々の身体というものは、形作られたもので作るものである。我々はそこから行為の方向を有つのである。そして与えられたものとして形作られたものが明確であればある程、我々は明確なる行為の方向を有つのである。認識作用というものも、歴史的世界の個として我々の行為という性質を有するかぎり、右の如き立場から考えなければならない。

認識作用というものも、歴史的世界に於ての我々の歴史的行為であるとするならば、認識作用というものを理解するにも、私の所謂歴史的身体というものからでなければならない。歴史の弁証法的運動というものは、我々の身体と考えるものの分析から理解せられるのである。我々の身体というものは歴史的に作られたものである、何処までも決定せられたものである。併し又作るものである。作られたものと作るものとの矛盾的自己同一である。そこに我々の自己というものがあるのである。我々が働くと云うには、身体を通さなければならない。ここに身体というのは単に生物的身体というものを意味するのではなく、私の所謂歴史的身体的なものを云うのである。身体というものは、道具となるのである。併し身体というものは、我々の行動の道具となるのみならず、又足場となるのである。加之《しかのみならず》、我々の行為の方向というものは身体的に定まって来なければならない。生物的動作は衝動とか本能とかいうものから定まって来る。歴史的身体的なる我々の行動は、歴史的・社会的でなければならない。抽象論理の立場から、我々の行為の方向は定まって来ない。我々の行為の方向というものが定まるには、歴史的身体的なるものが明確に把握せられていなければならない、行為的直観的に物の世界が摑まれていなければならない。物理学的思惟のモデルとして形像というものも、行為的直観的に見られるもの、身体的に把握せられるものでなければならない。而して今日の量子物理学に於ても、装置は古典的物理学的に把握せられなければならないと云われるのである。私が歴史の弁証法的運動を身体的と云う時、私が歴史的弁証法的運動を生物的身体的に考えて居ると思われるかも知れない。併しそれは逆である。我々の身体というものは、却って外から知られるものなのである。我々の身体というのは種的運動のモデルであり、行為的直観的に外から見られるのである。但し矛盾的自己同一として作られたものが作ると考えられる時、我々の身体というものが成立するのである。而してそれは世界が個性的に自己自身を限定すると云うことであり、断絶の連続として創造的であると云うことでなければならない。行為的直観的に把握せられた現実は何処までも決定せられたものとして実在的である、物質的とも云うことができる。併しそれは否定せらるべく決定せられたものとして、道具的である。道具は実在なるが故に道具となり得るのである。併し矛盾的自己同一としての歴史的世界に於ては、作られたものは作るものを作るべく、否定せらるべく作られたものでなければならぬ。そこに物は道具的であるのである。我々の身体も道具的であるのである。併し絶対の否定即肯定として個性的に自己自身を構成すると考えられるかぎり、作られたものから作るものへ、絶対矛盾の自己同一として、現実は歴史的進展の一段階である。そこに現実はいつも実在自身の自己表現として絶対的である、現象即実在とも考えられる。前の時代は後の時代の単なる準備でもなく、後の時代は前の時代の単なる結果でもないと考えられる（その一々が絶対に接するとも考えられる）。而も斯く各々の時代がそれぞれの使命を有すると共に、作られたものから作るものへとして、自己矛盾的に自己自身の中から次の時代への推移を含んで居る（時間的空間である）。歴史は実践的段階的に時代から時代へ移って行く。そこには歴史的創造作用、歴史的生産作用が働くのである（極限が推移となる）。私のメタモルフォーゼというのは、かかる個性的なものから個性的なものへの動きを云うのである。

世界が個性的に自己自身を構成すると考えられる所に、文化が現れる。文化とは、自己自身を限定する世界の個性的内容である。そこには世界歴史的なるものが働くのである。道徳というのは、かかる作られたものを基礎として、作られたものから作るものへと、個性的に自己自身を構成する世界の構成的努力であり、芸術は云うまでもなく、科学の如きものといえども、かかる個性的構成作用によって構成せられるものでなければならない。それは歴史的地盤に於て成立するものでなければならない。併し斯く歴史が個性的なものから個性的なものへ動いて行くと云うのは、精神的なものから精神的なものへとして、世界の根底が精神だと云うことではない。いつでもそこに多即一一即多の絶対矛盾的自己同一として、作られた世界というものがあり、それが何処までも外的に媒介せられた世界として、何処までも決定せられた世界でありながら、自己否定を含み、矛盾的自己同一的に自己自身を変じて行く。かかる作られたものから作るものへとしての非連続的連続の構成作用が個性的と考えられるものである。そこには絶対の無の限定と考えられるものがあるのである。

認識作用というものを考えるにも、従来の如く抽象的な認識主観という如きものから出立するのでなく、現実の把握から出立せなければならない。把握すると云えば、自己というものが現実の外にあって、外から現実を把握するかの如く聞えるかも知らぬが、歴史的世界の個として行為的直観的に物を見る所に、我々の自己というものがあるのである。歴史的生命的に構成せられた歴史的現実は、何処までも決定せられたものでありながら、作られたものとして与えられたものとして、無限の行先を有つ。そこに無限の可能性がある。歴史的現実は自己否定的である。此故に歴史的現実は意識的であり、物は表現的であるのである。併し歴史的現実は作られたものから作るものへとして、断絶の連続として、個性的には自己自身を限定し行くのである。そこに我々は認識対象界を有つのである。而してそれは我々は歴史的身体的に深く現実そのものを把握すると云うことでなければならない、自己自身を構成し行く歴史的現実の構成的要素となると云うことでなければならない、真の個となると云うことでなければならない。問題は作られたものとして与えられた歴史的現実の深い把握から起るのである、現実そのものの自己矛盾から起るのである。当為というのはかかる個性的構成の方向の意識に映されたるものに過ぎない。それは個性的に自己自身を構成する歴史的生命の我々の行為的自己に対する客観的命令でなければならない（そこに宗教的には啓示ということも考えられるのである）。理論的知識というのも、かかる現実の行為的直観的把握を足場として個性的に構成せられるものでなければならない。作られたものから作るものへとして、そこに現実否定が含まれるのではあるが、何処までも現実からの現実否定でなければならない。而して現実は現実を越えて現実に行くのである。真理の知識は何処までも行為的直観の現実即ち所謂経験の地盤を離れることはできない。

標準は、かかる行為的直観の現実を地盤として個性的構成の成否如何にあるのである。作られたものから作るものへと考えられる歴史的現実の世界は、何処までも制作的である。この故に個性的に動き行くのである。理論的真理というのも、かかる意味に於て歴史的制作的でなければならない。理論的要求そのものが、歴史的生命の個性的要求から起るのである。理論的知識も歴史的地盤に於て生れ、歴史的地盤に於て構成せられて行くのである。我々は歴史的種から生れ、行為的直観的に物を見る。そこにドクサの世界がある。併し歴史的世界に於ては、主体が環境を環境が主体を限定する。主体と環境との相互否定の矛盾的自己同一として、個性的に自己自身を構成し行く。そこにロゴス的な学問というものが成立するのである。そこには、断絶の連続として、行為的直観を越えた抽象的概念の世界というものが考えられるのである。併し如何に学問の為の学問というものが考えられても、それが真であるかぎり、作られたものから作るものへという歴史的世界の個性的自己構成の地盤を離れることはできない。何処までも作られたものとして与えられたもの、行為的直観的に見られたものが足場となって、個性的に構成せられて行くのである。真理は特殊の一般化ではなく、却ってその個性化でなければならない。

所謂認識主観というのも、右の如き世界の個性的構成の立場に基くものでなければならない。それは作られたものから作るものへとしての、断絶の連続としての矛盾的自己同一の立場に於て、その断絶を媒介とするという点に於て考えられるものでなければならない、即ち現実が現実自身を越える現実の自己否定の方向に考えられるものでなければならない。而もそれは現実を脱却すると云うのではない。現実を否定することは、現実から現実へ行くことである。現実から現実への個性的構成の立場に於て、その与えられたものの否定の極限に考えられるものたるに過ぎない。抽象的判断の立場から現実の絶対否定など不可能である。概念なき直覚は盲目的と云われるが、歴史的現実に於て行為的直観的ならざる直覚というものはない、全然形成的ならざる直覚というものはない。それは認識論者の頭に於て考えられたものである。無論、行為的直観そのままが知識だと云うのではない。それは環境的に否定せられ、個性的に構成せられなければならない。併しそれはこの歴史的現実の矛盾的自己同一からでなければならない。抽象的思惟の立場に於ては、時間と空間とは何処までも結び付かないと考えられる。併し現実は両者の矛盾的自己同一であるのである。現実は単に結び付かないものが結び付いたと考えられる合成物ではない、矛盾的自己同一なのである（故に現実は何処までも自ら動くものであり、又不安であり、苦悩でもあるのである）。抽象的思惟の立場に於て時間と空間とが結び付かないと考える時、両者はその人の頭に於て矛盾的自己同一的に結合して居るのである。行為的直観的なる現実が単に非合理的な所与というものであり、判断的理性が現実の外から現実を否定するのでなく、それは現実が、自己自身の中から自己自身を超え自己自身を構成し行く、自己構成の過程でなければならない。すべて概念的知識というも、行為的直観的に把握せられた歴史的現実から成立し、之に於て証明せられなければならない。私はブリッジマンの物理的概念は操作的という考に同意せざるを得ない。認識形式というものも、歴史的に出来たものでなければならない。斯く云えば、知識を実用主義的に考えると思われるかも知らぬが、現れたものは有ったものであるが現るべく有ったものであり、矛盾的自己同一として自己自身を形成し行くものが実在であるのである。この外に所謂外界というものがあるのではない。私は実用主義者の如く、主観的人間の立場から真理を考えるのではない。

## 四

私は歴史的世界の発展というものを考えないのではない。行為的直観というのは、一切が同時ということではない。唯、私は従来の認識論者の如き判断的認識主観というものから出立して、之に対して与えられたものは、単に質料的だとか、非合理的だとか云う如き考に反対するのである。弁証法と云っても、与えられたもの、直接的なるものは単にアン・ジッヒだという考にも同意できないのである。私の歴史的現実というものは、いつもアン・ウント・フュール・ジッヒである。行為的直観的に物が見られ、個性的に自己自身を構成する世界である。而して矛盾的自己同一として現実から現実へ行くのである（いつも触れることのできない絶対に触れて居る）。発展という以上、後のものが前のものに含まれていなければならない。併し後のものが前のものの単なる結果でもなければ、前のものは後のものの単なる準備でもない。そこには対象認識の立場から考えられる如き概念的連続は否定せられなければならない。いつも絶対弁証法的な歴史的構成作用が働いて居るのである。

無論、弁証法というのは運動でなければならない、自己矛盾的運動でなければならない。一面に於ては、アン・ジッヒ、フュール・ジッヒ、アン・ウント・フュール・ジッヒと、潜在から顕現へと考えられるであろう。併しその出立点としてのアン・ジッヒは、現れるものの単なるアン・ジッヒではなくして、それ自身がアン・ウント・フュール・ジッヒでなければならない。而してアン・ウント・フュール・ジッヒとして現れるものは、それ自身が又アン・ジッヒでなければならない。前のアン・ジッヒと考えられるものは、後のものに対して、独立的なものでなければならない、否、後のものを否定するものでなければならない。而も後者を否定することが自己自身を否定することであり、自己自身を否定して次の段階に行く、現実から現実へ行く。対象論理的には後の自己が前に潜在的であったと考えられるか知らぬが、そこに新な自己が生れたと考えることもできる。それが弁証法的な考え方であろう。弁証法とは創造の論理でなければならない。矛盾的自己同一の現実の底に徹底することが、新なるものを生むことである。それは個性的創造作用によって媒介せられると云うことでなければならない。抽象論理によって対立的に考えられたものの相互媒介によって達し得る立場ではない。故に絶対否定を媒介とするとか、無を媒介とするとか云い得るのである。而してそれは神秘的と云うことではなく、経験科学の方法でなければならない。科学に於ては、判断的主観というものが主となると云うでもあろう。併し科学は単に形式論理的なるものによって成立するのでなく、行為的直観的な公理によるのでなければならない。而して公理的なるものは、科学の発展の歴史によって変じ行くものである。知識は抽象的論理を媒介とするのは云うまでもない。現実が絶対矛盾の自己同一に基礎付けられるという時、それは自己表現的でなければならない。現実の自己矛盾は即ち現実を主語としての抽象的論理的矛盾でなければならない。併し知識というものが、形式論理的に構成せられるのでないことは云うまでもない。知識は行為的直観によって、即ち経験によって、個性的に構成せられるのである。而して行為的直観によって個性的に構成すると云うことが技術ということである。此意味に於ても学問も技術的と云うことができるのである（学問と技術と無造作に同一視するのではないが）。

現実が行為的直観的と云うのは、現実を単に受働的に見ると云うことでもなければ、行為が先行的だということでもない。我々の行為というものが種的であり、更に歴史的制作的であると云うのである。現実は個性的に自己自身を構成し行く。個性的に自己自身を構成すると云うことは、作られたものから作るものへとして矛盾的自己同一ということである。そこにはいつも主客の対立がある。併しそれは又いつも現在に於て、現在の主観と現在の客観との対立でなければならない。主観そのものとか、客観そのものとか云うものがあるのではない。現実は矛盾的自己同一として、自己否定を含み、自己自身を越えて、現実から現実に行く。そこに主客の矛盾対立があるのである。現在はいつもアン・ウント・フュール・ジッヒであり、現在に於てアン・ジッヒとして含まれて居るものは、現在の問題として、現在の課題として、含まれて居るのである。而して次の段階に於ては、我々は又次の問題、次の課題を有つのである。何処まで行っても単にフュール・ジッヒというものはない、それは又アン・ジッヒである、故にアン・ウント・フュール・ジッヒである。問題はいつも現在から生れるのである。

弁証法的一般者の世界が個性的に自己自身を構成すると云うことは、我々は形成せられるものとして種から生れながら、何処までも個として自己自身を限定することであり、我々の行為というのは歴史的・社会的である。故に、我々の歴史的生命とは物の世界を個性的に構成し行くことである。知識というのも、かかる構成作用に外ならない。問題は、歴史的・社会的個としての我々が物の世界を構成するより起るのである。故に我々の知識は行為的直観に基き、制作的である。歴史的身体的運動がその基礎となるのである。併し絶対矛盾の自己同一としての世界は、自己表現的でなければならない。歴史的・社会的個としての我々の行為は、表現的でなければならない。表現作用的ならざる個性的作用というものはない。歴史的現在に於て、いつも矛盾的自己同一的構成を中心として、即ち歴史的・身体的構成を中心として、その自己否定的方向、空間的方向に、自然科学的知識が構成せられ、その自己肯定的方向、時間的方向に精神科学的知識が構成せられるのである。而して歴史的生命の具体的内容として哲学的知識というものが成立するのである。

知識の成立には、先ず我々の歴史的生命の方向というものが掴まれていなければならない。そこから知識の方向というものが定まって来るのである。知識は唯抽象的分析から始まるのではない。何を如何に分析するかは、右の如き立場から定まって来なければならない。而してそういう立場は歴史的・身体的に把捉せられるのである。故にギリシャ哲学の分析の立場は、近世哲学のそれではない。加之《しかのみならず》、科学の公理の如きものに於ても、例えば、ホルデーンの云う如く、生物学の公理は行為的直観的に見られるものでなければならない。分析の一面には、全体が掴まれていなければならない。然らざれば、それは無意義の分析たるに過ぎない。全体は分析によって概念的に明になると云い得るであろう。行為的直観的に見られたものは、個性的に構成せられることによって客観的知識となるのである。そこには分析を通すと云うことがなければならない。それが知識発展の過程である。併し知識の立場として、抽象的分析の立場そのものというものがあるのではない。ヘーゲルの弁証法的論理の立場に於て考えられる対立と(対立ということは分析によるとして)、カントの認識論的立場に於て考えられる対立とは性質を異にするものでなければならない。

分析そのものの意義が異なっていなければならない。又知識発展の過程に於て、分析によって全体が明になると云っても、抽象論理的に分析せられたものの相互関係から全体が明になるのではない。知識作用というも、歴史的過程として単に与えられたものから始まるのではない。具体的には最始から分析と総合との矛盾的自己同一として作られたものがあるのである。而してそこにはいつも問題が含まれて居るのである。而して分析と総合とが相依り相助けて、具体的知識が構成せられて行くのである。

弁証法的論理とは最も具体的な物の見方である。故に立場なき立場とも考えられ、絶対知とも考えられる。絶対知ということは、対象的に絶対を知ると云うことでない。それは不可能であり、又対象的に知られるものは絶対でもない。具体的実在は自己自身を媒介するものでなければならない、矛盾的自己同一でなければならない。物と物との対立総合も、かかる立場から見られなければならない。分析というも、かかる立場からの分析でなければならない。而してそれは却って我々に日常的な歴史的身体的立場から物を見ることである。真の直接の立場は絶対媒介の立場でなければならない、矛盾的自己同一の立場から物を見ることでなければならない。ヘーゲルの「現象学」もかかる立場に於て理解し得るであろう。又全く反対の立場ではあるが、唯物史観的見方に於ても、それは弁証法的として、(「経済学批判」の緒論。方法)経済現象というものを、分析したものの総合として考えるのでなく、生きた全体の過程として見るのである。

# 日本文化の問題

一

私が今此題目によって述べようとする所は、歴史的事実について我国文化を研究し、それによって我国文化の特殊性を明にしようと云うのではない。それには自ら他にその人があるであろう。そういう研究の重要なることは云うまでもない。私はそれを尊重するに於て人後に落つるものではない。併し研究は隠す所なく蔽う所なく、美を美とし醜を醜として、何処までも公明正大でなければならない。而してそれによって深く世界歴史の根底に触れる底のものでなければならない。朝日に匂う山桜花と云う如く、由来我々をはぐくみ来った日本精神には、かかる公明正大なものがあると思う。学問的精神とは、かかる公明正大の精神に基くものでなければならない。東洋文化は教であり、西洋文化は学であるという語は最も能く支那文化に当嵌るのではなかろうか。神ながら言挙せぬ国と云うのは、議論の為に議論せない、概念の為に概念を弄せないと云うことであって、宣長が「其はただ物にゆく道こそ有りけれ」と云う如く（「直毘霊《なおびのみたま》」）、直に物の真実にゆくという意に解すべきであろう。物の真実に行くと云うことは、唯因襲的に伝統に従うとか、主観的感情のままに振舞うとかと云うことではない。何処までも物の真実に行くと云うことには、科学的精神と云うものも含まれていなければならない。それは己を空くして物の真実に従うことでなければならない、言挙せぬとは、我見を張らないと云うことでなければならない、真実の前に頭を下げると云うことでなければならない。それは唯考えないとか、妥協するとか云うことであってはならない。物の真実に徹することは、何処までも己を尽すことでなければならない。私は思う、東洋の世界観人生観の底には、西洋のそれに比して勝るも劣らないものがあった。支那文化も印度文化も、その根底に於て偉大なものがあった。然るにこの何処までも真実に行くという精神に乏しかったため、それは硬化し固定した。独り我国民が東洋に於て此等の文化の影響を受けながらも、西洋文化を消化し東洋文化の新なる創造者とも思われるのは、職として右の如き囚れることなく物そのものに行く日本精神に由るのではなかろうか。私は教を軽んずるのと云うのではない。学は真に人に道を教えるものでなければならない。それを離れて学と云うものはない。ソクラテスに始まったギリシャ哲学もそう云うものであった。歴史的進歩に伴って、学は無数に分化発展するであろう。併し何処までも中心に人と云うものがなければならない。唯、学は何処までも広義に於て人の学であると共に、教は真実の教でなければならない、物の真実に基いた教でなければならない。然らざれば、それは単なる独断であり、因襲であり、虚偽である。教は生々発展の教でなければならない、生命の教でなければならない。学と云えば、人はすぐに唯自然科学の如きものを考える。人間も身体的には自然科学的である。併し私は人間を唯自然科学的に考えようと云うのではない。自然には自然の真実があり、人間には人間の真実がある。人間の真実は社会的歴史的真実でなければならない。併し斯く云うも実在に二種あるのではない。実在は唯一の歴史的実在あるのみである。自然科学的実在も此内に入るのである。これが私の科学観である（哲学論文集第三の「経験科学」参照）。

日本文化の如何なるものかを明にするには、我々は我国の歴史を顧みて制度文物について研究するの外はない。始に云った如く、私はかかる研究を尊重すると共に、今日日本文化が世界文化として考えられ、世界文化として発展するには、それが如何なる意味に於て、又如何にしてと云うことが考えられねばならない、即ち問題とならなければならないと思う。而してそれは又東洋と西洋とが一つの世界となった今日、東洋文化が如何なる意味に於て世界文化として、将来の世界歴史に貢献するかと云うことであろう。外国語を知らないものは自国語について何も知らないものであると云われる如く、物は他と比較することによって、真にその物を知り得るのである。我々は自己を客観の鏡に映すことによって自己を知り、客観的に自己を知ることによって客観的に働き得るのである。然らざれば夜郎自大の謗《そしり》を免れない。単に特殊性を明にすると云うだけでは足りない。世界の日本として立たんとする今日の日本に於ては、特に此点が注意せられなければならない。それでは物と物とを比較して、物の特殊性を明にするとは如何にすることであるか。我々は普通に物と物を並べて、その異同を明にするのが所謂分類法である。併しかかる外面的な方法では、往々鯨は魚であると云う如き誤に陥り易い。尚一つは物そのものの構造から区別することである。例えば同一の種の生物は外面的に非常に異なったものであっても、その根本的構造に於て同一である。鯨の頸は短くシラッフの頸は長いが、共に哺乳動物として頸骨が七つであり、唯前者に於てはそれ等が付着して一つの様になって居るに過ぎないと云われる。かかる見方から物を比較し区別し行くことができる。生物の形態学という如きものは、かかる立場に立つものであろう。併し生物の形態と云うものは、又機能と離れて考えることはできない。かかる問題は機能の問題に進んで行かなければならない。生理学と形態学とは結合せなければならない。而して機能の問題は更に生物発展の問題にまで進んで行かなければならない。論理的に云えば、物を他と区別し物の特殊性を明にする、即ち真に物そのものを知るには、一般者と云うものがなければならない。物の大小長短を比較するには、尺度がなければならない。分類法に於ては、それは一般概念と云うものであろう。構造と云うものに於ては、それは構成的原理というものでなければならない。我々はそれを具体的一般者と云うのである。

従来我国に於て東西両洋の文化の比較と云うのは、西洋文化と東洋文化とを並べて、外面的に特徴を比較すると云うのが多いのでなかったろうか。西洋にはこういう説があるが、東洋にもこういう説がある、或は東洋にはこういう事があるが、西洋にはこういう事がないと云うの類である。ホモ・サピインスとして同じ人間の考える所、同じ物のあるのは云うまでもない。併し純なる学説の如きものであっても、歴史的背景を離れたものではない。

之を把握し之を論ずるのは、その歴史的地盤からでなければならない。それを生きたものとして把握せられなければならない。イズムと云う如き抽象概念によって比較する如きは、膚浅《ふせん》たるを免れない。例えば賢首大師《げんじゅだいし》の事事無礙《じじむげ》とヘーゲルの弁証法と云う如きものが、一見相類するが如く考えられても、一つは仏教的、一つはキリスト教的として、その精神に於て大いに異なるものでなければならない。又此方にこういうものが彼方にないなどと云っても、頸の長きものもあるが短いものもあると云う如く、一方に長なるものが、一方に短と云う如きことでなければならない。単なる記載に止まるのならば、尚それでもよいかも知れないが、両者の善悪優劣を論ずるのならば、我々は更に我々の歴史的生命の本質に返って考えて見なければならない。是故に私は我々に先ず歴史的生命の本質と云うものが、問題とならなければならないと思う。或一つの文化を取って、それが即文化とは云われない。若し生物の形態についてのゲーテの語をかりて云えば、文化原形と云うのは如何なるものであろうか。歴史的生命は、生物的生命の如くに種々なる環境に於て、種々なる形を取ると云うことができるであろう。併し嚮《さき》に哺乳動物の例について云った如く、人間の文化であるかぎり原形と云う如きものがあるであろう。種々なる文化は、かかる原形に於て、理解せられ比較せられねばならない。原形と云っても、固定せる形態を云うのではなく、無限に自己自身を形成するもの、形成作用的なるものを云うのである。そこから種々なる形成の方向と、その発展性とが考えられるのである。東西文化の対立及びその相互関係も、かかる立場から把握せられなければならない。私は今日我々は何処までも理論的研究を要する、即ち学を要すると云う所以である。知性的であり、理論的であり、何処までも物の真実に行くギリシャ文化に、源を発した欧州文化は、その背後に雄大なる理論を有って居る。而してそれによって種々なる文化を批判し、その発展の方向を論ずるのである。幾千年来種々なる文化の相克摩擦の結果、一つの理論的原型が構成せられたのである。而して彼等はそれを唯一つの文化原型と考えて居る。それによって文化形態の段階を考え、東洋文化を未発展の段階に於てあるものと考えて居る。東洋文化も発展すれば、彼等の文化と同じものとならざるべからざるものと考えて居る。ヘーゲルの如き偉大なる思想家でも然考えていたのである。私は此に問題があると思うのである。ランケの云う如く、ローマ以前の文化はすべてローマという湖へ流れ入り、ローマ以後の文化はすべてローマという湖から流れ出た。ローマ以来欧州諸国は一つの世界であったと云うことができる。各国それぞれ独自の文化を有するは云うまでもないが、それ等は一つの文化体系の種々なる方面と考えることができるのである。之に反し東洋は一なりと云うも、未だ欧州諸国が一つの世界であると云う如き意味に於て一とは云われないのでないかと思う。云うまでもなく、東洋文化には東洋文化に一貫した特色がある。併しそれは尚類概念的な一であって体系的な一とはなっていないのではなかろうか。東洋が真に一となるのは、之からと考えられるのである。我々は東洋文化の背後に、物の真実に行く理論をなければならない単に斯くあった、斯くあると云うのでなく、斯くなければならない。と云う理論が立せられなければならない。我々人間としての原型的なるものが求められなければならない。私は今日唯斯くあった、斯くあると云うことを以て、自ら足れりとすべきでないと思うのである。巨岳海水を隔てて発展した東洋文化の間には、西洋のそれに於ての様に烈しい相互否定がなかった。それが何処までも自己自身を否定して物の真実に行くという論理性に乏しかった所以でもあろう。併し今日は東洋諸国が単にそれぞれの特殊性に安んじて居ることができない。世界が真に一つ世界となったのである。昔、ローマが武力によって欧州を一つの世界とした。今は英国の自由貿易が世界を一つの世界とした。而してその背後に近代科学の発展と云うものがあるのである。今日は何れの国も、世界から離れて単に孤立的にそれ自身としては立てない。現在の欧州がそれを事実上に証明して居るのである。これまでは諸《もろもろ》の国々は世界に於て横に並んでいた、世界は空間的であった。今は世界は縦の世界となった、時間的となった。今日世界を抽象的と云うものは、現実に目を蔽うものと云わざるを得ない。従来は世界と云えば抽象的と考えられた、併し今日は世界が具体的なのである。今日世界の各国がコスモポリタン的な世界主義に反して民族主義に還らなければならないのは、世界と云うものが抽象的なるが故ではなくして、世界が具体的となった故でなければならない、横の世界が縦の世界となった故でなければならない。これまでは世界は思惟の抽象的媒介に過ぎなかった。今日は世界は我々の具体的生命の媒介であるのである。我々は具体的世界の一角として自己自身を維持せなければならない。それが特殊が一般となると云うことである。特殊がそのまま直に一般となることはできない。

幾千年来我々を孚《はじく》み来った東洋文化の底には、論理と云うものがないであろうか。我々の人生観世界観はそれ自身に独特な物の見方考え方、それ自身の論理を有たないであろうか。それは多くの人の考える如く単に情と云う如きものであろうか。私も日本文化が情の文化であると云う如きことを否定するものではない。私は日本文化をリズミカルなどと云った。併し我々は物の真実に行くことによって、真に創造的であり、真に生きるのである。我々は我々の生活の底から、かかる我々の生き方を論理的に把握せなければならない。知情意と区別して之を対立的に考える如きは、能力心理学的な考に過ぎない。それでは東洋文化の物の見方考え方に於て、西洋文化のそれ等に対して独特な論理と云うものがあるであろうか。今日歴史的に東洋文化の特殊性を研究して居る人は別として、理論的に東洋文化の事物を論じて居る人々の多数も、西洋文化のそれによって論じて居るのではなかろうか。然らざるものは、特殊を直ぐ一般として用いて居るに過ぎない。主観的な希望とか要求とかを直に原理の如くに考えて居るのである。論理は今日西洋文化に於ての物の見方考え方の外にはないのであろうか。それが唯一つのものとして、東洋文化に於ての物の見方考え方は、単にその未発展の状態と考うべきであろうか。此問題を決するには、我々は歴史的世界に於て論理というものの成立の根源、及びそれに於て有つ役目に遡って、そこから此問題を考えて見る外にない。我々が物を考えると云うことも、その根底に於て我々の歴史的生命の自己形成作用として歴史的操作に外ならない。私は偉大なる論理の体系的発展として今日の西洋論理を認めるに吝《やぶさか》なるものではない。而して我々は之を世界的な論理として先ず之を学ぶべきであろう。併し西洋論理と云えども、それが歴史的生命の自己形成の形式として、歴史的生命の特殊相を離れたものであろうか。形式的な抽象論理と云う如きものは、何処でも同じものであろう。併し具体的知識の形式として具体的論理は、歴史的生命の特殊相と離れることはできないであろう。西洋文化の行方が文化の唯一の行方であろうか。私はすべて生命の発展と云うものが然ある如く、文化と云うものも唯一筋道ではなく、種々なる行方があるのであろうと思う。生物の進化発展と云うことも、我々人間へと云うことの外に色々あったのかも知れない、否現にあるかも知れない。私はかかる場合、私の云わんとする所を明にするため、屢々《しばしば》リーグル学派の芸術論を引用するのである。従来の西洋の芸術学者は専らギリシャ芸術を研究し、所謂古典芸術を標準として芸術を論じた。ローマ晩期の芸術と云う如きものは無視せられていた。併し古典芸術が即芸術ではない。ローマ晩期の芸術の如きも、既にそういう標準によっては論ぜられない。この派のヴォリンゲルは又ゴティークの芸術について、その形成的形相の古典芸術のそれと異なることを明にして居る。更にエジプト芸術と云う如きものは、ギリシャ・ローマの芸術とは相反する傾向のものとも考えられるであろう。そこでリーグルは芸術の本質を芸術意欲に求めた。要するに歴史的形成作用に求めたのである。私は今リーグルの芸術論に入る暇はないが、そこから種々なる芸術がその特殊相として考えられると共に、古典芸術も一種の特殊相として考えられるのである。リーグルはそれを平面の芸術として論じて居る。何処までも理論的な西洋文化の世界性には、我々は何処までも学ぶべきであると思うが、その根底として之を動かし居る生命と云うものに至っては、我々は必ずしも之と流を共にするとは云い得ない、従ってそれによって生きると云い得ないものがあると思う。而して我々をして然思わしめるものには、一層貴いものがあると思う。少くも私は然思うのである。我々は何処までも論理的に徹底的に、歴史的世界の構造、歴史的世界の形成作用と云うものに還って考えて見なければならない。真理に面するを恐れるものは、戦に臨んで敵刃を恐れるものに等しい。自己を立つるに急にして他に耳目を蔽う如きは、由来我々の日本精神ではない。日本精神は何処までも正々堂々公明正大でなければならない。天地正大気、粋然として神州に鍾《あつま》る、秀ては不二の嶽となり、発しては万朶《ばんだ》の桜となると云う。東洋に於ては孔子以来、西洋に於てはプラトン以来、哲学は政治と離れたものではない。併し哲学が徒らに政策に追従する時、それは曲学阿世たるを免れない。イデーのない政治は真の政治ではない。イデオロギイはイデーを含まなければならない。

私は西洋論理と云うものと東洋論理と云うものと、論理に二種あると云うのではない。

論理は一でなければならない。唯それは歴史的世界の自己形成作用の形式として、その発展につれて異なった方向を有つに至るのである。大まかに云えば、西洋論理は物を対象とした論理であり、東洋論理は心を対象とした論理であるとも考え得るであろう。心を対象とした論理と云うものはない、論理はいつも客観的対象の論理でなければならないと云うものもあろう。併し我々の自己と云うものも歴史的世界に於ての事物である。そのかぎり考えられるもの、論ぜられるものであるのである。而して物と云うのも、実は歴史的世界に於ての事物に外ならない。全然自己と云うものを離れて、単なる物というものはない。すべてが歴史的事物の論理に含まれなければならない。私は仏教論理には、我々の自己を対象とする論理、心の論理という如き萌芽があると思うのであるが、それは唯体験と云う如きもの以上に発展せなかった。それは事物の論理と云うまでに発展せなかった。私は先ず西洋論理と云われるものを徹底的に研究すると共に、何処までも批判的なるを要するのである。今日東洋の研究と云うのは、研究の対象を東洋的方向に向けると云うのであって、深く東洋的な物の見方考え方を反省して、新らしい物の見方考え方を把握するのと云うのではない。対象を新にすることは、見方考え方を新にすることではない。而も今日は極めて容易に学問に日本的という語が冠せられるのではなかろうか。学問は理論を有たねばならない。而してそれは単に或民族の民族性というだけのものでなくして、世界的に働き得るものでなければならない。数学や物理学の如きものにも、ドイツ的とかイギリス的とかフランス的とか云うものがあるであろう。併しそれは数学や物理学が民族性に従って色々あると云うことではない。数学や物理学は一でなければならない。唯それに種々の研究の仕方があるのである。精神科学と云う如きものは自ら自然科学とは趣を異にするものがあるであろう。併しそれも歴史的事物の学として、何処までも客観性を有ったものでなければならない。性情は直に学問ではない。思想の武器も科学的でなければならない。

二

我々が此処に生れ、此処に働き、此処に死に行く、この歴史的現実の世界は、論理的には多と一との矛盾的自己同一と云うべきものでなければならない。私は多年の思索の結果、斯く考えるに至ったのである（「哲学論文集第三」絶対矛盾的自己同一）。世界とは無数なる物の集合と考えられる、無数なる物の合成として決定せられた一つの形と考えられる。併し現実の世界と云うのは、何処までも物と物とが相働く世界でなければならない。唯一的に決定せられた此現実の世界の形と云うのは、無数なる物と物との過去無限からの相互限定によって、即ち相働くことによって決定せられたものでなければならない。而して物と物とは此現実に於て働くのである。我々は此歴史的現実の世界から生れ、此処に働き、此処に死に行くのである。物と物とが相働くことによって一つの結果を生ずると云うことは、物と物とが相働くと云うには、物と物とは何処までも相対立するものでなければならない。併し単に無関係に相対立する物と物との間には、何等かの関係に入ると云うこともない。働くと云うには、何等かの関係に入らなければならない。何等かの関係に入ると云うには、両者に共通なものがなければならない、両者はそれに於て一でなければならない。例えば、物体と物体とが空間に於て相働くには、物体は共に空間的でなければならない。併し多が一となると云うことは、多が否定せられることでなければならない。対立がなくなること、働くと云うことがなくなることでなければならない。物と物とが相働くと云うのは、物と物とが何処までも相対立し相否定し合うことと考えられる、甲が乙を変じ乙が甲を変ずることと考えられる。併し右に云った如く、二つのものが相関係するには、両者に共通なものがなければならない。甲が乙を否定するとか、変ずるとか云うことは、甲が乙と共通なる場所を自己となすことによって、即ち自己が一般者となることによって、乙を自己となすと云うことでなければならない、甲自身が世界となると云うことでなければならない。而してそれは又多が一となることであって、甲が甲自身を否定することでなければならない。故に物と物とが相対立し相否定する、相変ずると云うことは、両者が共に自己自身を否定して一となることでなければならない。そのかぎり、両者は一つのものの変化と考えられねばならない、一つの世界の自己限定と考えられねばならない。故に物体の変化は空間の変化とも考えられる。併し唯一つのものが、一つのもの多が一となることでなければならない。

として変ずると云うことは考えられない。そのかぎり、それは働くと云うことがなくなることでなければならない。一は何処までも多の一であり、多は何処までも一の多でなければならない。多と一との矛盾的自己同一として現実の世界が考えられると云う所以である。我々は此世界を空間的・時間的と考える。空間的と云うのは、物と物とが何処までも並列的に相対立することである。時間的と云うことは、対立する物と物とが一つとなって行くことである。時とは何処までも相対立するものの統一の形式であるのである。普通には時は直線と考えられる。時に於ては対立と云うものはない、時は瞬間から瞬間へと変じ行くと考えられる。併し何処までも前後に関係なく単に瞬間が瞬間へと云うならば、時と云うものも成立せない。時の現在に於ては、過去は既に過ぎ去ったものでありながら未だ過ぎ去らないものであり、未来は未だ来らざるものであるが既に現れて居ると考えなければならない。然らざれば、時と云うものは考えられない。瞬間から瞬間へと云うことは、かかる時の形式に於て現在を極小とすることによって考えられるのである。かかる意味に於ては、時は空間的と考えられねばならない。併し時に於てはすべてが溶されて行くのである。何処までも空間的と考えても、すべてが一つの時に於てあると考えられるかぎり、真に物と物との対立と云うことはない。従って働くと云うことはない。物と物とが相働く世界、力の世界と云うのは、何処までも時間的なると共に空間的、何処までも空間的なると共に時間的な世界でなければならない。時間と空間との矛盾的自己同一の世界でなければならない。力の世界に於て物と物とが相働くことによって一結果を生ずると云うことは、一面に時に於て物と物との対立が否定せられて行くことでなければならない。而してそれは又一面に逆に空間に於て物と物とが対立することでなければならない。故に力の世界に於て、空間的に物と物とが対立すると云うことは、時に於てそれが一となって行くことでなければならない。力が亡び行くことが生れること、生れることが亡び行くことでなければならない。物理学者は此世界を時間空間の矛盾的自己同一として、種々なる物理現象を物理的空間の変化と考えるのである。物と物とが相働くことによって変じ行く現実の世界は、何処までも時間的なると共に空間的でなければならない、単に時間的過程としては、真の対立と云うものは考えられない（時間空間の相互矛盾的対立は、固《もと》かかる世界の矛盾的自己同一的変化から考えられるのである）。私がかかる世界を矛盾的自己同一的な場所とか弁証法的一般者とかと云う所以である。私の場所と云うのは、唯物を並べた空間と云う如きものを意味して居るのではない。

物質的世界と云うのも、右に云った如く、既に空間時間の矛盾的自己同一の世界、多と一との矛盾的自己同一の世界でなければならない。時間空間の相互補足性と云うのも、かかる世界の矛盾的自己同一を意味するものであろう。併し物質的世界と云うのは、かかる世界の何処までも空間的方向に考えられたものである。否、考えられたものと云うのではない。かかる世界は、その多的対立の方向に於て何処までも物質的であるのである。併し物質的世界としては、時は単に相対立するものの結合という以上に独自性を有たない。多の一の世界であって、一の多の世界ではない。世界は何処までも唯多の一として動いて行く。かかる世界の矛盾的自己同一的に動き行く形が、物理的法則であるのである。時は単に相対立するものの結合以上に独自性を有せないが故に、かかる見方からは、世界は何処までも同じ世界の繰返しと考えられる。物質の不変、力の不滅が信ぜられ、ラプラースの様に計算によって未来が予知できると考えられる。それが世界の機械論的見方である。併し世界を何処までも多の一として考えることは、世界を物と物との単なる対立の世界と考えることである、真に物と物との相働く世界を考えることではない。真に物と物とが相働き矛盾的自己同一として自己自身から動き行く世界は、個物相互限定の世界でなければならない。世界の底に単なる多を考えることでもなく、単なる一を考えることでもない。世界を単に空間的に考えることでもなければ、単に時間的に考えることでもない。何処までも相対立するものの相互否定として物と物とが相働くと云うことは、上に云った如くその一が世界となることでなければならない、自己が世界となることによって何処までも他を否定すると云うことでなければならない。自己が世界となると云うことは、何処までも対立するものの統一として、自己が時となると云うことでなければならない(働くものは時に於て先立つもの、世界に於て時の位置を占めるものである)。何処までも個物的なるものは何処までも時間的なるものでなければならない。併し一つのものが世界となると云うことは、又上に云った如く何処までも一が一自身を否定し行くことでなければならない。時が対立するものの結合として何処までも相対立するものを統一し行くことは、時が空間的となり行くことであり、時が時自身を否定し行くこと、時が消え行くことでなければならない。何処までも個物的なるものの相互限定、個物と個物とが相働くと云うことは、物が消え行くことから生れると云うことでなければならない。生が死であり死が生であると云うことでなければならない。多は何処までも一の多として無でなければならない、一は何処までも多の一として無でなければならない。故に限定するものなき限定、絶対無の自己限定と云う、有即無無即有である。かかる多と一との絶対矛盾的自己同一として有るものは、絶対的一の自己限定として、全体的一的に決定的でなければならない。有は何処までも有でなければならない。現実として決定せられた世界の形は過去の過去から因果必然的に決定せられたものとして何処までも動かすべからざるものでなければならない。我々の自己も、かかる世界の自己形成から生れるのである。併しそれは同時に絶対的多の一として、何処までも個物相互限定の世界、個物的多の世界でなければならない。決定せられた現実の世界は、何処までも多と一との矛盾的自己同一として決定せられたものとして、何処までも否定せられ行くもの、変じ行くものでなければならない。故に作られたものから作るものへと云う、形が形自身を限定するとも云うのである。世界は単に個物的多の世界、多の一の世界として機械的世界ではない。又単に全体的一の世界、一の多の世界として合目的的でもない。多は何処までも多、一は何処までも一として、而も絶対矛盾的自己同一的に自己自身を限定する世界は、自己自身を形成し行く世界、創造的世界でなければならない。我々はかかる世界の個物として、創造的世界の創造的要素であるのである。我々の於てある此歴史的現実の世界は、単に多から一へとして機械的に考えられる世界ではない、又単に一から多へとして合目的的に考えられる世界でもない。単に機械的因果の世界ならば、生命と云うものすら考えられない。又一の多として合目的的と考えても、我々が個物的に働くと云うことは考えられない。全体的一の自己形成として、唯生物的生命と云うものが考えられるに過ぎない。そこには自由と云うものはない、制作即ちポイエシスと云うものはない。此歴史的現実の世界は、我々がそこから生れそこへ死に行くのみならず、我々が此処に物を作り、作ることによって作られて行く世界でなければならない。我々が物を作ると云っても、世界の外から世界を動かすとか変ずるとか云うのではない。我々は歴史的社会的に生れ、技術的に物を作り、作ることによって自己自身を作り行くのである。作られたものは私によって作られたものでありながら、何処までも客観的として私に対して立つものであり、逆に表現的に私を動かすものである、私のみならず他人をも動かすものである。歴史的世界に於ては、印度やギリシャの古代民族の作ったものも我々に現前して居るのである、我々は之から動かされるのである。それ等は尚歴史的現在に於てあるのである、生物の本能的動作は全体的一としての世界の合目的的形成から考えられるであろうが、ホモ・ファーベルとして人間の行動は何処までも作られたものから作るものへとして、多と一との矛盾的自己同一的世界の自己形成として成立するのでなければならない。かかる世界の個物的多として我々人間はポイエシス的であり、作られて作るものとして、その極限に於て我々は自由であるのである。絶対矛盾的自己同一的世界の個物多として、我々は自由意志的であるのである。

以上述べた如く、私は歴史的現実の世界を分析して、歴史的現実の世界は此の如きものでなければならない、然らざれば歴史的現実の世界と云うものは考えられないと考える。然るに普通には現実の世界と云うものを、或は機械論的に、或は合目的論的に、現実を否定した立場から現実を説明しようとする。考えられたものから考えるものを説明しようとするのである。私はかかる説明を拒むものではなく、逆に多と一との矛盾的自己同一の世界は、一面に何処までも機械論的に考えられる世界であり、一面に何処までも合目的論的に考えられる世界でなければならないと考えるのである。併しそれは我々がいつも歴史的現実の世界から然考えるのである。背理の様ではあるが、現実の世界から現実を越えた世界を考えるのである、我々の居る世界から我々の居らぬ世界を考えて居るのである。斯く云うのは、世界を主観主義的に考えるのではない。唯人間否定的に考えられる客観界と云うのは、何処までも人間に対立的に考えられたものであって、却って主観主義を脱したものではない。真の客観的世界と云うのは、我々の自己を越えて、逆に之を包むものでなければならない。我々の自己を以てその個物多となす世界でなければならない。此意味に於て私は徹底的客観主義者である。現実が現実を越えると云うは不可能と云われるであろう。併し歴史的現実は単に決定したるものではない。それは唯考えられたことで真の現実ではない。主知主義的立場からは、現実と云うものが然考えられるのである。真の現実は我々を包み我々の生命に迫るものでなければならない、我々に生か死かの決を求めるものでなければならない。歴史的身体的な行為的自己が成立し得るか否や、そこに我々は真の現実に接して居るのである。歴史的現実とは、いつもかかる矛盾的自己同一でなければならない。我々が個物的なればなる程、かかる現実に対面するのである。我々はかかる世界の個物的多として思惟的であるのである。考えると云うことその事が、現実に含まれていなければならない。我々が考えると云うことが、歴史的操作であり歴史的事実であるのである。私が従来屢々《しばしば》論じた様に、個物の相互限定とは表現作用的と云うことであり、個物の相互限定の世界と云うのは表現的に自己自身を形成する世界でなければならない。機械的に相働く原子の如きものは、自己自身の内から自己を限定する個物ではない。それは唯他から動かされるものである。有機体に於ての細胞と細胞との関係に於ても、個物の相互限定と云うものは考えられない。細胞は何処までも自己自身の内から自己自身を限定する個物ではない。それは尚何処までも全体の部分という性質を脱したものではない。個物と個物との相互限定とは、私と汝と云うことでなければならない。ライプニッツの考は主知的であって、モナドと云っても、私の矛盾的自己同一的世界の個物的多に至らないが、知覚とは多を一に於て表出することに外ならないという彼の考は個物相互限定の世界の根底に触れたものでなければならない。そこに始めて世界が意識的であり、意識的行為と云うものが成立するのである。ライプニッツでは個物的多と云うものが実在と考えられて居るが、それでもモナドは世界を映すと共に世界のペルスペクティーフの一観点であると云って居る。かかる多と一との矛盾的自己同一的関係は何処までも徹底的でなければならない。世界が多の一であると共に何処までも一の多でなければならない。我々は此世界から生れるのである。私は個物と云うものが先ずあって、それから世界が成立つと云うのではない。孤立的に私とか汝とか云うものがあって、その結合から社会が出来ると云うのではない。矛盾的自己同一として無限に自己自身を形成する世界の契機として個物的多と云うものを考えるのである。私と汝という我々の自己も、歴史的社会的世界の自己形成の契機として成立するのである。我々の自己は矛盾的自己同一的な歴史的社会の自己形成から形成せられるのである、歴史的社会的に生れるのである。故に私は動物の本能的世界に於ても、本能と云うものが既に単に機械的でもなく、生理的でもなく、如何に朦朧であっても意識的であるかぎり、そこに個物的なるを認めるのである。個物が世界を映すことによって欲求的であるのである。而して我々の自己と云うものも、歴史的世界の外に遊離して居るのでなく、歴史的身体的に此世界から生れるのである。我々の自己は本能的なるものを否定し之を越えると考えられると共に、歴史的身体的なるかぎり何処までも之を脱することはできない。人間の生命は動物の生命を一極として有ち、動物の生命は人間の生命を一極として有つと云う所以である。歴史的世界の自己形成即ち歴史的生命の両極と云うことができる。その根底に一を考えることも多を考えることもできない。矛盾的自己同一の世界は、何処までも表現的に自己自身を形成する世界でなければならない、作られたものから作るものへの世界でなければならない。歴史に於ては与えられたものは作られたものと云う所以である。現在は何処までも決定せられたものでありながら、否定せらるべく決定せられたものであり、現実はいつも現実を越えて居る。現実は矛盾的自己同一として、何処までも自己自身の内から自己自身を越えて行くのである。今日の物理学に於てもドゥ・ブロイなどは云う、プリズム分析の前に七色が白色の中にあったかという問に対して、我々は然りと答える、併しそれは唯実験によって我々が知り得る可能性としてあったのであると。物理的操作を離れて物理的実在界と云うものがあるのではない。かかる意味に於て、物理的実在の世界も歴史的実在の世界の内に包括せられるのである。而してそれは右にも云った如く世界を主観的に見ることではなく却って何処までも客観的に物の真実に行くことでなければならない。矛盾的自己同一として世界を表現的に自己自身を形成すると考えることは、世界を主観的に考えることではなく、却って我々の思惟もそこからという世界を考えることであるのである。歴史的世界の個物的多として我々の思惟と云うのも、表現的に自己自身を形成する歴史的世界の自己形成の性質を有ったものでなければならない。我々の行為は行為的直観から起るのである。絶対矛盾的自己同一の世界の個物として何処までも自己が世界を映すと共に自己が世界の一観点であると云うことより起るのである。我々がポイエシス的に物を見る所、我々の自己がそこからそこへと考えられる所、そこに歴史的世界の自己形成があり、客観的世界と云うものがあるのである。直観と云うのは非思惟的と云うことでなく、世界が矛盾的自己同一的に自己自身を形成する所が行為的直観的であるのである、我々の行為がそこからそこへと考えられるのである。操作によって直観の性質が異なるのであるが、科学的実験と云うのも、かかる意義に於て行為的直観であるのである。今此書に於て此等の問題に深入りすることはできない。委細は私の「哲学論文集」に就いて見られんことを望む。此処には唯私が此書に於て云わんと欲することの根拠として、私の根本的思想の要点を述べたのに過ぎない。

周知の如くアリストテレスは「形而上学」に於て、原因と云うものが四種に考えられると云う、而して形相因、質料因、動力因、目的因とに分けて居る。今日の科学では、主として動力因と云うものが考えられる。目的因と云う如きものも、全然考えられないでもないであろう。形相因に至っては、今日単に主観的と考えられるだけである。併し歴史的現実をそれ自身から動き行く真の具体的実在と考えるならば、現実の形と云うものが実在的でなければならない。それは我々の自己から投射したものではなくして、我々の自己と云うものがかかる世界の自己形成の形成作用として働くのである。我々の身体と云うものも、かかる意味に於て形成せられ形成するものである。物理的実在と考えられるも、我々の身体的操作を離れたものではない。何処まで行っても、そこからそこへでなければならない。思惟の内容と云うものも、歴史的社会的に形成せられるものでなければならない。歴史的社会と云うものは、形を有ったものである。否、それ自身が矛盾的自己同一的な一つの形成作用である。但、質料因から離された形相因と云うものは、抽象的であって、主観的たるに過ぎない。私の現実の形として客観的形相因と云うのは、形相が質料を質料が形相を限定し、所謂形相と質料との矛盾的自己同一として自己自身を形成し行く形成作用を云うのである。私の所謂多と一との矛盾的自己同一としての弁証法的な形を云うのである。単なる形相は抽象的観念に過ぎない如く、単なる質料も何物でもない、無に過ぎない。ギリシャ哲学に於ても、既に単なる質料は無と考えられた。私の云う所の形とは、主体が環境を環境が主体を限定し、主体と環境との矛盾的自己同一として自己自身を形成し行く世界の形、即ち我々がポイエシス的に物を見、見ることから働く形を云うのである、即ち歴史的生産作用を云うのである。ヘーゲルに於ては、主体的方面、即ち私の全体的一という方向が基となって居るが、ヘーゲルの弁証的イデーと云うのも此の如き形でなければならない。かかる立場からヘーゲルが自然をイデー・アウセル・ジッヒと考えた如く、全体的一を否定した多の一の世界として、単なる動力因的世界を考え得るであろう。歴史的世界が同時存在的と考えられる時、動力因的となる。動力因と云うのは、形相因の一方の極限として考えることができる。ポイエシスと云うものを中心として実在界と云うものを考える時、斯く考えることができる。世界成立の理由としてライプニッツの充足原理と云うものも、右の如き意味に於て形相因と考うべきであろう。それは動力因と目的因と一となったものと云い得るであろう。

私は屢々《しばしば》ポイエシスというギリシャ語を用いるが、ポイエシスとは物を作ることである。例えば大工が家を建てることなど、ポイエシスである。併し私は此語を広く深く歴史的作為と云う意義に用いて居るのである。ギリシャでは此語は広く深い意味に用いられるかと思う。アリストテレスが水鳥の足に蹼《みずかき》ができる如き場合にも、自然が作ると云い、ポイエーという語を用いて居る。無論ギリシャのポイエシスには歴史的意義はないが、私は此語によってその背後にいつも歴史的なものを考えて居るのである。大工が家を建てると云うことも、歴史的世界に於て歴史的制約の下に成立する事柄として、歴史的作為であるのである。作為と云う如き語は主観的にのみ考えられる恐あるから、学術語として姑《しばら》くポイエシスという語を用いて居るのである。蹼ができると云う如きことと、家を建ると云う如きこととを一緒に考えるは、無造作に過ぎると云われるであろう。私はそれに対して多くの云うべきものを有って居る。併し今此処にその問題に入ることはできない。例えば、歴史的に形成せられるものは、全体的一と個物的多との矛盾的自己同一的に形成せられるのであり、前者は全体的一の方向に（主体的方向に）、後者は個物的多の方向に（環境的方向に）、考えることができる。苟《いやしく》も歴史的世界に出るものは、かかる相反する両方向の矛盾的自己同一に由らなければならない。種々なるポイエシスは此立場からでなければならない。

三

我々は生命と云うものを考える時、いつも単に有機体を中心としてそれと環境との関係を考える。無論環境と云うものなくして主体と云うものはなく、主体が環境を限定し環境が主体を限定するのであるが、多くの人は唯主体を中心として環境との相互限定を考えるだけである。併し生命の現象と云うのは、具体的には矛盾的自己同一的世界の自己形成として考えられなければならない。

トポロジイ的心理学者レヴィンはアリストテレス的な物の考え方とガリレイ的とを区別して云う。アリストテレス的な物の考え方にては、物を主として之に対し何等かの動揺を与えるかぎり、環境を考える。ヴェクトルが物と環境との関係からでなく、物によって定められる。例えば、軽い物が上に昇り重い物が下に落るという傾向は、物そのものに潜在的と考えるのである。然るにこれに反し近世物理学では、それは物と環境との関係から導かれる、重さそのものがかかる関係に依存すると考えるのである。ガリレイの落体の法則の研究に於ての如く、すべて具体的な個物と具体的な位置との関係から、物の過程を考えるのである。それが実験物理学である。心理学もかかる立場を取らなければならない。心理学的法則は生活空間から導かねばならないと (Lewin, Dynamic theory of personality)。要するに、すべての科学的法則が矛盾的自己同一的世界の自己形成から、即ち歴史的空間から導かれねばならないと云うこととなるであろう(「経験科学」参照)。

我々は有機体と云うものを考える時、部分が何処までも全体の部分であると共に、部分が独立的であり、部分が全体を宿すと考える。例えば我々の身体は無数の細胞から成立して居る。単一なる生殖細胞の無限なる自己分裂から成長する。それは全体的一の自己形成と考えられると共に、細胞はそれぞれの独自性を有し、それぞれに生きたものでなければならない。全体的一が細胞の統一として構成せられて居ると考えることができる。細胞が生きるかぎり全体が生きて居るのである。細胞が生きると云うことは、細胞が独立性を有つことである。而してそのかぎり、又それは全体的統一を破る可能性、反逆性を有って居ると云わなければなるまい。細胞が全体的統一に叛くのが病気である、その極が死である。嘗《かつ》て「論理と生命」に於て云った如く生命と云うものは、いつも病気を含む、否死を含むことによって生命であると云うことができる。有機的生命と云えども、既に個物的多と全体的一との矛盾的自己同一と云うことができる。無論細胞は何処までも身体の細胞である、一の多である。全体的一に対しそれぞれの機能を果すかぎり細胞である。併しそれが単に一の多となれば、全体的一はもはや有機体ではなくして単なる機械となる。生命と云うものはなくなるのである。かかる身体と細胞との問題は、之を突き込んで行けば、主体と環境との問題に入らねばならないであろう。環境と云うものなくして、生命と云うもののないことは云うまでもない。生命は環境を自己に同化することによって生きるのである。環境と云うのは物質界であり、環境を同化すると云うことは物質を或形に形成することである。かかる意味に於て生命とは形成作用である。生命が環境を同化するのは細胞作用によるのである、自己を個物的多として環境を同化するのである。細胞は物理的・化学的に作用する、物質的である。その意味に於て環境的である。併し生命と云うのは単に多の一ではなく、細胞的作用と云うのは単に物理的・化学的ではない。多は何処までも一の多でなければならない。そこに生命の問題は世界の矛盾的自己同一の問題にまで進んで行かなければならない。生物的生命と云えども、矛盾的自己同一的世界の自己形成としてのみ考え得るのである。云うまでもなく生理現象と云うものも何処までも物理的・化学的に説明せられるのであり、又科学的には何処までも然為すべきであろう。併しホルデーン等の云う如く生命の直覚と云うものが生物学の公理となるのである。We perceive the relations of the parts and environment of an organism as being of such a nature that a normal and specific structure and environment is actively maintained. This active maintenance is what we call life, and the perception of it is the perception of life. The existence of life as such is thus the axiom on which scientific biology depends. と云って居る。生物の基準的な形と云うのは唯統計的に現れる形ではなく、自己自身を形成し行く個性的な形でなければならない。物理的・化学的な時間空間因果の世界の枠の中に生物的生命の現象を入れることはできない。私は前に時と云うのが互に独立的なるものの結合統一の形式であると云った。世界と云うのは何処までも時間空間の矛盾的自己同一として作られたものから作るものへと動いて行くのであるが、物理的世界に於ては時が空間的である、時は単に空間に即して考えられる。故に時が真に独立的なるものの統一とは云われない。時は等質的である、世界は唯同じ世界の繰返しに過ぎない。時そのものが独自性を有たない。世界が何処までも同時存在的と考えられる。然るに元来時が独立的なるものの統一と云うことは、(非連続の連続として)物が時に於て消えて生れると云うことである。併し唯同じ物が消えて生れる、単に同じ変化の繰返しと云うならば、時と云うものはないと云うのも同然である。時によって物が変ぜられて行く、時は一瞬の前に返ることもできない、物は永遠に再び同じ流に入ることはできないと考えられる。併し然云えば時そのものもなくなるの外ないであろう。時の現在に於ては過去は既に過ぎ去ったものでありながら尚過ぎ去らないものであり、未来は未だ来らないものであるが既に現れて居るのである。かかる矛盾的自己同一として時の形式と云うものが成立するのである。時に於ては一度的なるものが相対立し相限定する。無限の過去と未来と隔てて物と物とが相対し相働くと云うことができる。異質的なるものの総合統一の形式として、時が独自性を有つと云うことができる。具体的な世界は時の独自性を有った世界、何処までも時間的な世界である。生物の生命現象と云うのは、かかる世界に於て考えられるものでなければならない、即ち時間的空間に於て考えられるものでなければならない。生物の細胞作用と云うものは、何処までも物理的・化学的に考えられるものでなければならない。併しそれは時間的空間に於て特殊なる一つの世界を形成するものでなければならない。此世界を何処までも空間的と考える時、此世界は等質的である。併し時間的と考える時、此世界は異質的でなければならない。細胞の運動は、世界の同時存在的面に於ては、他の物質と異なる所はないが、時間的空間、私の所謂歴史的空間に於ては、異なった曲線を描くものでなければならない。世界を何処までも同時存在的と見るならば、生命現象と云う如きものはない。生命の現象は時間的でなければならない。過去未来を含む現在に於て見られるのである。それは歴史的空間の曲率でなければならない。

私は初に此歴史的現実の世界は何処までも物と物とが相働く世界、多と一との矛盾的自己同一の世界と云った。物と物とが相働くと云うことは、物と物とが一つの時の流に入ることであり、物と物とが互に消え行くことである。併し物と物との対立がなくなると云うことは、働くと云うことがなくなることである。物と物とが相働くと云うには、何処までも一となることが多となることでなければならない。一が多の一、多が一の多でなければならない。時は何処までも空間的でなければならない。相働く物と物とは何処までも空間的に対立的でなければならない。我々が働くと云うことから、此世界があるのである。否、矛盾的自己同一的な此世界の個物的多として我々は働くのである。此世界に於て物と物とが何処までも対立的と云うことが、此世界が空間的と云うことであり、物と物とが何処までも一となると云うことが此世界が時間的と云うことである。対立的なるものの統一として時と云うものが考えられるのである。空間は自己自身を否定することによって実在的空間であり、時は自己自身を否定することによって実在的時である。絶対時は絶対空間、絶対空間は絶対時でなければならない。時はその成立の根源に於て空間的であり、空間はその成立の根源に於て時間的であるのである。かかる矛盾的自己同一の世界に於ては、独立的なるものの統一として無数なる時が成立すると考えることができる。無数に異質的な時が成立するのである。無論それは逆に無数な時間的空間が成立すると云ってよい、即ち無数な世界が成立するのである。そしてそれは又無数なる生命の形が成立すると云うことである。矛盾的自己同一的な歴史的世界は、無数なる種の生命の世界である。種とは我々の行動のパラデーグマである。環境が生物を如何に刺激するか、生物が環境に対して如何に働くか。それぞれの動物に特殊な行動の仕方があるのである。それがホルデーンの所謂基準的な種的構造と環境との能働的維持と云うものであろう。我々人間の生命もかかる意味に於ての一種の種的生命であるのである。世界は何処までも対立的なるものの統一として無限に時間的であり、何処までも相対立するものの統一として無限に空間的である。全体的一と個物的多との矛盾的自己同一として、何処までも時間的に、何処までも空間的なる歴史的世界の種的生命は、何処までも全体的一と個物的多との矛盾的自己同一的でなければならない。個物は何処までも時間的に成立する、時間的に生れるのである。個物は時間的でなければならない。働くものは時間的に働くのである。時間的に働くと云うことは、世界が対立するものの統一として一つの時の流に入ることである。物と物とが働くと云うことは、自己が他を否定し他によって否定せられることである。逆にかかる矛盾的自己同一として働く物と物とが成立する。かかる意味に於て、個物は一の多として、種から時間的に生れる、何処までも全体的一の個物的多である。種の個物である、即ち身体的である。それが個物的多としての我々の運命である。併し世界が一つの時の流に入ると云うことは対立と云うものがなくなることであり、世界が消えて行くことである。時は空間的でなければならない、多の一でなければならない。個物は空間的に相対立するものでなければならない、時を否定するものでなければならない。一は多の一でなければならない。個物は種を否定するものでなければならない。個物は自由でなければならない。併し又種を離れて個物はない、種を否定することは個物自身の死である。故に種は個物の種、個物は種の個物として、矛盾的自己同一として種的生命と云うものがあるのである。多と一との矛盾的自己同一として、作られたものから作るものへと、形が形自身を限定すると云うことができる。種とは自己自身を形成する形である。そこに作ることが作られることであり、生れることが死することである。

右に云った如く、矛盾的自己同一の世界は、全体的一としての時間的方向に於て、無限に種的形成的である。歴史的空間は種々なる曲率を有つと云うことができるであろう。生物の細胞作用も、時間的曲率を極小とした歴史的空間に於ては、何処までも物理的・化学的現象に過ぎないであろう。併し時間的には、それは種的形成的でなければならない。それが一つの個体と云うものを形成するのである、即ち身体を形成するのである。身体と云うのは、世界が矛盾的自己同一的に自己自身の内に自己自身を形成する自己の像であるのである。矛盾的自己同一的に自己自身を形成し行く世界の自己同一的な形であるのである。生物の形と云うのは機能的である。機能と云うことは、全体と部分との関係から考えられねばならない。身体的個物即ち個体は世界を宿すと云うことができる（故に我々人間に至っては、身体に於て見ることが働くことであり、働くことが見ることであると考えられるのである）。私は嚮《さき》に物と物とが相働くと云うことは物と物とが相否定することであり、一が他を否定するということは一が世界となることによって他を自己となすことであると云った。

而してそれは又自己が自己を否定して他となることであり、両者共に自己自身を否定して一の多となることであるのである。何処までも個物相互限定の世界に於ては、個物は何処までも一つの世界となるのである。それ自身から動き行く歴史的現実の世界は、個物と個物との相働く個物相互限定の世界である。かかる世界に於ては個物は何処までも一つの世界であろうとする。そこに個物の個物たる所以のものがあるのである。併しそれは又何処までも個物が自己自身を否定することであり、一の多となることである。かかる個物と世界との関係は機械的とも合目的的とも云うことはできない。かかる関係は個物が世界を映すと云うことでなければならない。ライプニッツのモナドも斯くして考えられるものでなければならない。かかる個物が身体を有つのである、即ち個体的であるのである。我々の身体とは矛盾的自己同一的な世界を映すもの、世界の自己表現であるのである。ライプニッツが知覚とは多を一に於て表現することに外ならないということの深い意義も此に求められねばならない。故に生物は生物的に進めば進む程、生命現象と云うものが明となればなる程、身体というものを有つ、個体的となるのである。歴史的空間が時間的曲率を有つ時、即ち世界が種的形成的なる時、物は単に物理的・化学的ではなくして、細胞作用的である。生命は多と一との矛盾的自己同一と云った。細胞は何処までも全体的一から形成せられると共に、個物的多として独立的である。下等動物に於ては全体的一というものが明確ではないが、高等動物に至るに従って全体的一が明確となる、即ち個体的となる、身体を有つに至るのである。而して作られたものから作るものへと動いて行き、ここに始めて生命が歴史的意義を有つのである。歴史的現実の世界はその根底に全体的一を考えることもできない、個物的多を考えることもできない。多と一との矛盾的自己同一として世界は世界自身を形成して行く。全体的一的に、時間的に、何処までも自己自身を形成するとして主体的である。何処までも個物的多として空間的に全体的一を否定するとして環境的である。併し多と一との矛盾的自己同一として、世界が世界自身を形成し行く所に、我々の生命があるのである。主体が環境を限定し環境が主体を限定すると云う。環境なくして生命と云うものなく、生命なくして環境と云うものもない。全体的一としての我々の身体は、個物的多として細胞的に自己自身を環境化し、環境を同化すると共に、環境を同化することによって形成せられるのである。かかる矛盾的自己同一の極致に達すれば達する程、真の生命となるのである。生物的生命に於ては環境が尚外面的である、単に対立的である。個物的多として単に物質的である。かかる生命は尚環境的と云うことができる。生命が尚個物的多に依存する、主体が尚真に独立自由とならない。歴史的世界に於ては、何処までも単に与えられたものと云うものはない、与えられたものは作られたものである。生物的生命は尚作られたものに即して居ると云うべきである。未だ真に作られたものから作るものへとはならない。

歴史的現実の世界とは、全体的一と個物的多との矛盾的自己同一として、主体が環境を環境が主体を形成し、作られたものから作るものへと、何処までも自己矛盾的に動き行く世界、即ち自己自身を形成し行く世界である。実在界の法則と考えられるものは、かかる世界の自己形成の法則と云う性質を有ったものでなければならない。そこには発展の法則と生起の法則とが一である。目的因と動力因とが一つに考えられるのである。何処までも自己矛盾的に自己自身を形成し発展し行く世界が、自己同一として何処までも同時存在的に考えられる時、それは動力因の世界である、物理的世界である。併しそれは時の曲率を極小とした歴史的空間の世界たるに過ぎない。それは此歴史的現実の世界を何処までもその一方向に見ること、即ち空間的方向に見ることであって、何処までも歴史性を離れることではない。それを離るれば、実在界の法則という意義を失わなければならない。科学的法則ではなくなるのである。科学は何処までも操作的でなければならない。物理的法則と云うのも、自己自身を形成し行く歴史的現実の世界に於て、時の曲率を、極小とすることによって何処までも繰返されると考えられる法則でなければならない。物理的操作によって歴史的世界の具体的位置から導かれる法則でなければならない。歴史的現実の世界は一面に何処までも空間的と見られる。併しそれは矛盾的自己同一として何処までも時間的に自己形成的である。主体が環境を環境が主体を形成する。物理的世界と云うのは、かかる世界に於て、全体的一としての主体的方向を極小と考えたものである。矛盾的自己同一的世界は一面に何処までも主体否定の世界でなければならない、何処までも環境が主体を否定する世界でなければならない。併しそれは主体的でないと云うことではない。然らざれば、世界と云うものではない。世界は何処までも主体が環境を環境が主体を形成し行く世界、自己自身から動き行く世界、生命の世界であるのである。何処までも個物的多と全体的一との矛盾的自己同一として世界が生命的である時、右に云った如く個物は身体的となる。個物相互限定の世界とは、個物が主体的に環境を主体化して自己が世界となろうとする世界である。かかる運動が我々の身体的運動と考えられるものである。時間空間の矛盾的自己同一的に、所謂主客の矛盾的自己同一的に、形が形成せられ、形が形自身を形成し行くのである。斯く歴史的世界が身体的となると共に、歴史的世界は闘争の世界となるのである。個物が何処までも主体的に環境を主体化しようと云うこと、その事が無限の闘争であり、自己矛盾である。生命はその成立の根底に於て自己矛盾的であるのである。故に生命は死を含むと云う。加之《しかのみならず》、矛盾的自己同一の世界は、嚮《さき》に云った如く、何処までも空間的に時が否定せられると共に、無数に時の成立する世界である。そこには何処までも空間的に一なる環境に於て、無数なる主体と主体との闘争が成立するのである。個物は種の個物として主体的に環境と戦うのみならず、世界の個物として個物と個物と相戦う。時はその成立の根底に於て空間的であり、空間はその成立の根底に於て時間的である。矛盾的自己同一の世界に於ては、個物は何処までも時間的に種的に生れると共に、個物は世界の個物として相対するのである。種は個物的多として自己自身を否定して自己を環境化することによって生き、個物は自己自身を否定して種的に自己を主体化することによって生きる。併し種は世界の種であり個物は世界の個物である。絶対矛盾的自己同一として、世界は作られたものから作るものへと自己自身を形成して行く。そこでは何処までも主体は環境的であり環境は主体的である。歴史的世界に於ての環境と云うのは、過去未来を否定して単に同時存在的な物理的位置と云う如きものでなく、過去未来を含んだ歴史的存在と云うものでなければならない、歴史的位置と云うものでなければならない。そこから自己矛盾的にすぐ主体が成立するのである。作られたものから作るものへと我々が歴史的に創造的なる所に、我々は絶対矛盾的自己同一に触れて居るのである。歴史的創造作用に於ては、主体が即環境、環境が即主体であるのである。

矛盾的自己同一の世界では、それに於てあるものが相対立し、空間的に一である、即ち世界は多の一である。かかる方面に於ては何処までも物質的であるが、それが一の多として時間的であるとしては生命的である。而してそれが何処までも時間的として多否定的なる時、世界は全体的一として自己形成的となる。かかる場合、個物は世界を宿すものとして、個体的となり、身体的となる。かかる方向に於て我々は意識的となるのである、意識の世界が現れるのである。矛盾的自己同一の世界が一の多として何処までも時間的と云うことは、時が対立的なるものの統一の形式として、時が何処までも空間的となると云うことである。而してそれは逆に何処までも相対立するものが一として、一つの時の流に入ることである、空間が時間的となることである。此の如き何処までも徹底的な多と一との矛盾的自己同一の関係が表現的と云うことである。表出即表現というライプニッツのモナドロジイは始めてかかる関係を明にしたものと云うことができる。個物相互限定の関係は、私と汝と云う如く表現的でなければならない。モナドは世界を映すと共に世界の無限なペルスペクティーフの一観点であると考えられる。多の一の世界が一の多として、空間が何処までも時間的となる時、世界は表現的とならねばならない。絶対矛盾的自己同一の世界は表現的に自己自身を形成する世界でなければならない。自己自身を形成する世界の個物として、個体的に世界を宿すと考えられる個物は、表現的でなければならない。故に我々の身体は意識的でなければならない。かかる場合、私は歴史的身体的と云うのである。一が尚多の一として空間的統一的なる時、我々の身体は生物的である。併し一が何処までも対立するものの一として、多が一の多となる時、即ち世界が時間的・空間的なる時、かかる世界の個体として身体は意識的である。世界が個物相互限定の世界となればなる程、身体は表現作用的となるのである、意識的となるのである。ライプニッツの云う如く、知覚とは多を一に於て表出することに外ならない。意識と云うのは、身体的発展として現れて来るのである。而して意識作用と云うも、又それは何処まで行っても、かかる意味に於て身体的たることを失わないのである。身体と云うものを空間に即して生物的にのみ考える時、意識は身体を離れたものの如くに思うのである。身体と云うものなくして生命と云うものなく、身体は個体的として元来自己矛盾的存在であるのである。かかる自己矛盾の極限に於て我々は自覚的となるのである。生物的生命の世界に於ても、既に個物は個体的である、身体的である。動物の身体は空間的ではあるが、而も空間的に自己形成的である。それは機械ではない。生物的生命が発展するに従って、それは意識的となる、即ち本能的となる。本能と云うことは、個物が世界を宿すことである。個物が時間的として空間的に一なる世界から独立することである。本能と云うものも、既に個物相互限定の矛盾的自己同一的世界に於て成立するのである。それは既に単に合目的的な植物的生命を越えたものでなければならない。人間に至っては、本能は欲求となる。欲求とは個物が世界を映すことより生ずる自己形成の要求である。而してそれは逆に矛盾的自己同一的世界の自己形成の要求でなければならない。本能とは、空間的世界が自己矛盾的に即時間的として、自己自身を形成する自己形成の要求から始まる。故に主体的である。生物は本能的に環境を主体化することによって自己自身を形成して行く。併し何処までも個物相互限定の絶対矛盾的自己同一の世界の自己形成として、主体的と考えられるものは、歴史的社会的でなければならない。それは伝統と云う如き性質を有ったものであろう。而して主体と環境とが何処までも自己矛盾的に相互に形成する、即ち何処迄も作られたものから作るものへである。矛盾的自己同一的に主体即環境、環境即主体たる所に、個物の相互限定があり、個物が真の個物であるのである。而してそれは逆に世界が世界自身を限定すると云うことである。

# 四

私は生命と云うものが如何なるものなるかを明にした。それは何処までも多と一との矛盾的自己同一的な世界が自己矛盾的に自己自身を限定し行くと云うことに過ぎない。歴史的世界が作られたものから作るものへと自己自身を形成して行く過程であるのである。故に生命は一である。動物から人間へ進化したと云っても、人間は動物でなくなったのではない。動物の生命と云っても、既に自己矛盾的である。私は人間は動物を反極として有ち、動物は人間を反極として有つと云う所以である。人間も動物も創造物である。衆生である。但人間は作られたものから作るものへという歴史的生命の極致に立つものである。神其像の如くに人を創造したまえりと云う如く、矛盾的自己同一の頂点に立つのである。そこに人間は絶対矛盾的自己同一に面する、神に対して立つと云い得るのである。人間はその成立の根底に於て宗教的と云う所以である。

動物的生命と云えども、矛盾的自己同一的世界の自己形成として、作られたものから作るものへである。それは創造し行くことである。空間的・時間的世界が時間的に深くなって行くことである。併し動物的生命と云うものは、未だ世界の空間面を離れない、環境的である。多の一であって、一の多ではない。物質的と考えられる所以である。作られたものから作るものへと云っても、尚真に作るものと云うものは現れない、寧《むし》ろ作られたものから作られたものへである。それは尚矛盾的自己同一的に個物相互限定の世界ではない。絶対矛盾的自己同一の世界は、過去は既に過ぎ去ったものでありながら未だ過ぎ去らぬものであり、未来は未だ来らざるものでありながら既に現れて居るものであり、現在が過去未来を包む世界、時が対立するものの統一として何処までも空間的なる世界、逆に空間が力の場として何処までも時間的な世界でなければならない。断絶の連続の世界でなければならない。ポイエシス的に物を見、見ることから働く世界でなければならない。かかる世界即ち歴史的世界に於ては、古代民族の作ったものも、我々に現在である。例えば、ギリシャの芸術も哲学も尚今日の我々を動かすものであるのである。今日の我々に於て尚生きたものであるのである。タルドの云う様に、リュクルゴスの立法もパリの議会に模倣放射となるのであろう。そこに単なる空間的連続として機械的因果関係とか、又単なる時間的連続として合目的的因果関係とか云うものを越えたものがあるのである。それは矛盾的自己同一的な歴史的空間に於ての出来事でなければならない。そこに個物が何処までも個物として一つの世界となることが、逆に自己矛盾的に世界の一角となることであるという個物相互限定の世界があるのである。他から考えることのできない独自的な歴史的実在性、否すべての実在性がそこから考えられる真の客観的実在性と云うものは、そこにあるのでである。かかる歴史的世界の自己矛盾的発展として、人間の生命と云うものが出て来るのである。矛盾的自己同一的に、主体が即環境環境が即主体と云うべき自己自身を形成する人間的生命と云うものが出て来るのである。人間の生命と云うも、歴史的生命の自覚に外ならない。人間の生命を斯く考えるならば、それは動物のそれとは歴史的生命の両極に立つと云うことができる。併しそれは身体を越えるとか否定するとか云うことではない。却って矛盾的自己同一的な身体的形成を何処までも進めて、その極限に至ることである。我々は矛盾的自己同一的なポイエシス的自己即ち身体的自己の一方に、之を越えて単なる物質界と云うものを考えることができ、逆に他の一方に単なる意識界と云うものを考えることができるであろう。併しそれはいつも此のポイエシス的自己の自覚の立場から考えられるのである。そこからそこへである。又歴史的世界は実践の世界と考えられる。併し実践と云うことは、意識的に然考えることではなくして身を以て行うことでなければならない。身体を通さない実践と云うものはない。プラクシスの世界へはポイエシスが通路とならなければならない。逆に絶対矛盾的自己同一的なプラクシスの世界はポイエシスの世界でなければならない。

個物的多と全体的一との矛盾的自己同一として、空間的なると共に何処までも時間的なる世界に於ては、個物は原子的ではなくして個体的だ即ち身体的だと云った。それは空間時間の矛盾的自己同一として作られたものから作るものへという世界に於ては、個物は形を有つと云うことである。その一々が自己自身を形成する能働的な形であると云うことである。個物が世界を映すと共に逆に世界の一観点であるモナド的世界に於ては、個物は形を有ったものでなければならない、而して作られて行くものでなければならない。かかる形と云うものが種と考えられるものである。それは矛盾的自己同一的な世界が全体的一として自己自身を形成する自己形成の仕方であると共に、個物の行動のパラデーグマである。否、個物は此世界に於てそれによって生れ働き死し行くのである。人間は絶対矛盾的自己同一の世界の個物的多である。何処までも個物的である、独立的である、自由意志的である。そこに我々人間と云うものがあるのである。併し人間と云うのも、矛盾的自己同一的世界の個物として、種的に生れ働き死し行くのである。そのかぎり、人間も生物的である、併し又そのかぎり人間が人間でない。人間は種的に生れるが、世界の個物として種を否定する所に人間と云うものがあるのである。無論単に種を否定すると云うのではない。生命は何処までも多と一との矛盾的自己同一である。故に人間は何処までも個物的多と全体的一との矛盾的自己同一として、作られたものから作るものへという絶対矛盾的自己同一の世界の自己形成によって、生れ働き死し行くのである。人間の個体と云うのは、かかる世界の自己形成を宿して居るのである、我々はかかる形によって生きるのである。故に我々は単に生物的種的に生れるのでなく、歴史的種的に生れるのである。歴史的種的とは社会のことである。社会と云うのは、矛盾的自己同一的歴史的世界が全体的一として自己自身を形成する自己形成の形である。社会と云うのはかかる矛盾的自己同一的な形として、我々が歴史的に生れると云うことは社会的に生れることであり、我々の行動は何処までも歴史的社会的であると共に、個物が何処までも世界の個物として独立的である所に、即ち個物が生きる所に、社会の生命があるのである。人間が単に独立的として非社会的となることは、抽象的となることに過ぎないが、全体的一が個体を否定し行くと云うことは生物的生命の方向に退化し行くことに過ぎない。

絶対矛盾的自己同一の世界は前に云った如く表現的に自己自身を形成する世界でなければならない。その底に単なる一を考えることもできない、単なる多を考えることもできない。個物と個物との相互限定と云うことは、私と汝との如く表現作用的に相限定することであり、表現作用的に相限定すると云うことは、互に自己自身を否定して物となって相見ることであり、作られたものから作るものへと云うことである。逆に作られたものから作るものへと、自己自身を形成する世界の自己限定として、個物の相互限定と云うことが成立するのである。作られたものからと云う時、個物が自己を否定して全体的一としての世界の中に入るのである、物となるのである。作るものへと云う時、個物が独立的となるのである、個物が成立するのである。作られたものから作るものへと云うことは、連続的に一から多へと合目的的と云うことでもなければ、非連続的に多から一へと機械的と云うことでもない。何処までも個物的多と全体的一との矛盾的自己同一と云うことである。そこには時が即空間、空間が即時であるのである。故にそこでは見ることが働くことであり、働くことが見ることである。見ると云うことは、我々が自己を否定して全体的一としての世界の中に入ることである、物となることである。作るものと云うことは我々が全体的一を否定して個物的多として働くことである。個物は自己自身の内に世界を映すことによって欲求的であり、絶対矛盾的自己同一的世界の個物として思惟的であり、構成的である。而して真に個物的であればある程、自己矛盾的に世界の構成要素として働く、物となって考え物となって働くのである。故に作られたものから作るものへという所に、世界は意識的であり、矛盾的自己同一的に自己形成的として理性的である。思惟の根底としての一般者と云うのは、矛盾的自己同一的世界の表現的自己形成の仕方に過ぎない。理性と云うのは、個人の頭の中にあるのでなく、何処までも客観的でなければならない。理性は世界の構成力でなければならない。理性は何処までも歴史的理性でなければならない。我々の生命が単に作られたものから作られたものへでなく、何処までも作られたものから作るものへとして絶対矛盾的自己同一的世界の個物なるが故に、我々は理性的であるのである（我々は当為的であるのである）。故に我々はかかる世界の個物として歴史的身体的であり、我々の社会は歴史的世界の自己形成として、即ち歴史的種として、世界の客観的自己表現を以て始まる、即ちミトス的なるものを以て始まるのである。そしてそれは作られたものからとしては全体的一であるが、多と一との矛盾的自己同一として、個物的多の方向に進むに従って理性的となる。種としての社会が自己自身を形成する世界となる。上に云った如く人間も動物である。併し人間の社会は動物的生活の連続として出て来るのでなく、逆に個物的多的に全体的一を否定する所に成立するのである。否、人間的生命とは単に動物的生命を否定することでなく、生命の矛盾的自己同一に徹することである、生命の根源に還ることである。具体的否定とは一面に根源に還ることでなければならない。

我々の生命も一面に何処までも環境に即して動物的であるのである。生命の世界と云うのは、作られたものから作るものへの世界である、矛盾的自己同一として形が自己自身を限定する世界である。見ることが働くことであり、働くことが見ることである行為的直観の世界である。かかる意味に於て非連続の連続たるかぎり、それは生産的であり、生産的であるかぎり、生命が連続する。かかる意味に於て、動物の世界も生命の世界と考えられるのである。併し動物の世界に於ては、作られたものが身体を離れない。個体が個体自身を作って行くのである。栄養と云うことは云うまでもなく、生殖と云うことも、個体が個体を作って行くと云うこと以上に出ない。個体が宿す世界の形と云うのは、尚真に矛盾的自己同一的な形ではない、自己自身を限定する形ではない。内が外外が内として、個体が自己自身を否定して世界となることが、逆に真に自己自身となることであると云うことはない。個物が自己自身を否定して、世界に於て物を見ると云うことはない。未だ多を一に於て表出すると云う知覚と云うものはない。要するに動物にはまだ世界と云うものはないのである。然るに人間の生命に於ては、作られたものが作るものを離れて、公のものとなるのである。作られたもの、生産物が、作る個体を離れて、世界に於ての物となるものである。而して逆に作るものを作るのである。何千年の昔、我々から遠く隔った地中海の半島に於て、ギリシヤ民族が生産した文化が、今日でも尚我々を動かし、我々を作るのである。我々の作ったものでありながら、作られたものは我々を離れて何処までも客観的に我々に対立するものであり、即ち見られるものであり、逆に我々を動かすものである。而してかかる主客の矛盾的自己同一の世界に於ては、我々が作ると云うこと、そのことがかかる世界の自己限定として起るのでなければならない。私の行為的直観的に物を見ると云うのは、かかる世界の個物として物を見ると云うことに外ならない。それが個体的として宿す世界の形と云うのは、何処までも矛盾的自己同一的でなければならない。それは自己自身を限定する形として、イデヤ的でなければならない。プラトンのイデヤと云うのも、元来多と一との矛盾的自己同一的な形と考うべきものでなければならない。プラトンも晩年の論理的な会話篇に於ては、斯く考えようとして居るのではないかと思う。ヘーゲルに至っては、イデヤは矛盾的自己同一的な動的イデヤとなった。故に何処までも矛盾的自己同一的な人間の生命に於ては、我々の個体的行為はイデヤ的なるものを見る、永遠なるものに触れると云うことがあるのである。歴史的種としての我々の社会と云うのは、矛盾的自己同一的な世界の種々なる自己形成の仕方と云うべきものであり、何処までも矛盾的自己同一的な世界として自己自身を形成するものでなければならない。動物の本能的群生活とは異なって、人間の社会には、最初から個人と云うものがあり、云わば制度的である。トーテムとかタブーとか云うものは、反社会的な本能的動向に対する抑制的意義を有するものであろう。個物的多と全体的一との矛盾的自己同一として、作られたものから作るものへという時、社会は世界の自己形成としてイデヤ的である。而して斯く社会がイデヤを宿すかぎり、それは道徳的主体として国家の名に値するものであるのである。

歴史的世界の自己形成に於ては、主体が環境を限定し環境が主体を限定する、人間が環境を作り環境が人間を作る。人間の歴史は或民族が或土地に住むことから始まる。民族と云うのは必ずしも同一の血と云うことでなくともよい。或民族が或土地に住むと云うには、そこに技術と云うものがなければならない。何等かの意義に於て技術と云うものなくして、人間が或土地に住むことはできない。技術とは人間と自然と、主体と環境とを結合するものである。動物も或環境に住むには、技術的なものがなければなるまい。併し動物のそれは、本能的であり身体の延長に過ぎない。動物は道具を有たない。真の意味に於て道具と云うものは、公の物でなければならない。甲の物であるが乙のものともなり得るものでなければならない、既に作られたものから作るものへと云うべき性質を有ったものでなければならない。技術と云うのは、固《もと》一個人のものではなくして社会的なものである、私の所謂矛盾的自己同一的な社会の自己形成から生れ、かかるものとして発達し行くのである。

例えば、或芸術家の技術にしても、如何にその人に独特なものであり唯一的なものであっても、その社会の歴史的発展として歴史的地盤から生れたものでなければならない。民族と環境とが技術的に結合して、作られたものから作るものへと一つの自己自身を形成する社会が成立した時、歴史的種として一つの歴史的主体が成立するのである。私は今環境から歴史的主体としての社会を考えた。併し社会は唯環境から考えられるものではない。環境は主体的なるかぎり、環境であるのである。単に環境と云うものがあるのではない。主体と環境との矛盾的自己同一として、主体と環境と云うものがあるのである。作られたものから作るものへと、自己生産作用として、社会は自己自身を維持するのである。社会の個性と云うのは、潜在的にあったものが現れるのでなくして、作られて行くものでなければならない。而してかかる形成作用が、絶対矛盾的自己同一の世界の自己限定として、そこに世界が世界自身を限定する、形が形自身を形成するかぎり、イデヤ的としてそれが文化作用であるのである。作られたものから作るものへと自己自身を形成し行く社会の自己生産作用が、自己自身を形成する能働的な形の作用として、そこに新しい形が生れる、新しい種が生れる。新しい人間が生れるかぎり、それは文化作用であるのである。作られたものから作るものへと云うことは、その絶対矛盾的自己同一の世界の自己限定として、創造的と云うことでなければならない、新な人間の形即ち新な人間の種が生れると云うことでなければならない。主体が環境を環境が主体を形成すと云うことは、絶対矛盾的自己同一として新な世界が成立する、新らしい人間が生れると云うことでなければならない。政治と文化との区別及関係の問題も、此の如き立場から考うべきであると思う。時間的・空間的な歴史的世界に於て、社会が歴史的主体として、主体的に自己自身を維持するには、技術的でなければならない。技術は社会的と云ったが、社会が全体的一として自己自身を維持する技術が政治と云うものであろう（之に反し個物的多として環境的に個人的技術と云うものが成立する）。マキアヴェリ的な政治の考は、かかる一面を極端に進めたものである。自然に対する人間の技術と云うものは、如何なるものでも政治を通じて我々に社会的身体的となるのである。例えば、科学の発達の結果如何なる機械が発明せられたとしても、それが我々の社会生活と結合するには、政治を通さなければならない。技術とは主体が環境を主体化すること、主体と環境とが一となることである。政治が技術だと云うのは、単に民族が環境と矛盾的自己同一的に一となると云うことではない。歴史的主体の環境となるものには、周囲の民族との関係をも含まなければならない。すべて政治地理的なものが入っていなければならない。否、すべて歴史的に作られたものとして与えられたものが入っていなければならない。加之《しかのみならず》、歴史的主体としての社会は自己自身の中に環境を有つのである（ホルデーンが内にも環境があると云う如く）。かかる環境と主体との結合として、私は政治を技術と云うのである。経済機構と云うものが、我々人間の社会生活の必然的な技術的組織として社会形態を決定すると云い得るでもあろう。併しそれは何処までも主体的として政治的でなければならない。而してそこには歴史的種的に生れるもの、時間的なるものが基とならなければならない。主体は単に環境から作られるのではない。単に経済が政治を決定するのではなく、政治が経済を決定すると云うべきである。政治と云うには色々の考があるであろうが、政治とは本質的には右の如く歴史的種としての全体的一の技術と云うべきものであろう。政治は単に道徳ではない。併しそれは唯社会の自己生産作用と云うのではなく、歴史的種として人間形成の目的を有するものとして、政治は何処までも道徳的でなければならない。然らざればそれは党派的な権謀術数たるに過ぎない。単なる道徳的標語は政治ではなく、単なる力や策略は闘争の外、何物でもない。

文化と云えば、一も二もなく非実在的と考える人がある、或は単に遊戯的とすら考えるものもあろう。併し文化作用とは歴史的世界の自己形成として、そこに人間が成立することである。文化発展とは新しい人間が形成せられることである、新たな人間の種が生れることである。人間の社会は個物多と全体的一との矛盾的自己同一として、種が生きることによって個が生き、個が生きることによって種が生き、作られたものから作るものへとして自己自身を維持し行く。斯く絶対矛盾的自己同一的世界の種として、自己自身を形成する種的形成、即ち人間形成が、文化と云うものである。而して人間形成と云うことは歴史的世界の自己形成と云うことであり、創造と云うことでなければならない。生物的生命に於て世界の自己形成として生物的種と考えられたものは、人間的生命では文化形態と云うものでなければならない。それは歴史的身体の形でなければならない。文化形態と云えば、人は唯了解の対象としか考えない。文化的産物と云うものは、作られたものとして、公の場所、歴史的空間に置かれたものである。此故に既に過去に入ったもの、自己と隔ったもの、要するに歴史的空間に於て遠くにあるものは、単なる了解の対象とも考えられるであろう。否、文化産物として公の場所に於てあるものは、一応皆了解の対象と考えられるものである。然らざれば、それは公のものではない。併し文化形態とは了解の対象に過ぎないという人、その人自身が或時代の或社会の人として、文化形態的に然考えて居るのでなければならない。従来人は歴史的世界と云うものを、真に具体的な実在界と考えていない、唯生物界とか物質界とか云うものを実在界と考えて居る。故に文化と云えば、一途に非実在的と考えるのである。絶対矛盾的自己同一として世界が世界自身を形成することは、人間と云うものが生れることであり、作られたものから作るものへとして、そこに文化作用と云うものがなければならない。人間の種的形成と云うのは、唯生物的ではない。人間と云うものは、絶対矛盾的自己同一の世界の自己形成として文化的に生れるのであり、文化的に自己自身を形成するかぎり人間というものがあるのである。往々文明と文化とが対立的に考えられるが、上に政治と科学的技術との関係について云った如く、科学的技術がすぐに社会的技術となるのではない。それには政治を通さなければならない。文明と云うのが単なる科学的技術の社会と云うことを意味するならば、具体的にそういう社会は実在せないと云うの外ない。それは科学的方向に傾いた文化社会と云うことでなければならない。そして単にその方向にのみ進み行くことは、やがて社会と云うものの亡び行くことでなければならない。之に反し如何なる社会も環境的として技術的なるかぎり、何等かの意味に於て文明的でなければならない。文化と云うものは、非技術的に成立するのではない。それは単に生物的生命を越えるとか離れるとか云うことではない。人間に於ては、生物的生命そのものが文化的となるのである。かかる方向が文明と云うものであろう。

我々人間の社会は歴史的種として自己自身を否定して自己自身が一つの世界となるという所に、自己自身の本質を有つものでなければならない。その成立の根底に於て、世界が世界自身を限定すると云うことが含まれていなければならない。その全体的一は絶対矛盾的自己同一を映すものでなければならない。此故にそれは理性的でなければならない。併し社会は歴史的世界の或時代に或場所に於て成立するものとして、文化形態的でなければならない、或特殊な文化形態を有っていなければならない。而して斯く文化形態的であると云うことが、絶対矛盾的自己同一的に自己自身を限定する世界の、一つの歴史的時代を映すものとして歴史的に現実的であると云うことである。併し絶対矛盾的自己同一の世界は何処までも作られたものから作るものへである。歴史的時代が移り行くと共に、それは過去のものとなるでもあろう。而してそれは単なる了解の対象とも考えられるであろう。併し我々の行為は単に生物的でもなければ、単に抽象論理的でもない。歴史的人間の種的形成として文化形態的でなければならない、何処までも作られたものから作るものへでなければならない、而して人間的種的形成は本質的に矛盾的自己同一的世界の自己形成として、我々の行為は理性的でなければならない。そこに何処までも過去未来が現在に同時存在的な歴史的世界自身の自己形成として、過去的なものも現実的でなければならない。啻《ただ》に過去未来がそこに一つとなると云うのみならず、歴史的空間に於ての種々なる種が、そこに一となると云うことができる。初に云った如く時間空間の矛盾的自己同一の世界に於ては、何処までも空間的に対立するものの統一として、非連続の連続として、無数なる時が成立する、無数の種が成立する。種と種とは直接に結合せない。種と種との間に何処までも闘争あるのみである。種と種とは歴史的世界の種として作られたものから作るものへと生産作用的に、否、文化作用的に一つとなって行くのである。而してそれが又歴史的種として自己自身の中に世界を宿し、種そのものが生きる所以であるのである。歴史的世界は矛盾的自己同一として、何処までも種と種とが相対立し相争う闘争の世界である。併しそれは何処までも作られたものから作るものへとしての自己矛盾であり、逆に世界自身の自己形成として、そこに一つの歴史的生産様式即ち一つの文化形態が決定せられるのである。歴史に於ての闘争は、いつも新な世界への展開の悩である。歴史の進歩は悲劇的であ る。そこには新しい人間が生れなければならない。それによってのみ、一つの時代が形成せられ、歴史的世界が安定を得るのである。古代には古代的人間の形態があった。中世の始には中世的人間が形成せられた。レネーサンスの時代にはレネーサンス型の人間が出て来た。東洋には東洋的人間の形態があった。今日の世界闘争からは、又新しい人間の形態が生れて来なければなるまい。

## 五

近時、我国にては全体主義と個人主義との対立が唱えられる。而して大まかに西洋は個人主義、東洋は全体主義と考えられて居るかの如くである。西洋文化を単に個人主義と云ってしまうのも無造作に過ぎると思うと共に、全体主義と云うのは往々ファッショやナチスに類するものの如くである。之に反し我国自身の立場に立て考えようとする人は皇道と云う。併しそれは多くは信念であり感情であり、唯歴史的事実を述べるに過ぎない。寡聞にして未だその明確なる概念的内容を聞くことはできない。無論、皇道と云う如きものを概念化すること、その事が、非皇道的であり冒瀆とも考えられるであろう。かかる考そのものが西洋の主知主義と云われるでもあろう。併し私は「一」に於て述べた如き理由によって、かかる考え方に反するものである。事実は事実として動かすべからざるものであり、情は情として何処までも尊ぶべきであろう。併しそれが信念として我々の行為の立場となる時、それに概念的内容が入って来なければならない。信念は単なる感情であってはならない。苟《いやしく》もそれに概念的内容が入って来るとするならば、それは何処までも論議すべきものであり、何処までも客観性を有ったものでなければならないであろう。

何千年来皇室を中心として生々発展し来った我国文化の迹を顧みるに、それは全体的一と個物的多との矛盾的自己同一として、作られたものから作るものへと何処までも作ると云うにあったのではなかろうか。全体的一として歴史に於て主体的なるものは色々に変った。古代に於て既に蘇我氏の如きものがあり、それより藤原氏があり、明治維新に至るまでも、鎌倉幕府を始として足利徳川と変った。併し皇室は此等の主体的なるものを超越して、主体的一と個物的多との矛盾的自己同一として自己自身を限定する世界の位置にあったと思う。上に全体的一として個物否定的な社会と云うものは、矛盾的自己同一的世界の種として、即ち歴史的種として成立するのであり、自己自身を否定して世界となることによって自己自身が生きるのであると云った。人間の社会は絶対矛盾的自己同一的世界の自己限定として社会であるのである。我国の歴史に於ては、如何なる時代に於ても、社会の背後に皇室があった。源平の戦は氏族と氏族との主体的闘争であろう。併し頼朝は以仁王《もちひとおう》の令旨によって立った。最も皇室式微と考えられるのは足利末期であろう。併し毛利元就が陶晴賢《すえはるかた》を討つに当って勅旨を乞うた。我国の歴史に於て皇室は何処までも無の有であった、矛盾的自己同一であった。それが紹述せられて明治に於て欽定憲法となって現れたのであろう。故に我国に於ては復古と云うことは、いつも維新と云うことであった。過去に還ることは単に過去に還ることでなく、永遠の今の自己限定として一歩前へ歩み出すことであった。主体が環境を環境が主体を限定する。一つの世界が成立するには、それぞれの環境に応じて主体的なものがなければならない。併し世界は矛盾的自己同一として何処までも作られたものから作るものへと動いて行くのである。蘇我氏藤原氏以来我国歴史に於て主体的なるものは、それぞれの時代に於てそれぞれの時代の担い手の役目を演じたのであろう。併し作られて作るものとして、如何なる主体ももはや環境に適せない、即ち社会形態が行詰まる時が来なければならない。歴史が生きたものであるかぎり、然らざるを得ない。支那ではかかる場合が易世《ママ》革命となった。我国ではそれがいつも皇室に返ると云うことであった、復古と云うことであった。そしてそれはいつも昔の制度文物に返ると云うことでなく、逆に新なる世界へ歩み出すと云うことであった。明治維新と云う如きものが最も之を明にして居ると思う。

私はローマ以来ヨーロッパは一つの世界であったと云った。キリスト教が中心となって中世以来一つの世界が構成せられたと云ってよかろう。その盛時に於ては、皇帝が法王の城門に三日も立たされた如きこともあった。近代に入って、ヘンリ八世の如き強大を以てしても、尚皇后と離別するため法王の許を得べく務めた。無論近世ヨーロッパに於ては、種々の個性を有った強大な国家が発達し、現に相対し相争い居ると云うでもあろう。併しそれはヨーロッパが近世に入ってから一つの世界でなくなったと云うことでなく、却って内的に一つの世界となったと云うことであろう。法王の政治的勢力と云うものは、世界的と云うよりは寧《むし》ろそれは主体的と云うべきであったのであろう。中世では尚主体が主体に対した、尚真に世界と云うものはなかったと考え得るであろう。近代のヨーロッパに至って、諸《もろもろ》の国々が真に一つの世界に於ての主体的なるものとして対立したと云い得るであろう。而してランケが「強国論」に於て云って居る様に、色々の国家が主体的としてそれぞれの時代を担うたと考え得るであろう。主体と環境との矛盾的自己同一として世界が自己自身を形成するという時、世界は空間的から時間的と云うことができる。空間的に並んだ国々が時間的に一つになって行くと云うことができる。世界は空間的・時間的に自己自身を形成し行くのである。ヨーロッパ歴史は空間的世界から時間的へと一つの世界となって来った。我国の歴史に於て含まれて居る世界的なるものは、時間的から空間的へと云い得るであろう。我国の歴史に於ては、主体的なるものは、万世不易の皇室を時間的・空間的なる場所として、之に包まれた。皇室は時間的に世界であった。前者に於ては世界は横から縦へ、後者に於ては縦から横へと云うことができる。日本歴史は世界歴史の縮図とも考えられる(原勝郎)。歴史以前の日本が如何なるものであったか。私は今歴史家の立場から日本歴史を論じて居るのではない。何千年来の我国歴史を顧みて、思想的に我国の歴史的発展にはかかるものがあったと云うのである。支那の歴史も世界史的として、その中心となるものは天の思想であろう。天子は天命を受けて天子となるのである。支那古代の民族は、人間は天から生れたもので、天の意志に従うべきものと信じていたと云う。周代と云うのは、主体的なるものの対立相克の時代であり、そこに後に儒教の天の思想の基となる如き世界史的な思想が形成せられたのであろう。

主体が環境を環境が主体を限定し、何処までも矛盾的自己同一的に自己自身を形成する世界の種として、即ち歴史的種として成立する我々の社会は、その根底に於て世界構成の原理を有っていなければならない、即ち理性的でなければならない。そのかぎりそれは生きるのである。理性とは世界構成の原理でなければならない。何処までも主体と環境とが相対立し、否、主体と主体とが対立し、人間と自然と、人間と人間との矛盾闘争を地盤として発展し来った西洋社会の構成原理は、自ら概念的理性的たらざるを得ない。西洋文化が知的と考えられる所以である。之に反し東洋文化は行的と云われる、道徳的と考えられる。学ではなくして教であると云われる。併し此等の語は最も能く儒教的な支那文化に当嵌まるのでなかろうか。支那の文化は礼教的であった。而して儒教的に、その背後に天と云うものが考えられた、人間の道は天の道である。天命之謂性、率性之謂道、修道之謂教。宋代に於ては、それによって世界史的意義を有する一種の哲学が構成せられた。理は天人合一の理である。支那文化に於ては、西洋文化に於ての様に、自然と人間との対立矛盾が何処までも深く考えられていない。自然は主体的な自然である、人間的な自然である。主体と環境との矛盾的自己同一として、何処までも作られたものから作るものへという歴史的形成作用ではない。それは何処までも作られたものから作るものへという創造的な歴史的自然ではなかった。支那文化に欠けたものは科学であった。支那民族が彼の如き世界構成原理によって自己自身の文化を形成したと云うには、それ相当の理由があるのであろう。それは歴史的世界に於て支那民族の置かれた歴史的位置によるのであろう。それは又一種の歴史的空間の位相とも云うべきであろう。然らば我国文化の根底をなす世界構成原理とは如何なるものであろうか。東洋に国して生々発展し来った我国民の日本文化の根底には、東洋的なるもののあることは云うまでもない。又支那文化は単に支那的なものではなく、世界史的なものである。支那文化より多大の影響を受けたことも、拒むことのできない事実である。併し支那文化の儒教的な考え方から、我国文化をも唯教学的に考え、又然なければならないと云う如き考には、私は同意することはできない。儒者は多く儒教的道徳を即道徳と考え、我国の道徳を考えた。我国にも本来然るものがあったとか、我国の道徳は却って唯その粋を得たものであるなどと考えた。併し我国文化の根底には、支那文化と根底的に異なるものがあるのであろう。儒教的に道義国など云うのは、深く我国文化の真髄に徹せざるものである。我国の国民思想の根底には、建国の事実があった、唯歴史的事実がと云うものがあった。而して我々は之を軸として一つの歴史的世界を形成し行くと云うことであった。皇室と云うものが矛盾的自己同一的な世界として、過去未来を包む永遠の今として、我々が何処までもそこからそこへと云うのが、万民輔翼《ほよく》の思想でなければならない。故に我国民の道徳と云うのは、歴史的世界の建設と云うことでなければならない。我々が何処までも自己自身を捨てて、我々の自己がそこからそこへという歴史的世界の建設に奉仕すると云うこと、何処までも作られたものから作るものへとして歴史的世界の建築者となると云うことが、国民道徳の精華であったのであろう。それは道徳の根底に実践理性と云うものを置くことでもなければ、仁義と云う如き人情を置くと云うことでもない。支那の天命と云うのは思想であって事実ではなかった、理であって事ではなかったと思う。無論、私は毫《ごう》も理性とか人情とか云うものを軽視するのではない。個物的多と全体的一との矛盾的自己同一的世界の自己限定には、必然的に此等の契機が含まれなければならない。唯、種々なる民族の思想的傾向を区別するには、それぞれの特色を挙げなければならない。私は我日本民族の思想の根底となったものは、歴史的世界の自己形成の原理であったと思う。東洋の一孤島に位し、何千年来、殆んど閉じられた社会として、独自の発展を成し来った日本民族には、日本と云うものが即世界であった。日本は縦の世界であった。日本精神は日本歴史の建設にあった。併し今日の日本はもはや東洋の一孤島の日本ではない、閉じられた社会ではない。世界の日本である、世界に面して立つ日本である。日本形成の原理は即ち世界形成の原理とならなければならない。此処に現今の大なる問題があると思う。最も戒むべきは、日本を主体化することでなければならないと考える。それは皇道の覇道化に過ぎない、それは皇道を帝国主義化することに外ならない。これまでは日本は即世界であった。皇道とは我々がそこからそこへという世界形成の原理であった。日本は北条氏の日本でもなく、足利氏の日本でもなかった。日本は一つの歴史的主体ではなかった。我々は我々の歴史的発展の底に、矛盾的自己同一的世界そのものの自己形成の原理を見出すことによって、世界に貢献せなければならない。それが皇道の発揮と云うことであり、八紘一宇の真の意義でなければならない。云うまでもなく歴史は事実の世界であり、力の世界である。種が行動の主体とならなければならない。我々の歴史の根底にある世界形成の原理を発揮すると云うことは、日本が歴史的主体でなくなると云うことではない、日本が日本でなくなると云うことではない。歴史的世界形成の原理は、個物的多と全体的一との矛盾的自己同一として、個物は何処までも個物的たると共に、全体的一として主体は何処までも主体的となる、種は何処までも種となると云うことでなければならない。而して作られたものから作るものへとして、世界は公の生産に於て結合し行く、即ち歴史的創造に於て一となって行くのである。

それでは右の如き日本精神は如何なるものであり、今後如何に発展すべきであろうか。我々はいつでも歴史の創造に対して居る。我々は何処までも作られて作るものである。何処までも歴史的創造的として我々に臨むものは、単に我々人間の作ったものではない。又人間の主観から出立して超個人的に考えられる理性と云うものでもない。何となればそれは人間を作るものなるが故である。それならば、それは単に非合理的なものであるか、単なる力であるか。単なる力は人間を作ることはできない、単に非合理的なるものから合理的なるものは出て来ない。それは我々が何処までも作られて作るものとして、歴史的身体的に（身心脱落的に）、歴史的現実の内に自己を没することによって現れ来るものでなければならない。我々が真に物となって考え物となって行うことから、知られるものでなければならない。そこに人間が作られるのである。それは歴史的世界の自己形成の道として、儒学的に天命と云うこともできるであろう。併しそれは聖人の教として固定したものではない。聖人も歴史的に作られたものである、時代の建設者である。それは歴史的事実によって、歴史的世界の自己表現として、キリスト教の人々の考える「言葉」と云う如きものとも考えられるであろう。併しそれは外から聞かれる超越的な神の言葉ではなくして、現実の世界の中から聞かれる言葉でなければならない。而もそれは作られたものから作るものへとして、単に合理的と云うことではない。物となって考え、物となって行う、我々が歴史創造に於て一となると云うことには、何処までも科学的と云うことが含まれていなければならない、徹底的に科学的と云うことでなければならない。何処までも物の真実に行くと云うことでなければならない。そこに神の言葉を聞くと云うことでなければならない。それが真に神ながらの道と云うことであろう。それは生々発展の道でなければならない、唯原始自然的と云うことであってはならない。物となって考え物となって行うと云うことは、自己の現実を尽すと云うことでなければならない。現実の自己と云うのは、絶対矛盾的自己同一の世界の自己限定として、歴史的現実に於て作られたものとして与えられたものである。而して作られたものから作るものとして、何処までも作り行くものである。物の真実に行くと云うことは、自己の真実に行くことでなければならない。矛盾的自己同一の世界と云うのは、機械的に動き行く世界でもなければ、唯合目的的に、生物的に発展し行く世界でもない。表現的に自己自身を形成し行く世界であるのである、推論式的に自己自身を限定する世界であるのである。個物は何処までも表現作用的に世界を形成すると共に、逆に自己が世界の自己形成の一つの仕方であることによって個物であるのである。我々の自己が真に個物的であればある程、我々の自己は絶対の表現に対するのである、天命に対するのである、我々に生死を迫るものに対するのである。我々が物となると云うことは、歴史的世界の自己形成の一つの仕方として、歴史的事物となると云うことである。それは物質となると云うことでもなければ、生物的となると云うことでもない、原始的自然となると云うことでもない。それは何処までも具体的理性となると云うことでなければならない。そこには何処までも論理が尽されなければならない。唯それは論理の為の論理と云うことではない。己を尽すと云うことは、右の如きことでなければならない。東洋精神の枢軸は無心にあると考えられる（鈴木大拙）。無心と云うことは、単に無分別とか如赤子とか云うことではない。道元禅師が支那から帰った時、何を学んで来たかという人の問に答えて、何も取立てて云うことはないが、唯「柔軟心」を得て来たと云ったと云う。柔軟心と云うことは、真に物となって考え物となって行うことでなければならない。東洋文化は知に対して行であると云う。併し行にも何等かの知的内容がなければならない。而して若しそれが単に儒教的な知的内容を入れて居るのならば、我々は今日その時代性を吟味して見なければならない。私は儒教の内に含まれて居る貴きもの、人間に永遠的なるものを否定するものではない。併しそれは単に永遠的なものではない、環境を離れたものではない。それは何処までも科学的に論議せらるべきものでなければならない。唯従来西洋の科学と云うのは、主として環境から人間を考える。全自己と云うものがその中に入って居らない世界の知識である。所謂対象認識の学である。無論それが科学と云うものなのであろう。併し真に具体的な歴史的実在の世界は、我々の自己がそれに於てある世界でなければならない。真の学問的精神と云うものが物の真実に行くと云うにあるならば、それは何処までもかかる世界を把握するものでなければならない。実証的なあまりに実証的なものでなければならない。

主体が環境を環境が主体を限定し、個物的多と全体的一との矛盾的自己同一として、世界は作られたものから作るものへと、イデヤ的に自己自身を形成して行く。そこに我々人間の種的行動が文化的であるのである。併しそこで又我々人間の行動に於ていつも両方向が対立すると云うことができる。即ち主体から環境へと環境から主体へとの対立である。

文化はいつも両者の矛盾的自己同一にあるのである。斯く文化はいつも両者の矛盾的自己同一にあるのであるが、西洋文化は大体に於て環境から主体へと考えられるものであろう。東洋文化は之に反し主体から環境へと考えられるものであろう。両者は矛盾的自己同一の世界の相反する両方向に重心を有つと云うことができる。併し何処までも環境から主体へと云うことは、自己矛盾的に環境が自己自身を否定して主体的となると云うことでなければならない。具体的となればなる程、世界は弁証法的に考えられて来るのである。之に反し何処までも主体から環境へと云うことは、自己矛盾的に主体が自己自身を否定して環境的となる、物となると云うことでなければならない。両方向は具体的には自己自身を限定する世界の事物に於て結合するのである、事に於て一となるのである。両方向の対立は、固《もと》そこからであり、結合も亦そこへであるのである。私は日本文化の特色と云うのは、主体から環境へと云う方向に於て、何処までも自己自身を否定して物となる、物となって見、物となって行うと云うにあるのではないかと思う。己を空うして物を見る、自己が物の中に没する、無心とか自然法爾《じねんほうに》とか云うことが、我々日本人の強い憧憬の境地であると思う。礼之用和為貴という語を思わしめる如き和と云うことすらも、尚日本精神の真髄に徹するものとは考えられない。日本精神の真髄は、物に於て、事に於て一となると云うことでなければならない。元来そこには我も人もなかった所に於て一となると云うことである。それが矛盾的自己同一として皇室中心と云うことであろう。物はすべて公の物であり、事はすべて公の事である、世界としての皇室の物であり事である（物は歴史的創造世界の物であり、事は歴史的創造世界の事である）。和と云うことすら、尚対立するものの結合という意義を脱することはできない。私には、日本文化と云うのは、かかる立場から世界を見る所に、その特色を有するのではないと思われる。それは理よりも事と云うことでもある。理と事とは矛盾的自己同一的でなければならない。事を離れた理は空理であり、理を離れた事は単なる偶然たるに過ぎない。日本文化の重心は理事一致よりも事理一致に、寧《むし》ろ事事《じじ》無礙《むげ》にあると思う。例えば、日本へ仏教が入って来た時、華厳とか天台とか云う如き理智的な宗教が伝えられた、煩瑣な哲学的宗教であった。併しそれは漸々簡単化せられ、実践化せられた。理から事へとなった。伝教の天台は、源信に至ってすでに大に易行化せられ、実践化せられた。一心三観は体験的に天真独朗の一語を以て示された（島地大等）。この方向が法然親鸞の浄土教となり、親鸞に至って独創的な日本的宗教にまで発展したのである。私には建築のことは分らないが、試にタウトによれば、彼は永遠の美とは、芸術品がそのような形式を得た所の母胎たる一切の事物（国土、風土等）の総体によって課せられた諸《もろもろ》の要求を、最も純粋に且つ力強く充足するにあると云い、伊勢神宮は人間の理性を反発するような気紛れな要素を一つも含んでいない、その構造は単純であるが、併しそれ自体論理的である、構造自体がそのまま美的要素を構成して居ると云う。その美を日本の風土に於てのパルテノン的のものと考えて居る。すべての物を総合統一して、簡単明瞭に、易行的に把握しようとするのが日本精神である。それが物となって見、物となって行う無心の境地である、自然法爾《じねんほうに》の立場であるのである。そこに我々は天地の矛盾的自己同一に触れるのである。易行と云うことは、安易に考え、安易に行うと云うことではない。天地をそこに単一化することである。天地にそこに一つの表現を与えること、かかる表現を見出すことである。そこには限りなき概念的思惟が尽されなければならない、絶対否定を通さなければならない。すべてによって課せられたものに、最も純粋な且つ有力なる表現を見出すことでなければならない。矛盾的自己同一的にそれ自体が論理的でなければならない。而して純一無雑としてそこに無限の動が含まれて居るのである。易行と云うのを単に安易と解する如きは、救うべからざる誤解でなければならない。種々の芸術にしても、日本的と云われるものには、すべて何等かの意味に於て右の如き性質を具して居ると思う。例えば、俳句の如きものであっても、天地を最も単純な一つの客観的表現に於て把握することでなければならない。永遠の今の自己限定の世界を、一刹那の観点に於て見ることでなければならない。

矛盾的自己同一的な歴史的世界が自己自身を形成するに当って、先ず種的形成的である。生命は種的形成から始まる。併し種が何処までも種でありながら、自己自身を越えて世界的形成的なる時、文化的である。文化的方向は種的形成を越えて之を離れる時、それは頽廃の方向ではあるが、単なる種的形成の世界は人間の世界ではない。文化的なるかぎり、人間の世界即ち歴史的世界であるのである。主体と環境との矛盾的自己同一に於て、無限なる人間の歴史的生命があるのである。ヨーロッパは各民族が主体的でありながら、之を越えて一つの世界であった。支那は周代以来既に一つの世界であった、天下であった。支那には民族として主体的という考は甚だ希薄であった。支那文化の内に包摂せられるかぎり、中国と考えられたのである。日本は何千年来東海の孤島に位して、縦の世界として発達した。主体即世界という文化形態を取った。主体が多くの環境的否定を通さないで、自己否定的に世界となるという形式によって、発展し来ったのである。それが今日右に云った如き日本文化の特色を造り上げたのであろう。そこに環境から主体へとして、環境的に形成せられたヨーロッパ的世界と、相反する両極に立つと考えることができる。併し世界は何処までも主体と環境との矛盾的自己同一的に、作られたものから作るものへとして事物に於て一となるのである。両方向に相反するものなればなる程、そこに一となると考えることができる。タウトは日本こそ一九〇〇年来その伝統たる単純性を以て、陳腐な衣裳をつけた道化芝居から蝉脱せんとするヨーロッパの極めて真摯な試に、最も大なる寄与を致した国であると云って居る。今日の日本はもはや東海の孤島に位する日本ではない、世界の日本である、ランケの所謂大なる列強の一である。今日我国文化の問題は、何千年来養い来った縦の世界性の特色を維持しつつ、之を横の世界性に拡大することになければならない。身心脱落脱落身心と云う如き柔軟心的文化を発揚することでなければならない。

主体として他の主体に対することでなく、世界として他の主体を包むことでなければならない。而して矛盾的自己同一的に事物に於て結合する一つの世界を構成することでなければならない。私は東亜の建設者としての日本の使命は此にあると思うのである。主体として他の主体に対し、他の主体を否定して他を自己となさんとする如きは、帝国主義に外ならない。それは日本精神ではない。

我国は古来支那印度の文化、明治以後は西洋文化と、種々外国文化を取入れ、之を理解し之を受用するに敏なるも、独創的でないと云われる。併し私は日本には日本人自身に固有な物の見方考え方があり、支那印度の文化を取入れながらも、日本人自身のものを創造し来ったと思う。唯それは主体即世界的な、私の所謂縦の世界として、深遠とか雄大とか云う如きものに乏かった恨なきを得ない。之に反し人は往々日本精神と云うものを神秘的とか、非論理的なるかに考えるが、私は之に反するものである。最も根本的意義に於て論理と云うことは、固《もと》与えられたすべてのものの要求を総合統一して、一つの世界としてそれ自身に於て充足的な客観的表現を与えること、否見出すことでなければならない（恰もタウトが伊勢神宮について云う如くに）。それが真の具体的知性と云うものである。形式論理と云うのは、かかる知性の抽象的形式に過ぎない。科学と云うものも、右の如き具体的知性によって成立するのである。唯それは何処までも環境的である。芸術と云うものは、之に反し主体的である。故に科学と矛盾的自己同一的世界の自己表現の両極に立つと云うことができる（芸術は主体的、所謂主観的と考えられる）。主体即世界的な日本精神が芸術的にして非科学的と考えられる所以である。併し物の真実に行くという精神は、科学的精神に通ずるものでなければならない。右の如き意味に於て、芸術にも知性を認めないものは芸術を知らざるものである。私は日本精神を唯情意的として非論理的と考え、神秘的と考える如きは、却って真の日本精神に遠ざかるものではないかと思う。思うに矛盾的自己同一的な我国の国体には、自ら法の概念をも含まれていなければならない。皇室を個物的多と全体的一との矛盾的自己同一として作られたものから作るものへと云うことは、何処までも個物の独自性が認められることでなければならない。そこに各自独立的なるものの自己同一として、目的の王国という一面も具せられなければならない、実践理性的なものも含まれなければならない。作られたものから作るものへとして我々が歴史的身体的であり、物に於て自己を有つということから、何処までも法律的でもなければならない。我国家は家族的と考えられる。主体即世界としての我国の歴史的発展に於て、固《もと》より然考えられるものがあるのである。義乃君臣情兼父子と云うのは、我国の美点であろう。併し、国家は単なる家族の延長と考えられてはならない。皇室は縦の世界として矛盾的自己同一的に家族的と云う如きものに、超越的でなければならない。天皇は歴史的世界の客観的表現として、我々に臨むものでなければならない。そこには名分国家として法と云うものが含まれなければならない。

# 六

私は嘗《かつ》て形而上学的立場から見た東西古代の文化形態を論じて、有を実在の根底と考えるものと無を実在の根底と考えるもの、即ち有形を実在とするものと無形を実在とするものとに区別した。而して自己自身を限定する現実の世界、行為的直観の世界と考えられるものは、矛盾的自己同一的に時間的・空間的であり、その空間的限定の方向に世界の根底を考えるのが有の思想であり、その時間的限定の方向に世界の根底を考えるのが無の思想であると云った。時の現在に於て過去と未来とが矛盾的自己同一的に含まれ、時は現在の自己限定として成立すると考えたのである。時の根底には限定せられた何物をも考えることはできない、形ある何物をも考えることはできない。若しそう云うものが考えられるならば、時と云うものは固定したものとならなければならない、動かないものとならなければならない。時は限定するものなき限定、無の限定として考えられるのである。個物的多と全体的一との矛盾的自己同一として作られたものから作るものへという世界は、その全体的一として何処までも相対立するものを結合する方向に於て、時間的である。時は非連続と考えられる。之に反しそれは何処までも個物的多として相対立するものの相互限定の世界として空間的である。従来の主客相互限定の考え方より云えば、時の方面が主観的、空間の方面が客観的と云い得るであろう。世界が全体的一として自己自身を限定すると云うことが、主体的と云うことであり、世界が個物的多として自己自身を限定すると云うことが、環境的と云うことである。主体が環境を環境が主体を限定し、主体と環境との矛盾的自己同一として世界は自己自身を形成し行くのである。世界を何処までも環境的限定として考えると云うことは、因果的に考えることである、機械論的に考えることである、物質的と考えることである。之に反し、何処までも主体的に考えると云うことは、我々の意識統一に於て、我々は個々のものがそれぞれに独立的でありながら、尽く「私」の意識現象として一であると考える如く、此世界に於てあるものを、それぞれに独立的でありながら一つのものの発展として見ることである、内的統一として見ることである。云わば、此世界を一つの意識の野として考えることである。世界を絶大の主観的統一として精神的と考えることである。世界を合目的的と考えることも、尚主観的統一的ではない、真に歴史的主体的ではない。それは生物的種的である、環境的限定として合目的的必然を脱することはできない。それは尚真に独立的なる個物的多の主体的統一ではない。世界が矛盾的自己同一として主体的に自己自身を形成するのが、永遠の今として、絶対無として自己自身を限定する方向であり、それが自己矛盾的に環境を形成する、環境を主体化するかぎり文化的である、イデヤ的なるものが見られるのである。之に反し、単に環境否定の主体的方向には、抽象的な意識の世界即ち主観的世界が成立する。矛盾的自己同一的世界に於ては、いつもかかる主観的な意識の世界と物自体の世界と云う如きものとが対立するのである。世界はいつも主体的形成から始まる。人間は唯環境から作られるものではない。先ず人間があるとブラシュ派の地理学者は云う。人間が環境に対して働くと云う時、人間が既に環境の内にあるのであるが、逆に環境は既に処女的自然ではないのである。歴史は社会と環境との相互関係から発展すると考えられる（Febvre）。好戦的であったと云われるギリシャ民族が、北方からギリシャ半島に入って居を定めた時、地中海の東方は既に古代文化の中心であったのであろう。天才的で優秀な素質を有ったギリシャ民族が、かかる環境の中に於て自己自身の文化を形成したと思われる。ギリシャ文化と云うのは、主体的なると共に環境的に、環境的なると共に主体的に、両者の矛盾的自己同一として何処までも自己同一的な文化であった。すべて与えられたものの要求を総合統一し、一つの世界としてそれ自身に充足なる表現を与えるとの意味に於て、希に見るそれ自身に十全なる文化であった。それ自身が永遠の今の自己限定の相を具していたと云い得る。プラトンのイデヤと云うのは、かかる世界の実在を言表したものであろう。完全なるものは、円環的なものである、時は永遠の影と考えられた。形あるものが実在である、形なきものは不完全なるもの、無たるに過ぎない。ギリシャ文化は真に具体的知性的と云うことができる。而して具体的知性と云うものこそ、真に知性と云うことができるのであろう。我国文化の特質も、上に云った如く理より事へ、物の真実に行くと云うにあった。（主体即世界として）我国文化の根底をなす矛盾的自己同一は、キリスト教文化に於ての様に、何処までも超越的として主体否定、人間否定の意義を有ったものではない。物となって考え物となって行う、物に即した文化である（天真独朗的）。此点に於て我国文化はギリシャ文化と相通ずるものがある。芸術に於ても、我国の芸術には往々東洋文化に於ても見られる如き怪奇的なものはない。併し円環的なる世界の自己形成として空間的なギリシャ文化に対して、我国文化は縦の世界の文化として根底的に相反するものがあるのである。ギリシャの文化はポリス的形成の文化であった。ギリシャ人の世界は、ポリスが矛盾的自己同一的に一つの世界として、自己自身の中に十全性を有った世界であった。ギリシャ人の世界はコスモスであった。之に比して、日本の世界は主体即世界と云っても、縦の世界として、その自己同一が超越性を有って居ると云うことができる。我々の世界は、歴史的世界の性質を有って居ると云い得るであろう。前者を彫塑的と云い得るならば、後者は律動的とでも云い得るであろうか。ローマ文化も、固《もと》都市的文化であった。併しローマはその征服によって、始めて主体的なものを越えて世界と云うものを構成した。ローマによってヨーロッパは一つの世界となった。之に加うるに固ユダヤ民族の宗教でありながら、之を越えて世界的宗教となったキリスト教が結合して、中世と云う一つの歴史的世界が成立した。それは主体即世界としての世界に対して、世界即主体としての世界であった。何処までも主体的なるものを否定する世界であった。ローマの法律は固ローマ民族の法律であったのであろう。併しそれを越えて自然法と云うものが発達した。人間中心のギリシャ文化は、超越的神中心のキリスト教によって置換えられた。然るに近世に至って、世界即主体の主体性に反し主体の独自性が現れて来た。それが近世の始に於ての民族の勃興であり、帝国の建設であった。主体が世界的主体に対して自己自身の独自性を取戻したのである、人間が人間自身を取返したのである。現代ヨーロッパは一つの世界である。併しそれは云うまでもなくポープ的中心を有つ一つの世界と云うのではない。世界即主体の世界ではなくして、寧《むし》ろ環境即世界としての世界と云うべきであろう。主体的なるものは、それぞれに独立的である、自由である。併しいずれも生産的に一つの世界としてでなければ、生きて行かれない。環境的に一つの世界でなければならない。私は近世のヨーロッパに於て始めて私の所謂作られたものから作るものへとしての矛盾的自己同一的な世界の性質が現れて来たと思うのである。そしてそれには世界の環境的自己形成として、科学の発展と云うものがあったことは云うまでもない。ローマの武力が中世の世界を作ったというなら、近代の科学が近世の世界を作ったと云い得るであろう。近世ヨーロッパの世界は、環境から主体への世界である。中世に於ての様な、キリスト教を中心とした文化中心は失われた、少くも希薄となった。併し作られたものから作るものへとして、伝統的に一つの中心を有って居るのである。そして何処までも自己自身を創造しつつあるのである。併し今日はヨーロッパのみが環境的に一つの世界であるというのでなく、もはや世界が環境的に一つの世界であるのである。そこに世界の悩があるのである。

東洋に於ては先ず支那文化について考えるに、西洋文化が初から環境的であり知性的であったのに反し、支那文化は主体的であった。それは黄河流域に居住した漢民族の文化として発達した。無論、春秋戦国の時代に於ては各国相対立し、支那は一つの世界であったと考えられるであろう。後に漢代に至って統一せられたが、その時代は諸家相対立し相争ったのである。斉の稷門《しょくもん》の下と云うが如き、恰もギリシャのアテンを想起せしめるものがあると思う。併し要するに支那文化は支那民族の社会組織即ち礼俗と云うものを中心として発展した文化であった。そしてそこに永遠なる人間性を求めたのであった(その特色は政治的・道徳的であった)。その周辺に之と対立して相克摩擦する雄大なる文化がなかった。そこには自己否定が起らない。純知性的な理論的発展に乏しい所以である。南北朝時代から印度文化の影響を受け、唐代の始に於て支那仏教が発展した。天台とか華厳とか云う如きは、極めて哲学的な宗教であったと云い得るであろう。それ等の影響によって宋代に至って、周程を宗とする宋儒の学が発展した。而もそれは何処までも礼教的な支那文化の理論化であった。唐代以後支那に於て理論的仏教が発展したか否かを知らない。又仏教と云うものが支那の民衆的生活に如何程食込んだかを知らない。支那文化は上代以来一つの固定せる形態であった。それは実に雄大なる文化であった。併し自己否定的に生々発展の相に乏しかった。私は如何にして印度文化が形成せられたかについて知る所はない。併し印度文化も、支那文化と同じく、偉大なる民族文化として主体的に発展したものであろう。ヨーロッパ文化の様に、環境的ではなかった。無論それは印度文化は知性的でないと云うことを意味するのではない。印度民族はギリシャ民族と同じく優秀なる知性的民族であったのであろう。文化は単に環境から作られるのでなく、ブラシュなどの云う如く先ず人間があるのであろう。印度文化はギリシャ文化と並んで世界歴史に於て最も優秀なる哲学的文化と云わなければならない。併しそれは何処までも主体の環境的自己否定によって、作られたものから作るものへという文化ではなかった、創造的文化ではなかった。印度文化は何処までも主体の底へ、主体を否定した文化であった。矛盾的自己同一的世界の主体が環境的に自己自身を否定すると云うのでなく、逆に主体が自己自身の底に自己自身を否定する方向に発展した文化と云うべきであろう。廻光返照《えこうへんじよう》の文化であった。支那文化は、支那民族の社会組織を永遠なる人間性の発露と見た道徳的文化であった。印度文化は、之に反し人間否定の宗教的文化であった。それは真に無の文化と云い得るであろう。

主体と環境とが矛盾的自己同一的に相限定し、作られたものから作るものへと動き行く世界に於ては、右に云った如く、主体から環境へと、環境から主体へとの二つの形態を区別することができるであろう。無論、環境から主体へと云っても、いずれの文化も主体的形成より始まるのは云うまでもない。先ず人間があるのである。又環境的限定なくして、単なる主体的形成と云うものもない。私が主体的と云うのは、環境が自然であった、云わば風土的文化を云うのである。無論人間を作る自然は既に人間によって作られた自然でなければならない。併し環境そのものの中に人間の入って居るものと、然らざるものとを区別することができるであろう。ヨーロッパ文化の如きものに於ては環境そのものの中に人間が入って居ると云うことができる。ヨーロッパ民族の環境は、もはや単に風土的ではない。その中に人間文化の入って居る環境である。自然は単にクリマチコ・ボタニカルではなくして工業的であるのである。之に反し東洋文化に於ては、輓今《ばんきん》に至るまで環境は大体に於てクリマチコ・ボタニカルであったと云い得るであろう。環境そのものの中に人間が入って居るか否かと云うことは、社会組織に大なる変化を及ぼすのであろう。東洋と西洋と社会組織に於て異なる所以である。西洋の社会組織が法律的ならざるべからざるのも、之によるのであろう。

日本文化も主体的として、大体に於て東洋文化の形態に属することは云うまでもない。何千年来殆んど鎖国的に発展し来った我国民族には、環境の中に人間と云うものはなかった。それは主体否定的ではなく寧《むし》ろ受容的であった。それは元来我国の風土そのものが人間否定的ではなく、人間と自然とが一となる親和的なものであったのによるのでもあろう。加之《しかのみならず》、東海の一孤島に位して他民族より脅かされると云うこともなかった。如何に外来文化を取入れても、自己の民族的生存に危険を感ぜなかった。今日まで自由に外来文化を取入れて来た所以のものも此にあるのであろうと考えられる（和辻哲郎）。日本の歴史的世界は主体即環境、人間即自然として、自己同一的に発展したとも云い得るであろう。これが主体即世界の縦の世界として生々発展し来った所以であろう。現実即実在として物の真実に行くという日本精神は、此に本づくものでなければならない。物に行くと云っても、それは物質に行くと云うのではない。自然と云っても、環境的自然を云うのではない。主体から主体を越えて主体の底に行くことである。現実即実在と云うことは、絶対を無限の外に考えるに反し、之を自己の底に見ると云うことである。而してそれは世界を主観的に見ると云うことでなく、自己が絶対的に否定せられること、自己がなくなると云うことでなければならない。至る所に世界のそれ自身に十全なる表現に従うと云うことでなければならない。それは印度に於ての大乗仏教の精神と一つのものである。支那の自然と云うのは、西洋のそれとは異なって、天人合一の自然であり、物に行くという神ながらの道と云うのは、かかる自然に徹したものと云うことができる。日本精神は斯くその本質に於て何処までも東洋的でありながら、而も理から事へという所に、その特色があるのである。前に云った如く天台に於ての恵心《えしん》の転換が然考えられるものであり、禅と云う如きものが、支那仏教として初唐に於て形成せられたものでありながら、今日支那にはその生命を失って、却って我国に於てその命脈を保ち居るのも、之によると考え得るであろう。禅は啻《ただ》に宗教としてその命脈を保ち居るのみならず、我国の文化生活に浸潤して深き影響を与えたと云うことができる。儒教にしても、我国に於ては、それが礼教的でなく、直接に我々を動かす心情的なものとして生きたのであろう。主体から主体を越えて主体の底に物の真実に行くという日本精神に於ては、そこに何処までも東洋文化の精神が生かされると共に、それは直に環境的な西洋文化の精神とも結合するものがあるのであろう。かかる意味に於て東西文化の結合点を日本に求めることができる。又そこに主体と環境との矛盾的自己同一として作られたものから作るものへという歴史の行先を予想することができるであろう。

七

ギリシャの昔、アリストテレスによって、推論式的論理の形式が明にせられた。而してそれが今日に及んでも、我々の思惟の形式となって居る。併し形式論理と云うものは何処までも変らないものかも知らないが、知識は単に形式論理によって成立するのではない。アリストテレスの論理と云えども、後人の考える如く単に形式論理ではなかった。それはギリシャ的実在の論理であった。ギリシャの歴史的社会の論理と云い得るであろう。然るに中世以来それは単に形式的となるの外はなかった。中世哲学の実在はもはやギリシャのそれではなかった。デカルトについても云うべきものがあるが姑《しばら》く之を措き、兎に角カントに至って近代科学の論理と云うものが確立せられたと云うことができる。アリストテレスのポリス的論理に対して、それは現代の科学的論理と云い得るであろう。所謂対象認識の論理として、今日の学界をも支配して居るものである。併しヘーゲルの論理と云うものは、又之と異なったものであるであろう。それは歴史的世界の論理と云うことができる。対象認識とか価値批評とか云うのでなく、弁証法的として、自然も人間も之に於て考えられる具体的論理と云い得るであろう。近来、すべて歴史的現実を中心として考えねばならないと云うに至って、深くヘーゲルの論理が顧みられなければならない所以である。西洋に於て偉大なる論理と云われるものは右の如きものであり、それが今日論理そのものと考えられるものである。我々は学問的に物を考えるかぎり、何処までもかかる論理を無視すべからざるは云うまでもない。併し西洋論理的な物の見方考え方と云うものが、唯一の論理的な物の見方考え方であるのであろうか。私には西洋論理と云うものは何処までも物の論理という性格を脱し得ないと思われる。矛盾的自己同一的世界の自己限定に於て、環境から主体への論理であると思うのである。アリストテレスの論理は主語的論理であった。カントの論理は対象認識の論理であった。之に反し、ヘーゲルの論理に至っては、人間の歴史的活動を対象として之を包むと云い得るでもあろう。併しそれでも環境から主体へという立場を脱却してはいない。何処までも尚主体が外に残されて居る。そこには絶対否定がない。主体が残されて居るかぎり、それは尚主体から考えて居るのである。主観的と云うことができる。ヘーゲルの哲学が観念的とも云われる所以である（私は多くの人がヘーゲルを斯く云う如き意味に於て、然考えるのでないが)。斯く云うも、私は決して西洋論理を軽視するものではない。縦《たとい》、東洋思想の底に異なったものがあったとして、それは客観的論理として発展せなかった。我々は先ず西洋論理を論理として之によって論理的思惟を形成せなければならない。併しそれと共に、私はそれが単に論理そのものと云うのではなく、西洋文化の精神を根底としたものたることを思わざるを得ない。単に西洋論理的思惟によって東洋文化を考えようとする時、歪めないでは考えられないと思うのである。

それでは東洋に論理と云うものがあったか。私は人間に一種の世界観人生観と云うものがあるかぎり、そこにそれ自身の論理がなければならぬと考えるものである。併し支那に於ては、殆んど論理と云うものが発達せなかったと云ってよかろうと思う。支那文化は固《もと》理論的ではなかった。之に反し、印度仏教と云うものは、宗教ではあるが極めて知性的であり、理論的に構成せられた宗教であった。私は仏教には、それ自身の物の見方考え方があると思う。印度仏教が如何にして然なったかは知らない。併し仏教哲学の対象は物ではなくして心であったと思う。主語となって述語とならない実体が、アリストテレスの哲学の中心問題であったのに反し、印度哲学では我と云うものが中心問題であった。仏教哲学の主張は無我にあった。而して大乗仏教に至っては、有即無の絶対無であった。かかる哲学の論理は、主語的論理とか対象認識の論理とか云うものであることはできない。私はそれは矛盾的自己同一の心の論理であったと思う。我々の自己と云うのは、如何にして考えられるものであろうか。意識統一とは如何なるものであるか。人は自己は一瞬の前にも返ることができないと云う、自己を単に直線的と考える。併しそれでは自己と云うものは考えられない。自己は円環的でなければならない。過去と未来とが現在に於て同時存在的であり、意識の野に於てあるものが、それぞれに独立的でありながら、私の意識現象として一である。自己は何処までも対象として把握することはできない。自己は無であるが、すべて意識に於て有るものは之によって成立するのである。印度哲学者が自覚的にかかる考え方によって世界を考えたと云うのではないが、龍樹の「中論」に於ての時の考の如き、かかる考に徹底せるものと云わざるを得ない。対象論理の立場に立つ人は、反省によって自己を考えると云う。それは環境から主体へと云うことである。併し反省と云うには既に何等か思惟の対象的方向を否定するものがなければならない、対象的思惟の成立の根定に於て之を否定するものがなければならない。対象的思惟そのものから自己否定は出て来ない。人は対象的に物を考えることによって逆に反省的に自己を考えると云うでもあろうが、自己に対立する物を認識すると云う時、同時に自己と云うものが知られていなければならない。原始的には物は物とも自己とも云い得ないものであろう。そこから物と自己との意識が分化して来るのである。ボールトウィンなどは子供は生れて二ヶ月位にして、すぐ物と人とを区別すると云って居る。私は今此書に於て此等の問題の詳論に入ることはできない。兎に角、従来の西洋論理に於ては、自己と云うものの考えられる論理的形式と云うものが明にせられていない。デカルトのコギト・エルゴ・スムも、すぐ自己が実体的に考えられてしまった。実体的に考えられる時、それは自己と云うものではなくなるのである。仏教は自己そのものに徹底して、自己は無にして有なるものと考えた。主体の底に主体を否定して、そこに客観的世界を見出したのである。心即是仏仏即是心という考は、斯くして成立したものでなければならない。仏教哲学を唯心論的と云っても、単に西洋哲学の範疇に当嵌めて然考えるのでは、未だその真相に徹したものではない。それは心理的に又は客観理性的に世界を唯心と考えるのではなかろう。要するに対象論理的に世界を唯心と考えたのではない。仏教哲学は、我々の意識我を越えて之を包む世界、即ち之に於て我々の意識我が生滅する因果の世界を考えたのである。唯識論と云えども、此の如きものであろう。環境から主体への西洋哲学の考え方は、何処までも主体を包むと云うことはできない。何処までも主体的なるものを否定することはできない。それは逆に主体的なるものを残して、そこから世界を見て居るのである。此点に於ては、仏教哲学の考え方の根底に、却てすべてを包む客観的世界の物の見方考え方を求め得るとも云い得るであろう。併し仏教哲学では単に主観的自己と云うものを中心問題とする以上に進まなかった。環境から主体への物の世界の問題は、殆んど顧みられなかった。印度文化は主体即世界であった。仏教哲学が主観的と考えられる所以である。

右の如き考から、私は仏教哲学にはそれ自身に独特の物の見方考え方があり、それを矛盾的自己同一的な場所の論理、心の論理と考えたいと思う。心即是仏仏即是心と云うことは、心を存じて心から世界を考えることでなく、世界から心を考えることでなければならない。それは世界を意識的に見ると云うことではない。龍樹の中論に於て既に弁証法的なるものを思わせるのであるが、然もそれは西洋哲学の立場に於ての弁証法とは、根底に於て異なった所があるのではないかと思う。それが支那に於て、天台の一念三千の世界観となり、華厳の事事無礙《じじむげ》の世界観に発展した。華厳に於ては、一即一切一切即一と云う。仏教哲学にはスコラ的煩瑣を思わせるものがあるが、右の如くそれを心の論理と考えることによって、それに生命を与えることができると思う。我国に於ての道元禅師の哲学の如きも、斯く仏教哲学的に考えることによって、彼の身心脱落脱落身心の宗教的体験と内面的に結合するのではないかと思う。行と云っても、西洋哲学の立場から考えるものとは、自らその意味が異なったものでなければならない。西洋論理の立場からは、仏教論理の立場の如きものは無造作に神秘的と考えられるかも知れない。併し我々の現実の世界には、我々の自己と云うものが入って居らなければならない。多即一一即多の矛盾的自己同一の論理は、現実の世界の論理である。私は仏教論理が西洋論理より完全だとは云わない。併し西洋論理の形式に入らないからと云って、直に神秘的とは云われない。私は禅と云うものを、一も二もなく神秘的と考える人に対しても、斯く云わざるを得ない。西洋に於て神秘哲学と云われるものと禅とは相類似すると考えられると共に、私は又全然逆の立場に立つものと考えざるを得ない。禅は毫《ごう》も科学的経験と相容れないものではない。併し私は以上述べた如く仏教論理の独自性を主張するものであるが、之が為に単に従来の仏教論理の如きものに返れと云うのではない。唯、今日多くの仏教学者自身が、仏教哲学を西洋哲学の範疇に当嵌めて考えていはしないかと思うのである。

此書に於て論理とは如何なるものかと云う如き問題に入ることはできないが、私は主体が環境を環境が主体を限定し、作られたものから作るものへという矛盾的自己同一的世界の自己限定から知識が成立し、論理とはかかる世界の自己限定の形式と考えるのである。作るものと作られるものとの矛盾的自己同一に於て、知識の客観性があるのである。我々は歴史的世界の個物として何処までも表現作用的に物の世界を形成するが、それは逆に表現的自己自身を形成する世界の表現的自己形成の一つの仕方である。即ち私の所謂行為的直観的なる所に、客観的知識が成立するのである。恰も何処までも自己の内に世界を映すモナドは、自己矛盾的に世界のペルスペクティーフの一観点であるというが如くである。真に客観的なる世界は、何処までも我々の自己を否定すると共に、我々の自己を成立たしめる世界、即ち我々の自己を包む世界でなければならない。何処までも自己矛盾的なる世界が矛盾的自己同一的なる所に、自己自身に十全なる客観的表現を有つのである。自己を世界に於て見る仏教哲学の立場には、かかる世界の考え方を求め得るのではあるが、それが意識的自己の問題に止まって制作的自己の問題に至らなかった、何処までも物を通すという方向に進まなかった。環境的に自己自身を見る、環境から主体へという方向に発展せなかった。宗教哲学としてそれは已むを得なかったと云うことができるであろう。科学的論理と云うものが発展せなかった所以である。矛盾的自己同一の真の弁証法に至らなかった。私は印度の歴史的社会の成立について知る所はないが、それは主体と環境との烈しい相互否定によってと云うのでなく、主体が無造作に環境の中に没入したという如き社会生活が、印度哲学の如き物の見方考え方を形成したのではなかろうかと思う。それは生産的活動を中心とした社会ではなかったのであろう。印度文化に欠けたものは、積極的な意志とか行動とか云うものであろう。ヨーロッパ文化というものは、正に之と反対の立場に立つものであろう。併し科学的知識と云えども、歴史的主体の自己形成を離れたものではない。主体的形成を離れて、単に環境的なる客観的世界そのものと云う如きものがあるのではない。今日は物理的世界の如きものについても、然云うことができる。矛盾的自己同一的な世界の自己限定として、場所的論理によって成立するのでなければならない。今尚単に一企図という位のものかは知らぬが、私はトポロギイ的な科学論に興味を有するものである。我国文化は主体即世界的な東洋文化でありながら、嚮《さき》に理より事へと云った如く、物に至るという方向にあるのではないかと思う。作られたものから作るものへと云うことは、歴史的世界の自己限定として事から事へと云うことである、事事無礙《じじむげ》と云うことである（事実が事実自身を限定すると云うことである）。絶対矛盾的自己同一的世界の自己限定として、具体的論理的に事が理であり理が事であるのである。単なる対象論理の立場からは、それは非論理的と考えられるでもあろう。併しそれが我々が物となって考え物となって行う立場である。而して我々の自己がそこに含まれるかぎり、世界は自己自身に十全な客観的表現を有つのである。科学もかかる立場に於て成立するのである。

親鸞の自然法爾《じねんほうに》と云う如きことは、西洋思想に於て考えられる自然ということではない。それは衝動のままに勝手に振舞うと云うことではない、それは所謂自然主義ではない。それには事に当って己を尽すと云うことが含まれていなければならない。そこには無限の努力が包まれていなければならない。唯なるがままと云うことではない。併し自己の努力そのものが自己のものではないと知ることである。自ら然らしめるものがあると云うことである。パウルが既に我生けるにあらずキリスト我にありて生けるなりと云うのと同様であろう。然もそれは外から自己を動かすのでもなく内から動かすのでもなく、自己を包むものでなければならない。否、絶対矛盾的自己同一として、我々の自己がそれに於てあるのである。それは絶対矛盾的自己同一的な道元の所謂「仏の命」というものでなければならない。真の道徳的行為は自己を世界の中に置くより起るのである。絶対矛盾的自己同一として作られたものから作るものへという世界の個物的多として、我々の自己が之に於てあると云うことから、我々に回避すべからざる行為の問題が起って来るのである。それは概にあるのである。理性とは此世界から生れ此世界へ死し行くのである、此世界に於て生死するのである。我々の思惟はそこから成立するのである。そのかぎり我々の思惟が具体理性的なのである。我々は此世界の自己形成作用に外ならない。私は自己を世界の中に置くと云ったが、自己は固《もと》世界の中念的思惟を越えたものである。併し我々の思惟を否定すると云うのでなく、我々の思惟はの根源を知るのである。我々は今それを知るのである、自己の真に在る所を知るのである、自己云うよりも、寧《むし》ろ知本報恩となるのである。宗教的体験の立場からは、我々の道徳的行為は義務の為の義務とたものでなければならない。矛盾的自己同一として皇道と相戻らないものでなければならない。我々の自己が歴史的世界の個物として個物的なればなる程、右の如き自覚に達せなければならない。そこには絶対の受働が即絶対の能働であるのである。斯く云えば、神秘的直観と考えられるかも知らぬが、それは抽象論理的に推理するからである。逆に絶対他力とは現実即実在と云うことでなければならない。すべての物の上に生命の躍動を感ずることでなければならない。道元が生死について云う様に「此生死は即ち仏のお命なり、これを厭い棄てんとすれば即ち仏のお命を失なわんとするなり。これに留りて生死に着すればこれも仏のお命を失うなり。仏の有様を留むるなり。厭うことなく慕うことなき是時始めて仏の心に入る。ただし心を以て計ることなかれ、言葉を以て言うことなかれ、ただ吾身をも心をも、放ち忘れて、仏の家に投入れて、仏の方より行われて、之に従いもて行く時、力をも入れず、心をも費やさずして、生死を離れ仏となる」と云うことでなければならない。支那文化に於て天人合一の自然と云うのも、西洋に於ての自然の考とは異なったものでなければならない。併しそこには尚人間が中心となって居る、天は人間化せられた自然である。然るに親鸞の自然法爾の自然と云うのは、西洋の自然の考と逆の方向に、人間そのものの底に人間を否定したものでなければならない。それは事に徹すると云うことである。身心脱落脱落身心の立場、更に徳山《とくさん》の無事於心無心於事の立場である。

東洋文化は直観的と考えられる。直観と云うにも、色々の考え方があるであろう。併し真の直観とは、我々が矛盾的自己同一的世界の個物として何処までも表現作用的に世界を形成する、而もそれは逆に我々が世界の表現的自己形成の一つの仕方となると云うことである。それは見ることが働くことであり、働くことが見ることであり、見ると云うことと働くと云うこととの矛盾的自己同一、作用と対象との矛盾的自己同一と云うことであるのである。見ると云うことは自己が物の世界の中に入って働くことである、物となって考え物となって行うことである。如何なる現在に於ても、そこに世界は無限なる表現的自己形成の要求を有つ。それが与えられたものは、我々に対して求めるものであると云うことである。我々の自己が自己矛盾的に世界の一表現的自己形成として、世界の中から成立すると云うことは、世界が自己自身に十全なる表現を有つと云うことである。そしてその逆も真である。かかる場合を私は直観と云う、故に行為的直観と云うのである。かかる直観は科学の基礎ともなるものでなければならない。無論個物が何処までも世界を表現するという立場に於て、表現は概念的とならなければならない。何処までも或決定せられた現在から現在を越えて、過去未来が同時存在的に表現せられねばならない。併し行為的直観を離るれば、それは客観的知識ではない。思惟的ならざる直観は、真の直観ではなく、直観的ならざる思惟は真の思惟ではない。併し西洋文化は環境即世界として環境より主体へ、東洋文化は主体即世界として主体より環境へと考えられる如く、その間に対立的相違を認めることができるであろう。見ると云うことと働くと云うこととの矛盾的自己同一の世界は、自ら相反すると思われる二つの文化形態に分れなければならない。而してその中に又種々なる重心に従って種々なる形態が成立するのである。西洋に於ては、フランス人の物の見方考え方が直観的とは誰も云う所である。併しそれも物に即する直観と云い得るであろう、環境即主体的である。之に反し日本人の直観と云うのは寧《むし》ろ事に即するものと考え得るであろう、主体即環境的である。事から事へである、事事無礙《じじむげ》的である。例えば、日本人的特色な詩と考えられる俳句と云う如きものは、最もかかる特色を表して居ると思う。世界を刹那的一角から見るのである。そこには見られる物もない。歴史的世界に於ては、物は事であり、事は物である。

## 八

古代歴史はローマの歴史の中に注ぎ込み、近世歴史はローマの歴史から流れ出たとランケは云う。ローマ以来ヨーロッパは一つの世界であった。然るに今日は世界が一つの世界となった。それには科学の発達による機械工業の勃興、資本主義的経済の発展と云う如きものが原因となるのであろう。世界が環境的に一つの世界となると云うことは、主体的なるものが否定せられ行くことである。而して矛盾的自己同一的世界が環境的に一つの世界となろうとすることは、逆に一つの主体が世界となろうとすることである。一つの国家が世界を支配しようとすることである。かかる傾向から帝国主義と云うものが出て来るのである。かかる場合、一つの国家が強大な勢力を有って居る間は、一時の平和が保たれるであろう。併しそれは唯他民族を奴隷化することによって可能なのであり、人間堕落への方向であるのみならず、又いつまでもかかる勢力を持続することも不可能であろう。他民族の勃興と共に悲惨なる戦争に陥るの外はない。その結果人間文化の滅亡にも至るのである。現に今日のヨーロッパの歴史が此危機を証明して居ると云い得るであろう。ランケは云う。我々の祖国は我々と共にあり、我々の内にあるものである。我々は始からそれに属して居るのであり、それを遁れることはできない、この我々を充たす神秘的な或物がすべて我々の政治形態を構成するのであると。嘗《かつ》てルイ十四世の下に於てのフランスはヨーロッパの侵略者であったが、革命後に現れたフランスは更に恐るべき侵略者ナポレオンのフランスであった。自由平等を理念とした革命は、諸《もろもろ》の国民の自己同一とその相互関連の原理を破ることはできなかった。喚起せられたものは、却って対立であったと云われる。歴史はいつも此の如きものであろう。而してそこには人類の危機が含まれて居ると共に、又作られたものから作るものへとしてそこから歴史的世界が創造せられて行くのである。唯今日世界が環境的に一であると云うことは、全人類が歴史的危機に臨み居ると云うことができる。世界歴史は、歴史家の云う如く、何処までも民族闘争の歴史であろう。フランス革命の齎らしたものは、自由平等の人類社会ではなくして民族の対立であった。併し歴史は単に無意義な人間闘争の繰返しではなく、そこから新しい人間と云うものが出て来るのであると思う。それが新しい文化が生れると云うことである。闘争が深く大なればなる程、然考えられるのである。無論それには物質的な所謂勢力均衡というものが安定の基礎とならなければならない。併し世界は唯それだけで平和を保ち得るのでなく、私は新しい歴史的生命が生れなければならないと思う。歴史的世界に於ては、いつも与えられたものは作られたものから作るものへとして要求を有ったものである。歴史の世界は無限なる傾向の世界である。而して一つの歴史的時代が形成せられると云うことは、新しい人間が形成せられることでなければならない。それは単に物質的資源の均衡と云うことだけではなく、又抽象概念的なイデオロギーと云うものでもない。ヨーロッパの中世には中世的人間があった。近世ヨーロッパには近世ヨーロッパ的人間があった。今日それが行き詰ったのである。斯く云うのは、歴史と云うものを単なるイデーの進歩と考えるのではない。人間は作られて作るものとして、歴史的地盤の中から生れるものでなければならない。

世界が環境的に一となればなる程、横の世界から縦の世界となればなる程、主体と主体との闘争は免れない。歴史は民族闘争の歴史である。主体と主体との間には、直接に結合の仕様はない。民族とは、ランケが神秘的な或物と云う如く、非合理的な世界の形成力である（その底には世界衝動がある）。唯それは作られたものから作るものへという矛盾的自己同一的世界の種として、形成作用的に一となるのである。先ず物質的に生産作用を媒介として結合して行くのである。血は水よりも濃しと云うも、民族は単に血と云うものではない。資源的関係と云うものが、闘争の原因ともなるが、又結合の原因ともなるのである。併し、それは文化的結合に至らなければ、真に人間と人間との結合ではない。そこに至って我々は創造作用に於て一となると云い得るであろう。それは我々が世界創造の労働者となり、技師となることである。矛盾的自己同一的世界が環境的に一つの世界となると云うことは、一つの主体が他を否定することであるが、環境が自己否定的に主体となると云うことは、逆に主体が自己否定的に環境となると云うことであり、作られたものから作るものへと世界は自己自身を創造し行くことである。そこに人間の世界と云うものがあるのである。そこに各の主体が何処までも自己自身でありながら、一つの世界を構成して行くのである。而して斯くして一つの世界を創造し行くことが、主体自身が生きることであるのである。これまでの世界歴史も、民族闘争の歴史であった。併し従来は尚横の世界であった。ヨーロッパは一つの世界であったと云うが、彼等は植民地を有することによって尚横の世界であった。今日は彼等の植民地競争によって、もはや植民地自身も縦の世界の中に入った。世界は真に縦に一つの世界となった。かかる真に世界史的闘争の危機から生れる人間の形態は創造的人間と云うものでなければならない。私が此処に創造と云うのは、必ずしも天才の創造と云う意味ではない。我々は誰も彼も歴史的創造の労働者であり技師であるのである。私は嚮《さき》に東西文化形態を比較して、環境より主体へと、主体より環境へと云った。創造的人間の形態に於て両形態が一とならなければならない。而して縦の世界の自己形成として東洋に於て創造的と考えられる我国文化は、両者の媒介となるとも考え得るであろう。人は従来とても人間は、特にヨーロッパ人の如きは創造的であり、創造と云うことが重んぜられたと云うでもあろう。併し従来は創造と云うことが人間性そのものの中心とは考えられなかった。創造はその他の価値に従属的であった。歴史的制約のない、単に空間的な、私の所謂横の世界に於ては、人間の道徳は唯合理的と云うことであった。十八世紀の啓蒙時代的人間形態がそれであろう。カントの実践理性の倫理は、歴史的にはかかる道徳の完結である。横から縦に世界が歴史的歪を有って来た時、人間行動の中心は主体にあると考えられる様になった。これが十九世紀に於ての帝国主義的人間形態であろう。かかる人間形態がヨーロッパを今日の闘争時代に導いたのである。ヘーゲルの倫理哲学と云うのは、かかる時代の道徳を表すものであろう。ヘーゲルの歴史的主体の背後には絶対精神があった。故に国家は道徳的実体であった。之を去れば帝国主義に陥るの外にない。併しヘーゲルの絶対精神と云うのは尚主体的であった、私の所謂主語的であった。世界を環境的に一と考える、それは即ち世界を主体的に一と考えることとなる西洋文化の考え方の極致と云うことができるであろう。併し真に人間が創造的となるには、絶対精神は絶対矛盾的自己同一として、自己自身を形成する世界でなければならない。そこには一面に何処までも主体的なるものを越えるという立場がなければならない。ヘーゲルの立場に於ては、未だ真に創造と云うことは考えられない。我々は何処までも我を主張することによって創造するのでなく、真に物となって考え物となって行う所に、創造するのである。世界がそれ自身に十全なる表現を有つ所に、我々の真の自己があるのである。私はかかる人間形態は却って東洋文化の底から求め得らるるのではないかと思う。私の考では、前にも云った如く、東洋文化の特色は、単に主体の底から主体を越えると云うにあった、廻光《えこう》返照《へんじょう》であった。此故にそれは主体的なるものを越えて、之を包む世界の自己限定という意義を有しながらも、創造的ではなかった、静観的に陥った。之に反し環境を主体化する西洋文化が却って創造的であった。併し世界が真に創造的であるには、何処までも主体的なるものを越えなければならない、絶対精神をも越えなければならない。環境即主体主体即環境として矛盾的自己同一的なる所に、世界が真に創造的であるのである。私は初に種々なる文化形態は、原文化形態とも云うべきものの種々なる方向への発展と云った。原文化形態と云うのは、右の如き矛盾的自己同一的な創造的形態と考うべきであろう。かかる原文化形態が時と場所に従って種々に自己自身を限定するのである。而してそれ自身が矛盾的自己同一的なるが故に、時代は自己矛盾的に一から他へ変じ行くのである。之を私はメタモルフォーゼと云うのである。歴史的世界に於て、一つの時代は唯一つの形態と云うのではなく、無数の時代が同時存在的であるのである。併し一つの形態が支配的なる所に、一つの時代が定まるのである。云わばいつも原文化形態的である。一つの時代が定まると云うことは、それが一つの重心を有つことである。而して何処までも矛盾的自己同一的なる原文化形態が一に定まると云うことは、それは抽象的となることであり、やがてそれが亡び行くことでなければならない。歴史は単なる進歩ではない。併し又単なる変化でもない。

人間活動の中心を創造に置くこと、具体的な人間的存在を歴史的創造に求めると云うことは、民族を無視すると云うことではない。民族と云うものなくして何等の歴史的形成と云うものもなく、創造と云うものもないのである。民族と云うものは単に生れるものでなく、作られて作り行くものである。全体的一と個物的多との矛盾的自己同一と云うことなくして創造と云うものはない。偉大なる個人は、いつも或民族の代表であるのである。大なる伝統のみ大なる創造を生むことができる。ティ・エス・エリオットは云う、伝統とは受継がれるものでなくして努力して得られるものである、それは歴史的感覚を含んで居る、時と時を越えたものとが一つとなる歴史的感覚が人を伝統的にするのであると。過去と未来とが現在に一となり、永遠の今の自己限定として物を創造し行くのが伝統である、所謂カタリストの如きものである。然らざるものは単なる過去の遺物に過ぎない、古生物の残骸と択ぶ所がない。創造に於て、人間は何処までも伝統的なると共に、過去未来と同時存在的なるものに、即ち永遠なるものに、何物かを加えるのである。新しく創造せられるものは、過去のものに同時存在的に生ずるのである。そこに真の人間の自由があるのである。創造に於て、人間は過去を受けると共に過去を変ずると云うことができる。伝統と云えば、人は直に唯一つの源と云うものを考える。併しそれは死せる伝統を考えることに外ならない。創造的な真の伝統ではなくして、抽象的概念に過ぎない。絶対矛盾的自己同一の世界の自己限定として、そこに無数の伝統が含まれていなければならない。而して生きた伝統は矛盾的自己同一として、伝統と伝統とは何処までも結合し行くものでなければならない。而して一つの偉大なる伝統が形成せられるものでなければならない。唯、創造に於て、異なれる伝統と伝統とが結合するのである。歴史的形成力として、歴史的空間に於て、何処までも民族と民族とは相対立する。然らざれば歴史的形成と云うことはない。併し単なる力の対立は闘争であり、相互の自滅である。創造に於て一となる所に、人間があるのである。そのかぎり民族が国家として道徳的主体であるのである。国家は単なる道徳的当為ではなく、ランケの云う如く道徳的エネルギーでなければならない。単なる権力でもなければ、単なる精神でもない。

我々が創造的となると云うことは自然発生的に非合理的な力に従うと云うことではない。それは創造することではない。歴史的現実は矛盾的自己同一として無限の方向を有すると共に、作られたものから作るものへとして何処までもそれ自身の方向を有つ。我々はかかる世界の個物的多として、いつもかかる絶対矛盾的自己同一に対して居るのである。個物的なればなる程、然云うことができる。我々は何処までも自己否定的に、かかる絶対矛盾的自己同一的世界の個物として働く所に、創造的であるのである。それは何処までも物となって見、物となって働くということがなければならない。そこには何処までも科学的精神と云うことがなければならない。自己が客観に照らされると云うものが含まれていなければならない。併しそれは単に一般的法則に従うと云うことではない。それによって我々が真に歴史的創造の機関となると云うことがなければならない。そこには又客観的な伝統と云うものがなければならない。主体と環境とが矛盾的自己同一的に行為的直観的なる所に、我々は創造的であるのである。それがポイエシス的に物を見ると云うことである、我々が物の中に入って物の中から物を見ると云うことである。それは過去未来が何処までも現在に同時存在的な、歴史的空間の自己限定として、物を見ると云うことである。そこには我々のポイエシス的思惟が尽されねばならない。而して我々のポイエシス的自己が包まれるかぎり、世界はそれ自身に十全なる表現を有つのである、行為的直観的であるのである。人間的存在と云うことの本質が歴史的社会的創造にあると考えられる時、ポイエシス的自己の自覚と云うものが、重要な意義を有って来なければならない。

非歴史的な合理主義の立場からは人間的存在の本質が一般的法則に従うにあるかに考えられる。人間が合理的ならざるべからざるは云うまでもない。併し具体的理性は歴史の形成力でなければならない。人間的存在の本質は歴史的社会的創造にあるのでなければならない。道徳的実践の目的は此にあるのであろう。かかる立場からは、道徳の根底は義務よりも奉仕にあるということができる、奉仕より義務が生ずるのである。道徳的実践とは、我々が作られて作るものとして歴史的世界を形成し行くことでなければならない。道徳的法則とはかかる世界の自己形成の法則でなければならない。我々の世界は、かかる意味に於て道徳的実践の世界でなければならない。かかる世界に於て我々の自己と云うものは、何処までも歴史的操作的自己、ポイエシス的自己でなければならない。物を作ると云えば、人は唯制作品の如きものしか考えないかも知らぬが、歴史的世界に於ては物は事であり、事は物であるのである。ポイエシスの世界はプラクシスの世界であり、プラクシスの世界はポイエシスの世界であるのである。歴史的世界に於ては、物はすべて自己矛盾的存在である。その両極に於て、ポイエシスとプラクシスとが相反すると考えられるのである（両極と云うのは主体的と環境的)。歴史的世界の自己形成として歴史的社会的創造という外に、道徳的実践と云うものはないのであろう。カントの倫理学と云えども、その背後に歴史的時代と云うものを考えなければならないであろう。ニーチェの「力への意志」の道徳にも、ヘーゲルの国家中心の倫理にも、然云うことができる。今日の新実証論的物理学者は、種々なる物理学的根本概念の内容は物理的操作から与えられねばならないと云う。古典的物理学で考えられた様な、我々の操作を離れた物理的世界そのものと云う如きものはないのである。私は道徳と云うものについても同様のことを考えなければならぬのではないかと思う。歴史的社会的形成の操作を離れて、道徳そのものと云うものはないのではないか。カント時代の歴史的社会的形成の傾向として、カントの倫理学と云うものも単に形式的ではなく、それは歴史的形成的内容を有ったものであろう。当時の合理主義は、ニュートンの絶対時間空間の物理学に於ての様に、我々のポイエシスを離れて、抽象的に客観的法則の世界そのものと云うものが考えられた。而してそれが又その時代の歴史的社会的形成の進み行く途であったのである。之に反し十九世紀は民族の歴史的自覚の時代である。歴史的社会的形成は国家が中心とならなければならない。歴史的形成的操作は国家的でなければならない。ニーチェの君主道徳に至って、帝国主義的傾向と結合するものともなった。併し又彼によって歴史的世界の創造性と云うことが極端に深く示唆せられたと思う。私は右の如く道徳の時代性を考えると云うのは、道徳は唯その時代時代のものだと云うのではない。カントの人格的道徳と云うも、歴史的社会的形成として、それは何の時代にも必要条件となるものでなければならない。その意味に於ては定言的命令である。人格を無視する所に、何等の歴史的社会的創造もあることはできない。ヘーゲルの国家道徳と云うものは、そのままが歴史的社会的形成の道徳として、今も尚現実的でなければならない。併し私はヘーゲルの時代よりも、今日は世界と云うものが、尚一層表面に出て来たと思うのである。それは毫《ごう》も国家を軽視しようと云うのではない。国家と云うものが、真に道徳的主体として歴史的世界的創造の使命を自覚すべき時に至ったと云うのである。

歴史的世界は推論式的に進展して行くのでなく、作られたものから作るものへと矛盾的自己同一的に動いて行くのである。物を通じて動いて行くのである。ゲーテは之をデモーニッシュと云う。曰く「デモーニッシュは矛盾に於てのみ現れ、従って如何なる概念、更に如何なる言葉にも捉えられ得ないものである。それは神的ではなかった、何となれば非理性的に見えたから。それは人間的ではなかった、何となれば、悟性を有たなかったから。それは悪魔的ではなかった、何となれば慈善的であったから。それは天使的ではなかった、何となればそれは往々他の不幸を喜ぶ様に見えたから。それは偶然に似ていた、何となればそれは何等の帰結をも示さなかったから。それは神の摂理に似ていた、何となればそれは連関を示したから」と。ゲーテはかかるデモーニッシュなものがナポレオンやカール・アウグスト、又はフリートリヒ大王、ペートル大帝の如き個人を襲うものと考えた。併しそれのみならず事件の中に、特に不可思議な事件の中に現れるものと考えた。今日ではそれは民族に於て現れると云い得るであろう。今日こそ歴史的世界に於て、真に主体的なるものが表面に出たのである。

# 生命

一

生命とは如何なるものであるか。先ず生理学者の云う所を聞いて見よう。ホルデーンの説は専門家の間にどれだけ認められて居るかは知らねど、私は自分の考に最も近いものと思うのである(J. S. Haldane, The philosophical basis of biology)。

彼は云う、我々は先ず空間時間と云うものの内に於て、それ自身によって有る物とエネルギーの世界に面して居るとする。物理学や化学の書物から、それ等の学問の基礎となる原理、公理を学ぶのである。併し生命現象に至ると、原理や公理は、どうしてもそれ程明でない。有機体と環境との関係、及び有機体の部分間の関係が、少くも表面上我々の物理的や化学的関係と云うものからは異なって居る様に見える。有機体は自己を環境に環境を自己に又自己の部分を相互間に適合させる様に見える。生きて居る間は、その構造と活動とがその生物に特異な仕方で維持せられ、代々に伝えられる。我々は此の維持 maintenance を、如何にして物理学や化学の術語によって記述すべきかを知らない。生理学に特殊なる表現の用いられる所以である(life, function, organ, species, heredity など)。それでは生物学に於て用いられる概念や表現と、物理学に於てのそれ等との関係を如何に考うべきか。前世紀の半頃までは、生物は生命力という特殊の作用を有って居るので如何なる無生物とも異なって居ると考えられた。所謂活力説 vitalism がそれである。併し半以後は活力説は一般に排斥せられる様になった。すべて生命現象はその環境に依存せないものはない。これは明白なる事実である。表面の如何に関せず、生物学と物理学との解釈の仕方の間に、結局の区別があるのではない。物理的、化学的に生命現象を解釈することが、即ち生物学的現象を研究することである。これが生物学者の理想となった。併し何処までも生物と無生物との区別を抹殺することはできない。理論的には単に複雑なるものと仮定せられたが、生命活動 vital activity と云われる、如何にしても割切れない而も非常に重要なものが残った。それは再生 reproduction と遺伝及び種の特異性に関する主要な事実である。再生と共に同化、分泌の作用、乃至すべての生理作用に伴う積分的過程も、此中に入るのである。生理学や生物学の初歩と云われるものは、すべて此の中に入ると云ってよい。而も此の残余の現象は物理化学的に説明せられないのである。生理学者は知らず識らず之を機械装置に帰して居るが、その機械装置とは如何なるものなるかを知らない。要するに有機体の生命に於て現れる、構造と作用と環境との間の、存続的な種的な整合 persistent and specific co-ordination を一般に認めるの外なかった。物理学的立場からは、これは奇蹟である。有機体とその環境との相互関係は単なる作用反作用ではない。全体として見れば、それに於て有機体の構造と云うものが、能動的に維持せられる様に整合せられて居るのである。構造と作用とは離すことはできない。それは一つの存続的全体の能動的顕現であるのである。有機体が環境に適合し、内外の環境が有機体に適合する。環境が有機体の各部分の構造に表現せられ、逆に後者が前者に於て表現せられて居る。それは一つの連続的活動である。環境の作用が有機体の反動から離すことができない様に、有機体の構造が環境の構造から離すことができない。加之《しかのみならず》、有機体の部分は、相互の整合に於て、各自の存在を有って居るのであるから、之を所謂空間的関係に於て考えることはできない。部分と環境との空間的関係が、一つの統一を表現して居るのである。それは所謂空間に於て記述することはできない。生命は所謂空間の中にあるのではない。ホルデーンは呼吸の生理に於て、我々の生命が、有機体と環境との、特殊なる形に於ての整合に依存することを科学的に論じた後、Life is Nature expressing herself as a characteristic whole which has no spatial bounds. と云って居る。有機体と環境との相互整合的に、形が形自身を維持する所に、我々の生命があるのである。それは私の所謂主体と環境との矛盾的自己同一的に、時間と空間との矛盾的自己同一的に、全体的一と個物的多との矛盾的自己同一的に、形が形自身を限定すると云うことに他ならない。それは所謂物理的空間的に機械論的たることはできない。

ホルデーンは機械論者ではない。併し又彼は環境を離れて生命力と云うものを考える活力論者でもない。正にその反対である。彼は云う、我々が生命と云うものを扱う時、個性的全体を扱うて居るのである。それは数学的に論ずることはできない。数学的に論ぜられる学問が精密科学と云われる。併し生物学も他の科学の如く精密科学であるのである。我々が自己自身を限定する整合的な形の維持を見出すかぎり、我々は生物学に於て精密性に達するのである。之に反し単に物理化学的説明を求めるものとしては、それは独立の科学でもない。無論、生理学者は生物体の内に物理化学的な機械装置を見出す、併しこれは適当な時及場所にのみ、能働的に維持せられるものなのである。有機体の部分の相互関係だけを取り出して、生命の顕現と考えるのも、既に活力説の残骸に過ぎない。有機体の内と外、即ち内的環境と外的環境とを包括して、生命というものを考える時、始めて生物学の基礎として、正しき生命の真の概念を得るのである。而してかかる生命の概念は即ち我々が生命現象をそのものとして観察する時、見る所のものに他ならない。曰くWe perceive the relations of the parts and environment of an organism as being of such a nature that a normal and specific structure and environment is actively maintained. と。かかる能働的維持 active maintenance が我々の生命と云うものである。かかる自己自身を限定する形を見ることが、生命の直観である。而してかかる生命そのものとしての存在が、科学的生物学の公理となるのであると云う。私は私の徹底的実証主義の立場から、ホルデーンの生命の概念に同意するものである。進化論に於て環境に従って種の変化と云うことは、生命の機械論に導くものではなくして、却って整合的な形の維持を証拠立てるものであると、ホルデーンは云う。有機体に於ては、構造と機能とはいつも不可分離的であるのである。構造が機能を表現し、機能が構造を表現するのである。形が形自身を限定すると云う時、斯くあらなければならない。かかる形は所謂物理的空間に於て成立するものではない。然らばと云って、活力論的に外に形成力と云うものを考えるのでもない。矛盾的自己同一的な世界が世界自身を形成する所に、生命と云うものが現れるのである。而してそれが生物的科学の公理となるのである。今日、すべての科学が公理的と考えられる。数学と云う如きものも、公理的と考えられる。かかる意味に於ては、数学も精密科学とは云われないであろう。数学に於てすら、直観と云うものが排斥せられる。而して公理的と云うことは、今日、約定的と云うことを意味して居る。併し公理と云うものが作られるには、先ず何等かの意味に於ての直観がなければならない。任意な約定から科学の公理ができるのではない。勿論、私の直観と云うのは、思惟を越えたものとか否定したものとか云うのではない。主観客観の矛盾的自己同一的に、行為的直観的と云うことである。かかる意味に於て行為的直観的な形が見出されるかぎり、科学は精密的となる。それは或程度まで現象を予言することができる。之に反し数学といえども、その基礎を無矛盾性に置くかぎり、昔の意味に於て精密的とは云われないであろう。ホルデーンは有機体の部分と環境の整合的なる特殊形の自己形成的維持が生命であると云う。而してかかる形の維持が我々の生命の直観であり、我々が生命現象そのものとして直観するものに合一すると考えて居る。併し我々は我々の生命を外界に於て直観するのではない。我々は生理学的に自己が生きて居ることを知るのではない。生命は生命の自覚によらなければならない。生命の自覚とは如何なるものであるか。

私と云うものがなければ私の身体と云うものはない。身体は誰かの身体でなければならない。誰の身体でもない身体と云うのは身体でもない。然らばと云って、身体と云うものなくして私と云うものはない。身体なき自己は幽霊に過ぎない。そこには生命はない。我々の自己は身体的に自覚するのである。私が私を考えると云うことも、身体なくして意識もないと考えられるかぎり、それも身体的事実でなければならない。我々は如何にして我々の身体を自覚するか。身体と云うものも物体である。併し人は現象を内と外とに分ち、私の身体的現象は私に直接に内から知られると考えて居る。例えば、私は今此手を動かして此字を書いて居ることを知って居る。併し如何にして手がかかる動作を為し得るのであるか。手の如きものに於ては、大体に於て容易にその機械装置を知り得るであろう。併し眼とか耳とか云う如きものに至っては、学者の研究によって漸く知ることができたのである。我々の身体の生理作用は生理学者の研究に俟つの外はない。カップと云う人は、我々の身体内の機械装置を外界に移すことを器官射影 Organ-Projection と云った（E. Kapp, Grundlinien einer Philosophie der Technik. 1877.）。我々は最始、我々の身体的器官に倣うて道具を作った。梃子とか振子とかいう道具は、垂れ下がる手から名づけられた。併し道具の発達完成するに従って、逆に道具の状態、目的、使用から我々の身体の肢節的組織が理解せられるに至った。関節の記述に多くの機械の名が取入れられて来た。我々が眼を外に射影して作った器械から眼の生理的秘密が理解せられる。カメラ・オブスクラと云うものなくして、眼の構造は理解せられないであろう。耳の構造もオルガンから理解せられる。神経は電信機から理解せられる。機械から我々の有機体が理解せられるのである。生理現象は直接に内から理解せられるのでなく、却って機械装置の助によって実験的に理解せられるのである。併し又ホルデーンの云う如く、我々の生命は何処までも機械論的に説明することはできない。厳密なる機械論的立場からは身体と云うものもないであろう。今、道具と云うものから、我々の身体と云うものが知られると考えられる。道具とは如何なるものであるか。それは如何にして発生し、如何なる意義を有ったものであるのであろうか。

従来あまり知られなかったものの様であるが、ノァレと云う言語哲学者の「道具」という書（Ludwig Noiré, Das Werkzeug. 1880.）は注意すべきものと思う。フランクリンの云った様に人間は toolmaking animal である。動物は道具を有たない。海狸《ビーバー》の作ったものが如何に巧妙であっても、それは道具を用いたのではない。動物の仕事は、何処までも単に目的的なる本能的動作を出ない。之に反し如何に原始的であっても、道具があれば、人間がいたと云うことが分かる。道具とは我々の仕事を助けるものである。仕事をすると云うことは、単に働くと云うこととは違う。物がそのものの存在の為に働くことを仕事するとは云わない。例えば我々が食うとか飲むとか走るとか云うことは、仕事すると云うことではない。仕事すると云うには、働きの結果が外に現れて、働くものに対すると云うことがなければならない。そこに物が作られると云うことでなければならない。私は、屢々《しばしば》かかる関係を、作られたものは、作るものによって作られたものでありながら、独立なるものとして作るものに対立し、之を動かすと云った。かかる物と物との相互関係に於て此等の連結が一つの中心を有ち、それ自身の体系を維持し完成すると考えられる時、始めて仕事すると云うことが云われるのである。而してかかる仕事を助けるものが道具と云われるのである。作られて作るものとしてそれぞれに機能を有ち、一つの目的を完成するものが道具と云われるのである。有機体の種々の器官も、かかる意味に於て道具と云われるのである。動物も身体的に非常に優秀なる道具を有ったものもある。併し動物は道具を作らない。然るに人間は道具を作る。これは何に基くのであるか。これは我々人間が自己自身の意識の底に暗く本能的に働いていた器官を対象化するによるのである、即ち器官の射影に基くのである。如何にして人間にのみそれが可能であるか。ノァレはその根底に言語的表現作用を考えるのである。仕事と云うのは我々の共同作業から始まる。我々が共同作業によって外界を変更した時、それに音声が伴う。これが言語の起源である。故に語源と云うものは、皆作用を表現して居るものであると云う。而して共同作業によって外界の変更が多岐多様に分化発展すると共に、言語の内容も分化発展したと云われる。例えば、ドイツ語の

Grab, Gruft などいう語が起源ではなくして、元来は共同で穴を掘る作業を表現する Graben, Grube という語であったであろう。ガイゲル (Lazar Geiger) は人間は道具を有つ以前に言語を有っていたと云う。例えばドイツ語の Mühle と云う語は、固《もと》、我々の身体的作業を語源とするものであると云う。インド・オイローパの語源で mal とか mar とかいう語は指で潰すとか歯で嚙むという意味を有って居ると云われる。今日器械の媒介によって複雑化せられた我々人間の働きも、言語学上元は自然の身体的器官の働きに基かざるものはない。言語によって我々の働きが表現せられ、対象化せられることによって、物と物との因果関係が分析せられ、それ等の関係が明瞭に意識せられるに従って、我々の意識の底に働いて居た器官そのものが射影せられて、道具と云うものが出て来るのである。理性とは、固、言語的でなければならない。言語は思想の身体と云われる。如何にして我々の器官が射影せられて道具ができるか。我々の器官に内部的と外部的と区別することができる。外部器官は、一、運動の器官、二、感覚の器官、三、外界直接変更の器官 Werk-Organe と分つことができる。先ず注意すべきは、此の第三種の器官である。此に動物の身体的構造の限なき合目的性を解く鍵があるのであり、此から作り作られる因果関係を追うて、如何にしてかかる合目的的なる機構が出来たかを明にすることができるのである (萼《がく》に合うた蝶の吸取器、重苦しき象の上唇の運動性など)。すべて相対応するものは、両者を越えた第三者から発展するのである。合目的的なるものの発展の根底には、目的がある、芽があるのである。平面を滑る石が最も適合的な状態に陥って行く如く、視力が光線に曝された神経の末端を巧緻なる眼という器官に形成した。ベルグソンは眼とは視力の開削した運河だと云って居る。外部感官と云うのは、有機体と外界との境界域に現れるものである、作り作られて行くものであるのである。眼と云う如き感受的な感官でも、元来触糸から発展したと考えられる、即ち同時に運動と感覚とである芽から発達したのである。感官はいつも能働的・受働的である。外部感官は知識的である、我々の自覚にも関与する。之に反し内部感官は生産的である（私は前者は空間的、後者は時間的と考える）。外界変更の外部感官が特に意識発展に貢献する所以のものは、その半射影性によるのである。此には、意志と表象が一つになって、働いて居るが故である。半射影とは如何なることを意味するか。例えば、鳥類は大抵食物粉砕のため、胃の中に礫《こいし》を入れて居る。哺乳動物では、それには咀嚼歯を有って居るのである。両者同じ仕事ではあるが、食物がまだ口の中にある間はそれは外物である、我々はそれを感ずることができる。胃の内では内外の区別は明でない、即ち器官が未だ射影せられていない。それだけ物の表象が不明瞭である。高等動物では運動器官は大抵射影せられて居る。併しそれは意識発展に、あまり役に立たない。外界変更に用いられないからである。消化器官がその役目を務めて居るのである。動物では意志的な口が外界変更の器官であるのである。而して感覚器官が之に伴うて居る。ポリュペンの如き下等動物でも腸即口の入口が多くの触手を以て飾られて居る。而してその中に細長い鋭敏な触官的なるものも雑って居ると云う。魚類に於ては、口辺の鬚がかかる役目をなすのである。爬行動物では舌がそれである。およそ外界変更の器官と感覚器官との合一から我々の生命と云うものが発展するのである。かかる意味に於て手と云うものが理性発展に欠くべからざる器官と考えられるのである。

カントは、理性的動物としての人間の特徴は、既に手の形と組織にある。その巧妙なる構造と繊細なる感覚とが、人間を或特殊な物の操縦へでなく一般的なる物の操縦に、従って理性の使用に訓練したと云う（Anthropologie）。これはよく製作的な、把握的な、知覚的な器官としての手の重要性を言表したものである。手は分析と総合の器官である。多を一に於て見、一を多に於て見る我々の思惟的精神が、手に於て自己自身を実現するのである。手に理論的能力と実践的能力との不可分離的結合があるのである。我々の思想は、思惟の神秘的抽象作用により簡単な抽象概念から発展したのではなく、手が物の形を構成することから発展したのである。加之《しかのみならず》、手と思惟とが直接に我々人間の要求に結合し、思惟の作るもの即ち手の作るものとして、外界に我々に必要なる物が作られた。かかる手の創造的能力の発展に伴うて、我々の思惟の抽象作用が発展したのである。手の作業と云うものが一種の目的に固定したものでなく、云わば中立的であって、道具の道具として、特殊なる目的の道具を作る所に、手の理性的たる所以のものがあるのである。手は自己自身を特殊化する、生きた一般概念である。斯くして手は器官の半射影から完全射影への推移をなすものなるが故に、それが眼と結合して創造の器官から理解の器官へと移って行く。我々は物を把握することによって物の形を理解するのである。我々の理性は、その確実なる知識を手から得るのである。眼は手の弟子である。形成的なる手を有たない動物は、如何に眼が完全でも形作ることによって見る Gestaltensehen と云うことができない、即ち知的直観に達することはできない。知的直観とは神秘的作用ではない。手は形成的・直観的に、いつも知的直観的であるのである。それを神秘的と云うのは、主観的認識論からの推論である。昔、アナクサゴラスは人間は手を有っているから動物に優って居ると云った。併しアリストテレスは云う、理性が手をして手たらしめたのであって、その逆ではないと。併し私は更に一歩を進めて、理性をして理性たらしめたものも亦手であると云いたい（形成即理、理即形成）。手は多と一との矛盾的自己同一として形作ることによって理解する行為的直観的器官であるのである。手は外部的脳髄と云われると云うが、私は又逆に脳髄は内部的手と云うことができると思う。

ノァレが人間の思想は単なる思惟の抽象作用からではなく、手の構成作用から発展したと云う。運動と知覚との合一せる手の如き器官の行為的直観的把握に、科学的知識の具体的論理の萌芽があるのである。かかる器官の射影の根底には、既に我々の共同作業の言語的表現が働いて居るのである。矛盾的自己同一の論理は手の論理と云うことができる。

我々は自己の身体と云うものを外から理解するのではない。自己の身体の自覚なくして、単に外物を見て居るだけでは、物と物とが相働く、力とか因果とか云う考も起らないであろう。然らばと云って、我々は単に我々の身体を内から理解するのでもない。我々は直接に自己の身体の構造を知らない。併し何等かの意味に於て身体と云うものなくして自己と云うものはない。デカルトは我々の自己の本質は考えると云うことであり、身体なくして自己が存在し得ると云って居る。併し考えると云うことも、亦一種の働きでなければならない。働くと云うには、働くものがなければならない。それが物質的なものでないことは云うまでもない。ホルデーンの云う様に、そこには生命と云うものもないのである。然らばと云って、単なる価値と云う如きものであることもできない。私が考えると云うことは、既に時間・空間的な働きであり、それは歴史的出来事でなければならない。単に時空を越えた価値の如きものであるならば、それが働くと云い得ざるのみならず、誰の自己でもあり得るものであり、誰の自己でもないものである。存在の前に当為があると云うならば、そう云うことを考える自己の存在とは如何なるものであるか。価値と存在との峻別を考える自己は自己自身に矛盾を含むものでなければならない。かかる存在を私は歴史的身体的と云うのである。かかる身体的存在と云うのは、カップの云う如く、道具から知られるものでなければならない。而して我々が道具を有つと云うことは、ノァレの云う様に、我々の外部感官の射影に基くのである。作ることと知ることが一つである手の如きものからであるのである。

道具と云うものは作られたものである。併しそれ自身の存在を有ったものである。作ったものに対立するものである、即ちそれ自身一つの物として、作ったものを動かすものでなければならない。併し道具とは単に自己自身の為に存在するものではない。単にそれ自身の為に存在するものは道具ではない。それは他の為に存在するものでなければならない。それは作ったものの為に存在するのである。無論私が此に作るという語は極めて広い意味に於て用いて居るのである。原始人が石を投げると云うのも、石を道具とするのである。物を動かすと云うことも物を変更することである。物が作ったものの為に存在するとは如何なることを意味するか。物を作ると云えば、作るものが作られたものの原因となることでなければならない。併し働くことは、いつも逆に働かれることでなければならない、作用即反作用である。而も作るものと作られたものとが単なる並列的関係にあるかぎり、一が他を作ると云うことはない。そこには因果関係あるのみである。作るものは作られたものより高次的存在を有つものでなければならない。如何なる意味に於て高次的であるか。先ず作るものと作られたものとの間に、一般と特殊との関係を考えることができる。作られたものは、作るものの特殊化と考えるのである。特殊的なるものは一般的なるものの自己限定の過程として、前者は後者の手段であり、後者は前者の目的であると考えられる。併し私は分類的な一般と特殊との関係からは、作る作られるという関係は出て来ない、否、働くと云うことすら出て来ないと考える。従ってそこに道具と云う如きものは考えられない。道具とは単に一般の特殊ではなく、それ自身に於て独立するものとして、作るものを動かすもの、影響するものでなければならない。両者の間に因果関係がなければならない。而も単に作られたものに対立するものは作るものではない。作るものは作られたものを越えたものでなければならない。而もそれは何処までも連続的に一方の極限と云うのでなく、非連続的に之を越えたものでなければならない。併し単に抽象概念的に因果関係を越えたもの、概念的目的と云う如きものは作るものではない。それは力でなければならない。因果関係の中に入って、その一要素として働くものでなければならない。右の如き意味に於て、作るものと作られるものとの関係は、表現するものと表現せられるものとの関係から把握せられなければならない。自己自身を表現的に形成するものが、作るものであるのである。何処までも因果関係の全体の中にありて働き働かれると共に、之を越えて全体を表現し、全体を自己表現となすものが作るものであるのである。多と一との矛盾的自己同一として、全体が自己の中に自己を表現する、私の所謂矛盾的自己同一的世界が、自己の中に自己を表現的要素を有つ時、それが創造的要素として作るものと考えられるのである。それは恰も数学の群に於ての単位の如きものであるのである。自己自身の内にかかる要素を有せないかぎり、世界は自己自身を形成する世界ではない。それは抽象的概念の世界たるに過ぎない。かかる要素を中心として自己自身を形成する全体が、ホルデーンの所謂個性的全体として有機体と云うものであろう。かかる中心的要素は無論単に因果関係の世界の中にあるのではない。生命は所謂空間の内にあるのではない。併し又単に外にあると云うのでもない。自己自身の内にかかる要素を含むかぎり、自己表現的に自己自身を形成する世界であるのである、生命の世界であるのである。かかる要素を中心として、有機体の内と外と云うことが考えられる。有機体は内に環境を有つと云う。我々の身体の内部も機械的である。外から見れば、我々の身体も巧妙なる機械に過ぎない。内が外である。併し我々の身体は単に機械的ではない。若し然らば身体と云うものはないのである。身体とは、自己自身の内に自己表現的要素を含んだ組織である。身体には、中枢と云うものがなければならない。それは一つの世界的形態、場所的有でなければならない。かかる全体の自己表現的要素と云うものが、原子とか粒子とかと云う如きものでないのは云うまでもなく、何れかの一細胞と云うのでもない。それは何処までも物質的存在の意義を越えて、表現的存在の意義を有ったものでなければならない。云わば、言語的存在の意義を有ったものでなければならない。故にそれは物質的身体的空間の内にあるのではない、何処までもその外にあるものであるのである。併し又言語の如く単に外的に記号的と云うのではない。我々の身体は、自己自身の物質的空間を越えて、而も全空間の自己表現的要素を内に含むことによって身体であるのである。故にかかる要素に於て、我々の身体は内が外、外が内に、内と外との矛盾的自己同一として我々の身体と云うものが成立すると云うことができる。脳の中を探しても、右の如き要素として、何処かに中心的細胞がなければならぬと云うのではない。固定的にそう云うものがあるとすれば、却って我々の生命は機械的か活力的かである、真の生命と云うものはなくなる。併し又脳細胞の関係を離れてそう云うものがあると云うのでもない。脳細胞の機能は表現的であるのである。脳の細胞はその一部が害せられる時、或程度まで他が代理すると云われる、脳の細胞は代理的であるのである。我々の身体的存在は既に無基底的として場所的有と云うことができる。そこには形が形自身を限定すると考えられる所以である。ホルデーンが基準的な種的な構造と環境との能働的維持を生命と云うのも、かかる意味に他ならないであろう。而してかかる生命の事実はノァレの云う如く、我々の外部器官の射影として、手の行為的直観の如きものから最も能く把握せられるのである。ホルデーンの生命の直覚と云うのは、此の如き行為的直観でなければならない。カップの云う如く、我々の身体の構造は外から理解せられるのである。機械から理解せられるのである。我々の身体も機械である、実に巧妙なる機械である。併しライプニッツの云う如く、人間の作った機械は、その各の部分までも機械ではない。之に反し身体は何処までも機械である、部分の部分までも無限に機械である。斯く云うことは、身体と云う機械は中に全空間の自己表現的要素を含んで居ると云うことでなければならない。内と外との矛盾的自己同一的に、無限に創造的と云うことでなければならない。そこから身体的に外に物を作る、道具を有つと云うことも出て来るのである。故に何処までも身体的に外に物を作る、物を支配する、物を道具として有つ、物を身体化すると云うことは、身体が自己自身の内に何処までも全世界の自己表現点を含むと云うことであり、無限に全体の自己表現点として、何処までも創造的に、自己自身の内に入ることである。故に我々の身体に於て、外に出ることは内に入ることであり、内に入ることは外に出ることである、真に自己自身に入ることとは、自己が自己を失うことである。我々の身体はいつも内へと外への両方向を有つ、矛盾的自己同一的存在である。我々の自己は、空間と時間との矛盾的自己同一的結合点であるのである、世界の創造に繋がると云うことができる。故に空間的なる身体と時間的なる自己と相反する両方向にあるものでありながら、自己なくして身体と云うものなく、身体なくして自己と云うものはない。身体なき自己と云うのは、単に考えられたものに過ぎない、考える自己ではない。

私が此に我々の身体が世界の自己表現的要素を含むと云うのは誤解を生ずるかも知れない。脳の何処かにそういう中心的な細胞とか場所とかがあると云うのではない。而も脳細胞の組織と離れたものではない。従来の物理学的立場からはそれは非実在的と云う外ないであろう。併しかかる要素を考えることは、今日の物理学とは必ずしも矛盾せないであろう。粒子と云っても相補的に世界の自己表現的存在である。デカルトの松果腺も象徴的表現と考えることができる（沢瀉久敬）。

我々は我々の身体を我々の作った道具から理解する。道具を作ると云うことは、我々は自己の外部感官を射影することによってである。外部感官の射影は、我々の作業の射影からでなければならない。作業の射影の根底には言語がある。語源は皆動作を表現して居ると云う。原始人が共同作業によって外界を変更した、即ち外界に何かの結果を出した。物が作られた時、之に音声が伴う。その作業が音声の意味となる。これが言語の起源である。言語は我々の創造作用に伴うのである。人間に対し最始の物とは彼の作ったものであった。而してそれ等が言語によって独立の存在を得たのである (Noiré, Max Müller und die Sprachphilosophie. S. 87 ff., S. 97 ff.)。言語なくして分析総合の作業的発展は考えられない。言語学者のかかる着眼には、深く考うべきものがあると思う。我々は言語によって我々の働きを表現する、自己の働きを射影する、我々の共同の世界に於て自己を客観化する。此の働くものが働くもの自身を知る、自己が自己自身を知る、我々の自覚の萌芽があるのである。無論、そこに考えるものが考えられるものであるという如き意識的自己の自覚があると云うのではない。それは我々の生命的発展の極限に於てでなければならない。併しそこに既に我々の身体的生命の把握の端緒があると云うのである。全体的世界が自己の内に自己表現的要素を含むことから生命が始まる。道具は物質である。併しそれが全体的世界の自己表現的生命の形成によって作られたものとして道具である。道具を作る所に、我々の生命の事実がある。而して外に物を作ることは、内に深くなることである。全体の自己表現的要素としての自己が、何処までも全体の自己表現点、世界の創造的根元と結合することである。すべて発展とは、その根元に返ることである。生命は人間的生命に至って生命の根元と結合する。故に人間は言語を有つのである、ロゴス的であるのである。ロゴスとは世界の自己表現の内容に他ならない。我々の自己は世界の自己表現的作用として自覚するのである。我々の自己の一々が歴史的世界の自己表現点であるのである。我々は形式論理的に自覚するのではない。歴史的身体的に自覚するのである。原始人が共同作業によって外界を変更した時、之に伴うて言語が発生する。この時既に原始人の世界が自己自身を表現したのである。言語は共同的世界の自己表現として成立するのである。故にそれは客観界への射影である。言語は単なる音声ではない。鸚鵡《おうむ》は如何に人語を摸するも、その音声は言語ではない。我々は我々の世界の自己表現的要素として言語を有つのである。かかる関係の極限に於て、表現するものがせられるものとして、我々の自己が自覚するのである。かかる極限点に於て矛盾的自己同一的に我々の世界が主客合一するのである。動物も生命を有つ。そのかぎり、それも内に世界の自己表現的要素を含んでいなければならない。或意味に於て自己を含んでいなければならない。動物の身体も、ホルデーンの云う如き意味に於て内と外との整合的統一体である。動物も脳を有つ。併し動物の身体は、真に内に世界の自己表現点を含むに至っていない、真の生命の根元を含んでいない。故に動物は自覚的自己を有たない。動物は道具を有たない、道具の奴隷であると云われる。併し動物は機械ではない。内と外との整合的に形が形自身を形成するかぎり、それは内に全体の自己表現的要素を含んでいなければならない。ホルデーンも生命は超空間的自然の自己表現と云う所以である。かかる非自覚的なる生物の精神が魂と考えられるものである。而してその働きが本能である。キュヴィエやヨハネス・ミュラーはそれを夢像の如きものと考えたが、ヴァイツ Theodor Waitz はそれを固着観念と考えた。而してそれを生得的な抽象概念に外ならないと云って居る。ノァレはそれを抽象的思惟と云うべきではないが、創造作用が概念的把握の核をなすという考が、既にヴァイツに於て現れていると云って居る。私は本能から精神へと云うのでもなければ、精神から本能へと云うのでもない。右に云った如く、発展と云うことは、行く先が根元に返ることである。空間が自己超越的に自己表現的要素を含むと云うことから生命が成立する。そこに生命は本能的である。人間も本能的である。併し人間に至って、表現せられたものが表現するものとして、生命が生命自身に返るのである。世界が世界自身を自覚するのである。実在が自己自身を表現するのである。従来は実在的世界の根底として物質が考えられた。併し今日は物理的世界も主客相互限定的に、形が形自身を限定する世界として、却って生命の世界の形式によって考えられねばならない。世界が自己の中に自己表現的要素を含むことによって、世界が自己自身を限定する実在的世界である。物質的世界とは、唯、同じ形の繰返される世界である。

此の論文によって、私は私の従来論じて居る所に、多少の事実的証拠を与え得たと思う。自己表現的世界は即自己形成的世界であり、自己形成的世界は即自己表現的世界である。我々の作業の言語的表現なくして、我々は物を作ると云うことはできない。而して言語そのものは、ノァレなどは論じていないが、私は我々の身体的要求から発するものと思う。動物の情緒的表現、叫声の如きものから発達するのであろう。コントによれば（Lévy-Bruhl, Comte. p. 258)、人間は思想を通ずるために表現するのでなく、表現するから思想が相通ずるのである。最始に表現せられたものは、思想でなくして情緒である。それが漸々に知識化せられる。表現は固《もと》、自発的であり、原始的である。神経と筋肉との組織的関係から起るのである。それが発展するに従って意志的となり、遂に思想の原因であり同時に結果となると云う。我々の身体的組織そのものが、固、情緒的に自己表現的であるのである。而してそれは我々の身体が内に世界の自己表現的要素を含むと云うことに他ならない。我々の身体的生命は、世界の自己表現的形成としてロゴス的であるのである。世界の自己表現的形成の内容が理性的と考えられるものである。此外に理性と云うものがあるのではない。単に形式論理に当嵌まるものが理性的と云うのではない、非合理的なるも形式論理に当嵌まるのである。故に私は我々の身体を歴史的身体と云う。何処までも自己の内に自己を表現し、自己表現的に自己自身を形成する世界が歴史的世界である。我々の身体は、かかる世界の自己形成的器官として歴史的身体的であるのである。動物の身体も内に世界の自己表現的要素を含むものとして歴史的身体である。併しそれに於ては未だ世界の自己表現的要素が自覚していない、歴史的生命の自覚に達していないのである。動物は道具を有たない、道具の奴隷である。

私の行為的直観と云うのも、右の如き立場から理解せられるであろう。我々の自己は、世界の自己表現的要素として、自覚的要素として、歴史的身体的に、行為的直観的に、世界の自己表現の内容を把握し、歴史的身体的に歴史的世界を形成するのである。これが行為である。行為的直観の過程は、理性的感官としての手の如きものから、特に手と眼との結合から、最も能く理解せられるであろう。単に非理性的な知覚と云うものはない、誤謬は之に加える判断からである。手は何処までも実践的たると共に知的直観的である。我々の身体は何処までも自己表現的であるのである。然らざれば身体と云うものはない。我々の身体的把握は、我々の作業の言語的表現からであると云われる。物理的知識と云う如きものも、手の行為的直観に基礎付けられねばならない。器械は手の延長である。何処までも我々の身体の外界射影である。ボーアは暗室に於て軽く杖に触れれば、杖は単に対象であるが、強く之を握れば、自己の身体に直接して居ると云う。最始から思惟と感覚と、自己と身体とを対立的に考え、自己を身体の外にあって単に見る眼の如く考えるのが根本的誤謬である。自己は世界の自己表現的要素として身体の内に含まれて居るのである。自己は歴史的身体的に自覚するのである。

## 二

世界は個物的多と全体的一との矛盾的自己同一の世界である。何処までも多の自己否定的一として時間的に、何処までも一の自己否定的多として空間的に、時間と空間との矛盾的自己同一的に、作られたものから作るものへと、形が形自身を形成し行く世界である。私は之を絶対現在の自己限定と云う。永遠に動き行くものは、永遠に決定せるものとして、絶対空間的に、永遠の過去に於て表現せられて有るものであり、永遠に決定せるものは、永遠に動き行くものとして、絶対時間的に、永遠の未来に於て表現せられて有るものである。永遠の未来は永遠の過去に、永遠の過去は永遠の未来に映されて居ると云うことができる。かかる世界は単に過去から未来へではない、単に機械的ではない、又単に未来から過去へでもない、単に目的的でもない。過去と未来との矛盾的自己同一的に、作られたものから作るものへ、作るものから作られたものへである。作るものと作られたものとの矛盾的自己同一的に、現在が現在自身を限定する世界である。此から相反する両方向へ、過去と未来とが考えられるのである。絶対現在の世界は現在が現在自身を限定する世界である。

右の如き世界は、論理的には、表現するものがせられるもの、表現せられるものがするものであり、自己自身を表現する世界である。自己自身を表現するとは、自己が他に於て自己を有つと共に、他を自己に於て有つと云うことである。絶対的否定即肯定、自他相反するものの自己同一と云うことである。自己自身によって有り、自己自身によって動く世界は、自己自身の内に絶対否定を含む世界、絶対の他を自己に於て有つ世界でなければならない。かかる世界に於ては、世界は何処までも自己否定的に自己自身を表現する、絶対否定に於て、絶対の他に於て自己を有つ。そこには非時間的である、すべてが同時存在的である。全体的一は何処までも自己否定的に個物的多として、個と個とが相対する。物と物との無限なる対立の世界、相互否定の世界である。世界は絶対空間的である。之に反し、自己自身によって有り、自己表現的に自己自身によって動く世界は、絶対の他を自己自身に於て有つ世界である。絶対的否定即肯定の世界である。何処までも個物的多の自己否定的に、全体的一の自己肯定的に、自己自身の内に自己を映す、自己自身の内に自己を表現することによって自己を形成し行く世界、無限なる時の世界、無限進行の世界である。即ち自己自身によって有り、自己自身によって動く世界は、絶対現在の自己限定の世界である。我々の自己の立場から云えば、世界が何処までも自己否定的に、自己自身を表現するという所に、世界は知的であり、世界が何処までも自己肯定的に、自己に於て自己を形成するという所に、行的である。我々の自己は、世界の形成的要素として、世界を自己に表現することによって世界を形成して行く、即ち世界の一自覚点として働く。表現と実践とは相反する如く考える人もあるが、我々は我々の自己に世界を表現することなくして、実践と云うことはない。単なる行動は盲目的たるに過ぎない。

自己自身によって有り自己自身によって動き行くものが生きたものである。此の外に生命と云うものは考えられない。他によって有り、他によって動かされるものは生きたものではない。故に普通人の考える様に、我々の生命は我々の個体の中にあるのではない。然考えるのが活力論である。然らばと云って、無論単なる環境から生命が現れるのではない。機械的世界から生命は出ない。単に機械的に見れば、我々の身体も、物質の偶然的結合に過ぎない。そこには何等の目的的なるものもない。併し又我々は単に精神的に生きるのではない、肉体なき精神は幽霊である。我々の生命は、主体が環境を、環境が主体を、主体と環境との相互限定にあるのである。故に生理学者は、有機体が内と外とに環境を有ち、内と外との整合的に、種的形が自己自身を維持する所に、生命の事実を見るのである。決定論と云って居るクロード・ベルナールに於て、既にかかる考に到達して居る（実験医学序説）。曰く生命現象も物理化学的現象の如く決定論的である。併し生命現象に於ての決定論とは、単に他に比して極めて複雑な決定論と云うのではなく、同時に調和的に階級づけられた決定論を云うのである。生命をば、自己の尾を噛んでいる蛇に喩えた古画は真に能く生命の真相を穿ったものであると云って居る。ホルデーンは"all the vital mechanisms, varied as they are, have only one object, that of preserving constant the conditions of life in the internal environment" というベルナールの語を引いて、自分の研究が全く之と一致する、之によって生命現象を概括し、之によって予言することができると云って居る。私は嘗《かつ》て全体的一と個物的多との矛盾的自己同一として有機的生命を考えた(「日本文化の問題」三)。我々の身体は無数の細胞から成立して居る。一つの生殖細胞の無限なる自己分裂から成長したものである。それは全体的一の自己形成と考えられると共に、細胞はそれぞれに独立性を有し、それぞれに生きたものである。細胞が生きて居るかぎり、全体が生きて居るのである。又その逆も真である。全体的一としての全体が自己自身を否定して、個物的多として細胞的に環境を自己に同化する。環境とは物質界である。環境を同化することは、物質を生物的に、全体的一的に、形成することである。細胞は物理的・化学的に、環境的である。併し生命と云うのは単に多の一ではなく、細胞作用と云えども、単に物理的・化学的ではない。全体的一との関連なくして細胞と云うものはない。全体的一と個物的多との、主体と環境との、内と外との矛盾的自己同一に、尾を噛む蛇の輪の如くにして、生命と云うものがあるのである。ベルナールの決定論と云うのは、生命を機械論的に考えるのではない。何処までも現象の出現を決定する決定原因 la cause détermi-nante 現象の近接原因を求めて行く、現象の決定論である。方法論的なものである、その云う所は真に実験医学者の言である。生理現象は多数の簡単なる現象から構成せられて居るが、それ等の単純なる現象は、又共通なる最後の目的の為に、連合し結合し、互に他の原因となって居る。生理学者の本質的な目的は、動物体の種々なる機械的関係に於ける、色々な組合せをよく理解し追求せんために、生理的現象の基本的条件を決定し、それ等の自然的な従属関係を捕捉するにある。生命の有機体は尾を嚙む蛇の如く閉じた輪を作って居るが、すべての生命現象が同一程度に於て重要なのでないという意味に於て、この環は頭と尾を有って居る。実験医学の問題は有機的変調の単純な決定論を発見する、即ち根源の現象を捉えるにあると云う。生物は一つの個体であることを忘れてはならない。物理学者や化学者は宇宙の外に身を置くことはできないから、物体や現象をそれ自身として研究し、自然の全体を関連せしめて考えるに及ばないが、生物学者は之に反しその全体を見得る動物体の外に立って、各部分の機械的関係を理解すべく生命の内奥に入込むと同時に、全体との調和を顧慮せねばならない。生理学者は物理学者や化学者と違い、有機体に於て調和的な予定せられた目的性を認容せざるを得ない。生物体を分解して種々の部分に分離するも、それは実験的分析の為であって、それ等を分離的に理解する為ではない。生理的性質を知るには、常に全体に関連せしめて、全体に於てのそれ等の関係に於てのみ、決定的結論を引き出さねばならないと云って居る。

右の如き生命現象は、「一」に於て云った如く、時間的・空間的、空間的・時間的世界が、自己の内に自己表現的要素を含むと云うことから理解せられると思う。時間的なるものが空間的に、空間的なるものが時間的に、内と外との整合的に、空間的・時間的、時間的・空間的なる形が、自己自身を限定すると云うことは、世界の自己表現的要素を中心として考えられねばならない。そこに生物の芽と云うものが出て来るのである。芽は空間的であるが、如何に小なるとも物体的である。併し芽は単に空間的ではない、何処までも時間的である。時間空間の矛盾的自己同一的に、絶対現在の自己限定として、生物の芽と云うものが発生するのである。既に創造的世界の創造的要素であるのである。過去未来を含んで現在が現在自身を限定することから、芽と云うものが出て来るのである。それは既に個体的なものである。私は個体と個物或は個とを区別する。個物的多と全体的一との矛盾的自己同一として世界が世界自身を形成する時、作られたものから作るものへと、無数に個体的なるものが成立する。個体とは個物的多的なると共に、既に全体的一的なる要素である、矛盾的自己同一的要素であるのである。単に個物的多なるものは、矛盾的自己同一的世界の一方向に抽象的に考えられるものに過ぎない。今日の物理学に於ての粒子の如く、記号的意義を有ったものである。生物の芽は、一面何処までも物質的であり、個物的多的であるが、それは世界の自己表現的要素として全体的一的であるのである。生物発生以前に単なる物質的世界があり、そこから生物が発生し来ったと考えられるかも知らぬが、単なる物質の世界から生命と云うものの出て来ようがない。生命は絶対現在の自己限定の世界から発生するのである。絶対現在の自己限定として有るものは、自己自身を限定するものとして、すべて生きたものである、個体的である。絶対現在の世界は、無数なる芽を含

時々刻々に新しい何物かが始まり、かかる立場から考えることができるで
むと云うことができる。ランケが歴史的世界に於ては、時々刻々に新しい何物かが始まり、それが原始的な源泉から直接由来すると云うのも、かかる立場から考えることができるであろう。絶対現在の自己限定として芽と云うものが発生する時、そこから内と外との整合的に、自己自身を形成する一つの世界が始まる。斯くして自己自身を完成したものが一つの生物体である、即ち個体である。生物体とは一つの世界を表現したもの、即ち小宇宙である。而して歴史的時代が、それ自身に一つの世界でありながら、自己自身を完成すると共に次の時代に移って行く如く、生物体は自己自身を完成すると共に次の生物体へと移って行く。生物体は、いつも自己の内に、世界の自己表現的要素としての生殖細胞を有って居るのである。故に生命と云うものは、何処までも時間的なると共に、絶対現在の自己限定として空間的と云うことができる。親と子とが同時存在的と云うことができる。かかる立場からメタモルフォーゼと云うことも考えられるのである。絶対現在の世界が何処までも全体的一と個物的多との矛盾的自己同一的に、自己表現的に自己自身を形成する時、世界はコンポッシブルの世界として、その一々が独自的なる、無数の自己自身を限定する世界の形、無数の世界を含むと云うことができる、無数なる世界の出立点即ち芽を含むと云うことができる。そこに此の世界に於て、無数の相異なる、その一々が独自的なる生命の形が、成立する根拠があるのである。我々は創造を予見することはできない。いつも生命を環境から考える。かかる環境に於て、かかる生命が発生したと云う。併し単なる環境か

ら生命が発生するのでないことは云うまでもない。生命は主体と環境との相互限定として、形が形自身を限定するより始まるのである。有機体の構造は環境への機能の維持を表現し、機能は構造の維持を表現すると云う（ホルデーン）。ベルナールは生理的総合と云うことについて云う。化学では、総合は、同一の物質から成り、同一の比例で結合した同一物を与える。併し物の性質の分析及び総合即ち現象の総合と云うことになると、遥に困難である。物の性質とは単に物質の性質及び比例の結果ではなく、更にその配合による。誰も知る如く、総合及び分析に於て現れたり消えたりする性質は、単に構成物の性質の付加又は除去と見做すことはできない。現象とは物の関係の表現 l'expression des relations des corps に他ならない。生理的単位を結合する時、分離せる単位の中で感知せられなかった性質が現れて来るのである。生命の本質はヒッポクラテスの自然的治癒力 la nature médicatrice とかヘルモントのアルケウス archeus faber とかと云った如きものの中にあるのである。一言で生命を定義せなければならぬならば、「生命、それは創造である」La vie, c'est la création と云うであろうと、生命現象の決定論を主張するベルナールが云って居る。

ホルデーンが如何にしても物理的化学的に説明することのできない生命活動の残余にして、而も初歩の生理学の全体と云って居るものは、私が右に云った如き立場から容易に理解し得られるであろう。絶対現在の世界が、空間的時間的なる一つの点から、自己表現的に自己自身を形成するという時、即ち矛盾的自己同一的世界が一つの個の立場から自己自身を限定するという時、それは内と外との整合的に、時間と空間との矛盾的自己同一的に、無限の過程でなければならない。これが生命活動と云うものであるのである。之をヘルモントのアルケウス、ヒッポクラテスの自然治癒力と名づけてもよい。それは通常単に抽象的に考えられる、連続的な目的的作用と云う如きものではない。絶対現在の自己限定として、何処までも作られたものから作るものへである。故に又完成せられたものから完成するものへである。個体から個体へである。芽は生物体として一度自己自身を完成する、而して生殖的である、親から子へである。生命は死から生へである。新なる生は、いつも絶対現在の自己限定からである。生命の本質は、かかる意味に於ての再生 reproduction にあるのである。生命の本質は、個体と云うものを無視した機械的世界に求むべきでもなく、又単に抽象的目的的作用としての精神的なるものに求むべきでもない。然らばと云って、両者の結合にあるのでもない。絶対現在の自己限定として形作ると云う所にあるのである。形が形自身を形作ると云う所に、生命と云うものがあるのである。斯く絶対現在の自己限定として形が形自身を形作ると云う所に、時間的に生命は何処までも再生的たると共に、空間的に生命は何処までも同化的、分泌的であるのである、環境的に選択的であるのである。生物体とは、世界の内の世界である。内と外との整合的に、即ち内的環境と外的環境との調和的に、種的形が形自身を維持する所に生命があるのである。適合性と云うものが、生命の特徴と考えられる所以である。右の如き意味に於ての生命の時間的性質、空間的性質と考えられるものは、根元に於て一のものでなければならない。絶対現在の自己限定として、何処までも同化的、分泌的に、適合的なるが故に再生的、又何処までも再生的なるが故に同化的、分泌的に、適合的であるのである。此から生物の遺伝及び変異の事実も説明することができるであろう。一般的生物と云うものがあるのではない。生物は何処までも種的でなければならない。絶対現在の世界が自己表現的に自己に於て自己を限定するという時、形が形自身を形成するとして種的でなければならない。生命の発展は特殊から一般へではなくして、特殊から個へである、何処までも分化的である。原始的生物と云えども、それは既に一種の種であるのである。何となれば、それは既に絶対現在の自己限定に基礎付けられて成立したものなるが故である。唯それは極めて未分化的なるものであるのである。それはそれ自身の立場から内と外との整合的に自己自身を形成して行く。環境に従って、一つ種でも色々に変化して行くであろう。形が形自身を形成する、種が種自身を維持する。そこに何処までも遺伝と云うことが考えられるのである。生命は必ずしも一つの種からと考えるに及ばない。如何なる種から如何にして今日の種が発展し来ったかは、経験の事実に依らなければならない。生命はいつも絶対現在の自己限定として自己自身を維持して居るのである。生命はいつも絶対現在からである。故に生命は固《もと》無限の生死である。何処までも内と外との整合的に、時間と空間との矛盾的自己同一的に、絶対現在の自己限定の立場から新なる種が発生すると考えることができる。生物の発展は創造的進化である。形が形自身を形成するという時、必ずしも単に連続的ではない。突然変異 mutation と云うことも考えられるのである。生物的生命にもカイロスと云うことがあるであろう。ベルグソンの創造的進化は飛躍的でなければならない。メタモルフォーゼと云うのも、かかる立場から云うのである。変異は単に偶然的ではない。絶対現在の自己限定の内に用意せられてあるものでなければならない。自己自身を限定する絶対現在の形の内に含まれていなければならない。生物の変化は絶対現在の自己限定として、種から種へである。地球発展の或時或場所に於て、原動物、原植物と云う如きものがあったと云うのではない。有ったものは、すべて種である。例えば哺乳動物にも全体に亘って原形がある。オントゲニーはフィロゲニーを繰返すと云われる。併し何処かにそういう原形的哺乳動物があったと云うのではない。

絶対矛盾的自己同一の世界に於ては、全体的一は何処までも自己否定的に個物的多として、すべてが同時存在的である、何処までも個が個に対する。永遠の未来が永遠の過去に映されて居る。すべての物は永遠に有るものとして絶対空間に於て表現せられて居るのである。併し全体的一の自己否定としての個物的多の世界は、逆に即個物的多の自己否定的に、何処までも全体的一の自己肯定的に、全体的一として自己自身を限定する世界でなければならない。何処までも自己否定的に、空間的に自己自身を表現すると共に、何処までも自己肯定的に自己の中に自己を形成する世界でなければならない、永遠の時の流の世界でなければならない。斯くの如くにして、自己表現的に自己自身を形成する絶対現在の自己限定の世界と云うのは、その根底に於て、絶対意志の世界と云うことができる（「空間」の「二」参照）。此に生命の起源があるのである。ベーメは Der Ungrund ist ein ewig Nichts, und macht aber einen Anfang, als eine Sucht; denn Nichts ist Sucht nach etwas: と云う（Vom irdischen und himmlischen Mysterium）。何処までも無基底に作られたものから作るものへと動き行く世界は、無限なる憧憬の世界、絶対的意志の世界でなければならない。

それ自身によって有り、それ自身によって動く実在的世界は、表現するものと表現せられるものとが一に、自己表現的に自己に於て自己を形成する世界でなければならない。物質の世界と云えども、かかる世界に他ならない。今日、物理学者の考える物理の世界と云うのも、単に主観を越えた客観界ではない、主観客観の矛盾的自己同一の世界である。粒子と波との相補的世界、多と一との矛盾的自己同一の世界である。電子と云っても、時空の枠にあるのではない、記号的である。矛盾的自己同一的世界の全体的一の自己否定の立場に於て、何処までもすべてのものが同時存在的に、空間的に考えられた世界、絶対現在の空間面的自己限定の世界である。そこには、時は何処までも空間面的である。併しそれでも世界は作られたものから作るものへと、絶対意志的に非可逆的である。そこに世界は自己自身の実在性を有つのである（世界はエントロピー的である）。之に反し世界が全体的一の自己肯定的には自己自身を形成する、自己の内に自己表現的要素を含むと考えられる時、世界は生命の世界となる。時は数量的ではなく性質的である、それ自身の独自性を有つ。世界は目的的と考えられるのである。是に於て個物的多は粒子的ではなくして細胞的となる。古典的物理学の世界に於ては、物と空間とは相互に独立的と考えられた。量子力学に至って、粒子と波と相補的と考えられるに至ったと云えども、両者は尚何処までも対立的である。個物的多と全体的一とは何処までも相互に対立的である。物理的世界の立場からは、斯く考えられなければならないのである。併し生物的世界に至っては、個物的多の一々が全体的一を表現すると共に全体的一の自己表現となる、世界はモナド的となる。一々の個が全体を表現し、全体を形成する性質を有つのである。此の如き意味に於て個物的多と考えられるものが細胞である。かかる意味に於ての個物的多と全体的一との矛盾的自己同一の世界は、単に因果的ではなくして目的的である。自己表現形成的に、生む世界、形作る世界である、単に個物の世界ではなくして個性的世界である。かかる生命の現象は物理的世界からは考えられない、物質から生命は出て来ない。生命は単に物理的、化学的に説明することはできない、超空間的世界の特殊的表現と考えられる所以である。世界は自己表現的要素を中心として、全体的一的に自己自身を形成して行くのである。何処までも組織的である、形成的である、ヒーラルヒッシュである。両者同じく矛盾的自己同一的世界の個物的多と考えられるが、生命的要素と物質的要素との性質的相違は、恰も正と負と云うべきでもあろう。世界が何処までも時間的に自己に於て自己を形成する方向に於て、個物的多は何処までも生命的である、意志的である。それは全体的一の自己肯定的方向に正符号的と云うことができる。之に反し世界が何処までも同時存在的に、空間的に自己自身を維持する方向に於て、個物的多は何処までも物質的である、因果的である。それは全体的一の自己否定的方向に負符号的と云うことができる。個物的多の一々が両符号的であるのである。矛盾的自己同一的世界の個物的多として、両方向を有って居るのである。私が世界の自己表現的要素と云ったものは、世界の自己肯定的方向に考えられたものであるが、その自己否定的方向に負の自己表現的要素と云うものを考えることができる。物理的粒子と云うものがそれである。電子が$\sqrt{-1}$の如きものと考えられる如く、それも記号的存在であるのである。私は是に於て前に云った有機体の内に世界の自己表現的要素と考えられるものと、内外の環境的要素として物質的粒子と考えられるものとの関係を次の如く云うことができると思う。有機体は自己自身を限定する一つの世界を表現するものとして、その個物的多は正と負との両方向を有って居るのである。世界の自己表現的要素として有機体の中心と考えられるものは、物質的原子と同一視すべきではないのは云うまでもなく、一つの細胞と考うべきものでもない。それは何処までも単なる空間的世界に於てあるのではない。世界が矛盾的自己同一的に自己に於て自己を形成する、即ち自己肯定的なる時、かかる中心的要素がなければならない。それによって、世界は自己同一的に、実在的であるのである。正符号的個物的多として細胞の世界は全体の自己表現的要素として一つの中心的要素を含まなければならない。之によってそれが実在的である。併し正は負の正であり、負は正の負である。物質的世界は又世界の自己否定的表現として自己自身の存在を有つのである。生命と物質とは、矛盾的自己同一的に相互の実在性を有って居るのである。世界の自己表現的形成と云うことなくして、物質界と云うものもない。嘗《かつ》て「物理の世界」に於て詳論した如く、物と物とが相働く世界、力の世界は、自己表現的に自己自身を形成することから考えられるのである。

「一」に於て世界の自己表現的要素は単に物と物との因果関係を越えたものではない、その中に於て働くものでなければならないと云ったのも、個物的多の内にそれと同列的にと云うのではない。何処までも全体的一的方向へとして逆に構成的に、負的個を正的にと云うのである。

それ自身によって有り、それ自身によって動く真実在の世界は、全体的一の自己否定的に、空間的に、何処までも物質的である。併し矛盾的自己同一的に、逆に全体的一の自己肯定的に、時間的に、何処までも生命的である。世界は絶対現在の自己限定として無限に自己に於て自己を映す、自己表現的である、自己表現的に自己自身を形成する。是に於て世界は身体的である、個物的多は細胞的である。併し世界が絶対現在の自己限定として何処までも自己表現と云う時、単に内と外との整合的関係として、時間によって裏付けられた空間の自己限定として、形が形自身を限定すると云うに止まることはできない。かかる生命は尚空間的である、物質的である、全体的である。かかる生命の世界は尚それ自身によって有り、それ自身によって動く世界ではない。真の生命の世界ではない、真の生命の世界、それ自身によって有り、それ自身によって動く世界は、何処までも内が外、外が内に、絶対の否定即肯定として創造的世界でなければならない。自己表現に於て自己を有つと云うことは、自己を他に於て有つ、自己を外に有つと云うことでなければならない。併し単なる外に、自己と云うものはない。自己を外に有つと云うことは、外を内に有つこと、他を自己に於て有つことでなければならない。自己表現的に自己自身を形成する世界は、単に内外の整合的に自己自身を形成する世界ではなくして、内に絶対の自己否定を含み、絶対の否定即肯定的に、自己自身を創造する世界でなければならない。内外の整合的世界は創造的世界によって基礎付けられて居るのである。創造的世界とは、無体系的な、恣意的な世界ではない、絶対の自己否定によって裏付けられた世界であるのである。是に於て個物的多は単に種的細胞的即ち萌芽的ではなくして創造的要素として意志的である。自己自身の内に世界を表現する、世界を宿すことによって、無限に欲求的であり、世界の自己表現的要素として何処までも意志的であり、形成的である。かかる場合、私は歴史的身体的と云うのである。多と一との矛盾的自己同一的に、内外の整合的に生物的身体が成立する。そこに生物的生命がある。併しそれは全体的一的な、空間的な種的身体である。それも既に云った如く絶対現在の自己限定として成立するのである。併し真に絶対現在の自己限定として歴史的形成的生命と云うものは、個物的多は何処までも個物的多に、全体的一は何処までも全体的一に、過去と未来との矛盾的自己同一として、現在が現在自身を限定する所にあるのである。瞬間が永遠という所に、歴史的生命があるのである。我々の自己は何処までも歴史的空間的に或時或場所に於てあると共に、いつも之を越えて居るのである。そこから当為と云うものも出て来るのである。現在が現在自身を限定するという所から、唯一なる時の瞬間が定まるのである。そこに我々は絶対者に触れるのである。生理学者は機能と構造とは不可分離的と云う。内と外との絶対矛盾的自己同一として自己自身を形成する歴史的世界にも、客観的組織があるのである、即ち形があるのである。社会と云うものがそれである。私は之を歴史的身体と云う。此の如き意味に於ての歴史的身体と云うのは、単に生物的身体を越えたものではない、之を離れたものではない。歴史的生命は一面に何処までも空間的に、全体的一的に、種的でなければならない。民族的と考えられる所以である。主体は生物的に、環境は物質的でなければならない。ランケが形式的に同一の政体でも国家はそれぞれに生きた個体であると云う様に、歴史的生命は歴史的に基礎付けられねばならない。歴史的生命は抽象的当為にあるのではない。併し歴史的生命の世界は、それ自身によって有り、それ自身によって動く、絶対的生命の世界として、全体的一の自己否定的にすべてが絶対空間的に表現せられ、無限なる個と個とが対立的と考えられると共に、何処までも全体的一の自己肯定的に、絶対時間的に自己に自己を限定し行く世界であるのである。歴史的身体と云う一面に何処までも絶対空間的なると共に一面に絶対時間的に、絶対現在の自己限定として矛盾的自己同一的に自己表現的形成的でなければならない、自覚的形成的でなければならない。全体的一的に絶対意志的、個物的多的に個人的意志的でなければならない。意志的行為とは、過去未来を含む絶対現在の世界を自己に表現することによって、自己自身を限定することであるのである。そこに単なる目的的作用との区別があるのである。

歴史的身体的作用が生物的身体的作用と異なる所以のものは、その作り作られるにあるのである。生物的身体作用と云うのは、全体的一の自己否定的に、即ち個物的多の同時存在的に、限定せられた一つの空間、即ち一つの形に於て、何処までも全体的一の自己表現的要素を含むことによって、時間的・空間的に、内と外との整合的に、一つの世界が世界自身を限定する作用である。生物的生命に於ては、時が空間に従属して居る、時が空間を破ると云うことはない。その故に、世界は内外整合的に目的的と云っても、必然的である、作ると云うことはない。作ると云うには、時が空間を破ると云うことがなければならない、形が壊わされる、形が否定せられると云うことがなければならない。併し単に形が否定せられると云うことが、作られると云うことでないことは云うまでもない。時が空間を破ることは逆に空間が時を破ることである、時間が空間を否定することは逆に空間が時間を否定することである。云わば時間的に破られた穴が直に空間的に埋められる、空間的に切られた時間が直に時間的に繋がれる。かかる時間空間の矛盾的自己同一的関係に於て作り作られると云うことができるのである。それは生物的身体の中に含まれたる世界の自己表現的要素が、何処までも超越的に、空間を越えて外に出ると共に、空間的に自己自身を形成すると云うことであり、絶対に内が外、外が内として、世界が絶対の他に於て自己を有つと共に自己に於て他を有ち、表現的に自己自身を形成すると云うことでなければならない。絶対現在の自己限定として現在が現在自身を限定する所、真に矛盾的自己同一なる世界の自己限定として、かかる作用が成立するのである。かかる世界の個物的多として我々の自己は絶対現在の個的瞬間と云うことができ、我々はいつも永遠の現在に繋って居るのである。そこから自己自身を限定する現在の自己限定として、自己自身を形成する形の自己形成として、作り作られると云うことができるのである（プラトンのイデアとは、かかる自己自身を形成する形でなければならない）。生物的身体とは、物理的空間に於て内と外とに環境を有ち、内外の整合的に自己自身を維持する形を云う。歴史的身体とは、絶対現在の歴史的空間に於て内と外とに環境を有ち、永遠の未来と永遠の過去との整合的に、即ち予定調和的に、自己自身を形成する絶対現在の形を云うのである。故に歴史的身体とは、生物体の如く単に自己自身の存在を目的とする目的的存在ではなくして、自己否定即自己肯定として何処までも自己を越えたものに於て自己を有つのである、内在即超越、超越即内在的に、神的なるものに於てその生命を有つのである。故に歴史的身体は何処までも道具的であり、作られて作るものであるのである。人間はロゴス的であり、人間のみ道具を有つと考えられる所以である。自己が身体的に物を作ると云うことは、自己が身体的に作られたものと云うことである。閉じられた生物的自己の身体からは、作ると云うことは出て来ない。人間的生命は表現的形成にあると云うことができる。ノァレが道具について云う如く、すべての作用が働く、結果するとは云えない。食う、飲む、走る、害を避けると云う如きことは、働くと云うことではない。働いたと云うには、その結果、何か独立したものが成立せなければならない、何物かが作られねばならない。我々の身体の諸器官の如く、それぞれ独立の存在が互に相結合して、一つの生命の維持完成を目的とする所に、此等を道具と云うことができるのである。前にも云った如く、作られたものが、作るものから作られたものでありながら、独立の存在として逆に作るものを作ると云うことから、かかる関係が考えられるのである。生物的身体と云えども、既にかかる体系として、それに於て有機的器官と云うものが考えられるのである。歴史的身体として歴史的社会的組織と云うものは、正に此の如きものでなければならない。社会学者は有機体の構造によって社会的組織を考えたが、論理的にはその逆が真でなければならない。

生物的生命の世界は、全体的一と個物的多との矛盾的自己同一の世界が自己の中に自己を表現する、時間と空間の矛盾的自己同一の世界が内と外との整合的に自己自身を形成する、何処までも自己否定的に空間的なる世界が、自己肯定的に自己の中に自己表現的要素を含むと云うことから始まる、即ち芽の発生と云うことから始まるのである。併しそれは未だ絶対矛盾的自己同一の世界、即ち真の生命の世界ではない。真の生命の世界、即ち歴史的生命の世界は、時間が空間を否定し、空間が時間を否定し、空間と時間との絶対矛盾的自己同一的に、即ち絶対現在の自己限定的に、作られたものから作るものへと形が形自身を形成する、世界が自己表現的に自覚的に自己自身を形成すると云うことから始まるのである、即ち一言にて云えば作ると云うことから始まるのである。我々が自覚的に作ると云うことは、その一々が創造である。私が指一本動かすのも歴史的出来事である。その一々が絶対現在の自己限定に繫がって居るのである。現在が現在自身を限定する絶対現在の自己限定として、我々が自覚的に物を作る、即ち我々人間が行為すると云うことから歴史的生命の世界が始まるのである。故に歴史的世界は何処までも作られたものから作るものへである。歴史的世界に於ては、単に与えられたものはない、何処までも与えられたものは作られたものであり、作られたものは与えられたものであるのである。永遠の生命の世界は、キリスト教的表現を以てすれば、その根底に於て、父、子、聖霊の絶対矛盾的自己同一的に、三位一体の世界である。是故に歴史的世界に於ては、すべて有るものは、永遠の生命の器官と云うことができる。それ自身の目的を有ってそれぞれに存在するものも、それぞれに作られたものとして、いつも何等かの形に於て最終の目的と云うものが予想せられ、最終の目的に於て結合せられ、最終の目的の為に働くと考えられるのである。そこに我々の歴史的身体的生命がその成立の根底に於て宗教的であり、行為に於て道徳的であるのである。世界は全体的一的に絶対意志的であり、個物的多的には個人的意志的であるのである。意志的作用とは、自己に世界を表現することによって、自己表現的に自己自身を形成することに他ならない。矛盾的自己同一的に作られたものから作るものへと云う所に世界の秩序があり、かかる方向への世界の自己表現が我々の自己への絶対命令であるのである。我々の自己は歴史的空間のそれぞれの位置に於て、唯一的にそれぞれの使命を有するのである、人格的に個なれば個なる程、絶対現在の自己限定として義務を意識するのである。かかる立場から見て、我々の身体は、自己表現的に自己自身を形成する創造的世界の創造作用、歴史的生命の身体的器官と云うことができる。云わば、世界精神の道具であるのである。身体を離れて精神と云うものがあるのではない。すべて有るものは、全体的一の自己否定面、絶対現在の空間面に於てあるものとして、何処までも空間的でなければならない。社会と云うものも、絶対現在の自己限定として、絶対空間に於て成立するのである。夢の如きものでも歴史的空間に於てあるのである、我々は身体的に夢みるのである。我々の身体を歴史的生命の器官と云っても、無論、それを単に代用可能的なる道具と云うのではない。生物的身体と云えども、自己自身の内に世界の自己表現的要素を含むことによって身体であるのである。人間に至っては、表現するものと表現せられるものとが一に、自己表現的に、自覚的に、精神作用的となるのである。我々は歴史的身体的に歴史的世界形成的となるのである。血は自己表現的であるのである。民族精神の根底が血の神秘に求められる所以である。社会の成立には、民族が基とならなければならない。血の自己表現がなければならない。無論それだけで社会が成立するのではない。主体と環境との相互限定的に、作られたものから作るものへと、ポイエーシス的に社会が形成せられて行くのである。併し民族と云うものが歴史的社会形成の根底に考えられるかぎり、社会成立の根底には血の自己表現と云うことが考えられねばならない。而して血の自己表現と云うことは、生物的身体が自己自身の内に世界の自己表現的要素を含むと云うことからでなければならない。世界を単に抽象的空間的に、物質的にのみ考える人には、表現とか形とか云えば、一概に非実在的と考えられる。併し嘗《かつ》て「物理の世界」に於て論じた如く、物理的世界と云えども、自己表現的に自己自身を形成する世界でなければならない。絶対現在の空間面的自己限定の世界でなければならない。かかる意味に於て、それが実在的であるのである。然らざれば、物が動くと云うことすら考えられない、物力と云うものも考えられない。我々は過去に人間のない世界、否生物もない、単なる物質の世界を考える。而してそれを永遠の実在界と考える。併し単なる物質的世界から生命と云うものの出て来ないことは既に論じた所である。我々がそこから生れ、そこに於てあると考えられる永遠の実在界とは、絶対現在の世界、歴史的空間の世界であるのである。歴史的生命の世界は、絶対現在の自己限定として、物質の世界から、生物の世界、更に人間の世界へと自己自身を形成して行く。人間に於て世界が世界自身を自覚するのである。自己表現的に自己自身を形成すると云うことなくして世界と云うものはない。単なる物質界と考えられるものは、いつも歴史的生命の環境、自己形成的世界の外郭を意味するのである。我々の歴史的生命は、全体的一の自己否定として、絶対空間的たる世界の自己肯定に始まる。故に我々は我々の生命は過去に、何処までも物質的世界を有つと考える。而して絶対現在の自己限定として未来が過去に於て表現せられ、過去から未来へという立場に於て、我々は我々の生命は因果的に非可逆的と考える。世界が物質的世界からと考えるのは、かかる立場によるのである。併し絶対現在の世界に於ては、未来が過去に於て表現せられて居ると共に、過去が未来に於て表現せられて居ると考えなければならない。未来なき過去は、過去でもない。我々の生命は単に因果的に過去からではない。世界は必然の自由、自由の必然の世界である。それ自身によって有り、それ自身によって動く真実在の世界は、自己表現的に自己自身を形成する世界である。歴史的世界を斯く考えるならば、物質的世界から生命の世界へと云うことは、一面に世界発展の必然と考えられると共に、それは物質から生命が出ると云うことではない。それが為に生命の独自性が消されるのではない。何となれば、物質的世界が、逆に歴史的生命の世界の一面と考うべきであるが故である。世界はいつも絶対現在の世界であるのである。

物質的空間が自己自身を越えて自己の中に世界の自己表現的要素を含むと云うことによって生物的生命が成立すると考えることができるならば、生物的生命の世界から歴史的形成的世界への推移として血の自己表現ということが考えられるであろう。民族精神と云うことも、かかる立場に於て基礎付けられねばならない。斯くして、民族文化と云うことも云い得るのである。種々の民族は、その容貌動作に於て、既に自己表現的であるのである。民族的本能と云うこともできる、血の神秘とも云い得るであろう。

右の如く歴史的世界形成の根底に、血の神秘と云うものが考えられると共に、身体の延長として道具と云うものが考えられるであろう。或民族が如何なる道具を用いたかと云うことから、如何なる文化を有っていたかと云うことを知ることができる(ノァレ参照)。

## 三

以上述べた所から、我々の意識界とは如何なるものであるか、又デカルト哲学以来問題となった精神と物体との関係は、如何に考うべきかを論じて見よう。

周知の如くデカルトは我々の自己の本質は唯考えることにあると考えた、身体なくして自己が存在し得ると云って居る（Meditatio VI）。自己なくして身体と云うものも考えられないが、身体なくして自己と云うものも考えられない。併し今かかる問題に入らない。兎に角、斯く精神と物体とを峻別して、両者を恰も二つの実体の如く考えるならば、彼の学派が示した如く種々なる難問に陥らざるを得ない。私が私を考えると云う時、私は私の外に居なければならない。併し私の外に居るものは私ではない。それは自己矛盾である。併しかかる自己矛盾こそ、自己自身の存在を証明するものであるのである。

世界は全体的一の自己否定的に（即ち個物的多の相互限定的に）、何処までも空間的に、物質的である。併し世界は絶対矛盾的自己同一的なるが故に、又全体的一の自己肯定的に、個物的多の自己否定的に、何処までも自己の内に自己表現的に、自己に於て自己を形成する。かかる方向に於て、世界は時間的に、精神的であるのである。世界は、かかる契機に於て精神的なるが故に生命的であり、生命的なるが故に精神的であるのである。動物も精神的であり、我々も物質的であるのである。物質的世界と精神的世界との二つの世界があって互に相関係するのではない。両者は一つの矛盾的自己同一的世界の両面、即ち歴史的世界の表裏と考うべきものであるのである。世界が自己に於て自己を表現するという立場から云えば、内と外とも云うべきであろう。世界は全体的一的、即ち一の自己否定的多として空間的である。かかる方向に於て世界は何処までも空間に於てある。すべて有るものは空間的である。世界は空間的に一である。然るに世界が一の自己否定的に多と云うことは、逆に多の自己否定的に一と云うことである。すべての個が、即ちすべての点が、対立的に共存的に、即ち並列的に一であると云うことが、空間的とすれば、逆に多が何処までも自己否定的に一であると云うことが時間的と云うことである。時の瞬間としての個は、何処までも自己否定的でなければならない。時の瞬間が永遠に消え行くことが次の瞬間に移り行くこと、否、次の瞬間を生むことであり、時が成立することであるのである。故にプラトンは既に瞬間は時の内にないと云った。時は自己否定に於て自己統一を有つ、自己否定に於て一である、即ち自己の外に自己を有つと云うことができる(「物理の世界」参照)。故に矛盾的自己同一的なる歴史的世界に於ては、時が空間に於て自己を有ち、空間が時に於て自己を有つ、何処までも空間的・時間的、時間的・空間的である。普通に時と云えば、抽象概念的に単に直線的と考えられて居る。併し何等かの意味に於て時の前後の結合、前後の統一と云うものがなければ、時と云うものは成立せない。時は何処まで行っても返らざるものとして直線的であると共に、何処までも円環的でなければならない。時が限定するものなき限定、無の自己限定とも考えられる所以である。故に私は具体的な時を逆に空間的に、即ち時間的空間的と考え、時の進行を世界の時間面的自己限定と云う。時は自己否定に於て自己を有つ、自己を外に有つ、即ち多の自己否定的一として、一の自己否定的多に於て自己を有つと考えられるのである。単なる一は空間でもない、空間は一の自己否定的多でなければならない。空間は時に於て自己を有つ。単なる多は時間でもない、時は多の自己否定的に一でなければならない。時は空間に於て自己を有つのである。人は空間時間の枠があって、それに於て世界が成立すると考える。空間時間が先験的形式と考えられる。併し我々の経験的実在の世界と云うのは、行為の世界、実践の世界であるのである。時間空間の形式と云うのは、作り作られる世界の相反する両方向に考えられるのである。実在的な時間空間は矛盾的自己同一的世界の自己限定の両方向に他ならない。然らざれば、単なる抽象概念に過ぎない。意識的自己の於てある場所として、時間的方向を内と云うならば、空間的方向は外と云うことができる。時間的・空間的、空間的・時間的なる絶対現在の世界は、内に何処までも時間的であり、外に何処までも空間的である。一面に何処までも空間面的、一面に何処までも時間面的と云うことができる。絶対空間面即絶対時間面、絶対時間面即絶対空間面的と云うことができる。而して絶対現在の自己限定として、作られたものから作るものへである、生命的である。そこから精神的である、意識的である。今日、物理的世界と云えども、此型によって考えられるのである。

私は茲《ここ》に一九三八年ワルソーの万国物理学会に於てのポール・ランジュヴァンの講演を引いて置こう（New Theories in Physics）。古典物理学の決定論は、人間的経験に対して、絶対的であり、近寄り難いものであった。然るに新しい物理学は之を人間性に取戻した。量子力学の決定論は、近寄り難い理念に代えるに、常識を以てすることによって実在に最も接近したものである。量子力学は波動函数によって物理的世界を記述する。その中には観察するものと観察せられるものと、主観と客観とが入って居る。実験の度毎に波動函数は変ずる。観察者の数程、波動函数がある。併しその為に、物理学の可能を制限するとか、自然への順応に境界を設けるとか云うのではない。若し自然の答が曖昧だと云うならば、それは問い方が悪いのである。量子物理学は決定論の失敗を示すものではなくして、却って機械論的ではない、如何なる観念がそれを一層人間的に、一層具体的に、一層精密にするかを示すものであると云って居る。ディラックの形式主義は陽電子の発見に導いた。電子は今や抽象概念ではなくして具体的実在となった。以上の如く考えるならば、ハイゼンベルグの不決定論は不決定論ではなくして、却って一層精密なる決定論と云うべきであろう。

精神現象とは如何なるものであるか。如何にそれを物体現象と区別するか。私は之についてブレンターノの着眼点を重んずるものである (Brentano, Psychologie. S. 115)。曰く、ベーンは両者の間に区別がないと云う。併し古代の心理学者が既に精神現象の間には、物体現象にはない共通性のあることに着眼して居る。すべての精神現象は、中世のスコラ学者が対象の志向的内在 intentionale Inexistenz des Gegenstandes と云う所のものによって特徴付けられて居る。それを明確に云えば、内容への関係、対象への方向、或は内在的対象性と云うことである。各の精神現象はその中に対象を含んで居る。表象に於ては表象せられたもの、判断に於ては承認せられるもの又は排斥せられるもの、愛憎に於ては愛せられるもの、憎まれるものと云う如くにと云って居る。ブレンターノの此の如き考が現象学の基ともなって居るであろう。絶対現在の自己限定として、空間と時間との矛盾的自己同一的に、空間が世界の自己表現的要素を含むことによって生命が成立する。内と外との整合的に、世界の自己表現的要素を含むことによって、有機体が有機体であるのである。対象の内在と云うことを以て物体現象から区別せられる精神現象、意識作用と云うことも、此から考えて行かなければならない。生物体と云えども、既に世界の自己表現的要素を含んで居るのである。併し生物的生命は空間に即して居る、尚物質的である。未だ時が空間を破る、時が空間を否定すると云うことはない。故に生物には尚作ると云うことはない。真に絶対現在の自己限定として、空間と時間との絶対矛盾的自己同一的世界は、時が空間を否定し、空間が時を否定し、その根底に於て作り作られる世界でなければならない。それは一面に何処までも空間面的なると共に一面に何処までも時間面的でなければならない。時が空間に於て自己を有つ、内が外と云うことが表現と云うことである。之に反し、空間が時に於て自己を有つ、外が内と云うことが形成と云うことである。時間空間の絶対矛盾的自己同一として絶対現在の自己限定の世界は、時間的空間的に即ち絶対現在の時間面的に、自己の内に自己を映す、即ち自己自身を表現すると共に、空間的時間的に即ち絶対現在の空間面的に、自己を越えて自己を形成する。かかる世界にして、始めて真に自己自身の中に自己表現的要素を含み、自己表現的に自己自身を形成すると云うことができる。真にそれ自身によって有り、それ自身によって動く世界であるのである。我々の意識界と考えられるものは、かかる世界の抽象的自己形成面即ち絶対現在の時間面たるに過ぎない。絶対空間によって裏付けられた絶対時間面、逆に云えば、絶対空間の裏面、絶対超越面に対する絶対内在面と云うべきである。故に意識的世界は、本質的に何処までも志向的である。対象とは、それ自身によって有るものではなくして、単に映されたもの、表現せられたものである、符号的である。意味的存在の世界である。意識現象の世界は何処までも時の世界である、消え行く世界である、多の自己否定的一に空間に於て自己を有つ世界である、時間的空間的世界である。外に自己を有つ世界である、それ自身に自己を有つ世界ではない。意識的世界は外に何処までも物質的空間的世界である。物質的空間に依存すると考えられる、身体なくして精神がないと考えられる。意識的世界が空間的に即ち矛盾的自己同一的に、自己形成的となる時、世界の自己表現的要素は自覚的となる。それは他を志向するものではなくして、自己自身を対象とするもの、自己自身を表現することによって自己自身を形成するものとなる。意識的世界は、自覚によって自己自身を有つ、独自的世界となるのである。意識的世界は、自覚的要素を含むことによって、内が外、外が内に、作られたものから作るものへと、自己自身を形成する絶対現在の自己限定の世界、歴史的世界の時間面的自己限定としてそれ自身の自在性を有するのである。かかる立場に於て、自覚的自己を働くものとして、そこから意識作用と云うものが考えられる。

私は是に於て作用と云うことについて深く考えて見なければならない。普通には、作用と云うものが、物の性質でもあるかの様に考えられる。人は物が力を有つと云う。併し物が物そのものとして、力を有って居るのではない。物と物との相互関係に於て働くと云うことが考えられるのである。併しそれだけでも十分でない。物と物とが相働くには、媒質と云うものが考えられねばならない。何等かの意味に於て媒介と云うものなくして、物と物とが相関係すると云うことも云われない。物質的なる物と物とは、空間に於て相働くと考えられる。併し物と媒質とは如何なる関係に於てあるのであるか。物と媒質とが全然無関係のものならば、物が媒介によって他の物に働く、即ち他の物を変化すると云うこともできない。物質は如何に小なるも、何処までも、延長的であり即ち空間的であり、物質が働くと云うことは、他の物質を空間的関係に於て変ずると云うことに他ならない。而して他を変ずることは又自己が空間的関係に於て変ずることである。作用即反作用である。無媒介的に物が働くと云うことは、神秘に過ぎない。而して何等かの意味に於て働かないものは、有ると云われない、何等かの形に於て現象せないものは、無も同然である。故に物があると云うことは、媒質が変ぜられることであり、媒質が或性質を有つこと、媒質が特殊化せられることでなければならない。空間に或一つの物質があると云うことは、空間が或性質を有つと云うことでなければならない。例えば一つの粒子が荷電すると云うことは、全空間が変ぜられることである、一つの電場となるのである。空間が電場化せられるか否やによって、之に於てある物の物理的状態が変ずるのである。ファラデー、マクスウェル以来電場を独自的存在と考え、電気を単にその源泉と考えるに至った。物理現象は、すべて力の場の変化として考えられるのである。空間の歪など云うことが云われる。力が斯く考えられると云うことは、私の所謂多と一との矛盾的自己同一的場所の自己限定として、作用とか力とか云うものを考えると云うことに他ならない。力の場と云うのは、時間と空間との矛盾的自己同一的たる絶対現在の空間面であるのである。時間面によって裏付けられた空間であるのである。物理的空間といえども、既に矛盾的自己同一的世界、歴史的形成的世界の自己表現的形成面の性質を有ったものである。唯その最も自己否定的方向に、云わばその外郭に位するものである。個が負的である。併し自己否定的と云っても、それが時間面的に内に自己表現的に形成的なる限り、実在的であるのである。物理的世界と云えども、我々の自己の於てある世界である。単なる負的個は恣意的である、反逆的意志である。物理現象とは時間的に変じ行くものでなければならない。単に不変的なる形は物理現象ではない。併し又単に変じ行くものも物理現象ではない。物理的世界に於て一つの形が変ずると云うことは、次の形が現れると云うことでなければならない。そこに因果関係と云うものが考えられる。前の形も亦その前の形を原因として結果したものである。時間空間のかかる矛盾的自己同一的関係を表するものが力と考えられるものである。古典的物理学では、エネルギー不滅と云うことが原則的に信ぜられて居た。物理学に於ては、同じ条件の下には何時でも同じ現象が現れると考えられる。同じ原因は同じ結果を生ずると考えられる。物理的世界に於ては、同じ現象が永遠に繰返されると考えられる。併し消えた形は何処に保存せられ、如何にして再現せられるのであろうか。それは多と一との矛盾的自己同一的に自己自身を限定した形が、多の自己否定的一として時間面的に保存せられ、逆に又一の自己否定的多として空間的に現れると云うの外にない。世界が時間面的に自己自身を維持すると云うことは、世界が自己自身の内に自己表現的に自己自身を維持すると云うことに他ならない。世界は意識面的に自己自身を維持するのである。時間とは多の自己否定的一としての世界統一の形式として、時間とは歴史的世界の記憶と云うことができるのである。昔、アウグスティヌスは既に記憶の無限なる広さ深さについて語って居る(Confessiones. X 8 et seqq.)。そこには天も地もすべてのものが収められてある、忘れると云うことも記憶の中にあると云って居る。これは単なる比喩とか類推とか云うことではない。

私は作用と云うことを場所の自己限定として考えた。力と云うものは、物理学者が既に場として考えて居たのである。併し知ると云うことも働くと云うことであり、場所の自己限定として知ると云う働きは、我々は我々の自覚的体験に於て、自覚作用として直接に之を知って居るのである。私が以前から云って居る様に、我々の自己が自覚すると云うのは、単に直線的に時間的に自覚するのではない、意識の野の自己限定として自覚するのである。

時間的空間の自己限定として、即ち時間面的場所の自己限定として自覚するのである。而してそこから我々の意識作用と云うものが考えられるのである。我々が自覚的でない作用であっても、意識の野の自己限定として考えられるかぎり、自己の意識作用と考えるのである、自己が働いたと考えられるのである。我々は我々の自覚に於て働くものが働くもの自身を知る、自己が働くと云うことを知る。否、働くことが知ることであり、知ることが働くことである。そこには既に時間が空間的であり、時間によって裏付けられた空間の自己限定として働くのである。自己が自己の内に無限に自己を志向する、自己の深きは内が外なるが故である、自己の深さは世界の深さである。単なる志向の方向からは、何処までも作用と云うものは出て来ない。内が外、外が内なるが故に、多の自己否定的一が即一の自己否定的多なるが故に、時間即空間が空間即時間なるが故に、時間的空間面的自己限定として意識作用と云うものが成立するのである。而してかかる立場から又志向作用と云うことも考えられる。自覚に於ては、我々の自己は既に外に出て居るのである。内と外との矛盾的自己同一に、自覚的自己と云うものがあるのである。我々の自己の自覚は、絶対現在の自己限定に基礎付けられて居なければならない。いつも云う如く、我々の自己は絶対矛盾的自己同一的世界の唯一的個として自覚するのである。絶対現在の自己限定として現在が現在自身を限定する所、そこに意識の根源があるのである。かかる自己自身を限定する現在の尖端として、我々の自覚と云うものが成立するのである。絶対現在の瞬間的自己限定と云う所以である。内に於ての意識作用、外に於ての物質作用と云う様に、二種の作用があるのではない。すべて働くと云うことは、時間的空間的、空間的時間的に、意識的物質的、物質的意識的である。意識作用は一面に空間的に、円環的に物質的であり、物質作用は一面に時間的に、直線的に意識的である。単なる意識作用と云うものがあるのではない。働くと云うことは、少くも何等かの意味に於て時が空間を破ることでなければならない。意識が意識自身の外に出ることでなければならない。何処までも志向的なる意識の世界に於ては、時が空間を否定すると云うことはない。却って時自身が抽象的に空間的である、絶対現在の自己限定として意識的空間と云うものが考えられる。そのかぎり逆に時が否定せられると云ってよい。唯、世界的空間が自己の中に自己表現的要素を含むという立場に於て、志向作用と云うものが考えられるだけである。それは絶対現在の自己限定面として、之に沿うて世界を表現すると云うに過ぎない。これが現象学者の立場である。之に反し単なる物質作用と云うものがあるのでもない。働くと云うことは、時が空間を否定すると共に空間が時を否定することでなければならない。作られたものから作るものへである。そこに因果関係があるのである。作られたもの、出来たものは、自己表現的に保たれねばならない、時間面的に、意識面的に保たれねばならない。然らざれば、因果関係と云うものはない、働くと云うことはない。「物理の世界」に於て云った如く、Erhaltung der Energie と云うことも此から考えられるのである。所謂物質現象と云えども、時間面的に意識面的でなければならない。我々は意識の内と外と云う場合、多く空間的なる我々の身体を中心として考えて居る。併し我々の自己は単に空間的なる身体の中にあるのではない。身体は世界の自己表現的要素を含むことによって身体であるのである。身体とは歴史的世界の自己表現的形成の器官たるに他ならない。我々が内から外へと云うことは、逆に直に外から内へと云うことである。而して物質的世界と云えども実は歴史的身体的であるのである。精神と物質との関係は、無限に円環的なる空間と、その中心を貫く無限に直線的なる時との矛盾的自己同一として、所謂無限球 sphaera infinita の表裏両面と云うことができる。

無限大のｓと無限長のｔとの矛盾的自己同一球、即ち私の所謂絶対現在。かかる矛盾的自己同一球に於ては、無限長のｔは無限大のｓに沿うて点線的に円環的t′、逆に無限大のｓは無限長のｔに沿うて点線的に直線的s′。而してｔとｓとの矛盾的自己同一的に、Ｆ線に沿うて作られたものから作るものへと自己表現的形成的。Ｆは生命線。点線的円環面t′が世界の自己表現面、世界の意識面、世界の自己保存面、世界の記憶面。点線的直線s′が力線。空間によって裏付けられた時間面t′の自己限定として精神作用 $t=f(s)$。時間によって裏付けられた空間面s′の自己限定として物質作用 $s=f(t)$。精神と物質との平行的関係は球の表裏、内外。絶対現在の自己限定として、すべて歴史的世界に於て生起するものは、かかる無限球に於て両面的、歴史的空間に於ては、すべての点が時間的空間的、空間的時間的、世界の始と終。

私は、矛盾的自己同一的に作られたものから作るものへと、自己自身によって有り自己によって動き行く世界は、何処までも全体的一の自己否定的に、すべてが同時存在的に、絶対空間的であると云った。かかる意味に於て絶対空間面と考えられるものが世界の自己表現面である。そこには単に時がなくなると云うのではない。それは何処までも時によって裏付けられたる絶対現在の空間面であるのである。その故に之に於てすべてが同時存在的に、永遠の未来が映されると云うのである。それは逆に何処までも時自身の自己否定面であるのである。それは世界の自己志向面、意識面であるのである。それは逆に絶対現在の時間面として直に絶対時間面の性質を有するのである。一の自己否定的多は直に多の自己否定的一であるのである。時を離れて単なる空間とは、空間の抽象的概念に過ぎない。絶対空間とは歴史的世界の空間面であるのである。故に之に於てすべての時間的なるものが否定せられると共に、之に於てすべてのものが映される、表現せられると云うことができるのである。それは表現するものと表現せられるものとが一に、自己自身を表現する世界の自己表現面、自覚的に自己自身を志向する自己志向面であるのである、即ち歴史的世界の意識面であるのである。斯く云うのは、世界を

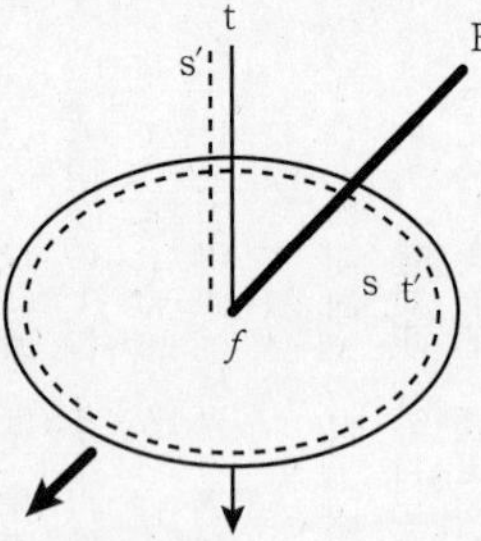

主観的に考えるのではない。正にその逆である。我々の意識は之を分取して居るのである。普通に人は意識を自己に属するものと考えて居るが故に、斯く云えば、直に世界を主観的に考えると思うのである。私は意識的自己の立場から世界を考えて居るのではない、我々の自己を世界に於て考えて居るのである。私の立場は論理の立場である。絶対現在の自己限定の立場に於ては、時が空間を否定し、空間が時を否定する。そこから時間空間の矛盾的自己同一的に作用と云うものが出て来る。右の如く時間面即空間面として世界が世界自身を映すという時、それは志向作用であるのである。志向作用に於ては、時は時間面的に空間に即して居る、空間的である。故に時間空間の矛盾的自己同一と云っても、単に映すと云うに過ぎない。絶対現在の自己限定の世界に於ては、世界が世界自身を映すと云うことが、その根底に含まれて居るのである。そこに我々の知識が基礎付けられるのである、そこから我々の知的作用が出て来るのである。併し空間が時間を否定すると共に時間が空間を否定する、矛盾的自己同一的世界の具体的自己限定の立場に於て、即ち作られたものから作るものへと形の自己限定の立場に於て、世界は力の場となる、世界は物理的となる。志向的世界、意識的世界を、空間によって裏付けられた時間面的世界とするならば、物質的世界と云うのは、時間面によって裏付けられた空間的世界と云うことができる。物質的世界は単に世界が自己の中に自己を映すと云うだけではなくして、既に自己の中に自己表現的要素を含むのである、力の世界である。更に時が独自的に空間を否定する、逆に空間が自己否定的要素を含むと云うに至れば、それが生物的生命の世界と考えられるのである。世界は矛盾的自己同一的に、自己自身を映すと云うことから始まる。世界は何処までも自己表現的である、意識面的である。エネルギー恒存と云うことも、かかる立場に於て考えられるのである。生物的世界に至っては、世界は記憶的となる。生命の世界は記憶の世界である。ベルグソンが「物質と記憶」に於て云う様に、我々の記憶は脳の中に保存せられてあるのではない、物質の内にあるのではない。彼は身体は動作の中心に過ぎないと云って居る。我々の記憶は、世界の時間面に保存せられてあるのである。ベルグソンの純粋記憶と云うのは絶対現在の時間面的限定の内容でなければならない。人は記憶を主観的と云う。併し記憶は我々の意識作用的自己を越えたものである。寧《むしろ》、記憶があるから自己があると云うことができる。記憶は我々が如何ともすることのできない、それ自身の秩序を有って居るのである。記憶の世界はそれ自身の客観性を有って居るのである。我々は主語的論理的に、之を越えて一つの実体を考えるまでである。物質の世界は、横に同時存在的に、縦に継続的に、時間［面］的自己限定として、それ自身の秩序を有するものとすれば、記憶の世界と云うのは、空間面的自己限定として、それ自身の秩序を有するのである。真の客観的世界は、時間空間の矛盾的自己同一的に、作られたものから作るものへにあるのである。唯、物質的世界が空間的に恒存的と考えられるに反し、意識作用は時間的に生滅的と考えられる。記憶と云うものは、何処に如何に自己自身を保存するのであるか。人は無造作に意識は物質に依存すると考える、而して記憶は脳に於て保存せられるかに考える。昨日の私と今日の私との結合は、脳細胞の作用によるかの如く考えられる。併しベルグソンは云う、哲学的論争は別として、私は先ず多くの形像 image の中に私を見出す、此等の形像の中に、外から知られるのみならず、内から感情 affection によって知られると云うことによって、他のすべての形像と区別せられる一つの形像がある、それが私の身体であると。感情と云うのは、いつも外から受ける刺激と、私が将に行わんとする運動との間に起るのであるが、外界刺激に対する決定的動作を躊躇せしめるものの如くである。我々の動作が自発的と思われる所に、感情又は感覚が伴うのである。かかる感情的状態から発生する動作は、宇宙及び宇宙の歴史に新なものを加えるとせなければならない。宇宙という形像の総体に於て、或特殊なる形像の媒介によって新なものが起ると考えられる。かかる特殊な形像の典型的なるものが私の身体である。私の身体と呼ぶ形像の構造を見るに、刺激を中枢に伝える求心神経と、中枢から発して刺激を末梢に導き身体を動かす遠心神経とがある。生理学者、心理学者は遠心運動は身体の運動を惹起するが、求心運動は外界の表象を生ずると云う。併し求心神経も、脳髄も、脳髄に運ばれる刺激も、形像である。此等の形像が外界形像を生ずると云うには、何等かの仕方に於て後者が前者に含まれて居なければならない。併しそれは背理である。脳髄は物質界の一部であって、その逆ではない。此にあるものは、外界の形像と、私の身体と、私の身体作用によって起る周囲の形像の変化とである。私の身体も、物質界の中の一形像であって、他の形像と同じく、運動を受けて又与えて働きつつある形像であるのである。唯その異なるのは、或程度まで選択の自由を有するかに見えることなのである。如何にして私の身体、特に私の神経体系が宇宙の表象を生じ得るであろうか。私の身体は唯動作の中心たるに過ぎない、それは表象を生ずることのできるものではない。故に記憶は身体に於て保存せられるのではない。身体は、単に運動の準備装置という形に於てのみ、過去の動作を蓄積することができるのである。記憶は記憶自身を維持するのである。実在論者にせよ、観念論者にせよ、我々が都会や街や此家について語る時、我々の意識に現れない、而も意識の外に存在する同数の知覚について考えて居る。それ等は何等かの仕方に於て存在して居たものでなければならない。仮説に従って、我々に無意識的状態に於てと云う外はなかろう。意識外の存在が客観物の場合に於て斯く云い得ることが、何故に主観者の場合に云い得ないか。記憶が我々の現在の状態に付着して居る関係は、知覚せられない対象が我々の知覚する対象に対すると同様であって、無意識なるものが両方の場合に同一の役をなして居るのである。ベルグソンでは、物質の世界が実在ではない、真の実在は却って純粋持続の記憶の方にあるのである。緊張の裏面に弛緩がある。物質界とは弛緩の状態に過ぎないと考えられて居る。記憶と物質との関係についての独創的な研究については、ベルグソンに譲らざるを得ない。併し私は絶対現在の時間面的自己限定として、何処までもベルグソンの純粋記憶の世界を認めるものであると共に、一面に於てはその反対の立場に立つものである、寧《むしろ》、空間の立場に立つものである、否、時間空間の矛盾的自己同一の立場に立つのである。ベルグソンは、私は形像の真直中に私を見出す me voici en présence d'images という所から出立する。云わば、彼は寧《むしろ》、意識の世界から出立するのである。私は、之に反し、作り作られる歴史的実践の世界から出立するのである。私がある世界からではなくして、私が自覚的に働く世界から出立するのである。我々は行為的直観的に形像を見るのである。形像とは、自己表現的に自己自身を形成する世界の自己形成から現れるのである。ベルグソンの「私」は形像に付着して居るのである。私の身体と云うものは、私に単に他の形像に比して高度の自発性を有った形像とだけ考えられない。我々は me voici の底に、深く反省して見なければならない。然らざれば、記憶が記憶自身を維持すると云っても、世界の一面を示すものたるに過ぎない。

世界が絶対現在の自己限定として時間的・空間的、空間的・時間的に作られたものから作るものへと、形が形自身を形成するという時、世界は時間面的自己限定として、一面に意識的でなければならない。かかる立場から見て、私はラヴェッソンの「習慣論」は、小冊子ながら、深い洞察と豊かな内容に富むものと思う。曰く、最も広き意味に於ては、習慣とは、一般的且つ恒常的な存在の仕方、即ち或はその諸要素の全体に亘って、或はその諸時期の継続を通して見られた一存在の状態 l'état d'une existence である。習慣は変化の結果として生じたものであるが、習慣はその変化を越えて存続する。而してそれは自己を生じた変化そのものの為のものであるから、習慣は単なる状態ではなくして素質 disposition である、能力 vertu である。加之《しかのみならず》又すべての変化は、或る長さの時間の中に実現せられる。存在者の中に習慣を生むものは、単に存在者を変容する限りでの変化でなくて、時間の中に成就せられる限りに於ての変化であるから、習慣を生み出した変容が長く続けば続く程、又繰返さるれば繰返される程、習慣は益々力強くなるのである。故に習慣とは、一つの変化に対して、その変化の連続又は反覆によって、存在者の中に生ぜられた素質であるのである。すべて存在するものは空間的時間的に自己自身を維持する。空間が安定性又は恒常性の基本的形式であり、時間は変化の普遍的条件である。従って最も一般的であると共に最も単純な変化は運動である。此故に存在の最も基本的な形式は運動する延長体l'étendue mobile である。これが物体の特質を構成するものである。而してすべて存在者が爾《しか》ある様に、すべての運動する延長体は、その運動を固執する。この傾向が惰性である。この故に存在の第一段階から恒常性と変化とが合一して居る。而も変化そのものの中に、恒常性への傾向がある。私の語を以て云えば、すべて有るものは、空間時間の矛盾的自己同一的に、作られたものから作るものへである。併し惰性は恒久の素質に変じ得る如き限定せられた力ではない。それは運動そのものの如く、無際限に変動し、質量の無限の中に無際限に拡がれる力である。習慣がそこに根を下し得る様な実在的存在を構成するには、一つの実在統一 une unité réelle がなければならない。質料の此の無限の中に何等かの形に於て統一性、同一性を構成する何物かがなければならない。かかるものが物理的、化学的世界から生物的世界に至るまで、世界構成の原理となるものである。併し物理や化学の世界に於ては、可量的な時間に於て成就せられる様な変化はない。時間は一様である。可能から存在への間に何等の間隔がない。潜在から顕現へ直行である。そこには習慣を宿すべき恒常的潜在がない。種々なる潜在から一つの共通の顕現への結果として、構成部分の差異が全体の一様性の中に消失する。物質は無限に可分割的である。故にそこには尚真の存在者はない。生物界に至っては、総合への変化は最早直接な結合ではない。終と始との間に量り得べき時間が介在する。総合はもはや同質的でない、単なる量ではない。総合に達する為め、時間に於て中間者の一系列を要する如く、空間に於て中間的手段の一全体を要する、即ち道具が、器官が必要である。空間に於てのかかる異質的統一が有機組織である。時間に於ての、かかる継続的統一が生命である。継続と異質性と共に個性が始まる。異質的全体として、個性は不可分割的である。それは単なる存在 l'être ではなくして、存在者 un être である。同一の主体、限定せられた一実体が、相異なる形態と時期とを以てその内的潜在力を展開する。ここに習慣の成立条件のすべてが一挙に現れるのである。生命と共に個性が始まる。生命の特質は、世界の真中に独立な一つの世界を形成することである。生物のみ、他の物と分たれた自然物であると云う。右の如くにして個性的生命が成立すると云うことは、論理的には、時間空間の矛盾的自己同一的に、世界が自己の中に自己表現的要素を含むと云うことに他ならない。習慣とは、かかる世界の自己限定として、形が形自身を形成する、形の自己形成作用に他ならない。生命の第一段階から既に変化の連続又は反覆が此変化そのものの為に、存在者の素質を変じ且つ之によって自然を変ずる様に見える。植物でも栽培に服する。併し植物は生命の最高の形ではない。物体は生成することはない。それは時間の外にある。植物的生命は既に或長さの時間を要求し、自己の連続性を以て之を充たすのであるが、動物的生命は最早連続的ではない。そのすべての機能は静止と運動との交替を有って居る。すべて間欠的である、少くとも覚醒と睡眠とに於ての如く。生命は一定の連続的持続を含んで居るが、動物的生命は、中断せられ、諸時期に分たれた一定の持続、非連続の時間を含んで居るのである。生命の自発性を明にするものは、此の機能の間歇性にあるのである。自発性の特質は運動を自ら始める力と云うにあるのである。沈下して元の状態に還った質料を、再び引き上げる努力にあるのである。此に私が絶対現在の時間面的自己限定として、時が空間を破ると云う所以のものがあるのである。生命の形は時間的空間的形である。生命の自発性は絶対現在の自己限定に基礎付けられて居るものでなければならない。私が従来形相から質料へと共に質料から形相へと云って居ることは、生命の自発性に於て事実的に証明せられるのである。動物的生命の最初の段階から、唯変化の持続ということから来る受容と自発との二重の影響が明に現れるのである。習慣が、周期の規則性の内に、自発性として現れるのである。生命の段階を上るに従って存在者は最早部分的にのみ運動するのでなく、全体として運動する、即ち場所を変ずる。次第に大なる距離を隔てて、印象を受取る器官が加って来る。受容性と自発性と対比は著しくなって来る。併し内からの反作用が外からの作用から遠ざかり、独立し行くに従って、外からの作用の到達点にして同時に内からの反作用の出発点となる中心が必要となる。外から受ける作用と自ら生む反作用との間の直接性及び必然性が減じて行くに従って、益々独立に、固有の仕方で、時期を選んで統制する中心が必要となる。此の如き認識し、評価し、予見し、決定する裁判官は、我々が精神 âme と呼ぶ所のものでなくて何であろう。是に於て自然の中に自由の微光が現れるのである。無論それは最初不明瞭不確実なものではあるが、そこに生命は最後の一歩を踏み出すのである。運動力は運動器官と共に最後の完成の段階に達する。機械的世界の宿命性から出て来た存在者が、機械的世界の内部に於て、最も自由なる活動性という完全な形に於て自己を現すのである。存在者が自覚するのである。この存在者こそ我々自身である。此に意識が始まり、意識の中に知性と意志とが輝き出るのである。自然は我々が単に外から見た光景であった、潜在は云うまでもなく、素質と云っても、見られないものであった。併し意識に於ては、働くものと働きを見るものとが一である、否、働きと働きを見ることとが合一して居るのである。此故に我々は唯意識に於てのみ習慣の範型を見出し得るのである。習慣の法則を認めるのみならず、その「如何に」と「何故」とを知るのである。

世界が世界の中に自己表現的要素を含む時、生命と云うものが成立する。ラヴェッソンの云う如く、そこに始めて存在者があるのである。かかる存在者は、変化そのものの外に、単なる原因でもなく、単なる結果でもない。彼が習慣について云う様に、一変化の連続又は反覆によって生れ、而も唯当の変化の為めのもの、即ち素質的なものでなければならない。それは矛盾的自己同一的に自己自身の中に自己自身を限定する、私の所謂場所的有でなければならない。逆に場所的有とは素質でなければならない。所謂実体的有については、その性質とか属性とか云うものを云い得るが、習慣と云うことは云われない。私は嘗《かつ》て歴史的世界は何処までも作られたものから作るものへとして、徹底的に無基底的と云った。茲に歴史的世界の存在は素質的であり、歴史的の働きは習慣的と云うことができる。作られたものから作るものへと云うことは習慣が習慣を生むと云うことに他ならない。かかる存在として、存在者は最初から有るのである。全体的一の自己否定として、空間的に自己自身を表現して居るのである。自然の底に深く隠れて居るのである。併し物質の世界も、多と一との矛盾的自己同一的に作られたものから作るものへである、所謂原因から結果へである。運動と云うのは、既に時間によって裏付けられた空間としての場所的有の自己限定に他ならない。唯そこには尚無中心に、非個性的であって、存在者は未だ現れて居ない。全体的一の自己否定の否定として自己肯定的に、場所的有が自己自身を限定するに及んで、ラヴェッソンの所謂存在者が現れるのである。作られたものから作るものへと身体的に自己自身を形成するのである。ラヴェッソンは、此に同時に、一挙に、習慣の条件のすべてが現れると云う。時間によって裏付けられた空間面は、此に時間面的となるのである。時が空間を否定する、空間が時間的自己否定を含む。動物的生命は、空虚な間隔によって中断せられた、諸時期に分たれた一定の持続、即ち分割せられた非連続の時間を含むと考えられる所以である。自発性と云うことは、絶対現在の自己限定からでなければならない。世界は、それ自身によって有り、それ自身によって動く絶対有として、始なく終なく、絶対現在的に存在するのである。世界は、本来、時間面的に、意識的であるのである。非意識的世界から意識的世界が現れて来るのではない。人間的生命に至って、空間が時間を否定すると共に、時間が空間を否定する、空間と時間との絶対矛盾的自己同一として、存在者が具体的に自己自身を顕現するのである。即ち世界が自覚するのである。此故に意識作用に於て習慣の範型を見るのである。ラヴェッソンは云う。意識は知識 science を包含し、知識は知性 intelligence を包含する。知性の一般的条件は、存在のそれの如く統一である。併し単純なる統一に於ては、知識は消失し、従って意識も消失する。観念の統一の中に多様性を総合することは判断であり、判断の能力が悟性 entendement である。故に知識は悟性の中にある、悟性は自己自身の条件を有ち、知識を之に従わしめると。我々が意識的に働くと云うことは、表現作用的に働くと云うことでなければならない。空間的多様を、内に時間的統一として把握し、空間を時間化することによって、空間を時間的に限定することが、意識的に働くことであると云うことができる。換言すれば、時間が空間を表現し空間が時間を表現し、空間と時間との相互表現的に、場所が場所自身を限定することが、意識的に働くと云うことである。悟性の条件と云うのは、かかる自己表現的形成者の矛盾的自己同一的把握の形式に他ならない。ラヴェッソンは之を量の形式と云う、数とは矛盾的自己同一的場所の自己限定の形に他ならない。是に於て、実在者そのものの意識が裏返るのである。潜在から顕現へでなくして、顕現から潜在へである。意識の野と云われるものに於て見られる如く、直線的なるものが円環的に、我々の自己は自己の中に自己を映す所に自己同一を有って居るのである。そこに自己が存在するのである。意識作用と云うのは、時間面の自己限定的に、無限に自己の中に自己を映す、時間的過程と考えられる。併し単に斯く考えるのは意識の抽象的な見方であって、具体的実在としての我々の意識的自己の作用に於ては、自己に於て何処までも空間を時間的に表現する、外を内に映す、空間を時間的に把握する。ラヴェッソンは、我々は想像の場面の中に形象化し得るものでなければ何物も判明に理解せられないと云う。想像の場面の中に形象化すると云うことは、外を内に映すことである、外界を時間面的に把握することである。此の方向に於て時が空間を否定する、時が空間を破るのである。想像作用の媒介なくしては、我々に働くと云うことはない。併し斯く云うことは、直に時が自己自身を空間化することであり、時が自己自身を失うことである。而してそれは絶対現在の自己限定として逆に時間即空間的に、時が空間的に自己自身を形成することである、内から外へは、逆に外から内へである。想像と云うことその事が既に世界が自己の中に自己を映すことに他ならない。是に於て自己がそれに於てあった空間は、逆に自己展開の場所となるのである。我々の自己はかかる意味に於て、働くものとして有るのである、歴史的世界の歴史的形成作用として働くのである。空間的に運動と云うのが、空間が自己自身の中に統一を有たない、即ち存在者のない、時を否定した空間の無限に円環的な過程とすれば、意識作用と云うのは、全くその逆の立場に於て、無限なる直線的運動と云うことができるであろう。存在者が自己自身に返る運動である。前者に於て、量的に物質力と云うものを考えることができれば、後者に於ても量的に精神力と云うものを考えることができる。これが努力の意識である、意識的努力である。ラヴェッソンは却って努力の意識に於て力の尺度を見ようとして居る。物力は無限なる潜在から顕現へ、外から内へと考えられるに反し、努力は内から外へである、無限に形成的である。何処までも空間を時間的に把握し、内から外へと、空間的に自己自身を形成せんとする時、外に空間的なるものは、自己に対する無限なる抵抗である。ベルグソン的に云えば、努力とは時間が空間を否定する突破力である。そこに作られて作る、自己自身を形成する形として、我々の身体と云うものがあるのである。意識は身体的努力に伴う。ラヴェッソンが両極端の相接触する中項 le moyen terme と云うものは、此にあるのである。努力は意識の第一の条件たるのみならず、又その完全な範型であり、縮図であると云う。努力は能働と受働との二つの要素を含む。能働は主体に属し、受働は環境に属する。能働は認識の客観と主観との区別の直接の条件である。従って、能働は判明な認識の条件である。受働は之に反し不判明な認識の資料たるに過ぎない。能働には明晰な知覚 perception が結合して居り、受働は不明晰な感覚 sensation に他ならない。故に知覚と感覚とは、両者の表現する能働と受働との如く、意識に於て方向が相反し、且つ反比例する(これを意識の必然的法則と云う)。努力はその中項である。私の語を以て云えば、時が空間を把握し、空間を自己実現の場所とするのが意識力即ち努力であるのである。我々の知識は此の方向に於て成立する。知識とは、時間面が空間面を包んで、之を自己限定面となす所に成立するのである。絶対現在の時間面的自己表現として、真理が成立すると云うことができる。

努力は触覚 tact に於て実現せられる。触覚は受働の極から能働の極までも拡がって居る。触覚はすべての中間的段階を包含し、すべての段階に於て右の反比の法則を証するのである。触覚は、時間面と空間面との境である、内と外との界《さかい》である。触覚の器官は意志的運動の圏外にあるかぎり、そこには独り感覚が支配する。主観の全体は自己の内に引籠り、云わば存在の暗い奥底に潜んで居る。そこには知性の働きと云うものはない、全く受働的である。之に反し、触覚の器官が意志に無抵抗に之に服従するに至れば、独り知覚が支配する。そこには感覚即ち受働は消え去り、すべてが知性の対象となる。併し又それと共に、抵抗の消失するに従い、能働の原理は自己自身へ反省せしめるものがなくなる。意志はその過度の自由に於て自己自身を失う。純粋の能働に於ては、主観は自己の外に出て、最早自己自身を認識せない。人格性は、極端な客観性に於ても、極端な主観性に於ても、同じく消滅する。人格性の明瞭なる意識は、反省と共に、触覚の中間領域に於て、努力という神秘な中項に於て見出されるのである。触覚は最初その受働態に於ては何の運動も含まない。味覚や嗅覚と共に器官自身は運動に無縁である。そこに意識は全く主観的である、純なる感覚に近い。併し聴覚とか視覚とか云うものに至れば、器官そのものの中に既に機構を含み、機能の中に運動を含む。音は単なる感覚ではない、判明な知覚の対象である。視覚の機構は更に外面的である、空間を自己に時間的に、動的に表現する。斯くして触覚の発展に於ての如く、種々の感覚能力の段階の一端から他端へ亘って、動的となるに従って知覚が明晰となって行く。意識の範囲を充すものは、受働と能働との相反する方向への発展である。その孰《いず》れの両極端に於てももはや判明な意識は存在せない。意識は時が空間否定的に、空間を破る所にあるのである。意識的存在は持続的である (durée である)。受働の連続は意識を弱める。感覚の反覆は感覚を消すが、知覚は運動に結合して居るから、その反覆は益々之を明晰に、確実に、敏活にするのである。併し運動の意識の中にも、感受性の要素がある。努力がそれである。努力は二つの要素を含むと云った。努力も運動の連続、反覆によって、その感覚は減少する、無意識的となる。斯く至る所に、連続又は反覆、即ち持続は受働性を弱め、能働性を昂める。而も此の二つの相反する力の経歴の中には、一つの共通な特徴がある。感覚が長く続き又繰り返されるに従って、感覚が消え行くと共に、次第にそれが欲求化する。他方、運動に於て、努力が消え行き、運動が自由且つ迅速となるに従って、能働は次第に傾向 tendance 傾性 penchant となって行く。此の如く、感受性の中にも能働性の中にも、連続又は反覆によって、一種不明晰な能働性が生れるのである。而してそれは遂に盲目的な傾向にも至るのである。受働の条件は、能働への反対性にある。持続的突破に対する空間的反動に於て感覚が成立する。意識的運動の連続反覆によって持続が空間的に形作られ、固定せられるに従って、感覚は消滅して、欲求として器官の内的能働性が発展する。他方、運動の受働的要素そのものの中に隠れていた能働性が強められるに従って、傾向は次第に有機体内に降って行き、そこに次第に凝集するのである。連続又は反覆によって、感受性を弱め、発動性を強めるものは、同一の原因であって、それは意識の領域を出でて、それより下へ、有機体の受働性の内に次第に進入し、定着する自発性の発展であるのである。そこに絶対現在の自己形成性に結合するのである。それは器官の物質的構成の中に起る何等かの変化とも考えられるであろう。併し運動は習慣に化して、漸次意志と反省との範囲を去るも、知性を離れるのではない。運動は外的衝撃の機械的結果となるのでなく、意志に取って代る傾性の結果となるのである。この傾性は徐々に形成せられ、意識がそれを何処まで追及しようとも、それが意志の目的への傾向であることを認めるであろう。而して或目的への傾向と云うことは、すべて知性を含んで居るのである。反省と意志とに於ては、目的と運動との間には多少とも間隔がある。習慣の発展に於て傾性が意志に取って代るに従い、傾性は行動に接近して行く。間隔は次第に減少する、区別は消える。傾性の発動を促した目的観念は、今は傾性に接近し、之に合一する。反省に取って代るものは思惟の主客の分離のない直接的知性である。目的が運動と、運動が傾向と、合一するに従って、観念が存在となる。習慣は次第に実体的観念 idée substantielle となる。習慣によって取って代る不明瞭な知性、直接的知性は、実在的直観 intuition réelle であるのである。私の行為的直観と云うものは、此からも理解することができるであろう。これは意識発展の極致に於て現れるものであるばかりでなく、実は意識発生の根源にあるものであるのである。何となれば、歴史的世界は、作られたものから作るものへと、習慣的に自己形成的であり、我々の意識も此から出て来るものなるが故である。本能は却って直接的知性的である。ラヴェッソンは云う。習慣を作り行く種々なる傾性の形成、運動の観念の実現は、次第に人格性の領域を脱し、運動の直接の器官の中に行われる。而して次第にかかる傾性や観念は、此等の器官の形式、存在の仕方、存在そのものとなって行く。欲望と直観との自然性は、その発展につれて、有機組織の無際限なる多様性の中に分散する。併し傾性が意志に取って代ると云っても、時と共に又そこに戻るのである。単に盲目的な機械性の支配に移るのではない。その運動を生み出した当の知性的活動を離れるのではない。何か他の力が現れて運動を導くのではない。同一の力が、何処までも人格性の高次的統一性を失わずして、自己を多様化し、下落せずして自己を低め、自ら多方面に分れて種々の傾向、動作、観念となり、時間に於て変形し、空間に於て分散するのであると。斯く云うことは、正しく、時が空間を否定し自己を空間化すると共に、逆に何処までも空間的に限定せられる、即ち絶対現在の自己限定の立場に於てのみ云い得ることでなければならない。然らざれば、一旦物質的空間の中に分散せる人格性が、自己の統一を失わずして再起すると云うことは不可能である。絶対現在の時間面的自己限定として意識の世界が成立すると云う所以である。

意識はいつも感覚と運動との中間に位し、運動の方向に於て意識は明瞭となって行く。併しその極、却って意識は無意識的となり、盲目的傾向となる、遂に空間に於て分散する。而もそれは単に物質化せられ終ったのではない、当の知性的活動を離れたのではない。習慣は何処までも意識の光を携えて、自然の奥底へ、暗夜へと下って行く。而して習慣は時を越えて存在する。習慣は形作られた第二の自然である。第二の自然は結局、第一の自然の中にその根底を有し、而も唯之によってのみ、第一の自然が我々に理解し得られるのである。習慣は生まれた自然 natura naturata であるが、生む自然 natura naturans の相続的業蹟であり、その啓示であるのである。意識的努力には努力なき傾向が先立ち、意志的運動は欲望に、その根源と源泉を有ち、欲望は原本的な本能である。本能に於ては目的と行動とが合一して居る、それは自然の状態である。運動の終局の動作がその最初に還るに従い、方向の統一性から不判明な多数性に下って行くが、この多数性の至る所から復動的活力が湧き上って来るのである。質料から形相へである。第一の自然も亦第二の自然の如くに人格性の統一の下にあると考えねばならない。第二の自然たる習慣が、意識から得て来た光の最後の微弱な光線は、習慣も立入ることのできない深淵まで及び、自然の最深の所に於て、観念的なるものと実在的なるものとの対立等、すべて我々の思惟に於て対立的なるものの合一を照し出すのである。右の如き意志的運動と自然との関係は、如何に考うべきであるか。意識が如何に低下しても物質とはならない。物質からは如何に上昇しても意識は出て来ない。かかる関係は、時間と空間との矛盾的自己同一的に、作られたものから作るものへの立場からでなければならない。世界が自己の中に自己表現的要素を含むという世界が生命的である。そこに第一自然が人格性的統一の下にと云うことができる。時間面的自己限定として既に意識的である。時が何処までも空間否定的に、絶対現在の時間面として自己形成的となる時、世界は自己表現的として意識作用的である。世界は自己自身の中に自己を映す、意識は中項的と考えられる。併し時が空間を否定することは、直に逆に空間が時を否定することでなければならない。内から外へは、外から内へである。絶対現在の自己限定として世界が作られたものから作るものへと云う時、時が空間的に否定せられて行かなければならない。意識作用は空間的傾向の中に没して行くのである。作られたものからという立場に於て、意識は感覚的であり、作るものへという立場に於て、意識は意志的である。歴史的形成的として意識は傾向的であるのである。習慣として、我々の意識は、単なる空間の世界、物質の世界に残るのではなく、歴史的形成的世界の記憶の内に素質として残るのである。故に作られたものから作るものへとして、そこから又働くのである。記憶は脳の中に保存せられるのではない。絶対現在の表裏として第一の自然と第二の自然とが結合するのである。故にラヴェッソンの云う様に習慣が自然に接近して行くのではない。意志と本能とは、その成立の根底に於て相反するのである。絶対現在の自己限定として、本能とは未来が過去に映されてある立場からであり、意志とは過去が未来に映されてある立場からである。本能は作られた立場からであり、意志は作る立場からである。かかる意味に於て、両者は絶対現在の深処に於て結合すると考えられるのである。ラヴェッソンの恩寵の世界とは、絶対現在の自己限定として、歴史的形成の世界でなければならない。そこに自然の法則と恩寵の法則とが一致するのである。我々が身体的に作られるから欲する、欲するから作られるのである。

以上論じた如くにして、メーヌ・ド・ビラン以来の内的知覚の哲学と考えられるものは、私の矛盾的自己同一の場所的論理の立場から基礎付けられると思う。而してそれは逆に場所的論理が内的知覚の事実に証明せられることである。従来、此種の哲学は論理性と云うものがなかった、主観的と考えられた所以である。それは意識と云うものを深くその根底に返って考えて見なかった故である。従来の哲学では、主観客観の抽象的対立の立場から出立する、無批評的に最初から自己と世界とが対立的に考えられて居る、我々の自己が世界の中にあることが忘れられて居る。私が考えることその事が、既に世界に於ての事実であるのである。意識は世界の自己形成の契機としてあるのである。我々の記憶は歴史的世界の記憶であり、我々の習慣は歴史的世界の習慣であるのである。己を欺く可からずという道徳的要求も此から出て来るのである。

## 解　題

### 〈善の研究〉

『善の研究』は一九一一年一月に弘道館から出版された西田の最初の著作である。西田はその前年の九月に京都帝国大学に招聘されているが、この著作のもとになっているのは、その前に（学習院の一年を挟んで）十年間ほど教授として教鞭を取っていた金沢の第四高等学校での講義である。西田はこの時期に授業のためのノートを多く書き残しているが、一九〇六、〇七年ごろにその一部が印刷されて学生の間に出回り、さらにそれらが冊子「西田氏実在論及倫理学」にまとめられ、同僚や学者仲間の間にも広がっていった。そしてそれと並行するように、西田は『哲学雑誌』や『精神界』などの雑誌に次々と論文を公表していく。『善の研究』はこれらの論文を一冊の本にして筆を入れ直したものである。

全体の構成は第一編「純粋経験」、第二編「実在」、第三編「善」、第四編「宗教」となっているが、本書には西田哲学の核心部ともいうべき認識論と存在論を成す第一編と第二編のみを収録した。すでに述べたように、この著作は書き下ろしではなく、さまざまな論文やノートを再編集したものであり、本人の言からも、最初に書かれたのは第二編「実在」であることがわかっている。したがって、時間的順序からみれば、西田哲学はこの第二編の実在論を出発点としているのだが、内容的には第一編の純粋経験論もほぼ同等の重みをもって、西田哲学の原理的な位置を占めると言っていい。

「実在」に関して、ずっと後の一九三六年に「版を新にするに当って」過去を振り返った西田はこう述懐している。

私は何の影響によったかは知らないが、早くから実在は現実そのままのものでなければならない、所謂物質の世界という如きものはこれから考えられたものに過ぎないという考を有っていた。まだ高等学校の学生であった頃、金沢の街を歩きながら、夢みる如くかかる考に耽ったことが今も思い出される。その頃の考がこの書の基ともなったかと思う。

この述懐は、西田が若いころから「実在」すなわち「真に存在するもの」とは何であるかということに想いを馳せていたことを証言しているが、重要なのは、その「実在」とみなされた「現実そのもの」が、普通に素朴実在論が想い描くような「物質」ではないということである。このことを哲学的に表現したのが第二編第三章にある次のような密度の濃い言葉である。

純粋経験に於ては未だ知情意の分離なく、唯一の活動である様に、又未だ主観客観の対立もない。主観客観の対立は我々の思惟の要求より出でくるので、直接経験の事実ではない。直接経験の上に於ては唯独立自全の一事実あるのみである、見る主観もなければ見らるる客観もない。恰も我々が美妙なる音楽に心を奪われ、物我相忘れ、天地唯嚠喨《りゆうりよう》たる一楽声のみなるが如く、此刹那所謂真実在が現前して居る。（本書六〇頁）

デカルト以来、近代の西洋哲学は精神と物体、主観と客観（客体）の区別を前提として理論を組み立ててきた。したがって実体とか実在と呼ばれるものもまた、その区別のどちらか、または両者の統合体とみなされる傾向にあった。しかし、西田によれば、そもそもそのような区別は初めから存在しているものではなくて、あくまで純粋経験ないし直接経験に反省がはたらいた結果として出てきたものである。それを別の言葉で言い換えると、すべてを潜在的に孕んだ源泉としての「統一的或者」が思惟を介して分化発展していくところに意味や判断が生れるということである。つまり物心や主客の二元論は前提というより、むしろ結果なのである。

そういう意味で、この著作においてはすべての出発点に置かれる「純粋経験」という概念が決定的に重要となるが、この考えがどのようにして生まれたかを教えるものとして「純粋経験に関する断章」という仮題を付けられた膨大なノートがある（新全集第十六巻に所収）。これによると、西田はこのころジェームズ、ヴントの心理学、カント、ヘーゲル、ショーペンハウアー、バークレーなどの哲学を読んで、それらの考えを積極的に採り入れようとしていることがわかるが、なかでも西田が自分の考えにもっとも近いと考えたのがジェームズの意識流の考えとショーペンハウアーの意志論であったと思われる。

純粋経験が直接経験とも言い換えられているように、西田が考えているのは、つねに今現在の意識に生じているアクチュアルな事態である。そしてその現在意識の根底に時間を超えた不変的な或者があり、この根源的な或者がそのつどの現在の瞬間において現前する。のちに西田はこれを「永遠の今の自己限定」と呼ぶことになるのだが、こういうイメージを抱いていた西田にとって、ジェームズの意識流の考えは現在意識の経験を言い当ててお り、ショーペンハウアーの意志はその根底にある不変的或者を言い当てていると思われたのである。

西田の場合、こういう考えの出自としてしばしば禅仏教の影響が指摘される。たしかに四高教授時代というのは、西田が頻繁に雪門老師を訪ねたり、一人で坐禅を組んだりしていた時期で、その体験が何らかのかたちで影響を及ぼしたであろうことは想像に難くない。じじつ、さきの引用文にある「物我相忘れ、天地唯瀏喨たる一楽声のみなるが如く、此刹那所謂真実在が現前して居る」といった表現なども禅的なものを連想させる。

だが、そうだからといって、西田哲学は直接禅に由来するなどと主張するのはまちがっている。「純粋経験に関する断章」や講義録などが示しているように、西田はあくまで西洋哲学の分野で考えを練っていたからである。純粋経験の考えにもとづいて宗教を論じたりする場合には、もちろん自ずと禅や神秘主義に接近するところはあるが、それが西田「哲学」のベースではない。そういう短絡はかえって西田の哲学的「苦闘」を貶めることになるだろう。

また、後年西田はこの『善の研究』の立場は「意識の立場」であり、「心理主義的」だという自己批判をしているのだが、これを西田が意識や心理といった「観念論」の立場を放棄して「唯物論」の方に移ったというように短絡してしまうのも誤りである。そういう意味では、西田は最後まで意識や心理を捨てていないし、物体や物質といえども意識というファクターを切り離すことはできないと考えていたからである。

最後に、なぜこの著作が西田を有名にしたのかについて一言しておこう。『善の研究』が出たとき、学界ではそれなりの反応があったのだが、とくに専門の研究者たちの注目を集めたのは、大学を卒業してまもない俊才高橋里美が『哲学研究』に発表した「意識現象の事実と其意味」という論文である。のちに日本における現象学研究の草分けとして名を馳せることになる高橋は、このなかで『善の研究』を「明治以後に邦人のものした最初の又唯一の哲学書」と高く評価する一方で、西田の純粋経験論に挑戦するかのように果敢な批判を試みた。西田もこれに応じて、この論争が話題となったことが西田を有名にした一因であるが、しかしそれはあくまで狭い学界のなかでの話であった。

西田とこの著作が専門分野を超えて多くの青年たちに読まれるようになったきっかけは、当時一高生だった倉田百三が文芸部の機関誌に書いた「生命の認識的努力」という熱烈な西田讃美の文章である。倉田はその冒頭に西田哲学が「日々に荒み行く私の内部生活に月にきらめく銀流のような淋しき光と潤いとを与えた」と書き記し、『善の研究』に展開された西田の思想を自己流に解釈しながら一般読者に紹介した。

そしてこの西田讃美の論文を収録した倉田の『愛と認識との出発』が十年後に出版されてベストセラーになると、西田の著作もそれに合わせて爆発的に読まれるようになったのである。西田自身はそのような読まれ方は気に入らなかったようだが、明治末から大正を挟んで昭和の初めまでの一時期、人生に煩悶する文学青年や哲学青年たちの間で阿部次郎の『三太郎の日記』などと並んで『善の研究』が広く読まれたのは事実である。

〈場所〉

これは一九二六年六月に『哲学研究』に発表され、翌年十月に岩波書店から公刊された論文集『働くものから見るものへ』後編に収録された論文である。

まず、哲学論文としてはやや珍しいタイトルの「場所」という言葉の出自について一言コメントしておく必要があるだろう。西田はこの言葉をプラトンの『ティマイオス』に出てくる「コーラ」という概念から取ったと述べているが、この概念は、イデアないし形相《エイドス》が具体的な個物の姿をとって現われるとき、その媒介となる「場所」、すなわち「生成するものが、それのなかで生成するところの、当のもの」のことをいう。西田は『善の研究』で根源的な「統一的或者」が純粋経験を通して直接現前してくる事態を考えていたが、その場合にも同じくその現前が生起する場所がなければならないと考えたのである。

西田はジェームズの「意識流」を踏襲して、その現前の場所をさしあたり「意識の野」に見たが、それは広く純粋経験が生起する場所と考えてもいい。したがって、ここで言われる「場所」とは静止した空間ではなく、むしろ運動とか活動の場であって、「Feld/field」に近い意味をもっている。

この論文には、こうした特異な「場所」概念をはじめ、中期の西田を特徴づける思考実験のような、かなり大胆なアイデアがさまざまに展開されているが、とくに注目すべきは次の二点である。まず第一は、このテクストのなかに「無」という概念が頻出することである。

本体という如きものはもはや何処にも求めることはできない、唯自ら無にして自己の中に自己の影を映すものがあるのみである。併し一方から云えば、真に無の立場に於ては所謂無其物もなくなるが故に、すべて有るものはそのままに有るものでなければならぬ。有るものがそのままに有であるということは、有るがままに無であると云うことである、即ちすべて影像であるということである。（本書一四三頁）

これが西田のいう「真の無の場所」である。かつての「純粋経験」を別の表現で言い表わしたこの「真の無の場所」は、自ら分化発展して意味や判断を生み出していく。だから、そのことは「場所が場所を限定する」とも言い表されるのだが、その仕組みを知識と意志に即していうと、こうなる。

知識に於ては、無にして有を映すと考えられるが、意志に於ては、無より有を生ずるのである。意志の背後にあるものは創造的無である。生む無は映す無よりも更に深き無でなければならぬ。（本書一三四頁）

禅の影響を受けた西田が「無」という概念を使うのは、それほど不思議ではないように思われるかもしれないが、じつは、西田が純粋に哲学の論議をするときに「無」という概念を使うのは、この時期に集中していて、それ以前もそれ以後もそれほど多くないのである。この論文以外で「無」の概念が頻出するのは、一九三二年公刊の『無の自覚的限定』に収められた諸論文（たとえば「表現的自己の自己限定」や「私の絶対無の自覚的限定というもの」など）ぐらいである。それにはこの概念をめぐって若き同僚田辺元や教え子戸坂潤から受けた批判も影響しているだろう。実際ある時期から西田は安易に「無」という概念を使うのに慎重になっている。そういう意味で、この「場所」論文は西田哲学において「無」の概念がどのような意味で使われていたかを知るのに格好のテクストとなっている。

もうひとつの特筆点は独特の「論理」概念である。ふつう論理というと、A＝B、B＝C、ゆえにA＝C、というような推論形式を思い浮かべるが、西田の考える「論理」はそういうものではない。繰り返し述べているように、西田哲学の出発点となる直接経験は未分化でありながらその後の分節化を可能性として孕んだものであった。そしてその分節化の結果として生じた諸概念の間にいわゆる論理が成り立つのだが、そういう普通一般の論理を可能にする前提として、より未分化なものがその後の分化を包むという体験自体の「包論理的」な構造があると西田は考える。

さらに重要なことは、論理を表現する判断命題において述語が主語を包みこむと考えられていることである。普通の発想では、主語の位置にあるものが述語を通してその属性を現わすと考えるのだが、西田はその常識を覆して、述語の方が主語を包むと考える。主語となるものはむしろ分節化の結果生じた対象なのである。つまり、西田にとって「主語Subjekt」は「主体／主観 Subjekt」ではなく、「客体／対象 Objekt」にすぎない。では、意識したり、認識したりする「主体／主観」の方はどこにあるのか。それは判断命題のなかでは「主語」ではなく、「述語 Prädikat」の方にあるのだと西田はいう。この基体としての術語はやがて「大語」とか「超越的述語面」と用語化されていくのだが、しかし、このような考えは普通にはカテゴリーの混同とみなされるべきものである。命題の一部をなす述語と知覚や認識の主観すなわち意識とはそれぞれ別の次元の事柄であり、本当はそれらを同一視することなどできないからである。にもかかわらず、あえてそのような論理的越境《メタバシス》を犯しながら独自の考えを展開してみせたという意味で、西田の発想は多分に実験的である。いずれにせよ、このようにして西洋哲学の伝統的な発想を転倒させて、主語ではなく、述語の方にこそ意識があることを説く西田は、自ずと「我」の概念にも転倒をくわえることになる。

> すべての経験的知識には「私に意識せられる」ということが伴わねばならぬ、自覚が経験的判断の述語面となるのである。普通には我という如きものも物と同じく、種々なる性質を有つ主語的統一と考えるが、我とは主語的統一ではなくして、述語的統一でなければならぬ、一つの点ではなくして一つの円でなければならぬ、物ではなく場所でなけ

ればならぬ。（本書一七四頁）

こうした記述を含めて、この論文の記述はカテゴリーの混同や越境、さらにはつじつまの合わない論理矛盾や用語の未整理などが少なからず見られる。たとえば「主客合一の直観」とは「述語的なるものが主語となること」などと表現されたりする（別の論文「所謂認識対象界の論理的構造」では超越的述語面が「無限に深い超越的主語」とか「無限に深い主語的統一」とも言われたりする）。そのため、われわれの読解も簡単ではないのだが、その分だけ西田の生の思考過程をヴィヴィッドに追跡することができる興味深いテクストであるといえる。

ちなみに、西田の「包論理」の考えは必ずしも突飛なものではない。たとえば、主体的な「辞」が客体としての「詞」を包むと考えた時枝誠記《もとき》の日本語文法論にも似たような発想を見出すことができるからである。もっとも、それを着想するに際して時枝が西田の著作からヒントを得た可能性はあるのだが。

なお、ここで先鞭をつけられた述語論理について関心をもつ読者は、さらに西田が京都帝国大学退官直前の一九二八年四月に発表した二つの論文「所謂認識対象界の論理的構造」（『哲学研究』）と「述語的論理主義」（『思想』）を参考にされるとよいだろう。両者はともに一九三〇年に公刊された論文集『一般者の自覚的体系』に収録されている。

〈永遠の今の自己限定〉

これは一九三一年七月に『哲学研究』に発表され、翌年十二月に岩波書店から公刊された論文集『無の自覚的限定』に収録された論文である。ちょうど前後に書かれた「私の絶対無の自覚的限定といふもの」(『思想』一九三一年二月)と「自愛と他愛及び弁証法」(『哲学研究』一九三二年二月)の中間にあって、両者をつなぐような内容になっているが、同時に中期西田の考えが非常にコンパクトにまとめられている論文である。そのためか、いろいろな論点を詰めこみすぎていて、西田用語に慣れていない読者にはややわかりにくいかもしれない。

純粋経験の分化発展という考えを論理的次元においてとらえなおそうとしたのが、前の述語論理を強調する場所の論理であったとするなら、この論文で試みられているのは、題名が示しているように、今度はその基本思想を時間論として考えなおしてみることであった。

西田にとって、過去から未来に向かって、あるいはその逆方向に流れていく、いわゆる時間は本来の時間ではない。それはあくまで「絶対無」としての「現在」が不断に自己を限定していく、そのプロセスの結果として生じるノエマすなわち対象としての時間(表象）にすぎず、時間の本質はあくまでそれを生み出しつづける現在そのものにある。西田はこの不断に自己を分節化していく現在を「絶対無」とも表現するのだが、それをヨーロッパの神学および哲学で言われてきた「永遠の今 nunc aeternum」のなかにも見出す。これは古くは、聖書で言われる「時の完了」という言葉の解釈などをめぐってたびたび出てくる概念で、アウグスティヌスやエックハルトなどにおいても論じられたテーマである。アウグスティヌス『告白』の言葉でいえば、「過去の現在」「現在の現在」「未来の現在」に共通する「現在」がそれに当たる。

さらにヨーロッパ哲学との関連を指摘しておくなら、西田がこの絶対無ないし永遠の今の自己限定を、パスカルが『パンセ』において神を形容した「周辺なくして至る所に中心を有つ無限大の球」という表現にヒントを得て、「絶対無の自覚的限定というのは周辺なくして至る所が中心となる無限大の円」と述べて、この比喩を繰り返し使っていることである。いかにも数学を趣味とした西田らしい比喩表現である。

至る所が中心となる周辺なき円の自己限定としては、至る所に無数の円環的限定が成立すると考えることができる、即ち、永遠の今の自己限定として至る所に現在が現在自身を限定すると考えることができる。（本書一九九頁）

今すなわち現在は不断に自己を限定しつづけるが、場所の論理が述語面と主語面の両面において展開されたのと同じように、その限定は「限定する」側と「限定される」側の両面において進行する。前者の能動面の限定が「円環的限定」だとするなら、それによって生じる後者の限定された対象面が「直線的限定」であり、西田はそれをフッサール現象学の用語を借りて、能働の「ノエシス」と所働の「ノエマ」とも表現する。次の引用の「生」と「死」のメタファーも同じである。

何処までも中心のない絶対の死の面という如きものが絶対無の自覚のノエマ面と考えることができ、至る所が中心である絶対の生の面という如きものがそのノエシス面と考えることができるであろう。(本書二〇四頁)

これが「現在が現在自身を限定する」とか「永遠の今の自己限定」というテーゼの基本内容だが、重要なのは、西田がこのノエシスとノエマの両面を孕む運動を「弁証法」と名づけ、それぞれの発展上に、絶対無の自覚のノエマ的限定として客観的な時や歴史を、また無限の弁証法的運動を生み出す絶対無のノエシス的限定のほうを自己ないし自愛ととらえている点である。この時期西田は、当時流行していたヘーゲルを熱心に読んで「私の立場から見たヘーゲルの弁証法」(『続思索と体験』所収)という論文を発表しているが、この論文（「永遠の今の自己限定」）に「弁証法」という言葉がたびたび出てくるのは、明らかにその影響である。

内容面では、さらにここで西田が「至る所が中心となる周辺なき円」ということを合わせて考えなければならない。周辺がないのは、この不断に自己を限定しつづける運動が静止することがないので、原理的に周辺（円周）を固定できないからだが、問題は「至る所が中心となる」という言葉である。これはライプニッツがイメージした無数のモナドによく似たイメージで、西田はこの言葉でそれぞれに中心を備えた無数の個人を考えている。この個人は互いを対象としてとらえることもできるが、それでは他者を他者たらしめている肝心のノエシス面は無視されてしまう。

したがって、真に他者を認めるとは、私に対立する汝をそのノエシス面すなわち自己もろともにありのままに認めることを意味する。これは他者をたんなる知識の対象として認識する次元を超えたところに成立する承認であるため、西田はこれを「愛」と表現するが、言い換えれば、それは誰もの根底に等しく絶対無という非合理的なものが存在するという絶対の事実を認めるということである。かくて自愛は同時に他愛とならねばならず、そこに真の意味での自他の弁証法も成立する。この論点は、のちの「自愛と他愛及び弁証法」や「私と汝」といった論文に引き継がれていくことになる。

〈私と汝〉

この論文は一九三二年七月と九月の『岩波講座　哲学』に連載され、その年末に公刊された論文集『無の自覚的限定』に収められている。

タイトルが示す通り、ここでは「私と汝」の関係、すなわち哲学でいえば、いわゆる他者認識の問題が中心に論じられているが、西田はこの問題も自分の原理的な考えである「永遠の今の自己限定」ないし「現在が現在自身を限定する」という時間論のテーゼから解き明かそうとする。

一般に、今日の自分は昨日の自分を想い出して「同じ私だ」という両者の同一性を直接知ることができるのに対し、自分にとって他者は外界ないし物の世界を介して間接的にしか知ることができず、内面を備えた他者そのものを直接知ることはできないと考えられている。しかし、西田によれば、そもそも内界も外界も、それが実在であるかぎり、ともに永遠の今の自己限定の結果である。外界とは「絶対に時を否定する死の面」としての物体の世界であり、内界とは「絶対に時を肯定する生の面」としての精神の世界であり、両者はもともと同じ永遠の今を出自とする弁証法的な関係にある。そのことから考えると、一見間接的にしか知ることのできないように見える私と汝の関係も同じ根源に発しており、直接的な結合関係にある。

この論文はこうした基本的な考えに「個物」と「環境」という論点が重ねて論じられる。この観点には当時流行したマルクス主義が影響していると思われるが、いずれにせよこの論点が入ったために、例によって論議そのものは複雑になり、ときには混乱しているようにも見える。

個物であれ何であれ、いかなるものも、存在する以上は「何かにおいて」あり、その場所をもっている。そして、物はその場所の自己限定として成立している。それと同じように、個物は環境という場所に限定されたものであるが、しかし個物（個人）はそのように一方的に限定されるだけのものではなく、逆に環境に働きかけ、それを限定する存在でもある。

個物は環境に包まれ何処までも環境から限定せられるという意味を有すると共に何処までも環境から限定せられないものであり、却って環境を限定する意味を有ったものでなければならない。（本書二四一頁）

汝としての他者もまたこのような個物であるとするなら、ここに一つの難問が生じる。私も汝も互いに「絶対的に自己自身に固有なる内界」をもつ存在なのだから、片方は相手を自分の内界の中においてしかとらえることができず、その結果互いの認識は独我論に陥ってしまうという難問である。しかし、西田はそのように互いに独立し対立しあう個人どうしでも、それらが発生してくる根源的な次元にまでさかのぼれば、同一の環境、同一の場所から生じているものとして対等の関係にあると考える。言い換えれば、個として自立したものどうしが互いを否定しながら肯定するような関係である。

環境が個物を限定し、逆に個物が環境を限定するという事態を時間論に還元してみると、個物としての私は過去によって限定されるとともに、未来から自分を限定することになるが、それらはあくまで永遠の今の自己限定の両面であり、別々のものではない。それらは現在においては非連続でありながら連続しているのである。このような実在の原理に従うかぎり、私と汝もそれぞれ独立していながら、なおかつ根源のところで直接結びついていると西田は考える。それはたんに自分を放棄したうえでの結合関係ではなく、あくまで自分という存在を極限にまで突き詰めたその先に到達する関係である。西田はそれを「絶対に死して生まれる」とか「絶対の底から生まれる」とも表現する。

絶対の死即生ということは、唯、ノエマ的に一つのものが死即生であると云うのではない、又、過程的に否定が即絶対の肯定であると云うのでもない、自己が絶対に他なるものと一であると云うことでなければならない、自己の中に絶対の他を見、絶対の他の中に自己を見ると云うことでなければならない。絶対に他なるものとは考えることのできないものである、而もそれが私をして私たらしめるものであるという所に、真の死即生の意味があるのである。（本書二七四―二七五頁）

この次元はもはや対象としての自他の世界ではない。それをいったん括弧にくって、主客が没してもなお残るありのままの世界のことであり、別の言葉でいえば、「絶対無」の世界ということになる。次の言葉も同じことをさらに簡潔に表現したものである。

私と汝とは絶対に他なるものである。私と汝とを包摂する何等の一般者もない。併し私は汝を認めることによって私であり、汝は私を認めることによって汝である、私の底に汝があり、汝の底に私がある、私は私の底を通じて汝へ、汝は汝の底を通じて私へ結合するのである、絶対に他なるが故に内的に結合するのである。（本書二七七―二七八頁）

さきの引用の「死即生」といい、「絶対に他なるが故に内的に結合する」といい、いわゆる「考えること」を超えて考えようとした西田の思考は論理矛盾を厭わない。それどころか、往々にして西田哲学の重要なテーゼはそのような逆説的な言い回しのなかにこそ見出される。後の「絶対矛盾的自己同一」などという概念もその典型例である。まさにアンチ・ロゴスの哲学者の本領発揮というところである。そしてこの普通のロゴスを超えた次元に成り立つ理解や把握の仕方を表わすのが、論文の後半に出てくる「直観」とか「呼応」という言葉であり、「愛」という言葉もまた同様のコンテクストで使われている。

このようなアンチ・ロゴスの考えは、むろん宗教的思考とも親和的である。しかし、だからといって、西田哲学を直ちに神秘主義とみなしてしまうのは、早計であり、誤解のもとにもなるだろう。なぜなら一生を通じて西田はこうした考えをあくまで「科学」的知見に共振するものと考えつづけていたからである。西田の著作には最新の自然科学や社会科学などへの関心が随所に認められるが、西田は自分の哲学がそれらと連動していると信じていた。そうだからこそ、逆に後の科学者たちが西田の理論を自分たちの分野において応用できたりしたのである。この論文に関していうなら、たとえば精神病理学者の木村敏が「自己自身の底に絶対の他を見る」というようなテーゼにヒントを得て精神病理学的な自己理論（とくに ante festum 論）を構想している。

〈行為的直観〉

この論文は一九三七年八月『思想』に発表され、同年末に岩波書店から公刊された『哲学論文集　第二』に収められている。

「行為的直観」というのは「絶対矛盾的自己同一」などと並んで、後期西田のキーワード中のキーワードであり、この論文はその概念の要点を短くまとめたものである。この概念の内容をより詳しく知りたい読者は、同時期に書かれた「行為的直観の立場」(一九三五年)、「実践と対象認識」(一九三七年)、「種の生成発展の問題」(一九三七年)などを併せて読む必要があるが、紙面の関係上、やむなくここにはもっとも短い本論文のみを収録し、論文の末尾に付けられた図式的説明も省略した。

西田は早くに「行為的主観」という題名の短文を発表しているが(一九二二年初出、のち『芸術と道徳』に所収)、そのころはまだ「行為」について本格的な考察は展開していない。この概念が哲学の中心課題として浮上してくるのは、一九二〇年代の終わりごろから若い同僚や学生たちと読書会を開いて当時流行したヘーゲルやマルクスの著作を熱心に読むようになってからである。一九二九年に書き残した「夜ふけまで又マルクスを論じたりマルクスゆえにいねがてにする」という有名な歌があるが、このころ西田の周りでは盛んにマルクスが論じられ、西田自身の考えも多かれ少なかれ、その余波を被ることになった。本論文のなかでもマルクスの「フォイエルバッハ・テーゼ」や『経済学批判』の痕跡を確認することができる。また弁証法の概念に関してもヘーゲルの『精神現象学』の影響が明らかである。

西田がマルクスから学び、自分の哲学に応用しようとしたのは、とくに「実践」の概念である。西田はそれを「行為」という言葉に言い換えて、あらためて自分の哲学理論を構築しなおそうとした。ただし、それはたんに行為という現象を対象として認識することではない。認識することも行為の一種である以上、行為のただなかに生じる直接認識を明らかにすることでなければならない。しかもそれは見ることが同時に働くことであるような主客未分の直接性を相手にすることなので、「知覚」や「認識」というより「直観」と言ったほうがふさわしいのである。

マルクスの影響は実践という観点にとどまらない。史的唯物論とか唯物史観といった言葉があるように、そこに「歴史」という観点が加わる。ただし、これにも西田独自の解釈がほどこされる。

> 世界は歴史的現在として何処までも決定せられたものでありながら、自己自身の中に自己否定を含み、自己自身を越えて現在から現在へ行くという所に、行為というものが成立するのである。故に行為は実践であり、制作であるのである。（本書三二八頁）

注意すべきは、ここに出てくる「制作」という言葉である。後期西田はたびたび「ポイエシス」という言葉を使って論議をしているが、彼は人間の関わるあらゆる行為には、本人に意識されているか否かにかかわりなく、根本的に意志を伴った創作《クリエイト》というファクターが入っていると考える。

作られたものは作るものを作るべく作られたのであり、作られたものと云うことそのことが、否定せられるべきものであることを含んで居るのである。併し作られたものなくして作るものと云うものがあるのでなく、作るものは又作られたものとして作るものを作って行く。これが歴史的実在の弁証法的運動である。（本書三三三頁）

ただたんに物と物の因果性や関連が「客観的」に指摘されても、それはあくまで対象化された物どうしの関係をとらえたにすぎない。それは一種の抽象の産物である。生きた現実をとらえようとするなら、そこに現に働いている行為そのものをとらえるのでなければならない。

行為はまず所与を前提とする。しかし、人間の行為はたんなる所与の延長ないし反復ではない。そこには必ず制作という創造的飛躍の瞬間が含まれているからである。ベルクソン的に言えばエラン・ヴィタールである。時間に即していうなら、それは前提要因としての過去をいったん断ち切り、そのうえで未来につないでいく、いわば非連続の連続の世界である。このようにして作られたものは、次の創造的飛躍のための所与となって、それが連綿と続いて歴史を作り上げている。これを大雑把に表現したのが、「主体が環境を、環境が主体を限定する」という言葉であり、「作られたものから作るものへ」という後期西田の著作にたびたび出てくるフレーズも同じことを言い表わした言葉である。

かくてこの行為的直観は根本的に矛盾をはらんでいる。そしてそのような根本的な矛盾すなわち「絶対矛盾的自己同一」をはらんで展開するところに、西田の弁証法が成立する。後期西田はこの考えを狭義の歴史のみならず、生物や物理の世界にまで広げて理解している。言い換えれば、それは西田独自の動的な実在論の原理にまで高められているのである。西田が当時相対性理論に興味を示したのも、そのことと無関係ではない。

また、この論文が書かれた時期には若き同僚田辺元の「種」の哲学が注目を浴びたことから、西田はこの概念を自分の行為的直観ないし絶対矛盾的自己同一の理論に取り込もうと試みた。この論文と同時期に書かれた「種の生成発展の問題」には、その足跡をはっきり見ることができる。

〈日本文化の問題〉

単行本『日本文化の問題』は一九四〇年に岩波新書の一冊として出版されたものであるが、これには先行するテクストが二つある。ひとつは一九三七年に文部省教学局が主催した講演「学問的方法」、もうひとつは一九三八年京都帝国大学学生課が主催した「月曜講義」の一環としておこなわれた講演「日本文化の問題」であり、本書は後者を大幅に書き直したものである。なお、この本の巻末に付録として収録された講演用原稿「学問的方法」は省略した。

本書が出たのは、狂信的な右翼思想が広がり、文部省直轄の国民精神文化研究所なども積極的に皇国史観や国体イデオロギーを吹聴していた時期である。津田左右吉の古代史研究が不敬罪に問われて弾圧を受けたのもこのころである。岩波書店はこれに対抗すべく、当時としては比較的リベラルで学問的権威も備えた執筆陣を立てて、これに対抗しようとした。つまり、当時一般的には、西田は狂信的な右翼に攻撃されるリベラルな思想家とみなされていたのである。

だが、問題は簡単ではない。このころ近衛文麿や木戸幸一のようなかつての教え子が政府中枢に入っていくと、その人脈から西田自身が現実政治と無関係ではいられなくなっていったからである。はては陸軍の幹部を相手にした内密のレクチャーを引き受けたり、海軍に協力するかたちで弟子たちをそのブレーンとして仲介したりした。若き昭和天皇を相手に歴史哲学について御進講をおこなったのもこのころである。

西田の死後、戦後民主主義の高揚に伴って、こうした政府や軍部とのかかわりで西田が書き残した「世界新秩序の原理」や国体論を含む「哲学論文集第四補遺」といったテクストがしばしばとりあげられ、軍政府への「協力」が批判されたが、これらのテクストはテクスト執筆の経緯にも問題があるうえに、軍部との駆け引きなどを考慮に入れて読解しなければならない複雑なテクストである。

その点、この新書版『日本文化の問題』の方は、そういう生々しい駆け引きからはなれて、西田が比較的自由に書いた著作と言ってよく、西田および京都学派のナショナリズムを問題にする場合には欠かせない文献である。また、この著作は西田自身が独訳出版されることを望んでいたものであり、内容的にも多分にヨーロッパを意識した発言が目立っている。

この著作の狙いは、世界の歴史（世界史的世界）を作られたものから作るものへと不断に発展していく主体と環境の相互限定の世界としてとらえ、その中に日本という民族およびその文化を位置づけることにある。そのかぎりで「原形」とか「種」としての民族が問題にされるのだが、そこには明治初年以来流布していた社会進化論の闘争史観のようなものも見てとることができる。

歴史的世界は矛盾的自己同一として、何処までも種と種とが相対立し相争う闘争の世界である。併しそれは何処までも作られたものから作るものへとしての自己矛盾であり、逆に世界自身の自己形成として、そこに一つの歴史的生産様式即ち一つの文化形態が決定せられるのである。（…）今日の世界闘争からは、又新しい人間の形態が生れて来なければなるまい。（本書四一二―四一三頁）

そして、このような一般論に基づいて日本文化が特徴づけられるのだが、その象徴として西田は皇室を持ち出してくる。

何千年来皇室を中心として生々発展し来った我国文化の迹を顧みるに、それは全体的一と個物的多との矛盾的自己同一として、作られたものから作るものへと何処までも作ると云うにあったのではなかろうか。(本書四一四頁)

こうして皇室を「無の有」たる「世界形成の原理」にまで持ち上げたうえで、西洋文化に対する東洋文化および日本文化が強調されることになる。さしずめオリエンタリズム(サイード)の裏面で進行したセルフ・オリエンタリズムである。そこには、たとえば西洋論理は物を対象とした論理であり、東洋論理は心を対象とした論理であるとか、西洋文化は環境から主体へと考えられるのに対して東洋文化は主体から環境へと考えられる、というようなやや強引な対比がたびたび出てくるのだが、公平に言って、このような強調のためのレトリックが生み出してしまう認識の歪みに対して西田が無自覚であったことは否定できない。

じじつ、こうした対比の論理が弟子たちの「近代の超克」論議における対決と戦争の言説につながったことを考えると、西田自身の考えていた闘争史観に基づいた日本文化論が当時のナショナリズムと無関係であったと言うこともできない。その意味で慎重な歴史的検証を要するテクストである。

〈生命〉

この論文は一九四四年の秋から書き始められ、第一章だけが『思想』に発表されたが、戦時の窮迫した事情からそれ以後の原稿は印刷されることがなかった。そして翌一九四五年六月には本人が亡くなってしまい、論文は未完に終わるが、岩波書店は一九四六年に本人不在のまま、未公刊だった遺稿「場所的論理と宗教的世界観」に加えて、この「生命」の発表分と未発表分を一緒にして『哲学論文集　第七』として出版した。

この論文は一九三六年に書かれた「論理と生命」と並んで、西田の生命論を論じたものだが、思弁的で抽象的な性格が強い「論理と生命」に対し、こちらではホールデン（西田の記述では「ホルデーン」）、カップ、ノアレ、ベルナール、ベルクソン、ラヴェッソンといった専門家たちの理説を紹介しながら論述されているため、西田哲学の抽象的なジャーゴンが具体的にどういうことを意味するかを知るのに格好のテクストとなっている。とりわけ西田が共感を抱いたのは、マルクス主義を信奉した特異な生物学者J・B・S・ホールデンであった。たとえば、こんな記述である。

ホルデーンは呼吸の生理に於て、我々の生命が、有機体と環境との、特殊なる形に於ての整合に依存することを科学的に論じた後、Life is Nature expressing herself as a characteristic whole which has no spatial bounds. と云って居る。有機体と環境との相互整合的に、形が形自身を維持する所に、我々の生命があるのである。それは私の所謂主体と環境との矛盾的自己同一的に、時間と空間との矛盾的自己同一的に、全体的一と個物的多との矛盾的自己同一的に、形が形自身を限定すると云うことに他ならない。

（本書四六六頁）

晩年の西田は「絶対矛盾的自己同一」とか「行為的直観」といったジャーゴンをもとにして自分の考えを突き詰めていったが、同時にその証明を実証科学の中に見出そうとした。そのため、哲学以外では歴史学（たとえばL・ランケ）に目を向けたが、それに飽き足らなかった西田は、さらに自然科学、とくに数学、物理学、生物学に関心を向け、その関係の書籍を熱心に読んでいる（その成果は『哲学論文集　第六』に見られる）。この「生命」という論文も、そうした学習をもとに書かれたものである。

戦後西田哲学の影響を受けて今西錦司が独自の進化論を打ち立てたことはよく知られて

いるが、その後も精神病理学者の木村敏や分子生物学者の福岡伸一がそれぞれの立場から西田哲学に関心を示していることなどを考えると、西田における生命論はその思想的ポテンシャルを失っていないと言っていいかもしれない。

# 解説　西田幾多郎という人

## 生い立ちと少年期

西田幾多郎は一八七〇年五月一九日加賀国河北郡森村に生まれた。現在の石川県かほく市森に当たるところで、JR宇野気駅の近くに位置する。また現在ではこの駅から海側南西方向にある高台に安藤忠雄デザインによるモダンな石川県西田幾多郎記念哲学館が立っている。父は得登《やすのり》、母は寅三《とさ》、家は代々十村《とむら》と呼ばれる豪農であった。ちなみに、西田の戸籍上の生年月日は一八六八年八月一〇日となっているが、これは師範学校入学を早めようと、父親が登録に手を加えたためである。そのせいで、後年西田は京都帝国大学を五八歳で定年退官することになる。

明治維新の大変革の波を被った西田家は時流にうまく乗ることができず、次第に没落の危機に陥っていくのだが、西田自身は学校の成績も良く、地元の小学校を卒業すると、上級学校に進むために金沢に出て、女子師範学校に行っていた次姉尚《なお》と暮らすことになる。やがてそこに弟の憑次郎《ひょうじろう》も同居するようになるが、弟たちの面倒をみていた尚が女子師範卒業の直後にチフスに罹患して急逝してしまったため、心配になった母親の寅三が得登を地元に残して金沢に出てくる。このあたりから父親との疎遠な関係および角逐が始まったものと思われる。

西田は最初に師範学校に入学するが、病気で中退した後、あらためて石川県専門学校(後の四高)に入学し、ここで彼の一生を決定する恩師北条時敬《ときゆき》に出会うとともに、この後長い間親交を温めることになる学友たちを知ることになる。金田(山本)良吉、藤岡作太郎、鈴木貞太郎(大拙)、松本文三郎といった人たちである。四高在学中はこれらの友人たちと「我尊会」と称するグループを立ち上げ、お互いに書いたものを交換したりして切磋琢磨した(ただし、学費が払えず早々に中退した鈴木は能登の小学校で英語を教えていて、会には参加していない)。読み回しのために作られた会報には西田はペガサスを連想させる「有翼」のペンネームで、批評、新体詩、漢文の戯れ文などさまざまな文章を書き残している。西田の学問的知識の素養はこの時に始まると言っていい。

自由民権の影響もあって、西田たち我尊会のメンバーは、その名称の通り、独立自尊をモットーに、授業をサボタージュするなど学校に対して反抗的態度を貫き、その結果西田は金田ともども中退するはめになるのだが、これが後の人生行路を大きく左右することになる。

不遇の時代

一八九一年「かかる不満な学校をやめても、独学でやって行ける」との意気込みで上京し、帝国大学（東大）の哲学科に籍を置こうとした西田だが、四高中退のため、本科生になることはできず、選科生の身分に甘んじることになる。今日の聴講生のような存在であって、ここを終了しても学士の肩書は得られない。扱いは当然エリートの本科生とは比べ物にならず、西田はさまざまな屈辱を味わうことになる。

しかし、ここで西田は生来の負けん気を発揮して、本科生並みの学習スケジュールをこなし、四高時代とは打って変わって、猛烈に勉学に励む。西田が教えを受けた当時の哲学科の教師陣は井上哲次郎、元良《もとら》勇次郎、中島力造、ルートヴィヒ・ブッセらであった。このころの同級生として本科に夏目金之助（漱石）がいたが、両者に直接の付き合いはない。この東京での就学中に、母寅三が陸軍士官学校を目指す弟憑次郎を連れて上京し、夫婦関係の破局は決定的になる。

一八九四年に選科を終了した西田は金沢に帰って職を探すが、選科出という不利な条件に加えて、人事に横やりが入ったりして思うようにいかず、かろうじて尋常中学の七尾分校の口にありつくと、やがて従妹の得田寿美《ことみ》と結婚する。この頃父得登は米相場に手を出して失敗し、父親との関係はさらに悪化する。一八九六年にようやく四高に講師のポストを得るのだが、父親との義絶トラブルが起こったり、その父親が介入して嫁の寿美を追い出してしまったりと、家族は混乱状態に陥った。これに輪をかけたのが四高をめぐるスキャンダルで、それに巻き込まれた西田も名指しで誹謗中傷を受けるようになって、ついには講師嘱託の任を解かれてしまう。この公私にわたる苦難の日々が西田にとって人生最大の危機であったと思われる。金沢の卯辰山山麓に庵を結んでいた雪門玄松のもとに参禅するようになるのがこの時期である。

そしてこの窮地を救ったのが、かつての恩師で折しも山口高校の校長になっていた北条時敬である。金沢時代に少年西田を個人的に学習指導したこともある北条は、不遇な状況にあった西田に同情を寄せ、一八九七年西田のために山口高校に教職のポストを用意する。ちなみに、北条も禅の道に入った人で、雪門とは知己の間柄であった。

このあたりから次第に西田の気運は上昇し始め、北条が四高校長となって金沢に帰ると、翌年の一八九九年にはその後を追うように西田もまた四高教授に就任し、ここから一九〇九年の学習院転任までの十年間恵まれた金沢時代を送ることになる。同僚たちと「ファウスト会」や「ダンテ会」の読書会を組織したり、「三々塾」を開設して生徒指導をしたりと、学校内での活動も充実していた。ただこの期間中、日露戦争で仲の良かった弟憑次郎を失っている。

またこの時期には禅修行が本格化し、洗心庵に雪門を訪ねることも頻繁になる。西田がよく使った号「寸心」はこのころ雪門から授かったものである。さらに一九〇三年には京都大徳寺の広州宗沢《こうしゅうそうたく》のもとで公案も透過している（もっとも本人はこの透過に不満だったようだが）。

## 京都学派のリーダーとして

学習院に一年務めたあとの一九一〇年、西田は創立まもない京都帝国大学文科大学に助教授として招聘される（教授昇格は一九一四年）。招聘に際しては、かつて西田一家が東京に住んでいたときたまたま金沢の家を借りて住んでいた狩野亨吉《かのうこうきち》や四高の同窓松本文三郎が開設委員にいて人選の権限をもっていたことが大きいと思われる。

そしてこの助教授就任直後の一九一一年に出版した『善の研究』が大きな反響を呼び、西田を一挙にスターダムに伸し上げることになる。翌年には若き高橋里美が『哲学雑誌』に論評を寄せ、この本に熱狂した一高生の倉田百三が訪ねてくるというようなことが起きるが、制度的にはこの年に京都帝大哲学科に入学してきた久松真一あたりが最初の教え子ということになる。

珍しい師弟関係ということでは、学習院時代の教え子たちが大挙して京都帝国大学に入学してきて、西田を囲んでたびたび懇親会を開いていたということがある。主だったメンバーは近衛文麿、木戸幸一、原田熊雄、織田信恒、上田操らで、のちに西田が実際政治に巻き込まれていく遠因がここにある（上田は後に西田の長女彌生と結婚している）。

この年代の学生たちが卒業するころ、西田は東北帝国大学で講師をしていた田辺元の才能に目を付け、おそらく自分の後継候補を意図していたのであろう、一九一九年に田辺を哲学科助教授として京都帝国大学に招聘する。一高生の俊才と言われた三木清が西田に憧れて京都にやってきたのが一九一七年だから、三木はもっとも勢いのある時期の西田と田辺の二人に教えを受けたことになる。こうして西田の周りに俊才が集まり始めると、やがてその評判は全国に広がり、哲学を勉強するなら京都へ、という風潮さえ出てきた。いわゆる「京都学派」の実質上の始まりである。

このように、京都帝国大学就任早々から学者としては順風満帆のコースを歩み始めた西田だったが、皮肉なことに、私生活の方はそうはいかなかった。一九一八年に自分を支えつづけてくれた母親を失うと、翌一九年には妻の寿美が若くして突然脳出血で倒れ、以後一九二五年の死まで寝たきりの生活になってしまう。さらに不幸は重なって、一九二〇年に三高生として未来を嘱望されていた長男謙が急死し、それに続く年には三女静子が肺病に罹患して以後療養生活を余儀なくされる。家族の不幸はさらに続き、一九二二年四女友子、六女梅子がチフスに罹患して、以後友子は予後不良という状態になってしまう(西田夫婦はすでにそれ以前の金沢時代にも二人の幼な子を亡くしている)。だから、西田の口からこんな和歌が生れてくるのも不思議ではない。

死にし子の夢よりさめつあさまだき窓際暗くみぞれふるらし
妻も病み子ら亦病みて我宿は夏草のみぞ生い繁りぬる

前者は長男謙が亡くなった直後、後者は病気で妻と娘たちが床に臥す日々が続いていたころの歌である。

こうして公私ともども身をすり減らす西田だったが、自分の退官が近づくころには和辻哲郎の京都帝国大学への招聘に成功し(一九二五年)、一九二八年「回顧すれば、私の生涯は極めて簡単なものであった。その前半は黒板を前にして坐した、その後半は黒板を後にして立った」の名文句を残して退官する。入れ代わるように京都帝大哲学科にポストを得たのは、長いフランス遊学から帰国したばかりの九鬼周造であった。

この間西田は自分では果たせなかったが、代わりに田辺や三木などをヨーロッパに送り出し、とくにドイツ哲学との交流関係を深めた。京都学派とフッサール、ハイデッガーとの繋がりはここに始まる。

## 不穏な晩年

かつての年齢詐称のおかげで五八歳で定年退官を迎えた西田だったが、学問的関心は衰えることを知らず、次々に論文を発表したり、講演に回ったりするようになる。そして一九三一年にクリスチャンの山田琴と再婚すると、それまでたびたび訪れていた鎌倉にも家をもち、以後京都と鎌倉に交互に住む生活が定着していく。

京都滞在中は現役時代と同じように、かつての同僚や教え子がやってきて、自宅はさしずめゼミナールの延長のようになる。このころはヘーゲルとマルクスが流行していた時期で、西田の周りでもそれについての論議が盛んだった。そうした風潮の中で西田の跡を継いだ田辺が独自の「種の哲学」を唱え始めるのもこの時期である。田辺は生来生真面目で直情径行の気味があり、先輩西田に対しても歯に衣を着せぬ批判を口にする人物であったが、種の哲学を確立してからはそれがいっそう激しくなり、マルクスやヘーゲルの解釈をめぐっても面と向かって西田を批判するようになり、それが度重なるうちに、次第に両者の関係は冷めていき、ほぼ絶交に近い状態にまでなってしまうのである。

弟子たちもこの間に世代交代をしていき、木村素衛《もともり》、務台理作、山内得立《とくりゅう》らの世代を経て、さらに高坂正顕、西谷啓治、高山岩男、下村寅太郎といった若い世代が西田の家を盛んに訪れるようになる。

一九三〇年代は政治的にも経済的にも不穏な空気が日本を覆い始めた時期である。すべてが停滞する不況の中で軍部が台頭し、国体明徴を叫ぶ右翼が次々にリベラル派の政治家や学者を追放しようという運動を進めていく。それに合わせて悪名高い治安維持法を利用した労働運動やリベラル知識人への弾圧も激しくなる。

一九三六年に二・二六事件が起きて、世の中がますます不穏になっていくころ、教え子の三木清が後藤隆之助を伴って西田を訪れ、昭和研究会への参加協力を要請する。そしてこの昭和研究会をバックにして一九三七年に第一次近衛内閣が成立すると、状況を憂慮していた西田の期待は一時的に高まる。近衛はかつての教え子で、文部大臣には同じく教え子の木戸幸一が就いたからである。だが、その期待もむなしく、近衛内閣は軍部に翻弄され、思うように政策を遂行することができないどころか、南京事件に象徴されるように、対中国侵略戦争をエスカレートさせてしまう。

近衛に対して失望していた西田に、まもなく海軍から声が掛かる。独走する陸軍に対抗するため、海軍独自のブレーンをつくるという内密の動きである。海軍工作部が目を付けたのは東京帝大の矢部貞治だが、京都では西田とその関係者に白羽の矢が立った。だが、西田自身は表に出ることはなく、代わりに田辺元をはじめ、木村素衛、日高第四郎、宮崎市定、高坂正顕、西谷啓治、高山岩男、鈴木成高《しげたか》、大島康正といった若手の弟子たちがそれを請け負い、高山が海軍とのパイプ役を務めることになる。

西田および京都学派がもっとも深く政治にコミットしたのは一九四一年末の対米戦争開始のころである。西田自身は最後の元老西園寺公望の秘書をしていた教え子の原田熊雄を通して政府内部の情報を得ていたし、その原田を介してときどき近衛や木戸に意見も具申している。と同時に狂信的右翼からの攻撃も激しくなり、その標的として西田の名前も上がるようになると、これを心配した周囲が画策して、西田に陸軍幹部を前にして話をさせたり、陸軍や政府関係者に向けた文章「世界新秩序の原理」を書かせたりする。この内容が来たる大東亜会議に向けての東条英機の国会演説に採り入れられるという話であったのだが、新聞で演説内容を知った西田は、自分の考えはまったく理解されておらず「実にいやになった」と心情を吐露している。

いずれにせよ、この頃の西田の政治的言動を理解するには慎重を要する。繰り返せば、まずこの時代に政治の矢面に立った近衛や木戸が以前から個人的親交のあった教え子で、原田もまた西園寺の秘書として舞台の裏側に通じていたことがある。またこれとは別に西田にとって最愛の弟子だった三木が昭和研究会に積極的に加わって協力を要請してきたこともある。つまり、西田は弟子関係を通じていやでも政治に関わらざるをえないようになっていたのである。さらに、右翼の西田および京都学派への攻撃をかわすために取り巻きの一部が陸軍幹部とわたりをつけようと画策し、西田を引きずり出したことがあるが、そこに陸軍に対抗する海軍の工作が絡むというきわめて複雑な事情があったのである。

こうして戦時の政治的経済的状況が逼迫していく中で、探究心の旺盛な西田はリウマチによる手足の関節痛に悩まされながらも、数学、物理学、生物学などの新知識を得ようと勉学にいそしむ。再婚相手の琴にも支えられ、ときに訪ねてくる孫たちと興じたりしながらの私生活は比較的安定していたが、終戦を二カ月後に控えた一九四五年六月七日、尿毒症を直接の原因として七十五年の生涯を閉じた。その年の正月の日記にはこんな言葉が記されている。

人生何時までも心配苦労の絶える事がない、人生はトラジックだ。

# 西田幾多郎年譜

| 西暦（年号） | 年齢 | 事歴 |
|---|---|---|
| 一八七〇年（明治三年） | 〇歳 | 加賀国河北郡森村に父得登と母寅三の長男として生まれる。 |
| 一八八三年（明治十六年） | 十三歳 | 石川県師範学校に入学。次姉尚病死。 |
| 一八八四年（明治十七年） | 十四歳 | 師範学校中退。 |
| 一八八六年（明治十九年） | 十六歳 | 石川県専門学校附属初等中学科第二級補欠入学。金田良吉、藤岡作太郎、鈴木貞太郎（大拙）らを知る。 |
| 一八八七年（明治二十年） | 十七歳 | 初等中学科を卒業、第四高等中学校予科第一級に編入学。 |
| 一八九〇年（明治二十三年） | 二十歳 | 第四高等中学校中退。 |
| 一八九一年（明治二十四年） | 二十一歳 | 帝国大学文科大学哲学科に選科生として入学。 |
| 一八九四年（明治二十七年） | 二十四歳 | 帝国大学選科を修了し、金沢に帰る。 |
| 一八九五年（明治二十八年） | 二十五歳 | 石川県尋常中学校七尾分校に分校主任として赴任。得田寿美と結婚。 |
| 一八九六年（明治二十九年） | 二十六歳 | 第四高等学校に嘱託講師として赴任。 |
| 一八九七年（明治三十年） | 二十七歳 | 四高騒動。父親による寿美との強制離縁（後に復縁）。四高の講師嘱託を解任された後、山口高校に赴任。 |
| 一八九八年（明治三十一年） | 二十八歳 | 父得登死去。 |

| | | |
|---|---|---|
| 一八九九年（明治三十二年） | 二十九歳 | 第四高等学校に教授として赴任。 |
| 一九〇三年（明治三十六年） | 三十三歳 | 広州宗沢のもとで公案透過。 |
| 一九〇四年（明治三十七年） | 三十四歳 | 弟憑次郎戦死。 |
| 一九〇九年（明治四十二年） | 三十九歳 | 学習院に教授として赴任。 |
| 一九一〇年（明治四十三年） | 四十歳 | 京都帝国大学文科大学に助教授として招聘される。 |
| 一九一一年（明治四十四年） | 四十一歳 | 『善の研究』公刊。 |
| 一九一二年（大正元年） | 四十二歳 | 近衛文麿、木戸幸一らとの懇親会が始まる。 |
| 一九一四年（大正三年） | 四十四歳 | 京都帝国大学文科大学教授となる。 |
| 一九一五年（大正四年） | 四十五歳 | 『思索と体験』公刊。 |
| 一九一七年（大正六年） | 四十七歳 | 三木清入学。『現代に於ける理想主義の哲学』『自覚に於ける直観と反省』公刊。 |
| 一九一九年（大正八年） | 四十九歳 | 田辺元が京都帝国大学文学部助教授として招聘される。妻寿美が脳出血で倒れる。 |
| 一九二〇年（大正九年） | 五十歳 | 『意識の問題』公刊。長男謙急死。 |
| 一九二二年（大正十一年） | 五十二歳 | 田辺、三木が相次ぎドイツに留学。 |
| 一九二三年（大正十二年） | 五十三歳 | 『芸術と道徳』公刊。 |
| 一九二五年（大正十四年） | 五十五歳 | 妻寿美死去。和辻哲郎京都帝国大学文学部講師として赴任。 |
| 一九二七年（昭和二年） | 五十七歳 | 『働くものから見るものへ』（「場所」所収）公刊。 |
| 一九二八年（昭和三年） | 五十八歳 | 京都帝国大学退官。 |

| | | |
|---|---|---|
| 一九二九年（昭和四年） | 五十九歳 | 恩師北条時敬死去。 |
| 一九三〇年（昭和五年） | 六十歳 | 『一般者の自覚的体系』公刊。田辺による西田哲学批判始まる。 |
| 一九三二年（昭和七年） | 六十二歳 | 『無の自覚的限定』（「永遠の今の自己限定」「私と汝」所収）公刊。 |
| 一九三三年（昭和八年） | 六十三歳 | 鎌倉姥ヶ谷に家を購入。『哲学の根本問題』公刊。 |
| 一九三四年（昭和九年） | 六十四歳 | 京都の西田宅で弟子たちの集まり「哲学会」が始まる。『哲学の根本問題 続編』公刊。 |
| 一九三五年（昭和十年） | 六十五歳 | 『哲学論文集 第一』公刊。 |
| 一九三六年（昭和十一年） | 六十六歳 | 昭和研究会の後藤隆之助が来訪し、協力を要請。三木とたびたび交流。 |
| 一九三七年（昭和十二年） | 六十七歳 | 『続 思索と体験』『哲学論文集 第二』（「行為的直観」所収）公刊。 |
| 一九三八年（昭和十三年） | 六十八歳 | 昭和研究会や文部省に出入りする。右翼の西田批判始まる。 |
| 一九三九年（昭和十四年） | 六十九歳 | 海軍の京都学派への接近が始まる。『哲学論文集 第三』公刊。 |
| 一九四〇年（昭和十五年） | 七十歳 | 『日本文化の問題』（新書）公刊。 |
| 一九四一年（昭和十六年） | 七十一歳 | 昭和天皇への進講。『哲学論文集 第四』公刊。 |
| 一九四二年（昭和十七年） | 七十二歳 | 高坂正顕や高山岩男など京都学派の若手が雑誌などで |

| | | |
|---|---|---|
| 一九四三年（昭和十八年） | 七十三歳 | 時局を論じ、注目を浴びる。陸軍幹部に向けた文書「世界新秩序の原理」作成。 |
| 一九四四年（昭和十九年） | 七十四歳 | 「国体」発表。文部省で西田および京都学派が国体に反するかどうか検討される。『哲学論文集 第五』公刊。 |
| 一九四五年（昭和二十年） | 七十五歳 | 尿毒症（推定）で死去。『哲学論文集 第六』『哲学論文集 第七』（「生命」所収）公刊。 |
| 一九四六年（昭和二十一年） | | |

本書は、ちくま学芸文庫オリジナルである。

ちくま学芸文庫


近代日本思想選《きんだいにほんしそうせん》　西田《にしだ》幾多郎《きたろう》

二〇二〇年四月十日　第一刷発行

著　者　西田幾多郎（にしだ・きたろう）
編　者　小林敏明（こばやし・としあき）
発行者　喜入冬子
発行所　株式会社　筑摩書房
東京都台東区蔵前二―五―三　〒一一一―八七五五
電話番号　〇三―五六八七―二六〇一（代表）
装幀者　安野光雅
印刷所　株式会社精興社
製本所　株式会社積信堂




ISBN978-4-480-09981-5 C0110